V-리그
여자 배구
퍼펙트 가이드
2023-24

V-LEAGUE
WOMEN
VOLLEYBALL
PERFECT GUIDE
2023-24

V-리그 여자 배구 퍼펙트 가이드 2023-24

강홍구
김효경
유병민
최원영

하빌리스

CONTENTS

드라마도 이런 드라마는 없었다.
2022~2023 시즌 리뷰 ———————————————————— 006

국가대표팀의 부진이 길어진
2023 발리볼네이션스리그 리뷰 ————————————— 014

공인구 변경부터 아시아쿼터까지
2023~2024시즌 프리뷰 ————————————————— 034

장소연 SBS SPORTS 해설위원과 함께 하는
2023~2024시즌 여자부 전망 ————————————— 042

| 플레이어 인터뷰 01 | 정말 여제의 마지막 시즌인가, 김연경 ——————— 050

| 플레이어 인터뷰 02 | 상상은 현실이 된다, 같은 유니폼을 입게된 두 절친
　　　　　　　　　　 김연경 – 김수지 ————————————————— 054

| 플레이어 인터뷰 03 | 함께 뛸 인연의 실타래로 엮인 사이,
　　　　　　　　　　 박정아 – 이고은 ————————————————— 060

| 플레이어 인터뷰 04 | 네 번째 FA 이적, 자신의 가치를 증명해야 하는
　　　　　　　　　　 황민경 ——————————————————————— 066

| 플레이어 인터뷰 05 | 현대건설의 현재이자 미래, 현미밥즈 ——————— 072

| 플레이어 인터뷰 06 | 이런 띠동갑 봤어, 도로공사 중앙의 두 기둥
　　　　　　　　　　 배유나 – 최가은 ————————————————— 080

| 플레이어 인터뷰 07 | 주장과 감독의 케미스트리 차상현 감독, 강소휘 주장 ——— 086

| 플레이어 인터뷰 08 | 도로공사의 새로운 키다리 언니, 반야 부키리치 ——— 090

| 플레이어 인터뷰 09 | 살아있는 전설, 기록의 여왕, 꽃사슴 황연주 ——————— 094

한국배구연맹의 뉴 페이스
마케팅팀 이지은-홍보팀 정채은 사원 인터뷰 ————— 100

선수단 위해서라면 24시간 오픈…
도로공사 정영호 전력분석관 인터뷰 ————————— 104

V-리그 여자부의 공격력을 높이는
외국인 선수 통역관들 인터뷰 ————————————— 108

V-리그 여자 배구 퍼펙트 가이드 스카우팅 리포트

스카우팅 리포트 보는 법	120
한국도로공사 하이패스 KOREA EXPRESSWAY CORPORATION HI-PASS	122
흥국생명 핑크스파이더스 HEUNGKUK LIFE INSURANCE PINK SPIDERS	166
현대건설 힐스테이트 HDEC HILLSTATE	214
정관장 레드 스파크스 JUNG KWAN JANG Red Sparks	260
GS칼텍스 서울Kixx GS CALTEX SEOUL KIXX	304
IBK기업은행 알토스 IBK ALTOS	348
페퍼저축은행 AI페퍼스 PEPPERS SAVING BANK AI PEPPERS	394

V-LEAGUE WOMEN VOLLEYBALL PERFECT GUIDE 2023-24

드라마도 이런 드라마는 없었다.
2022~2023 시즌 리뷰

드라마도 이런 드라마는 없었다. '왕의 귀환'이라고 할 수 있는 김연경의 V-리그 컴백으로 시작 전부터 후끈 달아올랐던 2022~2023시즌. 돌아온 김연경의 티켓 파워는 엄청났다. 흥국생명의 인천 홈경기는 물론 원정경기까지 매진 사례가 이어지며 여자배구는 새로운 르네상스를 맞았다.

하지만, 위기는 찾아오는 법. 김연경을 필두로 잘나가던 흥국생명은 구단 수뇌부의 경기 개입 사태가 터졌고, 사령탑은 물론 코칭스태프까지 줄줄이 자진 사퇴하는 '사상 초유의 사태'가 벌어졌다. 김연경과 김해란이 구단 수뇌부의 경기 개입 문제를 직접 언급하면서 구단을 향해 '막장 운영'이라는 비난이 쏟아졌고, 결국 흥국생명은 공식 사과를 발표했다.

흥국생명이 이슈를 주도한 가운데 리그 순위 싸움은 치열하게 펼쳐졌다. 전반기 절대 1강으로 독주하던 현대건설이 외국인 선수 야스민의 부상 이탈 악재에 2위로 내려앉았고, 반사이익을 얻은 흥국생명이 정규리그 우승을 차지했다. 한국도로공사는 치열한 중위권 싸움 끝에 3위로 '봄 배구' 진출에 성공했다.

드라마의 '클라이맥스'는 챔피언결정전. 플레이오프에서 현대건설을 꺾은 한국도로공사는 챔피언결정전에서 흥국생명에 1, 2차전을 모두 졌다. 모두가 흥국생명의 우승을 예상하는 상황. '기적'이 연출됐다. 한국도로공사는 내리 3경기를 이기고, 사상 최초 2연패 뒤 3연승으로 챔피언에 등극했다. 누구도 예상치 못한 '0%의 기적' 속에 2022~2023시즌은 마무리됐다.

1. 외국인 선수가 너무해!

'외국인 선수는 팀 전력의 절반'이라는 말은 2022~2023시즌을 대변했다.

야스민을 앞세워 직전 시즌 '절대 1강'에 오른 현대건설은 야스민과 재계약에 성공하면서 2022~2023시즌 시작부터 독주 체제를 구축했다. 1~2라운드 전승을 내달렸고, 3연승을 더해 무려 개막 15연승을 질주했다. 하지만, 후반기 들어 야스민이 허리 부상으로 이탈하자 전력에 금이 가기 시작했다. 현대건설은 허리 디스크 시술을 받은 야스민을 애타게 기다렸지만, 끝내 그는 돌아오지 못했다. 야스민을 너무 기다린 나머지 외국인 선수 교체 타이밍을 놓쳤고, 뒤늦게 몬타뇨를 데려왔지만 조직에 녹아들기엔 시간이 없었다. 5라운드 들어 5연패 부진에 빠지면서 흥국생명에 선두 자리를 내줬고, 플레이오프에서도 한국도로공사에 허망하게 무너졌다.

반면, 한국도로공사는 전반기 내내 부진했던 카타리나를 후반기 들어 캣벨로 교체했는데, 이 승부수가 적

챔피언결정전 최종전에서 우승을 결정짓고 환호하는 한국도로공사 선수단

중했다. V리그 경험이 있는 캣벨은 한국도로공사 전력에 곧바로 녹아들었고, 캣벨의 활약에 '주포' 박정아까지 살아나면서 한국도로공사는 후반기 치열했던 '3위 싸움'의 승자가 됐다. 4위 KGC인삼공사와 격차를 승점 4로 벌리면서 준플레이오프 없이 곧바로 플레이오프에 나섰다. 캣벨의 진가는 '봄 배구'에서 드러났다. 현대건설과 플레이오프 1차전에서 29득점, 공격성공률 40%를 기록하며 시리즈 승리의 발판을 놓았다. 그리고 챔피언결정전에서는 5경기 평균 22득점을 터뜨렸고, 특히 마지막 5차전에서도 팀 내 최다 32점을 올리며 MVP까지 거머쥐었다.

흥국생명은 'V리그 경험자' 옐레나가 시즌 내내 기복 없는 활약으로 팀 공격을 이끌었다. KGC인삼공사는 직전 시즌 페퍼저축은행에서 뛴 엘리자벳이 기대한 대로 활약하면서 마지막까지 중위권 순위 싸움을 벌였다. 반면, IBK기업은행은 드래프트에서 뽑은 아나스타시야가 기대에 미치지 못하자 시즌 개막을 앞두고 산타나를 급히 영입했다. 하지만, 지난 시즌과 마찬가지로 여전히 기복을 보이며 전력에 큰 도움이 되지 못했다. GS칼텍스는 두 시즌 연속 함께 한 모마가 높이에 약점을 드러내면서 5년 만에 봄 배구 탈락의 아픔을 맛봤다. 최하위 페퍼저축은행은 드래프트 '최대어'로 평가받은 니아 리드가 나름 활약을 펼쳤지만, 시즌 막판 '대마젤리'가 적발돼 조기 퇴출되는 악재까지 겪었다.

흥국생명. 공교롭게도 4년 전 챔피언결정전 상대도 흥국생명이었다. 당시 김천 안방에서 흥국생명의 통합 우승을 지켜본 만큼 '복수'의 기회가 찾아왔다.

하지만, 챔피언결정전을 앞두고 한국도로공사에 악재가 발생했다. 선수단에 '감기 바이러스'가 돌면서 주포 박정아와 미들 블로커 배유나 등 핵심 선수들의 컨

챔피언결정전에서 MVP를 차지한 캣벨

2. '0%의 기적' 쓴 한국도로공사

후반기 치열한 순위 싸움 끝에 '봄 배구' 마지막 티켓을 거머쥔 한국도로공사는 플레이오프에서 현대건설을 시리즈 전적 2-0으로 꺾고 4년 만에 챔피언결정전에 진출했다. 상대는 '배구 여제' 김연경이 버티고 있는

디션이 뚝 떨어졌다. 그 여파로 한국도로공사는 흥국생명의 안방 삼산체육관에서 열린 1, 2차전을 내리 졌다. 역대 17번 열린 챔피언결정전에서 1, 2차전을 한 팀이 모두 이긴 건 다섯 차례. 그리고 그 다섯 팀은 모두 우승 트로피를 들어올렸다. 흥국생명은 우승 확률 100%를 거머쥐었고, 한국도로공사는 '0%'의 우승 확

률에 도전해야 하는 상황이었다.

2023년 4월 2일 김천 실내체육관에서 열린 챔피언결정전 3차전. '감기 바이러스'를 떨쳐낸 한국도로공사의 반격이 시작됐다. 김연경의 활약을 앞세운 흥국생명에 1세트를 내줬지만, 2, 3세트를 내리 따내면서 승기를 잡았다. 특히 2, 3세트 접전 때마다 원포인트 서전과 비슷한 양상으로 흘러갔다. 흥국생명이 1세트를 먼저 가져갔지만, 한국도로공사는 '112개'의 디그 숫자가 말해주듯 끈질긴 수비 배구로 2~4세트를 모두 이기고, 마침내 승부를 원점으로 돌렸다.

2023년 4월 5일 인천 삼산체육관에서 열린 마지막 5차전. 김종민 한국도로공사 감독은 경기를 앞두고

챔피언결정전에서 포인트마다 결정적 활약을 해낸 이예은

버 이예은이 '깜짝 서브쇼'로 흥국생명의 리시브 라인을 무너뜨리며 '미친' 활약을 펼쳤다. 우승까지 한 걸음 남은 흥국생명은 경기가 제대로 풀리지 않자 당황한 모습이 역력했다. 김연경은 심판 판정에 강한 불만을 나타내기도 했다. 한국도로공사는 여세를 몰아 4세트마저 따내고, 3차전을 승리로 장식했다. 4차전도 3차 "기록으로 남길 것이냐, 기억에 남을 것이냐"라며 선수단을 독려했다. '0%의 기적'을 기록으로 남기자는 감독의 말에 선수들은 힘을 냈다. 매 세트 2점 차 '피 말리는' 접전이 벌어진 가운데 승부는 마지막 5세트로 향했다. 한국도로공사는 박정아의 '행운의 서브에이스'와 캣벨의 활약으로 리드를 잡았다. 하지만, 흥국생명

흥국생명이 나선 게임은 17경기나 매진을 기록했다

팀 운영에 아쉬움을 드러낸 김연경과 김해란

010

의 매서운 추격에 스코어는 13-12, 1점 차까지 좁혀진 상황. 여기서 박정아가 오픈 공격을 때렸다. 첫 판정은 인(IN). 그러나 주심의 비디오 판독으로 '아웃(OUT)' 선언이 되면서 13-13 동점이 되는 듯 했다. 이때 김종민 감독이 다시 비디오 판독을 신청했다. '터치아웃' 여부를 확인해 달라는 것. 느린 화면에서 옐레나의 손가락이 흔들렸고, 한국도로공사 코트에선 환호성이 터졌다. 그리고 박정아가 마지막 챔피언 포인트를 올리면서 한국도로공사는 '0%의 기적'을 완성했다.

3. '선수단 기용 개입이 사실로'..흥국생명 내홍 사태

2023년 1월 2일. 흥국생명 구단은 보도자료를 통해 갑작스럽게 권순찬 감독의 사퇴를 발표했다. 구단은 사퇴라고 표현했지만, 사실상 경질이었다. 권순찬 감독은 이날 오전 구단으로부터 해임 통보를 받았고, 곧바로 짐을 챙겨 팀을 떠났다. 당시 흥국생명의 순위는 2위로 성적부진이 이유는 아니었다. 여기에 김여일 단장도 함께 물러나면서 권 감독 경질의 배경에 관심이 쏠렸다. 흥국생명 측은 "구단이 가고자 하는 방향과 맞지 않아 부득이하게 권순찬 감독과 헤어지기로 결정했다"고 밝혔지만, 이 말을 믿는 배구 팬은 없었다. 당시 배구계에서는 '구단 윗선에서 선수단 기용 및 운영을 간섭했다'는 소문이 파다했다. 권 감독의 갑작스러운 사퇴에 선수단은 크게 동요했다. 김연경을 포함한 일부 베테랑 선수들은 '경기 보이콧'을 하겠다며 강하게 반발했다. 권순찬 감독은 선수단을 만류하는 것을 마지막으로 작별을 고했다.

권순찬 감독을 대신해 이영수 수석코치가 감독대행을 맡아 팀을 추슬렀다. 그리고 사흘 뒤인 1월 5일 인천 홈 경기장에서 GS칼텍스를 3-1로 꺾으면서 '권순찬 감독 경질 사태'는 일단락되는 듯 했다. 그런데 경기를 마친 뒤 이영수 감독대행이 "권순찬 감독님이 나갈 때부터 같은 생각이었다. 오늘 경기만 하고 그만두기로 했다. 저 또한 그게 좋다고 생각했다"며 사퇴 의사를 밝혔다. 이영수 감독대행은 당초 지난 2일 권 감독과 함께 팀을 나가려고 했다. 하지만, 감독과 수석코치가 모두 떠나면 팀과 선수들이 힘들어진다는 권 감독의 만류로 감독대행을 맡았다.

김연경과 김해란은 경기 후 인터뷰실에서 이영수 감독대행의 사퇴 소식을 듣고 깜짝 놀랐다. 그리고 작심한 듯 이번 사태에 대한 자신의 생각을 밝혔다. 김연경은 "선수 기용에 대해 이야기가 있었던 건 사실이다. (구단 윗선이) 원하는 대로 경기를 하다 지는 경우도 있었다"며 "이런 일이 일어나는 것 자체가 부끄럽다"고 토로했다. 김해란은 "선수들도 알고 있었다. 이로 인해 마음 상한 선수도 있었고, 나 또한 그랬다"고 말했다. 소문으로 돌던 '구단 윗선의 선수단 기용 개입'이 사실로 드러난 순간이었다.

흥국생명 구단을 향한 비난은 더 커졌다. 설상가상으로 신임 사령탑으로 선임한 김기중 감독이 직을 고사하면서 흥국생명 구단은 더욱 궁지에 몰렸다. 결국, 1월 10일 흥국생명은 임형준 구단주 이름으로 공식 사과문을 발표했다. 그리고 김대경 코치가 감독대행을 맡아 당분간 팀을 이끌기로 하면서 흥국생명 내홍 사태는 모두가 상처 입은 가운데 마무리 됐다.

4. 최다 관중, 최고 시청률..역대급 흥행몰이

코로나19의 종식과 김연경의 컴백, 치열한 순위 싸움까지. '흥행 요소'를 두루 갖춘 여자배구는 관중과 시청률 모두 말 그대로 '고공 행진'을 했다. 먼저

2022~2023시즌 여자배구 관중은 34만 7,267명으로 전체 관중(56만 1,455명)의 60% 이상을 차지했다. 매진된 경기는 19경기로 역대 최다를 기록했는데, 김연경이 뛴 흥국생명 경기가 17경기로 전체 매진 경기의 90%를 책임졌다. 홈, 원정 가릴 것 없이 김연경을 보기 위한 구름 관중이 체육관으로 몰렸다. 특히 흥국생명은 2022~2023시즌부터 인천 삼산체육관에 새로운 둥지를 틀었는데, 입석 관중 포함 6천 명 이상이 입장 가능해지면서 흥행 몰이에 '부채질'을 했다. 한 경기 최다 관중 역시 인천 삼산체육관에서 열린 한국도로공사와 흥국생명의 챔피언결정전 5차전으로 6,125명이 입장했다.

체육관의 열기는 안방으로도 이어졌다. 먼저 2022~2023시즌 여자배구 평균 시청률은 1.23%를 기록했는데, 이는 V리그 역대 평균 시청률 가운데 두 번째로 높은 기록이다. 정규리그 시청률은 1.16%로 직전 시즌(1.19%)에 비해 0.03%가 하락했지만, 포스트시즌 평균 시청률이 정규리그의 두 배 가까운 2.29%를 기록하면서 전체적인 시청률 상승으로 이어졌다. 여기에 '역대급 명승부'로 평가 받는 챔피언결정전 5차전은 역대 한 경기 최다 관중(6,125명) 기록뿐 아니라 '3.40%'의 시청률로 역대 V-리그 최고 시청률까지 경신했다.

한국도로공사와의 플레이오프 중 하이파이브를 나누는 현대건설 양효진과 김다인

정규리그 팀 순위

순위	팀명	승점	승	패	득세트	실세트	세트득실률	득점	실점	점수득실률	연속
1	흥국생명	82	27	9	93	44	2.114	3201	2887	1.109	3승
2	현대건설	70	24	12	87	56	1.554	3238	3002	1.079	3패
3	한국도로공사	60	20	16	77	67	1.149	3216	3168	1.015	4승
4	KGC인삼공사	56	19	17	72	72	1	3168	3141	1.009	1승
5	GS칼텍스	48	16	20	66	75	0.88	3100	3111	0.996	2패
6	IBK기업은행	48	15	21	61	76	0.803	3010	3096	0.972	2패
7	페퍼저축은행	14	5	31	35	101	0.347	2668	3196	0.835	1승

플레이오프

순위	팀명	승	패	승률	득점	실점	점수득실률	득세트	실세트	세트득실률	연속
1	한국도로공사	2	0	100	173	137	1.263	6	1	6	0패
2	현대건설	0	2	0	137	173	0.792	1	6	0.167	0패

챔피언결정전

순위	팀명	승	패	승률	득점	실점	점수득실률	득세트	실세트	세트득실률	연속
1	한국도로공사	3	2	60	439	463	0.948	10	10	1	0패
2	흥국생명	2	3	40	463	439	1.055	10	10	1	0패

저자 선정 2022~2023시즌 베스트 플레이어7

포지션	강홍구	김효경	유병민	최원영
아웃사이드 히터	김연경	김연경	김연경	김연경
	박정아	박정아	박정아	표승주
미들 블로커	배유나	배유나	양효진	양효진
	한수지	양효진	한수지	배유나
리베로	임명옥	김연견	임명옥	임명옥
세터	김다인	김다인	이윤정	김다인
아포짓 스파이커	엘리자벳	엘리자벳	엘리자벳	엘리자벳

국가대표팀의 부진이 길어진
2023 발리볼네이션스리그 리뷰

2021년 도쿄올림픽 4강 신화는 한국 여자 배구의 르네상스를 열게 하는 듯 했다. 그 어느 때보다 여자 배구에 대한 관심이 높아졌고, 코로나19 여파 속에서도 V-리그는 흥행했다. 하지만 영광이 채 잊혀지기도 전인 2022년 여자 배구는 추락을 거듭했다. 스테파노 라바리니 감독의 코치 출신인 세자르 에르난데스 곤잘레스 감독이 지휘봉을 잡았지만 2022 발리볼네이션스리그(VNL)에서 12전 전패를 당했고, 세계선수권에서도 1승 4패에 머물렀다.

2023년 한국 여자 배구는 운명의 갈림길에 섰다. VNL, 아시아선수권, 파리올림픽 예선, 항저우 아시안게임까지 이어졌기 때문이다. 유례없는 강행군이지만 세자르 감독은 모든 대회에서 베스트 전력을 꾸릴 계획을 밝혔다. 한유미 해설위원을 코치로 선임하고, 국가대표 레전드 김연경을 어드바이저로 합류시켜 진천선수촌에서 강화훈련을 시작했다. 2년 연속 박정아가 주장을 맡은 가운데 새로운 선수들을 합류시켜 세대교체와 성적, 두 마리 토끼를 노렸다.

하지만 결과는 처참했다. 선수들의 기량 향상도, 결과도 얻지 못했다. 1주차부터 시작된 1승에 대한 '희망 고문'은 안방까지 이어졌지만, 이뤄지지 않았다. 결과는 2년 연속 전패. 김연경과 양효진 등 황금 세대가 빠진 대표팀의 눈물과 아픔이 가득했던 VNL을 되돌아본다.

PLAYERS

1 OH 김다은 흥국생명
2 MB 이주아 흥국생명
3 S 염혜선 정관장
5 S 김다인 현대건설
6 MB 박은진 정관장
7 S 김지원 GS칼텍스
8 L 신연경 IBK기업은행
12 L 문정원 한국도로공사
13 OH 박정아 페퍼저축은행
14 MB 이다현 현대건설
16 OH 정지윤 현대건설
17 MB 정호영 정관장
18 OH 김미연 흥국생명
19 OH 표승주 IBK기업은행
71 OP 문지윤 GS칼텍스
97 OH 강소휘 GS칼텍스

MATCH 01

1주차 1경기 2023년 6월 1일
튀르키예 안탈리아 스포츠홀

VS 튀르키예

세트 스코어 0-3 (14-25, 17-25, 24-26)

REVIEW

한국은 1차전부터 핸디캡을 안고 경기에 나섰다. 세자르 감독이 대표팀에 늦게 합류했기 때문이다. 튀르키예 지진 여파로 리그 일정이 늦어졌고, 바키프방크 코치를 겸임한 세자르 감독은 한국으로 오지 못했다. 결국 1주차 경기를 일주일 앞두고 튀르키예 이스탄불에서 합류해 마지막 훈련을 한 뒤 결전지인 안탈리아로 향했다. 그런 상황인 만큼 세자르 감독의 전술을 선수들이 100% 이해하기는 어려웠다. 대표팀의 목표도 냉정했다. 결선 진출이나 5할 승률도 아니었다. 한유미 코치는 "개인적으로는 한 주차마다 1승씩, 3승을 거뒀으면 좋겠다"고 말했다.

세자르 감독은 결국 새로운 얼굴보다는 지난해 선발됐던 선수 위주로 라인업을 꾸렸다. 엔트리도 처음 합류한 김지원과 김다은을 제외, 정지윤을 아포짓으로 기용하고 박정아와 강소휘가 아웃사이드 히터로 나섰다. 미들블로커는 이주아와 정호영, 세터는 베테랑 염혜선이 맡았다. 유일하게 지난 시즌과 멤버가 다른 포지션은 신연경이 나선 리베로뿐이었다.

상대는 2년 전 도쿄올림픽 8강전에서 3-2로 이긴 튀르키예. 하지만 2년 전과 두 팀의 위치는 달랐다. 한국은 지난해 부진으로 랭킹이 24위까지 추락했다. 올림픽 멤버들이 거의 그대로 유지된 튀르키예는 7위. 안방의 이점까지 안고 있었다. 지난해 VNL에서도 튀르키예가 3-1로 이겼다. 한국 입장에선 냉정하게 승리보다는 빠르게 조직력과 선수단의 컨디션을 끌어올리는 게 첫 번째 과제였다.

0601 튀르키예전

예상대로 1세트는 한국의 완패였다. 초반 상대 범실로 잠시 앞서갔지만 금세 리드를 빼앗겼다. 6-8에서 긴 랠리가 이어졌으나 한데 발라딘에게 공격을 허용하면서 점수를 내줬고, 이후 점수 차가 확 벌어졌다. 특히 쿠바 출신으로 귀화한 멜리사 바르가스의 공격을 전혀 막아내지 못했다. 2세트 역시 일방적이었다. 박정아와 정지윤이 나름대로 공격을 이끌었으나 손발이 맞지 않아 범실이 많이 나왔다. 바르가스와 에브라카라쿠르트를 동시에 기용한 튀르키예의 파상공세를 막지 못했다.

그래도 3세트는 달랐다. 튀르키예는 주전 선수들을 빼고 나섰고, 한국 선수들은 조금씩 몸이 풀렸다. 특히 세트 중반부터 일킨 아이딘을 향한 목적타 서브를 효과적으로 넣었다. 14-14에서 이주아의 외발 이동공격과 블로킹, 상대 범실로 3점 차까지 앞서갔다. 막바지 잔실수가 나오며 역전을 허용했으나 23-24에서 박정아가 쳐내기 공격으로 듀스를 만들었다. 거기까지였다. 바르가스에게 중앙후위공격을 허용했고, 박정아가 때린 스파이크가 밖으로 나가면서 0-3으로 경기가 마무리됐다. 바르가스와 아이딘이 각각 15점, 14점을 올린 데 반해 한국은 정지윤이 유일하게 두자릿수 득점(10점)을 올렸다. 공격 성공 횟수는 28회로 튀르키예(51개)의 절반 수준에 그쳤다. 범실도 22개나 저질렀다.

POINT

한국 여자 배구 대표팀의 취약포지션은 아포짓이다. V-리그에서 외국인 선수들이 도맡는 포지션이다 보니 국제 경쟁력을 갖춘 아포짓을 키우기가 힘들다. 최근 몇 년간 김희진이 거의 혼자서 맡아왔지만 한계를 드러냈다. 설상가상으로 이번 대회를 앞두고는 수술을 받아 합류하지 못했다.

세자르 감독은 지난해 VNL 당시 공격력에선 좋은 평가를 받았던 이선우를 제외했다. 대신 선택한 카드는 정지윤. 미들블로커, 아포짓, 아웃사이드 히터가 모두 가능하지만 소속팀에선 리시브 훈련을 해가면서 아웃사이드 히터로 주로 나서던 정지윤을 믿었다. 정지윤 카드는 결과적으로 나쁘지 않았다. 공격성공률(34.6%)도 나쁘지 않았고, 1세트를 제외하면 크게 흔들리지 않았다. 그나마 1차전에서 건진 유일한 수확은 정지윤의 활약이었다.

MATCH 02
1주차 2경기 2023년 6월 2일
튀르키예 안탈리아 스포츠홈

VS 캐나다
세트 스코어 0-3 (17-25, 16-25, 18-25)

REVIEW

1주차에서 한국이 유일하게 승리를 노려볼 수 있는 상대는 캐나다였다. 1주차에서 만나는 네 팀 중 세계랭킹이 가장 낮고, 상대전적에서도 앞섰다. 게다가 캐나다는 팀의 에이스이자 간판인 키에라 반 라이크가 개인 사정으로 빠진 상태였다. 베테랑 제니퍼 크로스도 빠졌다. 프로 데뷔 초 GS칼텍스에서 뛰었으며 전년도 이탈리아 리그 MVP에 오른 윙스파이커 알렉사 그레이를 잘 막는다면 충분히 승산이 있을 것으로 보였다. 세자르 감독은 전날 스타팅에서 큰 변화를 주지 않았다. 1차전 3세트에서 선발로 나섰던 이다현이 선발로 나선 게 유일했다.

경기 흐름은 예상과 달랐다. 한국은 캐나다 그레이의

0602 캐나다전

공격횟수를 줄이기 위해 목적타 서브를 날렸으나 잘 버텼다. 캐나다 세터 브리 킹은 한국의 전략을 알고 있다는 듯, 가운데를 집요하게 노렸다. 1998년생의 191㎝ 미들블로커 레인 반 버스커크에게 속공과 이동공격을 계속 올려줬다. 버스커크는 1세트에서 공격으로만 무려 8득점을 올렸다.

한국의 조직력은 여전히 흔들렸다. 서브 리시브는 어느 정도 됐지만, 염혜선과 공격수들의 호흡이 맞지 않았다. 수비 시에는 선수들의 포지션이 연이어 겹치는 모습을 보이면서 연속 실점했다. 세자르 감독이 주문한 강한 서브도 볼 수 없었다. 범실만 4개나 나왔다. 결국 세터를 김다인으로 바꾸고 문지윤과 함께 더블 스위치로 투입하기도 했지만 힘없이 패했다.

전날과 달리 세자르 감독은 2세트에서 좀 더 변화의 폭을 크게 가져갔다. 김다인이 계속 뛰고, 아웃사이드 히터 김미연을 먼저 기용했다. 하지만 연속 포지션 폴트로 흐름을 내주고 말았다. 김다인도 맞불을 놓았다. 이주아와 이다현을 적극 활용하며 공격 루트를 뚫었다. 호흡도 생각보다 좋았다. 하지만 캐나다의 블로킹 벽은 높았고, 서브까지 날카로웠다. 2세트도 순식간에 패했다.

세자르 감독은 3세트엔 완전히 멤버를 교체했다. 박은진, 문지윤, 김미연, 표승주, 김다인, 이주아, 문정원으로 시작했다. 1차전 1세트와 비교하면 이주아를 제외한 6명의 선수를 모두 교체했다. 하지만 결과는 똑같았다. 캐나다 블로커들은 한국의 공격을 정확하게 막아냈고, 한국 블로킹 벽은 쉽게 뚫렸다. 결국 한국은 승점 1점도 얻지 못한 채 패했다. 버스커크가 18점, 또다른 미들블로커 에밀리 마글리오가 7점을 기록했다. 두 선수가 기록한 블로킹만 무려 8개였다. 그레이는 리시브에만 집중하며 11득점을 올렸다. 한국은 김미연이 8점, 박정아가 7점을 기록했다.

한국은 2022 VNL 전까지는 캐나다에게 한 번도 진 적이 없었다. 대표팀의 VNL 마지막 승리 상대도 캐나다(2021년 6월 15일, 3-2 승)였다. 그러나 유럽에 여러 선수를 진출시키면서 최근 트렌드를 완벽하게 이식한 캐나다는 탄탄했다. 한국도 예전보다 후위공격과 속공 등 예전에 많이 쓰지 않던 패턴을 구사하며 세계배구의 흐름에 따라가보려 했지만 선수들의 기량이나 높이, 스피드 모두 밀렸다.

POINT

세자르 감독은 VNL을 앞두고 리베로를 신연경 한 명만 뽑았다. 김연견이 부상이라 대체 선수가 필요했는데, 날개 공격수 문정원을 리베로로 선발했다. 한유미 코치가 전화를 걸어 "리베로로 뛰어달라"고 하자, 문정원도 놀랄 수밖에 없었다. 부담스럽다는 문정원의 말에 한 코치는 "이미 도로공사에서 수비 능력은 검증됐다. 대표팀에 리베로 문정원이 필요하다"고 했다.

실제로 문정원은 소속팀 도로공사에서 리시브를 많이, 그리고 잘 받았다. 원래 포지션은 아포짓이지만 박정아 대신 리시브에 가담했다. 리베로 임명옥과의 '2인 리시브 체제'는 도로공사가 2회 우승을 차지하는 데 큰 힘이 됐다. 2022~2023 V-리그 정규리그 리시브 효율은 56.94%로, 임명옥(59.85%)에 이어 2위에 올랐다.

다른 공인구(미카사), 다른 시스템(3인 리시브)과 포지션에도 불구하고 문정원은 기대 이상으로 해냈다. 공격수일 때와 달리 조금이라도 더 서브를 받아내고, 언더 토스 연결도 '초보'답지 않았다. 캐나다전에서 리베로 데뷔전을 성공적으로 치른 문정원을 본 세자르 감독도 이후엔 문정원을 주전으로 기용했다. 이어 열린 아시아선수권에서도 김연견이 부상에서 돌아왔지만 신연경을 제치고 문정원이 한 자리를 차지했다.

MATCH 03
1주차 3경기 2023년 6월 3일
튀르키예 안탈리아 스포츠홀

VS 미국
세트 스코어 0-3 (16-25, 25-27, 11-25)

REVIEW

미국은 여자배구 최강국 중 하나다. 한국이 국제대회에서 마지막으로 미국을 꺾은 건 2005년 그랑프리. 이후엔 14연패를 당하고 있었다. 두 경기 연속 셧아웃 패배를 당한 세자르호로선 미국을 상대로 한 세트만 따내도 의미있는 결과라 할 수 있었다.

때마침 기회도 왔다. 도쿄올림픽 금메달을 이끈 명장 카치 키랄리는 이번 VNL에서 주력 선수들에게 대거 휴식을 줬다. 미국이 파이널 개최국이라 순위와 관계없이 자동진출권을 갖고 있었기 때문이다. 우리에게 익숙한 조던 라슨, 치아카 오그보구, 켈시 로빈슨(쿡), 조던 톰슨, 할레이 워싱턴 등이 모두 제외됐다. 1주차 경기에는 젊은 선수들을 대거 발탁해 나섰다.

게다가 2연승을 거둔 뒤라 한국전에선 그나마 주전이라 할 수 있는 선수들도 휴식을 줬다. 미샤 핸콕, 저스틴 웡-오란테스는 벤치를 지켰다. 선발로 나선 선수들의 등번호(20번 대니얼 쿠티노, 26번 아스지아 오닐, 27번 에이버리 스키너, 28번 애쉴리 에반스, 31번 로니 존스-페리)만 봐도 미국은 베스트 멤버가 아니란 걸 알 수 있었다.

하지만 미국 2진에게도 한국은 이기지 못했다. 아웃

0603 미국전

사이드 히터 표승주가 11점, 정호영과 김미연도 각각 7점을 내는 등 고군분투했지만 높이에서 완전히 밀렸다. 블로킹 15개를 상대에 내줬고, 서브는 0-5로 밀렸다.

무엇보다 아쉬운 건 2세트였다. 한국은 끈끈한 수비를 앞세워 초반부터 리드를 잡았다. 당황한 미국의 잇따른 범실에 17-11까지 앞서갔다. 세터 김다인이 박은진과 정호영의 가운데 공격까지 적극적으로 쓰면서 처음으로 한 세트를 따내는 듯했다. 하지만 역시 해결사가 없었다. 과거 김연경이나 양효진이 있었다면 확실하게 득점을 내겠지만, 그러지 못했다. 세자르호 출범 이후 자주 나타난 한 자리에서 대량실점을 하는 모습이 또 나타났다. 23-18에서 5연속 실점을 해 동점을 허용했다. 24-23에서 정지윤의 공격이 밖으로 나가면서 기회를 놓쳤다. 비디오 판독까지 요청해봤으나 결과는 노 터치. 결국 25-27 역전패를 당했고, 3세트는 무기력하게 졌다. 그래도 지난 두 경기와 달리 범실을 줄여가면서 1주차 마지막 태국전에 대한 기대를 키우게 했다.

POINT

여자 배구 대표팀에서 가장 두드러지게 전력이 떨어진 포지션은 아웃사이드 히터다. 공수 모두 세계최고의 기량을 보여줬던 김연경이 떠났기 때문이다. 김연경의 대각선 자리를 맡았던 이재영도 없고, 박정아는 공격에 비해 리시브가 약한 편. 나머지 선수들도 대체로 공격 쪽에 방점이 찍혀있다.

그나마 대표팀에서 공격과 리시브를 모두 할 수 있는 선수는 표승주다. 표승주는 도쿄올림픽에서도 수비 강화를 위해 곧잘 투입돼 제 역할을 했다. 오픈은 물론 후위공격까지 할 수 있을 정도로 공격 능력도 갖췄다. 확고한 주전은 아니지만, 문제가 생기면 '소방수' 역할을 자주 맡는다.

미국전에서도 표승주는 자신의 롤을 수행했다. 모처럼 선발로 나선 표승주는 이날 팀내 최다인 24개의 서브를 받았다. 그러면서 가장 많은 26개의 스파이크를 때려 9개를 득점으로 연결했다. 공격효율도 23.08%로 무난했다. 블로킹을 이용해 쳐내거나, 연타로 수비진을 흐트러트리는 모습이 돋보였다.

MATCH 04
1주차 4경기 2023년 6월 4일
튀르키예 안탈리아 스포츠홈

VS 태국
세트 스코어 0-3 (17-25, 26-28, 21-25)

REVIEW

3전 전패. 세트 득실 -9. 세자르호는 예상했던 것보다 더 힘겹게 VNL 1주차를 치르고 있었다. V-리그를 마치고 강화훈련까지 했지만 아직까지 준비된 팀의 모습이 아니었다. 김연경이 있던 2021년에도 초반에 부진하긴 했으나 경기 내용이 너무나 실망스러웠다. 그런 상황에서 맞이한 1주차 마지막 상대는 태국.

태국은 일본, 중국과 함께 한국이 가장 자주 만난 팀이다. 눗사라로 대표되는 이른바 황금세대가 대거 물러났지만 태국은 자신만의 스타일로 세계적인 수준을 유지하고 있다. 신장의 약점을 스피드와 수비력으로

0604 태국전

커버했다. 그러나 한국에 비해 화력이나 신장에 있어서 불리한 건 사실이었기 때문에 세자르호로선 승부를 걸어야 할 경기이기도 했다.

하지만 이번에도 결과는 같았다. 1세트에서 박정아가 그나마 분전했지만 공격 범실이 쏟아지면서 허무하게 내줬다. 세트 중반까지는 16-17까지 대등하게 맞섰지만 이후 1득점하는 사이 8점이나 내줬다. 2세트도 듀스 접전을 펼쳤으나 막판 집중력에서 뒤졌다. 핌피차야 코크람의 공격은 한국 코트에 떨어졌고 표승주의 공격은 블로킹에 걸렸다. 3세트 역시 21-21까지 대등하게 갔으나 범실이 무려 4개 연속 나왔다. 박정아가 14점, 문지윤이 9점, 이주아가 8점을 올렸지만 참패를 면하지 못했다. 1m79㎝ 단신 공격수 목스리 찻추온에게만 20점을 빼앗겼다.

POINT

태국전을 지켜본 V-리그 관계자, 그리고 팬들의 마음은 묘했다. 아시아쿼터로 선발된 선수들이 태국의 주축으로 활약했기 때문이다. IBK기업은행에 지명된 세터 폰푼 게드파르드는 자신이 왜 아시아쿼터 1순위인지를 증명했다. 한국 블로커들은 폰푼의 빠른 토스를 따라다니기만 하고, 좀처럼 태국의 공격을 막지 못했다. 아시안게임까지 마치고 뒤늦게 합류하지만, IBK의 공격을 확 바꿔줄 세터로 기대를 모으기에 충분했다.

현대건설이 뽑은 아웃사이드 히터 위파위 시통도 수준급 리시브와 공격력을 선보였다. 지난해까진 거의 백업으로만 나섰지만, 올해 국제대회에선 주전급 선수들못잖게 출전했다. 강성형 현대건설 감독도 위파위의 기량에 만족했다는 후문. 도로공사에 지명된 타나차 쑥솟도 교체로 약간 뛰었다.

한국과 태국은 3개월 뒤 열린 아시아배구선수권에서도 8강에서 만났다. 이번에도 한국은 태국에 0-3으로 졌고, 아시아쿼터 선수들의 활약이 눈부셨다. 타나차는 15점, 위파위는 11점을 올렸다. 이번 시즌 V-리그 판도에는 태국 선수들의 활약이 적잖은 영향을 끼칠 듯하다.

MATCH 05
2주차 1경기 2023년 6월 15일
브라질 브라질리아 닐슨 넬슨 아레나

VS 브라질
세트 스코어 0-3 (29-31, 16-25, 16-25)

REVIEW

1주차를 마친 대표팀은 2주차 엔트리에 변화를 줬다. 김다인과 신연경이 심각하진 않지만 부상이 있어 빠졌다. 대신 김지원과 김다은이 이름을 올렸다. 두 선수 모두 태극마크는 처음이지만 중요한 역할을 맡게 됐다. 1주차 명단에서 빠졌지만 두 선수는 함께 이동하고 훈련했다. 오히려 차분하게 준비할 시간을 얻었다. 세자르 감독은 곧바로 브라질전에 선발로 둘을 투입했다. 걱정되는 부분은 리베로. 신연경이 빠지면서 문정원이 풀타임으로 뛰어야 하는 부담이 생겼다.

튀르키예에서 장거리 이동을 하고 치른 첫 경기. 선수들은 생각했던 것보다 컨디션이 좋았다. 1주차 중반부터 염혜선 대신 주전으로 나선 김다인과 공격수들의 호흡이 확실히 나아졌다. 100% 전력을 꾸린 건 아니지만 수준급 선수들로 구성된 브라질을 상대로 선전을 펼쳤다. 브라질 홈 팬들이 일방적인 응원을 보냈지만 강소휘와 김다은을 중심으로 대등한 경기를 이끌어갔다. 박은진과 이다현, 두 미들블로커들도 블로킹 득점

0615 브라질전

을 6점 합작했다.

한국은 24-24 이후 계속되는 매치포인트 상황에서도 6번의 듀스를 만들면서 역전을 노렸다. 그러나 마지막 힘이 부쳤다. 1세트를 뺏긴 뒤에는 급격히 승부의 추가 브라질 쪽으로 기울었다. 키시(15점)와 줄리아 버그만(11점) 쌍포가 터진 브라질은 디아나와 타이사까지 네 명의 선수가 두자릿수 득점을 올렸다. 중앙, 왼쪽, 오른쪽을 골고루 활용해 한국 블로커들을 따돌렸다. 서브 공략도 브라질이 한 수 위였다. 브라질은 정지윤을 집요하게 노리는 목적타 서브를 날렸다. 리베로 문정원이 자리를 바꿔가며 정지윤을 도왔지만, 정지윤의 공격력이 반감될 수 밖에 없었다. 또다시 0-3 셧아웃 패배. 브라질전 연패 기록은 '11'로 늘어났다.

POINT

VNL 대표 발표 당일. 김다은은 명단 확인조차 하지 않았다. 자신이 뽑힐 거라는 생각도 못했기 때문이다. 소속팀 흥국생명에선 아웃사이드 히터로 나서지만 김다은은 고교 시절까지 아포짓으로 뛰었다. 그러나 외국인 선수가 나서지 않는 지난해 컵대회에선 아포짓으로 뛰었고, 세자르 감독은 이때 김다은을 눈여겨봤다.

유스 대표 경험은 있지만 첫 성인 대표팀에 발탁된 김다은은 세계 최고의 팀 중 하나인 브라질을 상대로 데뷔전을 치렀다. 하지만 전혀 흔들리지 않았다. 경기 시작과 함께 타이사의 공격을 가로막으면서 첫 득점을 올렸고, 프리 다루와의 공격까지 막아냈다. 첫 공격 시도 역시 사뿐하게 성공. 경기 후반으로 갈수록 아쉬운 모습을 보이긴 했으나 11득점을 올렸다.

브라질전은 김희진 이후 뚜렷하게 자리를 잡은 아포짓이 없는 상황에서 김다은이 새로운 대표팀의 옵션으로 떠오른 경기였다. 이번 대회 83득점으로 강소휘와 나란히 팀 내 최다득점자에 이름을 올렸다.

MATCH 06
2주차 2경기 2023년 6월 16일
브라질 브라질리아 닐슨 넬슨 아레나

VS 일본
세트 스코어 0-3 (18-25, 13-25, 19-25)

REVIEW

2주차 두 번째 경기는 숙명의 한일전. 과거엔 기량에서 밀려도 정신력으로 극복했던 시기도 있다. 하지만 이번엔 한국의 승리를 점치는 이가 거의 없었다. 그만큼 두 나라의 기량 차가 1년 사이 확 벌어졌기 때문이다. 지난해 VNL에서 한국이 전패를 당하는 동안 일본은 5위에 오르며 8강 토너먼트에 진출했다. 당시 대결에서도 일본은 한 수 위의 기량을 뽐내며 3-0 승리를 거뒀다.

1년이 지났지만 결과는 같았다. 세자르 감독은 강소휘와 박정아를 아웃사이드 히터, 김다은을 아포짓, 정호영과 이주아를 미들블로커, 세터 김지원, 리베로 문정원의 선발 라인업을 구성했다. 하지만 1세트 초반부터 일본의 맹공에 대처하지 못하면서 일방적인 흐름으로 게임이 전개됐다. 일본전에 대비해 브라질전에서 박정아와 표승주에게 휴식을 줬지만, 효과를 보지 못했다. 일본의 탄탄한 수비를 좀처럼 뚫지 못했고, 중앙과 측면을 골고루 활용하는 일본의 공격에 번번이 당했다.

2세트도 하야시 코토나의 빠른 공격에 흔들리더니, 이노우에 아리사의 서브에 연속 실점 하는 등 9-18 더블스코어까지 끌려가다 허무하게 졌다. 3세트는 초반 이다현, 정지윤이 분전하면서 접전을 펼치기도 했지만 16-17에서 범실이 나오면서 연속 실점한 뒤 무너졌다.

일본은 3세트 경기인데도 무려 4명(이노우에, 이시카와 마유, 야마다 니치카, 하야시)이 두 자릿수 득점을 올린 반면 한국은 단 한 명도 두 자릿수 득점을 기록하지 못했다. 문지윤이 8점, 정지윤이 6점. 심지어 블로킹에서도 6-7로 밀렸다. 더욱 굴욕적인 건 일본 주장이자 에이스 코가 사리나가 3세트 막판 승패가 결정된 뒤에나 잠시 출전했다는 점이다. 일본은 교체멤버들까지 골고루 기용하며 체력안배를 했다.

POINT

과거 한국은 서브가 좋은 팀이었다. 강한 서브를 때리는 선수는 많지 않아도 상대가 받기 힘든 서브를 구사하거나, 중요할 때 서브득점을 올려줄 선수가 있었다. 도쿄올림픽에서도 고비 때마다 좋은 서브가 나와 분위기를 바꾼 적이 많았다. 염혜선은 서브 4위, 김희진은 6위에 올랐다. 양효진, 김수지, 김연경도 좋은 서브를 때렸다. 안혜진, 박은진 등 백업 선수들도 서브로 승리에 기여했다.

그러나 현재 한국 대표팀의 서브 능력은 상당히 떨어졌다. 이번 VNL에선 강소휘(12개, 13위)를 제외한 선수 중 아무도 50위 안에도 이름을 올리지 못했다. V-리그 최고 서버 중 한 명인 문정원이 발탁됐지만, 리베로로만 출전했다.

일본전에서도 여실히 드러났다. 일본은 평소보다 범실이 많긴 했으나 철저한 목적타 서브를 구사했다. 코스를 정확하게 노리다 보니 에이스도 6개나 기록했다. 반면 한국은 서브득점 2개를 기록하는 사이 7개의 범실을 기록했다. 라바리니 감독은 서브 범실을 두려워하지 말라고 주문했지만, 2년 사이 그런 모습이 사라졌다.

MATCH 07
2주차 3경기 2023년 6월 17일
브라질 브라질리아 닐슨 넬슨 아레나

VS 크로아티아
세트 스코어 0-3 (23-25, 21-25, 14-25)

REVIEW

단두대 매치. 한국도, 크로아티아도 이 경기는 질 수 없었다. 두 팀 모두 개막 이후 6연패에 빠졌기 때문이다. 서로를 '1승 제물'로 생각하고 이 경기에 전력을 기울였다. 특히 세자르호에게 크로아티아는 고마운 상대였다. 2022년 세계선수권에서 이겼기 때문이다. 세자르호에게 유일한 승리로, 이 경기마저 이기지 못했다면 세자르호는 무려 23연패를 당할 수 있었다. 세계랭킹에서도 한국이 26위, 크로아티아가 30위로 앞섰다.

한국은 최정예 멤버를 꾸렸다. 박정아, 표승주, 정호영, 이다현 등 꺼낼 수 있는 최선의 선수진으로 경기에 나섰다. 흐름도 나쁘지 않았다. 1세트 4-9로 뒤지던 한국은 표승주의 공격이 연이어 터지면서 점수 차를 좁혔다. 이다현의 속공, 문지윤의 블로킹으로 동점을 만든 한국은 정호영의 서브 득점, 문지윤의 블로킹으로 두 점 차 리드를 만들었다. 문지윤의 공격까지 터지면서 23-20을 만들어 마침내 첫 세트 승리를 눈 앞에 두는 듯했다. 하지만 거짓말처럼 5연속 실점을 하면서 1세트를 내줬다.

0617 크로아티아전

한국은 2세트에서 전열을 재정비했다. 강소휘와 정지윤이 투입돼 공격을 이끌었다. 리시브가 된 공은 정호영이 꾸준하게 가운데에서 공격으로 연결했다. 그러나 14-14였던 점수는 순식간에 벌어졌다. 크로아티아는 강소휘에게 집중 서브를 넣어 한국의 공격 패턴을 단순하게 만들었다. 높이가 좋은 크로아티아는 유효블로킹시킨 뒤 수비를 하고 반격으로 착실하게 점수를 올렸다. 21-25. 승기를 내준 한국은 3세트에서도 대폭 선수 교체를 했지만 또다시 셧아웃 패배를 당했다.

크로아티아는 그동안 상대했던 팀들보다 엉성했다. 서브 리시브가 불안해 제대로 세팅된 공격을 하지 못했다. 2000년대생 어린 선수들로 팀이 구성돼 경기 운영 능력도 떨어졌다. 하지만 한국은 상대의 약점을 이용하지 못할 정도로 불안정했다. 어느덧 7연패. 2년 연속 전패 위기가 한국 선수단을 뒤덮었다.

POINT

슬램덩크 능남고의 유명호 감독은 2m 센터 변덕규에게 "덩치만 클 뿐이라고? 그걸로 충분하지 않니. 체력이나 기술은 가르쳐줄 수 있다. 하지만 널 크게 할 수 없어. 네 키는 정말 멋진 재능이다"라며 격려한다. 그의 말처럼 농구는 피지컬이 중요한 종목이다. 배구 역시 마찬가지다. 김연경과 양효진이 세계적인 선수가 될 수 있었던 것도 뛰어난 신체조건 덕분이다.

현재 대표팀에서 가장 신체적인 능력이 뛰어난 선수는 미들블로커 정호영이다. 고교 시절 1m90㎝의 큰 키로 날개공격수까지 소화했던 정호영은 큰 키는 물론 긴 팔까지 지녔다. 블로킹 높이와 타점은 양효진과 함께 국내 최고다. 블로킹이나 기본기 면에서 아쉬운 모습을 드러내긴 해도 공격능력만큼은 이주아, 박은진,

이다현 등 젊은 미들블로커들 사이에서도 돋보인다.

크로아티아전에서도 정호영은 자신의 공격력을 유감없이 보여줬다. 58.3%의 높은 공격성공률과 함께 블로킹 2개, 서브득점 1개를 더해 두자릿수 득점을 기록했다. 아직까지 기복이 심하지만, 정호영이 안정감을 장착한다면 적어도 높이에서 뒤지지 않는 카드 한 장을 얻게 될 것이다.

MATCH 08
2주차 4경기 2023년 6월 19일
브라질 브라질리아 닐슨 넬슨 아레나

VS 독일
세트 스코어 1-3 (19-25, 17-25, 27-25, 12-25)

REVIEW

원정에서 치르는 마지막 경기. 대표팀은 다급했다. 그나마 해볼만한 상대라고 꼽았던 캐나다와 크로아티아에게도 완패를 당했기 때문이다. 최하위가 확정적인 상태에서 단 1승도 거두지 못한 채 한국으로 돌아갈 처지였다. 독일은 쉽지 않은 상대였다. 주포 한나 오르트만과 신예 리나 알스마이어란 확실한 원투펀치가 있었다. 카밀라 바이첼과 마리 슐첼이 버티는 중앙도 강하다. 하지만 서브나 리시브 등 잔플레이에는 다소 허점이 있었다. 한국이 파고들 수 있는 유일한 부분.

한국은 아포짓 스파이커 김다은, 아웃사이드 히터 정지윤과 강소휘, 미들블로커 이다현과 박은진, 세터 김지원, 리베로 문정원 등 크로아티아전과 완전히 다른 선발 라인업을 꾸렸다. 하지만 무기력하게 끌려갔다. 1세트 강소휘와 정지윤을 중심으로 경기를 풀어갔지만, 독일의 공격력을 극복하지 못했다. 2세트에선 박은진과 이다현을 활용해 높이를 살리려고 했으나 결과는 달라지지 않았다. 하지만 세자르 감독은 선수들을 바꾸지 않고, 3세트까지 밀어붙였다.

결과는 성공적이었다. 앞선 두 세트와 달리 범실이 줄어들었고, 특히 여러 차례 좋은 수비가 나왔다. 22-24로 뒤졌던 한국은 오르트만의 서브 범실로 한숨을 돌렸다. 그리고 문정원의 디그 이후 김다은이 기가 막힌 백어택을 성공시켜 듀스를 만들었다. 강소휘의 서브득점으로 마침내 리드를 잡은 한국은 정지윤의 퀵오픈과 이다현의 이동공격으로 마무리했다. 8경기, 24번째 세트 만에 따낸 승리였다. 하지만 4세트에선 일방적인 승부가 이어졌고, 결국 승점 획득엔 실패했다.

POINT

정지윤은 V-리그에서 보기 드문 선수다. 프로에 온 뒤 5년이란 짧은 시간 동안 아포짓, 미들블로커, 아웃사이드 히터를 오갔기 때문이다. 강성형 감독이 현대건설을 맡은 뒤 정지윤의 포지션은 아웃사이드 히터로 고정됐다. 블로킹도 좋고, 공격력이 뛰어난 정지윤이 서브 리시브까지 해낸다면 금상첨화인 것도 사실이었다. 물론 그 과정에서 호된 성장통을 겪었다.

대표팀에서도 정지윤은 똑같은 과정을 밟고 있다. 아포짓도 이따금 나서지만 주로 리셉션에 참여하는 아웃사이드 히터로 나서고 있다. 세자르 감독도 퍼펙트 리시브보다는 일단 받아놓고 빠르게 공격에 참여하는 쪽을 권했다.

독일전에서 정지윤은 높은 블로킹을 상대로도 45.7%의 높은 공격성공률을 기록하며 팀내 최다인 16득점을 올렸다. 상대 블로킹을 이용한 공격도 여러 번 시도해 재미를 봤다. 리시브도 리베로 문정원 다음으로 많은 30개나 받았다. 정지윤은 VNL을 마치고 "리

0619 독일전

시브는 내 단점이다. 그런데 리시브에만 너무 신경을 쓰니까 장점인 공격을 뒤로 하게 됐다. 이젠 리시브가 안 되더라도 신경 쓰지 않고 제 장점을 부각하기 위해 노력하려 한다"고 말했다.

MATCH 09
3주차 1경기 2023년 6월 27일
대한민국 서수원칠보체육관

VS 불가리아
세트 스코어 1-3 (22-25, 18-25, 26-24, 15-25)

REVIEW

VNL 마지막 3주차 경기를 맞아 안방 서수원칠보체육관으로 돌아온 한국 여자배구 대표팀은 그야말로 벼랑 끝에 놓여 있었다. 애초 목표로 세웠던 3승은 고사하고 국내 팬 앞에서 '2년 연속 전패'가 현실이 되는 건 아닌지 우려해야 할 처지에 놓였다. 반면 오랜만에 눈앞에서 대표팀 경기를 보게 된 팬들은 더욱 열광했다. 2019년 충남 보령 대회 이후 4년 만에 국내로 돌아온 VNL에 배구팬들은 주말 경기 매진으로 화답했다. 그야말로 더 이상 물러날 곳이 없었다. 한국은 3주차를 맞아 미들블로커 박은진과 아웃사이드 히터 김미연을 엔트리에서 제외했다. 2주차 명단에서 빠졌던 세터 김다인, 리베로 신연경이 복귀했다. 이번 대회 처음으로 엔트리에 세터 3명이 모두 이름을 올렸다.

특히 3주차 첫 경기인 불가리아전은 세자르 에르난데스 감독으로선 사활을 걸 수밖에 없는 경기였다. 당시 불가리아는 VNL에서 1승 7패로 최하위 한국에 한

계단 높은 15위를 달리고 있었다. 첫 승이 절실한 한국에겐 반드시 무너뜨려야 할 상대였다. 중국, 폴란드 등과 대결이 남아있는 걸 감안했을 때 어쩌면 다시 찾아올지 모르는 승리의 기회였다. 이날 경기장에는 김연경 어드바이저도 대표팀에 동행해 선수들에게 힘을 실어줬다. 실제로 한국은 2019년 보령 대회 당시 3경기 중 2경기를 따내며 최하위를 면하기도 했다.

2주차 막바지 들어 조금씩 고정 라인업을 구축하기 시작한 세자르 감독은 이날 세터 김다인, 아웃사이드 히터 강소휘, 정지윤, 아포짓 스파이커 김다은, 미들블로커 이주아, 정호영으로 선발을 꾸렸다. 한국은 1세트 김다은의 7득점 활약으로 22-22까지 팽팽한 승부를 이어갔지만 22-24에서 비디오 판독 끝에 엘레바 베체바의 공격이 한국 블로커를 맞고 나간 것으로 확인되면서 세트를 내줬다. 이어 2세트를 내준 한국은 3세트 들어 김다인이 서브로만 3득점하는 등 상대 리시브 라인을 흔들었다. 24-24 듀스에서 표승주가 서브 득점한 데 이어 상대의 공격 범실까지 나오면서 세트를 가져왔다. 대표팀의 승리가 간절했던 배구팬 2050명 사이에선 마치 경기를 이겼을 때와 같은 큰 함성이 터져 나왔다.

그러나 더 치고 나가지 못했다. 4세트에만 불가리아 마리아 요르다노바에게 6점을 내주는 등 열세를 이어 나가며 15-25로 세트를 내줬다. 특히 상대의 높은 블로킹(13개)에 가로막혔다. 한국의 블로킹은 4개가 전부였다. 세트스코어 1-3으로 패하며 경기를 마무리했다. 김다은이 팀에서 가장 많은 19득점으로 분전했다.

POINT

0627 불가리아전

VNL은 경기 뒤 승장 및 수훈선수 인터뷰를 공개한다. 하지만 한국은 1승도 거두지 못했다. 그래서 세자르 감독의 목소리를 들을 수 없었다. 한국 미디어를 상대로 처음 기자회견에 나선 세자르 감독의 상황 인식은 아쉬움을 남겼다.

일정상 국내 훈련에 동행하지 못한 채 해외 현지에서 바로 대표팀에 합류했던 그는 이른바 '투 잡 논란'에 대해 "나는 대표팀에 열중하고 있고, 오히려 불만을 가져야 하는 쪽은 소속팀"이라고 말해 빈축을 샀다.

"전술적인 준비에는 문제가 없지만 국제적인 수준에 적응하는 데 어려움을 겪고 있다"면서 "올림픽에 못 가면 상응하는 책임을 지겠다"고 밝혔다. "세계적인 선수들과 실력 차이가 많이 나 부끄러움을 느꼈다. 국내 리그에서 안일하지 않았나 생각한다"는 강소휘의 답변과는 온도 차가 컸다.

MATCH 10
3주차 2경기 2023년 6월 29일
대한민국 서수원칠보체육관

VS 도미니카공화국
세트 스코어 0-3 (18-25, 18-25, 16-25)

REVIEW ―――

하루 휴식을 취한 한국은 3주차 두 번째 경기로 도미니카공화국을 만났다. 최근 주요 국제대회 때마다 빠지지 않고 만나온 상대다. 2021년 도쿄올림픽 조별리그에서는 한국이 3-2 신승을 거뒀지만, 이후 2022년 VNL과 세계선수권에서는 모두 0-3 셧아웃 패배를 당했다. 도쿄올림픽을 기점으로 9승 8패 한 끗 우위를

0629 도미니카전

점했던 상대전적도 도리어 9승 10패로 열세가 됐다. 도미니카공화국은 11위, 한국은 34위로 세계랭킹도 어느새 벌어져 있었다.

한국은 이날 세터 김다인, 아웃사이드 히터 강소휘, 정지윤, 아포짓 스파이커 김다은, 미들블로커 이주아, 이다현으로 선발을 꾸렸다. 지난 경기 기준 정호영을 이다현으로 바꿨다. 세자르 감독은 남은 대회 동안 이 선발 라인업을 유지했다.

한국은 시종일관 열세인 경기를 했다. 1세트 초반 순식간에 점수 차가 2-7까지 벌어졌다. 도미니카공화국은 곤잘레스와 히네이리 마르티네스가 1세트에만 블로킹 2개 포함 각각 8득점, 7득점하면서 쉽게 경기를 풀어갔다. 한국의 실낱같은 첫 승 희망이 점점 사그라졌다. 한국의 날개공격수는 도미니카공화국의 높은 벽을 뚫기 역부족이었다. 한국은 이날 블로킹, 서브에서도 모두 열세였다. 블로킹은 도미니카공화국 10개, 한국 3개로 차이가 컸다. 3세트에서도 별다른 반등 가능성을 보여주지 못한 채 셧아웃 패배했다. 그나마 정지윤이 두 자릿수 득점(10점)을 기록했다. 1시간 14분 만에 승부에 마침표가 찍혔다. 한국의 3주차 경기 중 최단 시간 경기였다. 이날 패배로 한국은 올 VNL 들어서만 10번째 패전을 기록했다.

경기 뒤 세자르 감독은 "결과적인 부분은 시간이 필요하다"면서도 "지금껏 했던 VNL 경기 중 가장 좋은 리시브 성공률을 보여준 것 같다"고 자평했다. 한국은 이날 27.7%의 리시브 성공률을 기록했다.

POINT

도쿄올림픽 4강 진출의 수훈갑은 김연경이었다. 여우 조연상을 준다면 단연 박정아였다. 2016 리우올림픽에서 목적타 서브에 힘들어했던 박정아는 한층 달라진 모습을 선보였다. 조별리그 통과의 분수령인 일본전에선 기가 막힌 쳐내기 공격으로 역전승을 이끌었다.

하지만 이번 VNL에서 박정아는 좀처럼 웃는 모습을 보여주지 못했다. 주전으로 나서더라도 풀타임으로 경기를 소화한 적이 없었다. 주장으로서 선수단을 이끌기 위해 노력했지만 코트에선 특유의 파워풀한 스파이크를 보여주지 못했다. 김연경의 뒤를 이을 '에이스' 역할이 기대됐지만 적어도 2023시즌엔 기대치에 미치지 못했다.

오랫동안 소속팀과 대표팀을 오갔던 박정아는 분명히 지쳐 있다. 하지만 배구 팬들은 모두 알고 있다. 좀비처럼 쓰러질 듯 하면서도 꿋꿋이 뛰어올라 스파이크를 때려낸 2022~2023 챔피언결정전의 모습을. 여자배구 대표팀이 정상 궤도에 오르기 위해선 박정아의 반등이 절실하다.

MATCH 11
3주차 3경기 2023년 7월 1일
대한민국 서수원칠보체육관

VS 중국
세트 스코어 1-3 (13-25, 21-25, 25-21, 15-25)

REVIEW

7월 첫째 날 한국은 '아시아 최강' 중국을 만났다. 세계랭킹 6위 중국은 1승도 신고하지 못한 한국에겐 분명 부담스러운 상대였다. 다만 중국 역시 대회 시작 후 6연승을 달리다 4연패로 페이스가 한풀 꺾인 상황이었다. 3주차 경기에서도 세르비아와 도미니카공화국에게 연이어 패했다.

토요일 경기를 맞아 이날 경기장에는 3320명의 배

0701 중국전

구 팬이 몰려 응원 열기를 뿜어냈다. 매진을 기록했을 정도로 뜨거운 팬들의 성원에 한국 선수들도 쉽게 물러서지 않겠다는 의지로 버텼다. 1세트는 13-25로 차이가 컸지만 2세트는 21-25로 조금씩 격차를 좁혔다.

한국은 3세트 들어 흐름을 바꿨다. 김다은의 공격을 앞세워 3세트 팽팽한 균형을 이어가던 한국은 17-17에서 이다현, 정지윤의 공격득점 등에 힘입어 20-17까지 앞서나가며 기세를 탔다. 강소휘의 공격이 성공하며 3세트를 가져왔다. 결과적으론 물론 1-3으로 졌지만 마냥 무기력한 패배는 아니었다. 이번 대회 들어 처음으로 한 경기에서 두 자릿수 득점자 4명이 나왔다. 김다은이 17점, 이다현, 강소휘가 12점, 이주아가 10점을 책임졌다. 정지윤도 9점을 올렸다.

세자르 감독은 "여름 동안 선수들이 쏟은 열정을 오늘 결과로 보상받은 것 같아 기쁘다"고 말했다. 앞서 불가리아전 뒤에는 "공격적인 측면에서 지난 시즌과 비교했을 때 경쟁력을 갖춘 것 같다"고 언급하기도 했다. 물론 만족할만한 수준은 아니었다. 한국은 여전히 대회에서 승점 1도 따내지 못 했다.

한편 한국전 승리로 연패에서 탈출한 중국은 결국 튀르키예와의 결승전까지 진출한 끝에 준우승으로 대회를 마무리했다.

POINT

중국전 3세트는 이번 대회 한국이 가장 좋은 경기력을 보여준 세트였다. 세터 김다인은 김다은에게 8회, 강소휘, 정지윤에게 7회로 고르게 공을 연결했다. 날개에서 활로를 뚫으면서 미들블로커의 속공 기회도 늘었다. 3연속 서브 득점을 올렸던 불가리아전, 그리고 중국전에서 보여준 김다인의 경기력은 인상적이었다.

김다인은 빠른 발을 살려 정확하게 리시브되지 않은 공도 연결하거나 몸을 날려 수비를 해낸다. 비교적 어린 나이에 주전 세터로 성장하면서 경기를 읽는 눈도 좋고, 상황 판단도 빠른 편이다. 이번 VNL을 치르면서 김다인은 주전 세터로 성장했다.

국제대회를 치르면서 배구를 바라보는 눈도 성장했다. 김다인은 "기본기나 기술적인 부분이 부족하다는 생각을 자주 했다. 앞으로 한국 배구가 발전하려면 무엇을 해야할지 고민"이라고 말했다.

MATCH 12
3주차 4경기 2023년 7월 2일
대한민국 서수원칠보체육관

VS 폴란드
세트 스코어 0-3 (23-25, 18-25, 16-25)

REVIEW

11전 전패. 한국은 결국 '2년 연속 전패' 위기를 안은 채 마지막 경기에 나서야 했다. 공교롭게도 대결 상대는 라바리니 감독이 이끄는 폴란드 대표팀. 2021년 도쿄올림픽 당시 한국의 4강 진출을 이끈 라바리니 감독을 그것도 벼랑 끝에서 상대로 마주하게 된 것. 더구나 폴란드는 당시 9승 2패로 미국, 튀르키예 등과 1위 싸움을 하고 있었다. 전년도 VNL 13위였던 폴란드가 이제 순위표 최상단을 노리게 된 셈. 2년 연속 최하위가 유력한 한국으로선 많은 생각을 하는 결과였다.

예선 라운드 통과는 확정했으나 순위 싸움이 남아있던 폴란드로서도 한국전은 반드시 잡아야 할 경기였다. 사실상 주전을 내보냈다. 지난해 VNL에서도 0-3으로 완패한 한국은 1세트 마지막까지 끈질기게 따라붙었다. 김다은이 1세트에 양 팀 최다인 8득점을 했지만 세트를 가져오지 못했다. VNL 전체 득점 1위인 막달레나 스티시악이 16득점을 쏟아냈다. 한국은 서브, 블로킹 열세에 범실도 오히려 많았다. 김다은이 13득점, 강소휘가 12득점을 했다.

결국 2년 연속 승점 1도 챙기지 못한 채 VNL을 떠나는 불명예를 기록하게 됐다. 2021년부터 이어진 연패는 27연패로 길어졌다. 불행 중 다행일까. 2018년 VNL 출범 당시 FIVB가 한국을 2024년까지 6년간 핵심 팀으로 분류하면서 내년에도 강등 없이 VNL 무대를 밟는다.

세자르 감독은 "8월 재소집 이후에는 국제대회 환경에 익숙해진 뒤니 결과를 보여주는 데 시간이 적게 들 것이다. 그때는 결과가 나올 거라고 생각한다"고 다음을 기약했다. 그러나 한국은 이어 열린 아시아선수권에서도 1975년 대회 출범 이후 처음으로 4강 진출에 실패했다. 파리올림픽 예선은 7전 전패로 탈락했고, 아시안게임도 17년 만의 노메달에 그쳤다.

POINT

"한국을 만나는 건 마치 치과에 가는 것 같은 느낌이다." 한국과 마지막 대결을 앞둔 라바리니 감독은 이렇게 말했다. 한국 선수들과 대결을 피하고 싶다는 뜻이었다. "꼭 가야 한다는 걸 알지만 정말 가기 싫은 그런 느낌"이라는 설명을 덧붙였다.

한국 여자 배구 최초의 외국인 사령탑이었던 그는 최상의 결과를 안겨주고 떠났다. 하지만 그가 떠난 뒤 대표팀의 경기력은 추락했다. 모든 게 '라바리니가 떠나서'인 것처럼 빈자리가 크게 느껴졌다.

세자르 감독은 "VNL 수준에 도달하지 못한 것이 여

0702 폴란드전

자 배구가 현재 직시한 현실이라고 생각한다. 국제 배구의 흐름은 더 빨라지고 더 강해지고 있다. 우리는 은퇴한 베테랑 선수들이 있기 때문에 새로운 선수를 발굴함과 동시에 수준을 높이는 과정 중에 있다"고 말했다. 뒤처지느냐, 따라잡느냐. 한국 여자 배구는 기로에 서 있다.

공인구 변경부터 아시아쿼터까지
2023~2024시즌 프리뷰

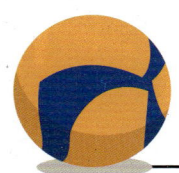

여자배구는 다가오는 2023~2024시즌 새로운 변화에 직면했다. 사상 처음으로 아시아쿼터 제도가 도입돼 새로운 얼굴, 새로운 배구가 코트 위에서 펼쳐질 전망이다. 여기에 국가대표급 FA 선수들이 대거 이적해 새 팀에서 새 출발을 시작했고, 사상 처음으로 공인구도 바뀐다. 흥미로운 요소가 가득한 만큼 지난 시즌 못지않은 역대급 흥행도 기대되고 있다. 눈앞으로 다가온 2023~2024시즌 관전 포인트 네 가지를 짚어봤다.

1. 김연경의 '진짜' 마지막 시즌?

2023년 2월15일 인천 삼산체육관 인터뷰실. 경기를 승리하고 기자회견에 나선 김연경은 "은퇴를 고민하고 있는 건 사실"이라고 털어놓았다. 이어 "내 경우엔 높은 자리에 있을 때 자리를 내려놓는 게 좋다고 생각하고 있다. 내 나이가 올해 서른여섯인데, 배구를 오래 했다"라고 덧붙였다. 당시 흥국생명은 현대건설을 제치고 리그 1위에 등극한 상황. 기세를 이어간다면 통합 우승도 충분히 가능해보였다. 김연경의 인터뷰는 '박수 칠 때 떠나고 싶다'는 의미로 해석됐다. 흥국생명은 정규리그 우승을 차지하고, 챔피언결정전에 직행했다. 모두의 시선은 흥국생명의 통합 우승보다 '김연경의 현역 은퇴'에 더 쏠렸다. 그러나 흥국생명은 챔피언결정전에서 한국도로공사에 패하면서 준우승에 머물렀다.

'정상'에서 물러날 수 없게 된 김연경은 현역 연장을 선택했다. 2022~2023시즌 정규리그 MVP를 차지한 뒤 "선수 생활을 더 하겠다"고 공식 선언했다. V-리그에서 6시즌을 뛰어 처음으로 얻은 FA 자격도 행사했다. 현대건설 등 복수의 구단이 김연경 영입을 원했지만, 그의 선택은 '흥국생명 잔류'였다. 여자부 최고 연봉인 7억7천500만 원으로 원 소속팀 흥국생명과 1년 계약을 체결했다. 통상 3년 계약이 주를 이루는 FA 시장에서 '1년 계약'은 어쩌면 올 시즌이 김연경의 '진짜' 마지막 시즌이 될 수 있다는 걸 시사한다. 김연경이 버티는 가운데 베테랑 미들블로커 김수지까지 FA 영입한 흥국생명은 2023~2024시즌 강력한 우승 후보로 평가받고 있다. 과연 김연경은 정상에서 박수 받으며 코트를 떠날 수 있을까.

2. '어제의 친구가 오늘의 적' FA 대이동

김연경, 김수지, 박정아, 황민경… 2022~2023시즌 종료 뒤 국가대표 주전급 선수들이 대거 FA 자격을 얻으면서 'FA 대이동'에 관심이 쏠렸다. '최대어'는 단연 김연경. 최소 '봄 배구'가 보장되는 확실한 에이스를

'모셔가기' 위해 원 소속 구단 흥국생명을 포함해 4개 구단이 그의 영입을 추진했다. 김연경의 거취에 따라 나머지 FA 선수들의 이동이 결정될 정도로 시장에 미친 파급력은 컸다. 고심에 고심을 거듭한 김연경은 원

데뷔 시즌
(2005~2006)
김연경의 모습

페퍼저축은행으로 이적한 박정아

IBK기업은행에서 김희진과 한솥밥을 먹게 된 황민경

김연경과 함께
흥국생명 유니폼을 입은
김수지

이적후 바로
컵대회 우승을 맛본
정대영

소속 구단 흥국생명 잔류를 택했다. 김연경의 거취가 결정되자 각 구단은 취약 포지션 보강을 위해 FA 선수 영입에 더욱 박차를 가했고, 총 5명의 선수가 팀을 옮겼다.

먼저 국가대표 공격수 '클러치 박' 박정아가 한국도로공사를 떠나 페퍼저축은행으로 이적했다. 페퍼저축은행은 연봉 총액 7억7500만 원, 계약 기간 3년, 계약 총액 23억2500만 원으로 여자배구 역대 최고 대우를 안겼다. 정관장에서 뛴 베테랑 아웃사이드 히터 채선아도 페퍼저축은행에 새 둥지를 틀었다. 두 시즌 연속으로 꼴찌에 머문 페퍼저축은행은 박정아, 채선아 영입으로 공, 수에서 확실한 전력 보강을 이뤘다.

현대건설에서 활약해 온 베테랑 황민경은 아웃사이드 히터 한 자리가 늘 고민이던 IBK기업은행의 제안을 수락했다. 계약 기간 2년, 연봉 4억5000만 원으로 총액 9억 원에 파란 유니폼을 입었다. 일각에서 '오버 페이'라는 비판도 일었다. 하지만, 표승주의 파트너 자리가 늘 '구멍'이었던 IBK기업은행 입장에서는 황민경 이상의 카드가 없었다. 반면 IBK기업은행의 중앙을 지킨 베테랑 미들블로커 김수지는 흥국생명으로 이적했다. 계약 기간 3년, 연봉 총액은 3억1000만 원으로 흥국생명은 10억 원에 가까운 금액을 과감하게 투자했다. 흥국생명은 김연경에게 팀 잔류를 제안하면서 '전력 보강'을 약속했고, 그 일환으로 '절친'이자 국가대표 출신 김수지의 영입을 추진했다.

올해 마흔한 살로 여자배구 역대 최고령 기록을 새로 쓰고 있는 '엄마 선수' 정대영은 GS칼텍스 유니폼을 입었다. 계약 기간 1년, 총액 3억 원에 도장을 찍었다. '높

23컵대회 예선 경기를 지켜보고 있는 정관장의 아시아쿼터 메가왓티 퍼티위

이' 문제로 늘 고민하던 GS칼텍스는 전력 보강은 물론 후배 선수들에게 귀감이 될 수 있는 '플레잉 코치급' 베테랑 영입에 성공했다. 정대영은 "배구 선수뿐 아니라 모든 선수에게 나이는 숫자에 불과하다는 것을 보여주고 싶었다. 은퇴를 앞둔 선수도 FA 자격을 얻어 좋은 대우를 받을 수 있다는 것을 몸소 알려주고 싶은 마음이 컸다"고 말했다.

FA 이적생 5명이 '친정 팀'을 상대로 어떤 활약을 펼칠지도 다가오는 2023~2024시즌의 재미가 될 것으로 보인다.

3. 사상 첫 '아시아쿼터'가 온다.

2023~2024시즌 가장 큰 변화는 '아시아쿼터' 선수의 등장이다. 한국배구연맹과 각 구단들은 '국내 선수'만으로는 적정 수준 이상의 경기력을 유지할 수 없다는 판단 아래 아시아쿼터 선수 영입을 전격 결정했다.

2023년 4월21일 여자배구 사상 첫 아시아쿼터 드래프트가 열렸다. 7개 구단이 똑같은 확률로 뽑은 순위에서 IBK기업은행이 전체 1순위의 영광을 차지했다. 단상에 오른 김호철 감독은 한 치의 망설임 없이 '폰푼'의 이름을 불렀다. 태국 국가대표 출신 세터로 5개 이상의 구단이 영입을 노릴 정도로 지원자 중 최고 실력을 자랑했다. 2순위 지명권을 차지한 현대건설은 태국 출신 아웃사이드 히터 위파위 시통을 영입했다. FA로 팀을 떠난 황민경의 공백을 메우기 위한 선택이었다. 지난 2018년 보령에서 열린 컵대회에 참가한 이력이 있는 위파위는 여자배구 아시아선수권 2라운드에서 한국 대표팀에게 패배를 안긴 마지막 득점을 올린 선수로 먼저 이름을 알렸다.

3순위 정관장은 인도네시아 출신 아포짓 스파이커 메가왓티 퍼티위를 지명했다. 아시아쿼터 선수 중 유일한 아포짓 스파이커로 정관장 구단은 공격력에 거는 기대가 크다. 이슬람 신자로 히잡을 쓰고 드래프트에 참가해 눈길을 끌기도 했다. 4순위 한국도로공사는 태국 출신 아웃사이드 히터 타나차 쑥솟의 이름을 불렀다. 현대건설과 마찬가지로 박정아의 공백을 최소화하기 위해 공격 자원을 선발했다. 5순위 페퍼저축은행은

여자배구 아시아쿼터 명단

구단	선수
IBK기업은행	폰푼 게드파르드 (태국)
현대건설	위파위 시통 (태국)
정관장	메가왓티 퍼티위 (인도네시아)
한국도로공사	타나차 쑥솟 (태국)
페퍼저축은행	엠제이 필립스 (필리핀)
GS칼텍스	메디 요쿠 -> 소라야 폴라 -> 아이리스 톨레나다 (필리핀)
흥국생명	레이나 토코쿠 (일본)

필리핀 출신 미들블로커 엠제이 필립스를 영입했다. FA 영입으로 아웃사이드 히터 자원이 넘치는 페퍼저축은행은 최대 약점으로 꼽히는 미들블로커 포지션 공백을 아시아쿼터로 메웠다.

6순위 GS칼텍스는 시즌 개막도 전에 아시아쿼터 선수를 두 명이나 교체했다. 당초 드래프트 당일 인도네시아 출신 아웃사이드 히터 메디 요쿠를 뽑았지만, 팀 전술을 완성하는 과정에서 공격 자원보다 세터가 필요하다는 판단을 내렸다. 그러면서 태국 국가대표 출신 소라야 폼라를 영입했다. 그러나 소라야 폼라가 개인 사정(임신)으로 새 시즌 배구를 할 수 없게 됐다고 알려오면서 불가피하게 다시 선수를 뽑아야 했고, 필리핀 국가대표 출신 세터 아이리스 톨레나다를 데려왔다. 마지막 7순위 흥국생명은 일본 출신 아웃사이드 히터 레이나 토코쿠를 지명했다. 리시브 능력이 강점으로 흥국생명의 수비에 한층 힘을 보탤 것으로 전망된다.

7개 구단 모두 '가려운 곳을 긁어준' 영입으로 평가받았다. 아시아쿼터 선수들의 리그 적응, 활약 여부는 2023~2024시즌 판도에 큰 영향을 끼칠 것으로 보인다.

4. 여자배구, 미카사를 날린다.

프로배구 공인구가 사상 처음으로 바뀐다. 2005년 출범부터 사용한 스타 공인구 대신 미카사 공을 사용한다. 최근 남녀 국가대표팀 모두 국제 대회에서 극심한 부진에 시달리고 있는데, 국제 무대 경쟁력을 끌어올리기 위한 방편으로 풀이된다. 현재 국제대회에서 사용되고 있는 미카사 공인구는 다른 메이커의 공인구에 비해 탄성이 좋고 공기저항이 거의 없는 딤플 기술을 채택했다. 기존 공인구와 비교해 경기력 면에서 많은 차이가 예상되는 만큼, 선수들은 적응에 힘을 쏟고 있다.

한국도로공사 리베로 임명옥은 "미카사는 많이 다르더라. 공을 똑같이 받아도 잘 나가지 않았다"며 "소위 '찬스볼'로 쉽게 넘어오는 공이 오히려 받아내기 더 어려웠다. 계속 연습하며 손과 자세 등을 어떻게 해야 하는지 터득했다"고 말했다.

2010년 광저우아시안게임을 시작으로 2020년 도쿄올림픽까지 수많은 국제 대회 경험이 있는 페퍼저축은행 오지영은 미카사 공인구가 익숙하다. 오지영은 "상대가 서브를 때렸을 때 예민하게 반응한다. 아기를 다루듯이 해야 한다"며 "가지고 놀 수 있다는 느낌이 들어서 개인적으로 더 편하다고 생각한다"고 자신감을 드러냈다.

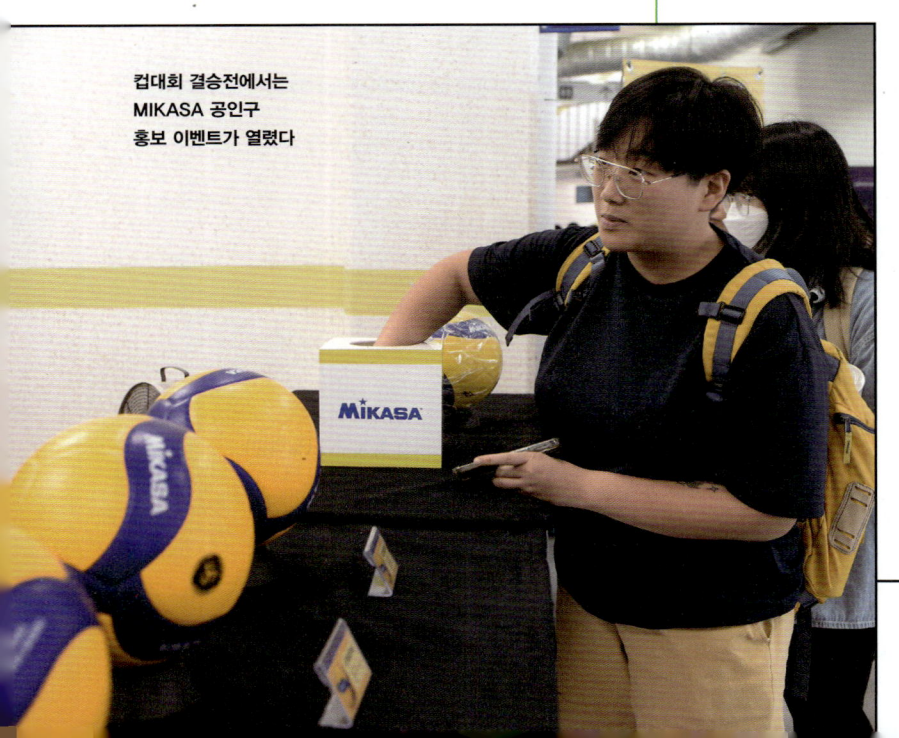

컵대회 결승전에서는 MIKASA 공인구 홍보 이벤트가 열렸다

KOVO 공인구 사용협약에
사인하고 있는
MIKASA의 조나연 대표

장소연 SBS SPORTS 해설위원과 함께 하는 2023~2024시즌 여자부 전망

장소연 SBS SPORTS 해설위원은 '여자배구의 산 증인'이다. 1992년 데뷔한 장 위원은 4년의 출산과 심판 활동을 제외하고 무려 22년 동안 코트를 지키며 여자배구의 흥망성쇠를 함께 했다. 2016년 현역에서 은퇴했지만, 해설위원으로 변신해 여전히 여자배구와 함께 하고 있다. 냉철하면서도 부드러운 해설로 배구 팬을 사로잡고 있는 장소연 위원에게 2023~2024시즌 전망을 들었다.

Q. 2023~2024시즌을 앞두고 있습니다. 새 시즌 준비는 어떻게 하고 있는지 궁금합니다.

늘 하던 대로 준비하고 있어요. 각 구단 체육관에 가서 연습경기를 지켜보고, 감독님 코치님과 많은 이야기를 나눕니다. 올해는 변화가 많은 시즌이잖아요. FA 선수들의 이적도 많고, 무엇보다 저는 아시아쿼터 도입이 올 시즌 리그 판도에 엄청난 영향을 끼칠 것으로 보고 있어요. 각 팀에 아시아쿼터 선수는 1명이지만, 감독님들은 선수단 운용에 말 그대로 '숨통이 트일 수 있는' 영입이거든요. 필요한 포지션에 적재적소 활용할 수 있는, 그런데 여러 선수들이 아시안게임으로 합류가 늦더라고요. 그 부분 역시 변수로 작용할 거 같아요.

Q. 해설위원께 늘 묻는 질문인데, 단도직입적으로 올 시즌 판도를 어떻게 예상하나요.

늘 받는 질문인데, 답하기 늘 어려운 질문이기도 해요. 조심스럽지만, 흥국생명과 현대건설을 '2강'으로 꼽고 싶네요. 그리고 나머지 5개 구단은 어느 한 구단이 떨어지는 부분이 없어서 '5중'으로 평가하고 싶어요. '2강 5중' 이렇게 정리할 수 있겠네요.

Q. 그렇다면 '2강'으로 꼽은 두 팀 이야기를 먼저 해볼게요. 지난 시즌 정규리그 우승을 차지하고도 챔피언결정전에서 준우승에 그친 흥국생명,

올해도 강하다고 보나요.

물론이죠. 일단 흥국생명은 지난 시즌과 비교해 전력 누수가 없어요. 그런데 FA로 베테랑 미들블로커 김수지를 영입했죠. 이 영입 하나만으로도 엄청난 효과를 얻을 거로 봐요. 김수지 선수의 장점이 뭐라고 생각하나요. 제가 보는 가장 큰 장점은 '유효 블로킹'이에요. 유효 블로킹은 상대 공격의 숨을 죽이고, 우리 팀에는 공격 기회를 제공할 수 있어요. 흥국생명은 확실한 주전 미들블로커 이주아 선수의 대각 한 자리가 늘 공백이었어요. 기존 선수들은 공격과 수비에서 하나씩 약점을 노출했죠. 그 자리를 김수지 선수가 메워준다면 전력이 크게 좋아질 겁니다. 그리고 김수지 선수는 자기 관리를 잘하기로 유명해요. 부상만 조심한다면 30대 중반의 나이지만, 충분히 풀타임을 뛸 수 있어요.

Q. 김수지 선수의 영입도 큰 호재지만, 무엇보다 김연경 선수의 존재가 '2강'의 가장 큰 요인이겠죠?

김연경 선수는 실력뿐 아니라 존재 자체가 상대에게 압박감으로 작용하기 때문에 엄청난 전력이라고 볼 수 있죠. 만약 흥국생명이 올 시즌 우승을 차지한다면 현역 은퇴를 선언할 수도 있을 거 같아요. 어쩌면 김연경의 마지막 시즌, 그래서 올 시즌이 더 기대되고 많은 이슈가 생길 거 같기도 해요.

Q. 다른 '2강' 팀, 현대건설 이야기를 해 볼게요. 아까 흥국생명은 전력 누수가 없다고 했는데, 현대건설은 주전 아웃사이드 히터 황민경이 이적했습니다. 그래도 강팀으로 꼽는 이유가 무엇인가요.

조직력과 중앙, 두 가지 장점이 현대건설을 강팀으로 분류한 이유에요. 양효진과 이다현, 두 미들블로커가 지키는 중앙은 가장 강하다고 볼 수 있죠. 특히 양효진 선수는 공격과 수비 모든 측면에서 확실한 전력이라고 봅니다. 중앙에서 높이의 우위가 있기 때문에 공격력에서 검증이 끝난 모마 선수를 데려왔다고 생각해요. 공격력에 의심의 여지가 없잖아요. 물론 어느덧 3년차라서 상대에게 전력 분석이 됐다는 건 약점일 수 있어요. 그래도 기본은 할 거로 생각해요.

Q. 황민경 선수의 공백은 어떻게 메울까요.

거기에 따르는 문제가 바로 리시브에요. 황민경 선수의 이적으로 아웃사이드 히터 한 자리가 비었는데, 남은 정지윤, 정시영, 고예림 선수가 리시브에 강점이 있는 선수들은 아니거든요. 아시아쿼터 위파위 선수가 그 공백을 얼마나 잘 메우느냐, 리시브를 얼마나 버텨주느냐에 따라 팀 전력이 요동칠 걸로 보여요. 리시브가 안정되어야 중앙 공격을 살릴 수 있거든요. 아까 양효진 선수에 대한 언급을 했는데, 양효진 선수 이후가 없다는 점, 미들블로커 자원이 얇다는 점도 변수로 꼽을 수 있습니다.

Q. '2강'으로 분류한 두 팀에 대한 분석을 들어봤습니다. 이제 '5중', 백중세의 5팀 이야기를 해 볼게요. 지난 시즌 챔피언, 한국도로공사는 어떻게 전망하시나요.

박정아 선수와 정대영 선수가 FA로 이적하면서 전력에 큰 공백이 생겼죠. 밖에서 보기에는 주 공격수, 박정아 선수의 공백이 매우 클 것으로 보이잖아요. 저는 생각이 조금 달라요. 한국도로공사는 박정아 선수의 공

김연경과 김수지가 존재하는
흥국생명은
역시 우승후보 1순위다

양효진과 이다현이 지키는
현대건설의 중앙은
가장 탄탄하다 평가받는다

백만큼 정대영 선수의 공백도 크게 느낄 겁니다. 배구에서는 '보이지 않는 역할'이라는 게 있어요. 조직적인 플레이를 말하는데, 선수들은 코트 위에서 '나는 어디로 갈게, 너는 어디로 가서 준비해' 이런 약속된 전략을 세팅해요. 오래하고 잘 하는 선수들은 이런 약속된 움직임을 잘 소화합니다. 그리고 돌발 상황에서 대처도 빠르고요. 정대영 선수는 '보이지 않는 역할'을 정말 잘 합니다. 마흔이 넘는 나이에도 현역으로 뛰고 있는 이유기도 해요. 리베로 임명옥 선수가 버티고 있지만, 정대영 선수와 함께 할 때와 혼자일 때 차이가 분명 있을 겁니다. 비시즌 동안 새로운 플레이를 준비할 텐데, 선수들이 얼마나 손발이 맞을지가 궁금해요.

Q. 박정아 선수의 공백은 어떻게 메워야 할까요.

아시아쿼터로 뽑은 타나차 쑥솟 선수의 포지션에 따라 결정될 거 같아요. 타나차 선수의 리시브가 준수하다면, 새 외국인 선수 반야 부키리치 선수를 아포짓 스파이커로 기용할 수 있게 됩니다. 부키리치 선수는 일본 전지훈련에서 준수한 공격력을 보여줬거든요. 경력은 부족하지만 발전 가능성은 충분히 크다고 보는 것 같아요. 배유나, 최가은 선수가 버티는 중앙도 괜찮다고 봐요. 여기에 지난 시즌 우승 경험이 자신감으로 이어진다면 충분히 '봄 배구' 진출도 가능하다고 봅니다.

Q. 인삼공사에서 이름을 바꾼 정관장의 새 시즌은 어떻게 예상하나요.

누구나 예상하지만, 이소영의 복귀에 달린 거 같아요. 얼마나 빨리, 아프지 않게 돌아오느냐가 관건이에

도로공사는 박정아와 정대영의 공백을 채워야 하는 숙제를 안고 있다

요. 저도 어깨 부상을 겪어봤지만, 정말 아프지 않아야 하거든요. 저는 그래도 미들블로커였기 때문에 스윙의 강약을 조절할 수 있었지만, 이소영 선수는 항상 풀스윙으로 때리는 공격수이기 때문에 아픈 순간 아무 것도 할 수가 없어요. 이소영 선수가 건강하게 돌아올 때까지 최대한 버텨야 해요. 시즌 초반 연패에 빠지면, 해결해 줄 수 있는 선수도 없는 상황이라 힘든 시즌이 될 수 있습니다. 여기에 정호영과 박은진, 걸출한 두 미들블로커 자원을 보유하고 있는 점도 강점으로 꼽는데, 사실 두 선수가 기대만큼 성장하지 못하는 모습이거든요. 두 선수가 한 단계 올라선다면 충분히 강한 전력이 될 것으로 보입니다.

Q. 개인적인 생각으로는 새 시즌을 앞둔 정관장에서 가장 주목 받는 선수는 메가왓티 같아요. 유일한 아시아쿼터 아포짓 스파이커 선수인데, 어떻습니까?

공격력은 정말 좋아요. 다른 구단도 메가왓티의 공격력을 경계한다고 들었어요. 확실히 탄력, 점프력, 힘 모든 부분에서 국내 정상급 공격수 못지않은 실력을 자랑하고 있습니다. 팀 전력에 보탬이 될 것 같아요. 새 외국인 선수 지아 선수가 변수라고 생각해요. 팀 연습과 평가전에서 기대에 미치지 못한다는 이야기가 들리더라고요. 메가왓티가 아포짓 스파이커로 공격을 이끈다고 하지만, 그래도 아직까지 국내리그에서 외국인 선수에게 기대되는 건 공격력이거든요. 지아가 공격을 잘해야 하는데, 그 역할을 할 수 있을까 걱정이 들거든요. 이소영의 복귀와 지아의 적응, 두 가지 문제가 고희진 감독의 숙제라고 생각해요.

Q. GS칼텍스는 5년 만에 '봄 배구' 탈락의 쓴맛을 봤는데요. 높이 약점을 보완하기 위해 베테랑 FA 정대영 선수와 새 외국인 선수 지젤 실바를 영입했습니다.

팀명이 바뀌고
첫 시즌을 맞는 정관장,
이소영이 돌아올 때까지 끈질기게 버텨야

정대영 선수 영입은 GS칼텍스가 어떤 고민을 갖고 있는지 보여줍니다. 미들블로커 전력이 약하고, 중심을 잡아줄 선수가 한수지 뿐이거든요. 높이 보강과 코트 위에서 진두지휘를 할 수 있는 선수, 그 역할을 위해 정대영 선수를 영입했습니다. 앞서 언급했지만, 정대영 선수는 기술적인 부분은 물론 정신적인 부분에서도 큰 영향을 끼칩니다. 상대 입장에서 네트에 정대영 선수가 버티고 있다? 그러면 위압감에서 차원이 달라요. 여기에 원블로킹 능력은 여전하고, 돌발 상황에서 대처가 빠릅니다. 디그가 된 공을 연결해주는 능력도 탁월해요. 관건은 체력이죠. 이번 컵대회에서 종아리 부상 후유증으로 결장했는데, 과연 풀타임을 뛸 체력이 될 것인가. 이 부분이 가장 큰 변수라고 봅니다.

Q. GS칼텍스는 아시아쿼터 영입에서 첫 단추부터 꼬인 느낌이에요. 벌써 두 명의 선수를 바꿨습니다.

당초 아웃사이드 히터를 선발했는데, 세터로 교체했습니다. 어깨 부상을 당한 주전 세터 안혜진 선수가 이번 시즌 뛸 수 있을지 불투명하기 때문인데요. 기존 김지원 선수와 흥국생명 출신 김지우 선수가 있지만 경험이 부족하다보니 아시아쿼터로 보완한 겁니다. 김지원 선수가 주전 세터라고 보여지고, 톨레나다 선수는 백업 역할이지 않을까 싶네요. 세터와 더불어 외국인 선수도 변수로 여겨집니다. 지젤 실바 선수를 영입해서 높이 보강을 이뤘지만, 제가 알기로는 무릎이 좋지 않습니다. 관리가 필요한 선수에요. 풀타임을 소화하기 힘들다면 GS칼텍스 입장에선 고민이 깊어질 수 있습니다.

Q. IBK기업은행 차례입니다. 이렇게 운이 좋은 팀이 있을까 싶어요. 아시아쿼터 1순위를 차지하더니, 외국인 선수 드래프트에서 1순위를 거머쥐었습니다.

5년만의 봄배구 탈락이라는 충격에서 벗어나 23컵대회 우승을 차지한 GS칼텍스

황민경이 가세하고
1순위 외국인 선수 2명을 영입한
IBK기업은행의 급상승

이렇게 좋은 운이 시즌 결과로 이어져야 하는데 말이죠(웃음). 아시아쿼터에서 태국 국가대표 세터 폰푼 선수를 뽑았고, 외국인 선수로 아베크롬비 선수를 선발했는데요. 파워보다 스피드 부분에서 강점이라는 평가를 받는데, 폰푼 선수의 빠른 볼 배분을 감안한 선택이라고 봅니다. 세팅된 플레이는 좋은데, 외국인 선수가 해줘야 하는 부분은 어려운 상황이거든요. 하이볼이 됐을 때 얼마나 잘 정리하고 때리느냐에 달린 거 같습니다. 태국 선수를 뽑은 팀은 공통된 고민이지만, 폰푼 선수 역시 아시안게임이 끝나야 팀에 합류합니다. 다른 포지션과 달리 세터는 팀 전술의 합을 맞추는 데 많은 시간이 필요하거든요. 또한 경기 중에 일어나는 소통의 문제는 어떻게 해결할지도 IBK기업은행의 숙제라고 생각합니다.

Q. 황민경 선수 영입은 어떻게 평가하나요. IBK기업은행에서 늘 약점으로 지적 받은 포지션이었는데, FA 영입으로 해결이 될까요.

리시브, 수비적인 측면에서는 확실히 보완이 됐다고 보입니다. 하지만, 공격력이 어떨지는 개인적으로는 모르겠어요. 황민경 선수의 공격력이 미흡하다면 아베크롬비와 김희진 선수의 역할이 중요한데, 김희진 선수는 미들블로커로 가려고 준비하고 있거든요. 게다가 김희진 선수는 무릎 부상 여파로 늘 물음표가 따릅니다. 황민경 선수가 공격에서도 힘을 보탠다면 IBK기업은행 입장에서는 완벽한 시나리오가 되는 셈이에요. 지켜봐야죠.

Q. 마지막으로 두 시즌 연속 최하위에 머문 페퍼저축은행입니다. 과감한 투자로 전력 보강에 성공했습니다. 올 시즌은 꼴찌 탈출에 성공할까요.

선수단 전원이 건강하다는 전제를 깔면 페퍼저축은행 올 시즌 전력은 만만치 않을 겁니다. 이미 검증 받은 야스민 선수, 국가대표 공격수 박정아 선수, 리베로 오지영 선수까지 선수 구성은 정말 좋아요. 수비가 되는 아웃사이드 히터 채선아도 영입했잖아요. 그러나 전제는 전제일 뿐입니다. 야스민 선수 허리 뿐 아니라 어깨도 좋지 않은 걸로 압니다. 비시즌 연습 경기도 2경기 소화하면 휴식을 주는 걸로 알아요. 그런데 시즌에 들어가면 쉴 수 있을까요. 이런 부분에서 늘 불안요소가 작용한다고 봅니다.

약점을 또 꼽자면 중앙이에요. 미들블로커 서채원, 하혜진 선수로 다른 팀을 상대하는 건 버겁습니다. 그래서 아시아쿼터로 미들블로커 필립스 선수로 선발한 건데, 비시즌 기간 동안 복근 부상을 당했다고 해요. 가운데 전력에서 열세를 보이면 올해도 쉽지 않아 보이는 건 현실입니다.

Q. 시즌 전망과 7개 구단 전력 분석까지 한 번에 정리가 된 느낌입니다. 지난 시즌 여자배구는 치열한 순위 싸움 속에 역대급 흥행을 이뤄냈습니다. 장 위원님 분석을 들으니 올 시즌도 기대가 되는데요.

저도 기대가 되지만, 한편으로는 우려도 큽니다. 국가대표팀의 부진 때문인데요. 김연경, 양효진 등 황금세대가 대표팀에서 은퇴한 뒤 성적이 좋지 않습니다. 국제대회 부진이 국내리그에 얼마나 영향을 미칠까 싶었는데, 이번 컵대회에서 확실히 느꼈습니다. 관중석의 빈자리가 유독 눈에 들어오더라고요. 여자배구가 '우물 안의 개구리가 되면 안되겠다'는 생각을 정말 많이 했어요. 국제경쟁력을 키우기 위해 배구계는 물론 모두가 머리를 맞대고 고민해야 할 거 같습니다. 저 역시 좋은 해설로 여자배구의 발전에 기여하고 싶고요.

2년 연속 최하위, 하지만 보강을 거듭한 전력은 이제 다른 팀에 뒤지지 않는 페퍼저축은행

플레이어 인터뷰 01

정말 여제의 마지막 시즌인가?
김연경

'배구여제' 김연경(35)의 선택은 결국 잔류였다.

국내 무대에서 처음으로 FA 자격을 얻었던 김연경은 다시 흥국생명과 도장을 찍었다. 지난 시즌 진지하게 은퇴를 고민하기도 했던 그는 실제로 타 팀 이적을 추진하기도 했지만 다시 한 번 흥국생명과의 동행을 택했다. 계약 기간은 1년이다. "정이라는 걸 무시하지 못했다"는 게 김연경의 설명이다.

비시즌 동안 여러 도전도 했다. 최종 후보엔 이름을 올리지 못했지만 IOC 선수위원에도 도전했다. 항저우 아시안게임에서는 해설위원도 경험했다. 그러면서도 새 시즌 우승이라는 목표도 명확히 했다. 다음은 김연경과의 일문일답.

22-23시즌
챔피언결정전에서
(2023.04.04)

첫 경기부터 통합우승을 목표로 해서 반드시 이루겠다.

Q. 비시즌 어떻게 보냈나?

구단에서도 개인 시간을 많이 내주셔서 충분히 쉬고 들어왔다. 열심히 몸 만들고 있다. 몸 상태는 나쁘지 않은 것 같다. 나이가 나이인지라 아픈 곳도 있지만 그래도 다른 선수들에 비해서는 건강한 것 같다.

Q. 고심 끝에 잔류했다.

주변에서 '미쳤다'는 소리도 많이 들었다(웃음). 그래도 미운정이건 고운정이건 정이라는 걸 무시하기 어려웠다. 감독님 말고도 동료 선수들에게 같이 하자는 연락이 많이 왔다. 몇몇 선수들은 정말 장문의 메시지로 몽글몽글한 얘기를 많이 하더라. 그래서 마음이 흔들린 것 같다. 감독님의 시즌 구상이라거나 감독님 밑에서 앞으로 배울 수 있는 부분들도 선택을 하는데 많은 영향을 줬다.

Q. 지난 시즌 은퇴 이야기가 나오기도 했었는데.

정말 고민을 하긴 많이 했었다. 갑작스럽게 은퇴 이야기가 터져 나오고 하니까. 나도 그렇고 팬들도 너무 준비가 안 된 느낌이었다. 결국 은퇴라는 것도 나 혼자 결정할 수 있는 게 아니라는 생각이 들더라. 조금 더 같이 준비를 하면서 마무리를 할 수 있는 상황을 만들고 싶다. 이제는 선수가 아닌 다른 방향으로 배구 발전을 위해 기여해야 하지 않을까하는 생각도 많이 든다. 그런 시점이 다가오는 것 같다.

Q. 은퇴 이야기를 하니 눈가가 촉촉해진 것 같다.

여기 에어컨 바람이 세다(웃음).

2023 컵대회
GS칼텍스전을 앞두고
(2023.08.03)

Q. 이번 비시즌 동안 IOC 선수위원에 도전했다.

정말 많이 준비하긴 했다. 컵 대회 끝나고는 더 집중적으로 진짜 밤새워가며 공부하기도 했다. 선수생활을 하면서 면접이라는 걸 볼 일이 없었는데 정말 이번 기회를 통해서 (면접을 거쳐) 직장생활을 하는 모든 분들을 존경하게 됐다(웃음).

위압감이 있어서 많이 떨리기도 했지만 그래도 좋은 경험이 된 것 같다. 내가 언제 또 이런 경험을 해보겠냐 싶다. 면접 때 말도 잘하고 분위기도 좋았는데 떨어져 가지고(웃음).

Q. 재단 설립도 준비하는 것으로 알려졌다.

예전부터 유소년이나 여성, 아마추어 스포츠에 관심이 많았다. 뭔가 환경 개선에 기여하고 싶다는 고민을 계속해서 해왔다. 막상 재단 설립을 준비하다 보니까 쉽지 않은 일도 많다. 감사하게도 주변의 많은 도움을 통해 잘 준비하고 있다. 재단은 배구 뿐 아니라 다양한 종목들을 지원할 계획이다. 배구 인맥을 활용한 다양한 이벤트들도 고민 중이다.

Q. 다시 새 시즌을 앞두고 있다. 목표는?

통합우승이다. 사실 지난 시즌 우리끼리도 '우승까지 갈 수 있을까' 물음표가 붙었던 게 사실이다. 그래서 참 그 말이 조심스러웠다. 그렇지만 생각보다 잘 해냈고 여러 위기들도 잘 극복해가며 끝까지 잘 간 것 같다. 물론 마지막(챔피언결정전)에 경기력이 떨어져서 아쉽게 됐지만.

그런 의미에서 올해는 처음부터 아예 목표를 통합우승으로 잡고 가려고 한다. 첫 경기부터 통합우승을 목표로 해서 반드시 이루겠다.

플레이어 인터뷰 02

상상은 현실이 된다 같은 유니폼을 입게 된 두 절친
김연경 - 김수지

PLAYER INTERVIEWS

02

지난 시즌을 앞두고 김수지(36)에게 '친구' 김연경(35)과 같은 팀에서 뛸 가능성에 대해 물은 적이 있다. 당시 IBK기업은행 소속이던 김수지와, 흥국생명 김연경은 모두 시즌 뒤 FA 자격 취득을 앞두고 있었다. 가능성은 열려 있었다. 그러나 김수지는 정작 "말이야 농담처럼 할 수 있겠지만 아무래도 어렵지 않을까. 연경이도, 나도 각자의 길이 있으니까"라고 신중론을 펼쳤다.

1년이 지난 지금, 상상은 현실이 됐다. 김연경이 잔류한 데 이어, 김수지가 흥국생명으로 이적하면서 두 절친이 나란히 같은 유니폼을 입게 됐다. 김수지로선 6년 만의 흥국생명 복귀다. 두 선수가 프로무대에서 같은 유니폼을 입은 건 이번이 처음이다. 학창시절까지 거슬러 올라가면 2005년 10월 실시된 2005~2006 시즌 신인드래프트 이후 18년 만이다.

1997년 안산서초 4학년 때 배구부에서 처음 만난 두 선수는 원곡중, 한일전산여고(현 한봄고)를 나란히 다니며 함께 배구 선수의 꿈을 키워갔다. 나이는 김수지가 한 살 많지만 김연경이 빠른 1988년생으로 같은 해에 입학했다. 김수지의 아버지인 김동열 전 원곡중 감독이 두 선수의 중학교 시절 은사라는 건 이미 유명한 일화다. 김연경은 원곡중 시절을 "수비 실력이 가장 늘어난 시기"로 기억하고 있다. 이후 신인드래프트에서 김연경이 전체 1순위로 흥국생명, 김수지가 3순위로 현대건설에 각각 지명되면서 두 선수는 다른 길을 걷기 시작했다. 먼 길을 돌아 다시 한솥밥을 먹게 된 김연경, 김수지를 함께 만났다.

김수지의 흥국생명 복귀에도 김연경의 숨은 노력이 있었다. 잔류를 결정한 김연경은 아직 행선지를 정하지 못한 김수지를 추천했다. 그 뜻에 공감한 마르첼로 아본단자 흥국생명 감독은 "우승할 준비됐냐"는 말로 김수지를 환영했다. 겉으로는 "너무 잘 알아서 별 감정이 없다"고 말하면서도 김연경은 "수지는 친구로도 든든하고 우승을 위해서도 필요한 선수"라며 한솥밥을 먹게 된 소감을 말했다. 김수지는 "(흥국생명을 떠나있는 동안) 선수들이 많이 어려졌는데 아무래도 연경이가 있어서 좀 더 편하게 빨리 적응할 수 있었다"고 말

같은 유니폼을 입은
김연경과 김수지
(2023.08.01)

했다. 김수지가 합류하면서 그동안 흥국생명 미들블로커에게 부족했던 경험과 노련미가 더해질 전망이다.

어느새 둘의 인연도 30년에 가까워지고 있다. 특히 김연경이 튀르키예, 일본 등 해외 무대에서 뛸 때 김수지가 큰 위안이 됐다는 설명이다. 김연경은 "수지는 무엇을 살 때도 늘 내 것까지 챙겨 보내주는 고마운 친구다. 강한 것 같지만 여리고, 차가운 것 같지만 마음이 따뜻한 친구. 옆에 있기만 해도 힘이 된다"고 말했다. 김수지는 "해외에서 오랜 시간을 보내면서 국내 문화가 낯설다보니 한 때 연경이가 '외국인 친구' 같았던 적도 있다"며 웃고는 "(국내 복귀한 후로) 연경이 덕분에 방송도 같이 나가고 오히려 더 많은 경험을 할 수 있는 것 같다"고 말했다. 대개 친구가 그렇듯 일상에서는 일(배구)과 관련된 이야기보다 패션 등 소소한 관심거리에 대해 주로 이야기한다고 한다.

마지막으로 친구에게 하고 싶은 당부를 묻자 김수지는 "너무 유명한 사람이 되다 보니, 연경이에게 역경과 고난이 생기는데 늘 그래왔듯 지금처럼 덤덤하게 잘 헤쳐 나갔으면 좋겠다"고 말했다. 동반 사진 촬영 요청에 김연경은 "시즌 때 내내 같이 사진 찍힐 텐데"라며 농담 섞인 투정을 하다가도 "수지 예쁘게 잘 나와야지"라며 친구의 옷매무새를 다듬고는 나란히 웃었다. "그저 다치지 말고 배구인생을 잘 마무리했으면 좋겠다"는 서로의 말에서 26년간 두 사람을 지탱해온 우정의 힘이 느껴졌다.

IBK기업은행과의
컵대회를 준비 중인 김수지
(2023.07.30)

정규리그
한국도로공사전에서
(2023.02.23)

플레이어 인터뷰 03

함께 뛸 인연의 실타래로 엮인 사이, 박정아 - 이고은

박정아와 이고은 사이엔 인연의 실타래가 있다. IBK기업은행(16~17시즌), 도로공사(20~22)를 거쳐 페퍼저축은행(23~24)까지 무려 세 팀에서 같이 뛴다. 사실 이번에는 둘이 다시 만날 수 없을 줄 알았다. 이고은이 박정아의 FA 이적 보상 선수로 지목됐기 때문이다. 페퍼는 세터 자원이 넉넉한 도로공사가 이고은을 선택할 거라 예상치 못했으나, 오산이었다. 그래도 페퍼는 트레이드를 통해 다시 이고은을 데려왔고, 둘은 운명처럼 함께 뛰게 됐다.

같은 한국도로공사 유니폼을 입고
함께 뛴 박정아와 이고은
(21컵대회)

Q. 세 번이나 같은 팀에서 뛰게 됐다.

박정아(이하 아) : 사실 뭐 대단한 생각은 없어요. 재미있고, 신기하죠. 솔직히 다시 못 만날 줄 알았거든요. 사람 일은 어떻게 될지 모르는 것 같아요. 뒤돌아보면 IBK기업은행에 있을 때는 잘 맞았고, 도로공사에서는 사실 잘 안 맞는 경우도 있었어요. 순서대로라면 세 번째 팀이니까 잘 맞을 차례네요. 서로 잘 맞추려고 노력할 거에요.

이고은(이하 은) : 처음에는 갑자기 (트레이드돼서) 같이 뛰게 됐죠. 적응하는 단계였는데, 언니가 많이 도와줬어요. "부담 갖지 말고 다 나한테 올려줘"라고 말하는 듬직한 언니였죠. 물론 투닥거리기도 하면서 호흡을 맞췄어요. 영상을 같이 보면서 '언니는 이런 공이 좋다', 나는 '이렇게 올려줬구나, 언니가 이런 공은 힘들어하는구나'라고 피드백도 했어요.

Q. 둘은 어떤 이야기를 나눴나.

은 : 솔직히 실감이 안나요. 언니가 계속 대표팀에 차출되다 보니 아직까지 그런 얘기를 많이 못 나눴어요.

때로는 다른 팀에서
맞상대하기도
(2018-2019시즌 플레이오프)

짧게나마 훈련을 같이 했을 때, 좋은 성적을 내자고 했죠. 세터니까 제가 언니와 맞추기 위해 노력해야죠.

아 : 완전 절친은 아니지만, 같이 있을 땐 잘 지내요. 팀에 돌아가서 이야기 많이 하면 잘 맞출 수 있겠죠. 사실 팀에서는 연습을 거의 못 했고, 아시안게임 끝나면 바로 시즌이 시작되니까 걱정이긴 해요. 다른 선수들의 도움이 조금 필요할 것 같아요.

Q. 이고은 선수는 FA 보호명단에서 빠진 게 충격이었을 텐데.

은 : 처음 갔을 때 힘들긴 했어요. 그래도 돌아왔잖아요. 지나고 나니 더 열심히 해야겠다는 생각만 남더라고요. 돌아온 후 구단에서 충분히 말씀해주셨고요. 많이 신경써 주셔서 괜찮아졌습니다. 감사합니다.

Q. 이번 시즌 다크호스로 꼽히는데 부담은 없나.

은 : 부담감도 감수하고, 받아들이고 이겨내야 할 거 같아요. 피하는 게 아니라 이겨내서 어떻게든 코트에서 보여주고 싶어요. 정말 좋은 공격수들이 온 만큼 해내야 한다고 생각해요. 그만큼 열심히 하고 있고요.

아 : 솔직히 제일 밑이었으니, 더 떨어질 데가 없고 무조건 본전이잖아요. 하지만 계약기간(3년) 안에 우승은 한 번 더 해보고 싶죠.

Q. 트린지 감독의 전술 성향은.

은 : 훈련 초반에는 영상도 많이 보고 감독님의 스타일을 따라가느라 바빴어요. 매일 같이 영상 보는 시간이 많았죠. 지금은 10분 정도 일찍 나와서 (박)사랑이랑 감독님이랑 같이 웨이트 트레이닝을 하고, 나머지는 다른 선수들과 같이 해요. 전에 있던 팀들에서도 세터들은 감독님과 많은 대화를 했기 때문에 어색하진 않습니다.

아 : 솔직히 대표팀에 계속 나와 있어서 감독님과 많이 대화하진 못했어요. 그래도 틈 날 때마다 많이 불러서 먼저 얘기를 해주세요.

은 : 감독님은 상대 블로킹 위치를 많이 보고 사용을 해야 윙스파이커가 살 수 있다는 지시를 많이 하세요. 감독님이 자세하게 얘기를 해주셔서 잘 할 수 있겠다는 자신감은 생겼어요. 야스민, 필립스와도 맞출 시간이 부족했는데, 제가 한 발 더 움직여야죠.

Q. 올 시즌 목표는

은 : 개인적으로는 갖고 있는 장점을 살리면서 미들 블로커 활용도를 높여서 다양성을 가져가려고 해요. 한 쪽으로 많이 쏠리지 않게요. 그리고 부상 없이 끝까지 잘 해내야죠. 하루를 되돌아봤을 때, 후회가 남지 않는 경기를 하고 싶어요. 그러면 시즌 마지막 날에는 좋은 결과가 있지 않을까요.

아 : 항상 목표는 당연히 우승이라고 얘기했죠. 이번에도 우승이긴 해요. 그런데 이렇게 말하는 것도 부담이 될 수 있을 것 같아요. 선수들과 다 같이 봄 배구에 도전할 수 있게 3등은 하고 싶어요. 우리 팀에 어린 선수들이 많은데, 큰 경험을 선물하고 싶네요.

23컵대회에서
페퍼저축은행 유니폼을 입고 플레이하는
박정아

23컵대회에서
몸을 날리는
이고은

플레이어 인터뷰 04

네 번째 FA 이적, 자신의 가치를 증명해야 하는 황민경

"배구 이렇게 오래 할 줄 몰랐네요."
황민경은 'FA 이적' 소감을 묻자 이렇게 답했다. 어느덧 프로 16년차, 네 번째 FA 계약에 성공했으니 틀린 말은 아니다. 2008~2009시즌 도로공사에서 프로에 데뷔한 황민경은 GS칼텍스와 현대건설을 거쳐 2023~2024시즌 FA 자격으로 IBK기업은행에 새 둥지를 틀었다. 계약 기간 2년, 연봉 총액 4억 5000만 원으로 총 9억 원의 '대박' 계약에 성공했다. 놀라운 건 FA 계약 때마다 몸값이 상승했다. 철저한 자기 관리와 안정된 수비가 그 이유였다. 일각에선 '오버 페이'라는 비판도 있었다. 하지만, 황민경의 생각은 달랐다. 자신의 가치와 FA 계약 뒷이야기를 들어봤다.

Q. FA 계약을 맺고 IBK기업은행 유니폼을 입었다. 영입 제안 받았을 때 어떤 기분이었는지.

"나를 필요로 하는 곳이 있구나 하는 생각에 기분이 좋았다. 사실 현대건설과 좋은 분위기 속에 재계약을 진행하고 있었다. 그런데 윗선에서 '김연경을 영입하라'라는 지시가 있었다고 한다. 그러면서 자연스럽게 나에게 소홀해지더라. 그런 와중에 IBK기업은행에서 연락이 왔다. 큰 고민은 하지 않았다."

Q. 현대건설을 떠나 IBK기업은행으로 오니 이적이 실감 났는가.

"FA 계약을 맺고, 새 팀으로 오면서 '배구를 이렇게 오래 할 줄은 몰랐는데' 하는 생각이 들더라. 현대건설에서도 '가치를 인정받는 곳에서 행복하게 배구 했으면 좋겠다'라고 응원해줬다. 지금까지 해온 걸 몰라준 건 아니니까. 나름의 사정이 있지 않겠나."

Q. 연봉 규모에서 말 그대로 '대박'을 쳤다. 더 놀라운 건 FA 계약을 할 때마다 몸값이 크게 올랐더라. 일각에서는 '오버 페이'라는 지적도 있는데 어떻게 생각하는지 궁금하다.

*첫 번째 FA 연봉 7800만원(한국도로공사), 두 번째 FA 연봉 1억3000만원(3년, 현대건설)
세 번째 FA 연봉 3억원(3년, 현대건설), 네 번째 FA 4억5000만원(2년, IBK기업은행)

"배구 능력치에 비해서 돈을 많이 받는다고 생각할 수 있다. 그러나 배구에서는 눈에 보이지 않는 기록, 다른 여러 가지 요소가 계약에 영향을 끼친다. IBK기업은행에서 그런 부분을 감안해서 계약 규모를 책정하지 않았을까 싶다. 그리고 네 번의 계약을 하면서 느끼는 건 '타이밍'도 정말 중요하다. FA 시장에서 나를 필요로 하는 팀이 여럿이 되면 몸값이 오르는 건 당연하다. 원하는 팀이 없다면 몸값은 오르지 않는다. 관심을 갖고 제안해준 IBK기업은행에 고마울 뿐이다."

Q. 2008년 입단해 어느덧 프로 16년 차인데, IBK기업은행에서도 최고참이다. 팀에 어떻게 적응할지 물어보는 건 조금 민망한 질문 같다.

"정확히 봤다. 적응은 문제가 없다(웃음). 네 번째 팀인데 어디든 다 똑같더라. 어디에 있든 배구하는 건 차이가 없다. 다만 나이가 있으니, 내가 먼저 다가가면 된다고 생각했다. 오자마자 선수들과 많은 시간을 보내려고 노력했다. 막내와 나이 차이가 띠 동갑 이상 나던데. 요즘 트렌드 따라가는 것도 어렵더라."

Q. 팀 훈련을 소화하고, KOVO컵 대회에 출전했다. 첫 경기에서 좋은 활약을 보여줬는데, 이후 나오지 않았다.

"많이 알려지지 않았는데, 첫 경기를 마친 뒤 오른쪽 무릎에 이상이 생겼다. MRI 검사를 받아보니 연골 부상 판정을 받았다. 계속 충격을 받으면서 연골이 상했다. 오래, 열심히 했구나 하는 생각이 들더라. 구단, 병원과 상의한 결과 봉합 수술은 시즌 준비에 차질이 생기니 무리라고 판단했다. 그래서 일단 안 좋은 부위를 청소하고 정리하는 시술을 받았다. (9월8일 기준) 무릎 상태는 괜찮은 것 같다. 9월말 일본 전지훈련을 앞두고 있는데, 평가전에서 한 세트를 소화하는 걸 목표로 삼고 있다. 생각보다 회복이 빨라서 재활 기간이 줄어들고 있다."

Q. 이번 KOVO컵 대회에서 IBK기업은행이 지난 시즌에 비해 한층 단단해졌다는 느낌을 받았다. 본인은 어땠는지, 그리고 지금까지 밖에서 본 IBK기업은행은 어떤 팀이었나.

"솔직히 말해도 되는지 모르겠는데(웃음), 기복이 있는 팀이었다. 밖에서 보면. 게임이 안 될 때 풀어가는 능력이 부족해보였다. 그게 기복으로 느껴졌다. 초반은 팽팽하게 버티는데, 중간에 위기가 오면 2~3세트에 무너지는 게 보였다. 상대 입장에서는 그 기회를 기다렸다가 집중적으로 파고들면 이길 수 있는 팀이었다. 사실 이번 KOVO컵 대회에서도 예선 통과가 최고의 목표일 수 있겠다는 생각을 했다. 연습경기에서 많이 패했는데, 지는 것도 지는 거지만 경기 내용이 좋지 않았다. 그런데 KOVO컵 예선에서 단단하게 버티더니 준결승을 넘어 결승까지 가더라. 선수들 모두 자신감을 얻는 계기가 됐을 것 같다."

Q. 이제 더 강해질 일만 남은 것 같은데, 태국 출신 센터 폰푼이 합류한다.

"실제 대회에서 상대해봤고, 영상도 많이 봤다. 정말 기교가 좋은 선수다. 손의 감각도 정말 좋다. 우리 팀에는 없는 부분을 채워줄 수 있는 선수라고 생각한다. 그 공을 때릴 수 있다는 것도 기대가 크고. 팀에 합류한다면 빠르게 호흡을 맞춰야 할 거 같다."

Q. 수비는 리그 최정상급 실력을 자랑하는데, 공격력은 예전보다 떨어진다는 평가를 받는다.

"농담으로 '내가 15점 이상 득점하면 우리 팀은 지기 쉽지 않다'고 했다. 공격까지 잘 한다면 내 가치는 더 높을 것 같은데(웃음). 나는 공격을 잘 해야 한다는 생

2016-2017 시즌
황민경은
GS칼텍스 유니폼을 입고 뛰었다

2023-2024시즌 고참으로 새 팀에 녹아들고 있는 황민경

각보다 내가 잘 받아주면 우리가 빠르고 정확한 공격을 할 수 있다고 생각하는 사람이다. 수비에 더 중점을 두고 있는 이유이기도 하다. 공격은 표승주가 더 잘 하고, 많이 해주지 않을까?(웃음) 표승주의 공격력을 더 높여주기 위해 리베로 신연경과의 호흡이 중요하다. 연습을 많이 해보지는 않았지만, 호흡은 괜찮았다."

Q. 16년 리그 생활을 하면서 변곡점이라고 할까. 한 단계 올라선 계기가 있었는지.

"사실 나는 늘 제3의 레프트(아웃사이드 히터)였다. 공격력을 중요시하는 분위기에서 수비를 더 잘하는 레프트는 크게 필요 하지 않았으니까. 한국도로공사 시절 입단 첫 해에는 운동도 많이 안 시키더라. 나는 그 시즌 마치고 잘리는 줄 알았다(웃음). 그래도 수비력이 되니까 버티고 버텼는데, 2014~2015시즌으로 기억한

다. 시즌 중간에 위기가 오자 서남원 감독님께서 분위기를 바꾸는 차원에서 경기에 내보내 주셨다. 그런데 그 길로 9연승을 질주했다. 감독님께 '나 같은 선수도 필요하다'는 인식이 심어진 거 같아서 기분이 좋았다. 수비로 승리를 했으니까. 그렇게 주전으로 도약했고, 지금까지 오게 됐다."

Q. 그러면 반대로, 자리를 잡은 뒤 위기, 슬럼프에 빠진 시기가 있었나.

"물론이다. 위기는 숱하게 많았다. 일단 부상이 많았다. 어깨, 손가락, 무릎… 아프지 않은 곳이 없었다. 그런데 부상도 부상이지만, 슬럼프는 마음에서 오더라. 2020~2021시즌 현대건설 시절인데, 구단에서 정지윤을 레프트(아웃사이드 히터)로 기용한다는 방침을 정했다. 스스로를 믿지 못하는 상황에서 '밀릴 수 있겠

2022-2023시즌
GS칼텍스 전에서 활약 중인
황민경

다', '자리를 뺏길 수 있겠다'라는 생각이 들더라. 그러면서 여유가 없었다. 부진에 부진, 끝이 보이지 않았다. 그런데 마지막에 조금 내려놓으면서 '내가 잘 할 수 있는 거나 하자'라고 생각하니까 다시 기량이 회복되더라. 그리고 강성형 감독님께서 하신 말씀도 큰 힘이 됐다. 그냥 지나가는 말로 '너 원래 배구 잘하잖아. 아파서 그랬던 거지 배구 잘하는데 뭘 그리 걱정하니'라고 하셨는데, 정말 위안을 받았다."

Q. 기회도 얻고, 위기도 극복하니 오래 해온 것 아닌가 하는 생각이 든다. 우승 경력도 있는데, 우승에 대한 갈망은 여전한지.

"물론이다. 트로피는 많이 받을수록 좋지 않겠는가. 이기고 성적이 나면 그보다 더 좋은 건 없다. 현대건설 시절 두 차례 1위를 했는데, 당시 다 같이 같은 목표를 바라보고 행복하게 배구를 하는 게 어떤 건지 느꼈다. 물론 속까지 같은 마음일 수는 없겠지만, 적어도 코트 위에서는 같은 마음으로 한 곳을 봤으면 좋겠다."

Q. 올 시즌 목표는 당연히 우승이겠다. 개인적인 목표가 있다면.

"팀에서 '왜 이 사람을 불렀는지 알겠다'라고 느끼게 하고 싶다. 팀을 떠나 V-리그 팬들께도 우리 팀이 '나라는 사람을 왜 필요로 했는지'를 각인시키고 싶다. 새로운 팀에서의 첫 시즌, 많은 응원 부탁드리겠다."

PLAYER INTERVIEWS

플레이어 인터뷰 05

현대건설의 현재이자 미래 현미밥즈

현대건설의 미래 현미밥즈의 한때. 사진은 정지윤 선수 제공

김다인, 정지윤, 이다현. 현대건설에서 가장 에너지 넘치는 선수를 꼽으라면 이들 셋일 것이다. 이들은 '현대건설의 현재이자 미래'란 뜻이 담긴 '현미밥즈'란 애칭으로 불린다. 2017년부터 1년 간격으로 입단한 선후배인 이들은 함께 '현미밥즈'란 유튜브(구독자 약 8,000명)도 운영 중이다. 현미밥처럼 건강하고 에너지 넘치는 그녀들과의 수다를 공개한다.

Q. 이름의 유래는요?

이다현(현) : 처음에 팬들이 현미즈라고 불러주셨어요. 유니크해서 마음에 들어요. 실은 다른 이름 후보도 없었어요. 여기에 밥을 붙이면 재밌을 거 같았죠.

김다인(인) : 배유나, 박정아 언니의 유튜브(배똘과 정삼)를 보면서 우리도 팬들을 위해 한 번 해보자 했죠. 즉석에서 장난 삼아 '현미밥 어때'라고 했는데 다들 좋아해 줬어요.

정지윤(윤) : 무엇보다 재밌었고, 좋은 의미로 만드는 거라 열심히 해야겠다는 마음이죠.

Q. 올해는 함께 국가대표로 발탁됐는데, 좋은 점과 나쁜 점은?

인 : 대표팀이 어려운 상황이었는데 의지가 많이 됐죠. 시즌 준비할 시간이 부족한데 대표팀에서 호흡을 계속 맞출 수 있는 게 장점인 것 같아요. 단점은 딱히 없지만… 매일 봐야 한다는 거랄까?

현 : 너무 많이 붙어 있는 게 안 좋은 거죠. 하지만 좋은 점이 더 많아요. 시즌 때는 스트레스를 해소할 때 각자 시간을 가질 수 있잖아요. 하지만 대표팀은 해외로 자주 나가야 하니 그럴 시간이 없어 힘든데, 그럴 때 서로에게 기댈 수 있어서 좋아요.

윤 : 저희끼리 호흡도 잘 맞고 서로를 잘 아니까 배구에 대한 이야기를 할 수 있어요. 아무래도 코트 안에서 의지할 수 있는 사람이 있으니 편하고 심적으로 안정이 돼요. 특히 (플레이가) 잘 안 될 때 빠르게 피드백을 받을 수 있는 점이 좋아요. (김)연연 언니가 같이 간 것도 좋았어요. 굳이 단점을 꼽자면 너무 장난을 많이 친다는 정도?

Q. 여행도 함께 다녀왔다고 하던데?

윤 : 다인 언니랑 저는 결정을 잘 못내려요. 저희 중에 유일한 J인 다현이가 계획을 짜요. 비용은 N분의 1이죠. 대신 밥 같은 건 한 번씩 사요.

현 : 지윤이랑 다인이 언니는 무계획적이라 스케줄은 제가 거의 다 짜요. 대신 '호텔 알아봐라'라고 미션을 주면 그런 건 잘 해요. 올해는 출발하기 일주일 전에 지윤 언니가 장소를 정했어요. 사실 동유럽에 가고 싶었는데 지난 시즌 플레이오프 때 대표팀 소집도 있어서 2주를 비우긴 힘들었어요.

인 : 작년에는 괌, 올해는 태국에 갔어요. 다현이가 영어도 잘 하니까 그걸 믿고 계획을 많이 세웠어요. 좋은 추억을 잔뜩 쌓았죠.

Q. 유튜브 촬영이나 편집은 누가 하나요?

2022-2023시즌
한국도로공사전에서 서브를 준비하는
이다현

23컵대회에서 함께
플레이 중인
현미밥즈

2022-2023시즌
올스타전에 나란히 출전한
김다인과 이다현

인 : 다띠(이다현의 별명)가 편집을 할 줄 알아요.

윤 : 다띠 위주에요. 다현이가 이렇게 하자고 하면 저희가 출연하는 거죠.

현 : 처음 시작할 때(2022년 1월) 우리 팀 분위기가 좋았어요. 문득 해볼까? 생각이 들었죠. 사실 처음 시작했을 땐 배구를 하다가 잡생각이 많아질 때였어요. 그런데 편집을 하다 보면 집중력이 생겨서 1시간이 쑥 지나가더라구요. 개인 유튜브요? 생각은 있지만 아직은 고민중이에요.

Q. 김연견 선수 결혼식에서 축가를 불렀는데. 노래 실력은?

윤 : 다른 사람들은 어떻게 볼지 모르겠지만 비슷비슷한 거 같아요. 그래도 한 명 꼽으면 다인 언니가 1등. (한)미르까지 같이 했는데. 미르가 제일 잘 불러요.

인 : 도긴개긴이죠. 다들 잘 하는 건 아니니까. 춤은 제가 제일 잘 춘 것 같아요. 연습은 하루 했어요. 견 언니가 고맙다고 해놓고 아직도 밥을 안 샀습니다.

현 : 노래는 그래도 다인 언니, 지윤언니, 저 순서인 것 같아요. 춤은 제가 제일? 진천에도 노래방이 있어서 놀 때 한 번씩 갔어요. 저희가 아이돌은 아니라서 능숙하진 못하죠.

Q. 축가 이야기를 한 김에, 누가 먼저 결혼할까요?

인 : 하아… 정말 셋 다 못할 거 같아요. 만약에 한다면 지윤이? 지윤이가 보기보다 여성스럽고, 현모양처 느낌이에요. 다띠랑 저는 생각보다 털털해서.

현 : 저도 지윤 언니. 묵묵해요. 이유를 설명할 순 없지만. 저는 아직 결혼할 수 없어요. 힘들게 살았는데.

윤 : 제가 생각해도 제가 제일 먼저 할 거 같아요. 저는 둥글둥글하고, 여성스럽구요. 둘은 결혼할 수 있는 성격이 아니에요. 해도 성격 차이로 이혼할 거 같아요 (웃음).

Q. 강성형 감독님께 바라는 점이 있다면.

인 : 지금도 많이 하지만 조금 더 많은 소통을 원해요. 카톡이요? 안 하죠. 외국에 나갔을 때 '잘 도착했습니다' 정도?

현 : 저희가 말이 많은 편인데 가끔 부담스러우신가 봐요. 대화를 피하실 때가 있어요. 감독님 마음이 이해가 되긴 하지만 숙소에서도 도망가세요.

윤 : 저도 소통을 원해요. 감독님이 평소에는 좋고, 다정하신데 배구할 때는 선수들과 같은 방향을 보면서 이야기하면 좋겠어요.

Q. 정지윤 선수가 대표팀 소집 중 부상을 당했어요.

인 : 속상했어요. 올해는 올림픽 예선과 아시안게임이 있잖아요. VNL은 매년 있는 대회고, 두 대회는 4년에 한 번 열리는, 모든 선수들이 가고 싶어 하는 대회잖아요.

현 : 다친 날 하루종일 제가 다친 것처럼 기분이 안 좋았죠. 큰 경기가 남았고, 좋은 경험으로 작용할 수도 있긴 하지만. 저희도 부상을 당해봤지만 잘 이겨내면 강해지거든요.

셋이 자주 개인적인 시간을
함께 보낸다고.
사진은 현대건설 제공

23컵대회 결승전에서 플레이를 성공시키고 환호하는 정지윤

윤 : 눈물이 났죠. 다치자마자 큰 부상이란 게 직감적으로 느껴졌거든요. 대표팀을 끝까지 마무리하고 싶은 마음도 컸고, 모든 경기에 나가고 싶었는데 예상치 못하게 다쳐서요. '몸 잘 만들어서 다시 하면 되지'라는 마음으로 재활 과정을 거쳤지만, 경기를 지켜볼 때면 역시 씁쓸하고 슬프더라구요.

인 : 지윤이가 누구보다 속상했겠지만, 저희도 걱정을 많이 했어요. '앞으로 더 잘 되라고 하는 거다. 신께서 얼마나 더 단단하게 만들려고 이런 어려움을 주시는 건지 모르겠다'라고 위로해줬죠.

윤 : 스트레스를 많이 받긴 했는데 긍정적으로 생각하려고 해요. 시간이 생겨서 얼마 전엔 드라마 몰아보기를 했어요. <마스크걸>이랑 <무빙>을 봤죠.

Q. 정지윤 선수는 아웃사이드 히터로서 부담감이 적지 않죠.

윤 : 그런 부담은 항상 있었죠. 경기에 들어갔을 때는 떨쳐내고 스스로 이겨내려 하고, 그러고 싶어요. 제가 해내야만 하는 자리고, 교체되면 도망치는 거잖아요. 끝까지 이겨내야죠. 그래도 국제대회에서 많은 경험을 쌓았어요. 많이 졌지만, 배운 것도 많아요. 경험들을 내 것으로 만들어서 V-리그에서 어떻게 보여줄까 생각하죠.

Q. 이다현 선수는 해외진출 관심도 있다구요.

현 : 네, 관심 많아요. (김)연경 언니 같은 선수는 이제 나오기 힘들잖아요. 우리 대표팀이 국제적으로 경쟁력을 갖춘 것도 연경 언니 덕분이구요. 태국 선수들도 튀르키예나 일본에서 뛰고, 일본 선수들도 유럽에 도전하잖아요. 저도 해보고 싶어요.

Q. 만약에 누군가 이적을 해서 흩어진다면 어떨까요.

현 : 상상은 항상 해요. 언제까지 같이 있을 수는 없으니까요. 저희 셋이서 '정에 이끌려서 다른 걸 포기하지 말자'라는 이야기를 했어요. 마음 맞는 사람과 배구하는 것도 좋지만 일은 다른 거잖아요. 연봉이나 조건도 생각해야죠.

윤 : 계속 생각은 했어요. 마음 맞는 사람을 만나 함께 생활할 수 있는 건 쉽지 않은 일이잖아요. 언젠가는 FA도 해야 할 테고, 어떤 일이 생길지 모르죠. 냉정하게 말하면 떨어진다 해도 잘 지내겠죠. 하지만 많이 그리울 거 같아요. 보고 싶고 생각도 많이 나겠죠. 그래도 다른 팀이라고 인연이 끝나는 건 아니니까요.

인 : 쓸쓸하겠지만 그래도 잘 지낼 거 같아요. 지윤이도 앞으로 잘할 친구고. 다현이도 잘 하잖아요. 선수들에겐 가치를 인정받는 게 우선이죠.

Q. 새 시즌 목표는?

인 : 저희 팀에 새로운 얼굴이 많아요. (김)주향이가 다시 왔고, 위파위와 모마도 왔죠. 시즌 초반에 합을 맞추는 게 가장 중요할 것 같아요. 우승이 목표지만, 플레이오프를 먼저 생각해야겠죠? 한 경기 한 경기 최선을 다 하다 보면 좋은 결과가 나오겠죠. 지난 2년 동안 마무리가 안 좋았으니 이번엔 끝까지 잘 하고 싶어요.

현 : 저는 작년에 PO를 처음 뛰어봤는데 많이 아쉬웠어요. 뭘 해보지도 못하고 졌잖아요. 챔피언결정전 5차전 때 (양)효진 언니가 저희를 불러줘서 경기를 봤는데, 잘 하고 싶다는 마음이 많이 들었어요.

플레이어 인터뷰 06

이런 띠동갑 봤어? 도로공사 중앙의 두 기둥
배유나 - 최가은

12년의 나이 차가 무색할 정도로 허물없는 사이다. 도로공사 미들블로커 배유나(34)와 최가은(22)은 서로에게 믿음직한 동료다. 지난 시즌 종료 후 배유나는 자유계약(FA) 재자격을 얻어 잔류했다. 페퍼저축은행 소속이던 최가은은 트레이드로 합류했다(최가은·2023~2024시즌 신인드래프트 1라운드 지명권↔이고은·2023~2024시즌 신인드래프트 2라운드 지명권).

Q. 배유나는 자의로, 최가은은 타의로 새 시즌 도로공사 유니폼을 입게 됐다.

배유나(이하 배) : 팀이 나를 정말 간절히 원한다는 것을 느꼈다. 8년째 함께하고 있어 안정감도 있었다. 그런 부분을 최우선으로 생각했다. 또한 지난 시즌 우승했기 때문에 더 자부심을 갖고 새 시즌을 준비할 수 있을 것 같았다. 그 점도 크게 작용했다.

최가은(이하 최) : 처음 트레이드 소식을 들었을 땐 당황했다. 내겐 좋은 기회라 여기려 했다. 도로공사에서 미들블로커 한 자리를 두고 다른 선수들과 경쟁하면 동기부여가 될 듯했다. 자극을 주는 경쟁자들과, 배구를 배울 수 있는 선배가 있어 좋았다.

Q. 최가은은 새 팀에 적응하는 데 어려움 없었나. 성격 좋고 활발한 배유나의 도움이 있었을 것 같다.

최 : 밖에서 볼 때 도로공사는 체계적으로 시스템이 잡혀있는 팀 같았다. 경기장에서도 선수들이 비장한 느낌이라 평소에도 그럴 것 같은 이미지가 있었다. 막상 와보니 딱딱한 팀이 아니었다. 훈련이 워낙 힘들어서 선수들끼리 더 똘똘 뭉치게 됐다(웃음).

배 : 김종민 감독님, 코치님들! 저희 뭉치게 해주셔서 감사합니다! 우리 팀은 두루두루 다 잘 지내는 분위기다.

최 : IBK기업은행(2019~2021년), 페퍼저축은행(2021~2023년)을 거쳐 세 번째 구단이다. 도로공사는 한 건물 내에 모든 시설이 다 갖춰져 있다는 점이

페퍼저축은행과의 컵대회 조별리그에서
최가온
(2023.07.29)

가장 좋았다. 숙소, 체육관, 웨이트 트레이닝장, 식당까지 전부 같은 건물 안에 있어 이동 시 동선을 최소화할 수 있다. 밥도 맛있다.

Q. 나이 차이가 꽤 나는데 호칭은 어떻게 정리했나. 서로 어렵진 않나.

배 : 너 뱀띠야? 나 할머니네. 그래도 우린 친구다. 뱀띠 친구. 띠동갑이면 사회에선 정말 큰 차이이긴 하다.

최 : 그래도 언니라고 부른다. 원래 나이 차이가 크게 나는 대선배 언니들에겐 다가가기 힘들다. 그런데 유나 언니, (임)명옥 언니 등 모두가 처음부터 편하게 대해주고 장난도 많이 걸어줬다. 그래서 좋았다. 나이 차이가 벽처럼 느껴지지 않았다. 기억에 남는 일도 있다. 올해 KOVO컵 대회 때 첫 경기가 내 이전 소속팀인 페퍼저축은행전이었다. 분위기 제압이 중요했다. 내가 득점을 냈는데 유나 언니가 나보다 더 좋아해 줬다. 난 세리머니를 이만큼만 준비했는데 언니는 그보다도 더 크게 하더라. 감사했다. 언니가 배구만 잘해서 '배구 천재'가 아닌 것 같다. 팀 분위기를 잘 이끌어주고 파이팅도 넘쳐서 그런 좋은 별명이 붙었다고 본다.

배 : 당시 경기 초반에 기선을 제압해야 한다고 판단했다. 선수들이 가은이에게 분위기 띄우라고 했다. 그게 우리 전술이었다. '가은이가 득점 올리면 나도 같이 파이팅 외쳐줘야지'라고 각오하고 들어갔다.

Q. 최가은은 KOVO컵 대회 첫 경기 도중 왼쪽 발목 전거비인대 미세손상이 생겼다. 속상했을 듯하다.

최 : 다치고 하루 이틀 정도는 힘들었다. 그동안 훈련했던 것을 제대로 보여주지 못하고 대회를 마쳐야 한다는 사실이 마음 아팠다. 그래도 긍정적인 편이라 괜찮았다. 부모님께서 튼튼하게 낳아주셔서 회복이 빨랐다. 100%는 아니지만 8월 중순부터는 볼 운동에도 부분적으로 참여하며 금세 몸을 끌어올렸다.

배 : 대회 때 가은이 컨디션이 좋았다. 그런데 바로 다치게 돼 너무 안타까웠다. 다행히 큰 부상이 아니니 개막 후 더 잘하는 모습을 보여줄 수 있을 것이라 믿었다.

Q. 비시즌 훈련하며 여러 대화를 나눴을 것 같다. 서로에게 배우고 싶은 점도 있었나.

배 : 훈련할 때 가은이가 하는 걸 보고 도와줄 수 있는 부분을 찾아 말해주려 했다. 가은이가 귀 기울여 들어줘 고마웠다. 다만 무조건 '내가 알려줘야지'라고 생각한 것은 아니다. 가은이를 통해 나도 배울 수 있는 부분이 있다. 새로운 파트너가 왔으니 어떤 시너지 효과를 낼 수 있을지만 고민했다. 같이 잘하면 좋겠다는 마음이 컸다. 가은이는 힘이나 점프 면에선 정말 최고다. 장점들을 몸에 잘 익혀 기술적으로 발전한다면 더 좋은 선수가 될 것이라 봤다. 1년 뒤엔 엄청난 선수가 돼 있을 거라고 말해주고 싶다. 차츰 실력을 향상하면 내 뒤를 이어 도로공사의 중앙을 책임지는, 국가대표 미들블로커가 될 것 같다.

최 : 언니를 잇는 선수가 되려면 한참 멀었다. 더 열심히 해야 한다. 우선 1년 뒤에 좋은 선수가 먼저 돼 있어야 할 것 같다. 그래야 그다음에 엄청난 선수가 될 수 있을 듯하다. 비시즌 훈련하며 확신이 들지 않을 때가 있었다. '이 타이밍, 이 스텝이 맞나?'라는 의문이 들 때 유나 언니에게 물어봤다. 바로바로 피드백해줘서 감사했다. 언니 스타일대로만 알려주는 게 아니었다. '이렇

2022-23시즌 챔피언결정전에서 환호하는 배유나 (2023.04.06)

게 해' 대신 '이렇게 해보는 건 어때? 이게 네게 더 잘 맞을 것 같은데'라며 여러 방법을 제시해줬다. 같이 답을 찾아가 주는 느낌이었다. 직접 시범을 보여주기도 했다.

배 : 나도 아직 더 성장해야 한다. 배움엔 끝이 없다.

최 : 언니 어디까지 가시게요? '신'의 경지까지요(웃음)? 사실 언니에게 배우고 싶은 게 많았다. 난 페인트나 연타 처리를 잘 못 하는데 언니는 어려운 공도 잘 처리한다. 코트를 넓게 보며 빈 곳에 찔러넣는 시야나 블로킹 손 모양도 좋다. 언니가 알려준다고 다 잘할 수 있는 건 아니지만 최대한 흡수해보려 했다.

배 : 반대로 난 가은이에게 '힘'을 본받고 싶었다. 운동할 때 '가은이가 오늘 힘이 더 세졌군. 나도 공 좀 더 세게 때려볼까!' 하면서 자극받았다.

최 : 힘의 비결은 특별히 없다. 그냥 많이 먹는다. 그게 전부다.

Q. 배유나는 지난 시즌까지 베테랑 정대영(현 GS칼텍스)과 함께 뛰었다. 올해부턴 보다 중심이 돼 중앙을 지켜야 한다.

배 : 어쩌다 보니 중심에 서게 됐다. 솔직히 부담감이 없다고 하면 거짓말이다. 대신 젊은 친구들과 좋은 에너지를 만들어보려 한다. 미들블로커 포지션에서 후배와 함께 뛰는 것은 오랜만이다. 재밌는 시즌이 될 것 같다. 가은이를 비롯한 후배들이 잘 따라와 줄 것이라 믿는다. 배구를 잘해야 가능한 일이지만, 새로운 선수들과 얼마나 즐거운 시즌을 치르게 될지 기대도 되고 설레기도 한다.

Q. 도로공사는 지난 시즌 챔피언결정전에서 흥국

생명에 1, 2차전을 내주고 3, 4, 5차전에서 모두 승리해 짜릿하게 우승했다. 디펜딩챔피언으로 새 시즌을 맞이하는 각오가 남다를 듯하다.

배 : 지난 시즌 우리가 우승할 것이라 예측한 이는 아무도 없었다. 나조차도 예상하지 못했다. 그걸 해냈다는 게 너무나 신기했다. 디펜딩챔피언이기에 선수들 모두 알게 모르게 압박감을 느낄 것 같다. 우승 후 더 올라갈 곳이 없다고 생각할 수도 있지만, 정상의 위치를 유지해야 한다. 그게 더 힘들다. 올 시즌 역시 우리 팀을 상위권으로 꼽는 사람들은 많지 않을 것이다. 도로공사에 걸어주시는 기대에 부응할 수 있도록 감독님, 코치님들, 선수들과 힘내보겠다. 끊임없는 훈련을 통해 선수들 간 호흡을 잘 맞춘다면 가능성이 있을 것 같다. 우리는 쉽게 지지 않는 팀이다. 장점을 발휘할 수 있도록 하겠다.

최 : 지난 두 시즌 동안 페퍼저축은행에서 주전으로 뛰며 많은 것을 느꼈다. 훈련할 때 마음가짐부터 달랐다. 자신감을 채우고 연습할 때부터 더 적극적으로 임했다. 모든 것을 많이 시도해보려 했다. 훈련이 아닌 실전에서의 압박감에 적응하고 대응할 수 있는 시간이었다. 올해는 지난 시즌보다 더 잘하고 싶다. 도로공사는 수비, 기본기가 좋은 팀이다. 다양한 플레이가 가능하다. 나 또한 공격에 다양성을 더하고, 성공률을 높이고 싶다. 우승팀에 왔으니 걸맞은 실력을 보여드릴 수 있도록 노력하겠다.

배 : 지난 시즌 중반까지는 스스로 몸이 좋다고 느꼈다. 중후반부터 컨디션이 확 떨어지는 것을 체감했다. 나이가 들다 보니 시즌 내내 좋을 순 없더라. 올해는 체력적인 부분을 보완해 시즌 마지막 날까지 꾸준한 모습을 선보이고 싶다. 비시즌 정말 열심히, 체계적으로 몸을 만들었다. 또, 미들블로커는 블로킹이 첫 번째다. 2021~2022시즌 6위(세트당 0.650개), 지난 시즌 2위(0.771개)였으니 새 시즌엔 더 잘하는 게 개인적인 목표다. 팀은 당연히 우승했으면 한다. 그리고 가은이가 잘했으면 좋겠다.

Q. 최가은은 지난 시즌 챔프전을 봤나. 우승 욕심이 있을 듯하다.

최 : 인천에서 열린 2차전(세트스코어 0-3 도로공사 패) 당시 경기장에 직접 가서 봤다. 도로공사 언니들의 움직임, 컨디션 등이 안 좋아 보였다. 3차전은 못 봤는데 도로공사가 승리했다는 기사가 올라왔더라. 4차전은 TV로 봤는데 또 도로공사가 이겼다. 5차전 땐 육서영(IBK기업은행)이 우리 집에 놀러 와 치킨 먹으면서 같이 봤다. 둘 다 소리 엄청 질렀다. 경기 보는 내내 소름이 돋았다. '와 저게 되네' 하면서 신기해했다. 언니들이 몸살감기 때문에 아팠다는 기사를 봤는데 경기에선 아무 일 없다는 듯 뛰는 게 대단했다.

배 : 진짜 힘들었다. 그런데 경기 중엔 나도 모르게 공이 때려졌다. '어 뭐야? 저절로 스파이크가 되네'라는 느낌이었다. 점수를 볼 정신도 없었다. 20점 근처에서 겨우 점수를 확인하는 정도였다. 3, 4차전에 김천에서 홈경기를 하며 팬분들의 에너지를 많이 받았다. 덕분에 다시 힘이 났던 것 같다. 우리보다 경기를 보는 분들이 더 심장이 쫄깃했을 것 같다.

최 : 맞다. 내가 뛰는 것도 아닌데 심장이 터지는 줄 알았다. 나였다면 경기 도중 무서워서 울었을 것 같다. 그래도 우승해보고 싶다는 욕심이 생겼다. 도로공사에서 유나 언니와 함께 이뤄보고 싶다.

플레이어 인터뷰 07

주장과 감독의 케미스트리
차상현 감독, 강소휘 주장

올 시즌 도약을 꿈꾸는 GS칼텍스는 강소휘를 신임 주장으로 선임했다. 여자부 7개 구단 중 최연소 주장이다. 베테랑 한수지에 '큰 언니' FA 정대영까지 새로 영입된 상황에서 차상현 감독은 강소휘에게 주장을 맡겼다. 그 과정에서 베테랑들과 충분한 논의도 거쳤다. 주장 강소휘를 위해 유서연을 부주장으로 선임했다. 프로 9번째 시즌을 앞둔 강소휘에게 언젠가 부여될 임무이기도 했다.

시작은 좋다. 강소휘 주장 체제로 치른 첫 KOVO컵 대회에서 정상에 서며 기분 좋은 출발을 했다. 강소휘 역시 역대 세 번째 컵 대회 MVP에 오르는 진기록을 쌓았다. 이젠 도약만이 남았다.

여자부 감독, 선수 중 케미가 좋기로 유명한 차상현 감독과 강소휘를 함께 만났다. GS칼텍스의 일명 '미친개 작전'의 두 주역이기도 한 차 감독과 강소휘는 인터뷰 내내 투덜투덜 농담으로 고마움을 에둘러 표현했다. 서로를 향한 마음이 묻어났다.

Q. 함께 7시즌을 보냈다. 눈빛만 봐도 서로를 알 것 같다.

차상현 감독(이하 차) : 일단 얼굴 보면 컨디션이 어떤지 보인다. 그리고 배가 얼마나 고파는 지도 안다(웃음). 스트레스를 풀기 위해 먹을 때가 됐다 싶으면 여지없다.

강소휘(이하 강) : 훈련 할 때 감독님 팔짱 끼는 것만 봐도 기분 파악이 된다. 팔짱에 힘이 많이 들어가 있으면 화가 많이 난 상태고 팔짱이 느슨하면 괜찮은 상태다. 감독님의 기분을 파악하는 노하우가 있는데 후배들에겐 알려주지 않는다. 자기네들도 경험을 해봐야지(웃음).

Q. 첫 만남 때와 비교했을 때 상대방에게 달라진 점이 있다면?

차 : 처음에 소휘는 자신이 얼마나 배구를 잘할 수 있는지를 전혀 모르고 있었다. 훨씬 더 가능성이 많은 선수라 빨리 알을 깨주고 싶었다. 그래서 직접 부딪히면서 자신감을 얻을 수 있도록 한 것 같다. 감독으로서 소휘처럼 발전가능성이 높은 선수를 지도하는 일은 즐겁다. 성장 속도가 눈으로 보이니까.

강 : 감독님은 얼굴이랑 몸이 많이 달라지셨다(웃음). 처음에 (당시 훈련장으로 쓰던) 강남대에서 처음 만났을 땐 영화배우 같았는데 지금은 세월을 정통으로 맞으신 것 같다. (웃음).

Q. 올 시즌 강소휘에게 주장을 맡겼다. 의도한 바가 있었을 텐데?

차 : 무슨 일이든 해야 할 때가 있다. 소휘와 많은 이야기를 했다. 아무래도 주장을 맡았을 때 책임감의 무게가 다를 것이다. 결과적으로 지난 시즌 실패를 한 만큼 발돋움을 하기 위해선 소휘의 힘이 많이 필요하다고 느꼈다. 본인에게도 좋은 경험을 하는 시즌이 될 것이다.

강 : 주장이라는 단어가 나에게 멀게만 느껴졌는데 막상 주장을 한다고 하니까 걱정도 많이 됐다. 어떤 리더십을 보여줘야 할지 혼자 고민도 많이 했다. 그 결과 그냥 하던 대로 하면 되겠다는 생각이 들더라. 원래 하던 대로 코트 위에서 활발하게 파이팅 넘치는 모습을 보여줄 생각이다.

Q. 독특하게 부주장도 선임했다.

차 : 아무래도 고참 언니들도 있고 하다보니 소휘에게 주장 역할이 버거울 수 있겠다는 생각도 했다. 그래서 수지, 대영이하고도 이야기를 했다. (부주장을 맡은) 서연이가 차분한 면이 있다. 소휘와 많은 이야기를 하면서 중간에서 역할을 해주길 기대했는데 막상 소휘가 대표팀에 가면서 서연이가 모든 역할을 다 하고 있는 것 같다. (웃음)

Q. 올 시즌 뒤 강소휘는 두 번째 FA 자격을 얻는다. 채찍 보단 당근이 필요할까?

차 : 스스로 생각할 때 FA라고 채찍 줄 때 못 주는 감독은 아닌 것 같다. 무엇보다 나는 감독으로서 책임을 져야 하는 사람이기 때문에 한 시즌 팀을 이끌고 나가는 것이 중요하다. 물론 결정은 선수가 하는 것이다. 그런데 소휘가 네트 건너 편 코트 위에 서 있는 모습을 보면 기분이 참 별로일 것 같다.

강 : 당근을 받건 채찍을 받건 떠날 선수는 떠나고, 남을 선수는 남는 것 같다.(웃음)

Q. 분위기를 바꿔보자. 만약 서로를 과일에 비교한다면?

차 : 질문이 신박하다.(웃음). 이유는 모르겠는데 사과가 떠올랐다. 과일할 때 가장 먼저 떠오르는 게 사과 아닌가.

강 : 감독님이 그냥 사과를 드시고 싶은 것 같다.(웃음). 음...감독님은 리치인 것 같다. 겉은 까만데 속은 하얗다. (웃음)

Q. 질문을 잘못했던 것 같다. 마지막 질문이다. 새 시즌을 앞두고 서로에게 하고 싶은 당부가 있다면?

차 : 무엇보다 부상이 없었으면 좋겠다. 부상만 없으면 우리는 걱정 없다. 안 다치고 한 시즌을 잘 치르는 것이 최고다.

강 : 올 시즌 처음 주장을 맡게 됐는데 감독님이랑 꼭 통합우승 해서 좋은 추억 만들고 싶다.
감독님께서 올해부터는 화도 좀 덜 내시고 변하겠다고 약속했는데 그 약속이 시즌까지 이어졌으면 좋겠다.(웃음)

차 : 나 스스로가 변화하고 그 다음에 선수들에게 변화를 요구하는 게 맞다 싶어서 그런 약속을 했는데 일본 전지훈련 때 이미 내 몸 안에서 악귀가 올라왔다 내려갔다 했다.(웃음). 화를 꾹꾹 누르면서 한 시즌 잘 참아보겠다.

23컵대회
결승전에서
(2023.08.05)

23컵대회 결승전에서
MVP를 수상한
강소휘(2023.08.05)

플레이어 인터뷰 08

도로공사의 새로운 키다리 언니, 반야 부키리치

신장 198㎝의 장신 아포짓 스파이커 반야 부키리치(24·세르비아)는 2023 여자부 외국인선수 트라이아웃 드래프트에서 전체 7순위로 도로공사의 선택을 받았다. 2018년부터 지난 시즌까지 미국 대학팀(NC state·Ohio State)에서 뛰었으며 세르비아 대표팀에 발탁돼 VNL에도 출전한 바 있다. 부키리치가 한국 팬들에게 본격적으로 인사를 건넨다.

Q. V-리그는 처음이다. 지난 8월 입국해 도로공사에 와보니 어땠나.

팀 분위기가 무척 좋아 마음에 들었다. 팀 내 모든 사람들이 착하고 매너 있었다. 나를 존중해주고 응원해주는 게 느껴졌다. 합류하게 돼 기뻤다. 처음 왔을 땐 낯설었는데 모두가 코트 안팎에서 친근하게 먼저 다가와 줘 적응을 잘할 수 있었다. 선수들과도 금세 친해졌다. 이윤정은 'Lee', 전새얀은 '야니', 임명옥은 '옥 언니'라고 불렀다. 이예림과 최가은, 옥 언니 등이 많이 도와줬다. 배구할 때 이것저것 알려줘 고마웠다. 옥 언니는 코트에 같이 있으면 내가 차분히 플레이 할 수 있게 도와줬다. 평소 긍정적이고 어디서든 잘 적응하는 스타일이다. 코트 밖에선 장난기가 많지만 코트 안에선 누구보다 진지하게 임하려 한다.

Q. 도로공사 출신 외국인들과 인연이 깊다. 오하이오주립대 시절 코치가 니콜 포셋(2012~2015년)이었고 이바나 네소비치(2011~2012년·2017~2019년)와는 이웃, 카타리나 요비치(2022~2023년)와는 친구다. 지명 후 팀에 대해 들은 이야기가 있나.

다들 공통적으로 이야기한 게 있다. 아마 무척 힘들겠지만, 최선을 다해 열심히 하라고 해주더라. 니콜은 안부를 묻는 연락을 종종 해오곤 한다.

Q. 팀 합류 후 코칭스태프가 주문한 것이 있나. 김종민 감독은 예상한 것보다 더 괜찮다고, 공격 등 다양한 면에서 한층 좋아질 가능성이 있다고 호평했다.

초반엔 블로킹을 중점적으로 연습했다. 점프하는 것, 손 모양을 예쁘게 만들어 상대 코트 안으로 집어넣는 것 등이다. 공격할 땐 각을 많이 내달라는 주문을 받았다. 훈련해보니 수비 연습이 무척 힘들었다. '스파르타' 방식이라 구르고 또 굴렀다. 내 장점은 타점이 높고, 공을 강하게 때릴 수 있다는 것이다. 팀의 스피드를 더하면 보다 강력한 공격이 나오지 않을까 싶다. 트라이아웃 드래프트 이후 꾸준히 몸 컨디션을 끌어올렸다. 그래서 자신 있다. 최선을 다해 시즌에 임하겠다.

Q. 더 보완하거나 강화하고 싶은 부분도 있나.

블로킹과 서브다. 블로킹을 잘해야 반격을 노릴 수 있다. 서브는 목표치가 있다. 시속 100㎞의 강서브를 구사하고 싶다.

Q. 김연경(흥국생명)과 같은 리그에서 뛰고 싶다고 말한 적 있다. 올해 꿈을 이루게 됐는데.

비시즌 블로킹 연습에 공을 들였다. 만약 김연경의 공격을 블로킹으로 잡아낼 수 있다면 그것만큼 짜릿한 게 없을 듯하다. 기대된다.

Q. 올해 V-리그에 아시아쿼터제가 도입됐다. 날개 공격수 타나차 쑥솟(태국)이 합류하면 더욱 든든할 듯하다.

외국인 선수가 혼자 아닌 두 명이니 아무래도 더 힘이 되고 의지가 될 것 같다. 공격 시 포지션은 다르겠지만 서로에게 도움이 될 것이라 믿는다. 같이 힘을 합쳐 팀 승리를 위해 뛰겠다.

Q. 디펜딩챔피언 팀에 몸담게 됐다. 부담감이나 책임감을 느낄 것 같다.

부담이 되긴 하지만 오히려 더 열심히 하는 동기부여로 삼으려 한다. 새 시즌 목표는 당연히 챔피언결정전 우승이다. 매 경기 최선을 다해 득점을 올리겠다. 내 한계가 어디까지인지 시험해보는 것이 개인적인 목표이기도 하다.

Q. 마지막으로 새 시즌 각오를 들려달라.

두 달 반 동안 팀원들과 손발을 맞췄다. 팀에 잘 녹아들고 합을 맞추는 데 충분한 시간이라 생각한다. V-리그에서 최고의 성적을 낼 수 있도록 하겠다.

김연경과 같은 리그에서 뛰고 싶다던 부키리치

부키리치의
입과 귀가 되어줄
유소연 통역과 함께

플레이어 인터뷰 09

살아있는 전설, 기록의 여왕, 꽃사슴 황연주

정규시즌, 컵대회, 올스타전 MVP를 모두 수상한 선수. 팀 내 최고령이지만 여전히 탄력 넘치는 스파이크. '꽃사슴' 혹은 '기록의 여왕'. 이 모든 수식어는 현대건설 아포짓 스파이커 황연주를 가리킨다. 지난 시즌 외국인 선수 부상으로 고전하던 현대건설에게 한 줄기 빛이 됐던 황연주는 올해 프로 20년 차를 맞이했다. 조금은 솔직하게 이야기 보따리를 풀어놓았다.

남편 박경상은 은퇴해 KCC의 전력분석원으로 활동 중이다

Q. 20번째 시즌이네요.

이제는 엄청 새롭지는 않아요. 그래도 항상 잘 해야 한다는 부담은 마찬가지예요. 새로운 느낌은 없지만 갈수록 할 일은 많거든요. 시즌 준비 과정은 예년과 똑같아요. 가장 기억남는 경기요? 하나를 꼽기 어려워요. 데뷔 경기도 기억 안 날 정도로 시간이 흘렀죠. 사실 많은 경기가 기억에 남는데, 항상 부족했던 점이 더 떠올라요. 경기장에 들어가면 더 잘 하고 싶어요.

Q. 여전히 우승하고 싶나요.

할 때마다 좋은 게 우승 아니겠어요. 그래도 하고 싶죠. 이왕 고생했으니 1등하고 싶고, 우승하고 싶고. 어차피 하는 거 잘 해야죠.

Q. 워라밸은 신경쓰고 있나요.

솔직히 이젠 배구가 지겨워요. 징글징글해요(웃음). 그래도 보람을 느껴요. 배구를 통해 자부심과 자존감을 찾으니까요. 나를 표현할 수 있는 게 이것뿐이니까요. 배구를 하지 않았다면, 그냥 지나가는 사람이었을 저를 알아봐주고, 응원해 주시는 분이 많으니까요. 운동 선수가 꼭 행복한 사람은 아니겠지만 그럼에도 사랑받을 수 있다는 건 좋은 일이라 생각해요.

Q. 코어나 근력 유지 비결은.

황연주 선수는
남편(농구선수 박경상)과 함께 개인 유튜브 채널
을 운영 중이다

대단한 비결은 없어요. 사실 저도 몸 관리를 잘 해야겠지만, 팀에서 관리해 주시는 것도 중요하죠. 팀 스케줄을 어린 선수들과 100% 함께하기는 어렵거든요. 요즘 볼 운동을 많이 하긴 해요. 그 시간에 몸 관리를 좀 더 하고 싶은데. 공인구가 바뀌면서 운동량이 늘었어요. 체력은 괜찮은데 관절들이 힘들어해요.

Q. 최근 5년 중 지난 시즌에 가장 많이 뛰었죠.

언제 또 이런 기회가 올 수 있을까 했어요. 들어갔을 때 잘 해서 다행이죠. 사실 경기를 많이 안 뛰다 나가니까 저 자신을 믿을 수 없을 때가 많았는데… 감각이 떨어져서 어색할 때도 있었어요. 사실 제가 뛴다는 건 팀이 위기 상황이란 뜻이잖아요. 그래도 주어진 역할을 잘 해내려고 했죠.

Q. 백어택은 여전하던데요.

백어택은 감각 같아요. 20년을 프로에서 뛰었으니까 많은 선수를 봤잖아요. 당연히 연습을 많이 하면 좋아지지만, 아무리 피지컬이 좋아도 잘 안 되는 선수들도 있어요. 라인을 안 밟는 기술을 못 익히는 거죠. 그래서 포기하거나 아웃을 많이 때리죠. 생각해보면 저는 참 많이도 때려봤고 그래서 잘 했나 보다 싶어요. 요즘에 제가 이래요. 아직 선수인데 지도자처럼 생각하곤 해요. 다른 선수를 보면서 '이건 이렇게, 저건 저렇게' 같은 생각을 많이 하죠.

Q. 생활도 왼손잡이인가요.

운동만요. 하찮은 예지만 공기놀이는 왼손으로 해요. 나머지 칼질이나 글씨, 밥 먹을 땐 오른손을 쓰죠. 부모님이 아무래도 오른손을 쓰게 하셨거든요. 왼손으로는 젓가락질을 잘 못해요. 사인도 오른손으로 하죠.

Q. 새 공인구 적응은 하셨나요.

조금 힘이 필요한 공 같아요. 힘있게 공을 때려야 잘 들어가요. 그러지 않으면 수비하기 편한 스파이크가 돼요. 회전도 많이 줘야 상대가 받았을 때 튀어올라요. 아직은 적응 중이죠. 예민한 공이란 느낌이에요.

Q. 네 번째 FA 계약(2년 2억2400만원)인데 아쉽지 않았나요.

아쉬운데, 완전히 만족하는 선수가 어딨겠어요. 끝난 일이죠.

Q. 남편(농구선수 박경상)이 은퇴했는데 시간이 많이 생겼는지.

하는 일(KCC 전력분석원)은 비슷해서, 여유가 많은 것 같진 않아요. 퇴근도 늦어요. 선수 땐 고참이었는데, 이젠 막내 직원이 됐으니까 눈치도 많이 보고요. 제가 "너 혼자면 힘들 때 그만둬도 된다. 그런데 가장은 너고, 내가 딸려 있으니 하기 싫은 일도 해야 하지 않겠냐"고 그래요.

Q. MZ세대 후배들과의 대화는 어떤가요.

너무 차이가 커서 후배들도 어렵겠죠. 그래도 2~3년 정도 지나면 편하게 얘기해요. 지금 우리 팀에선 (한)미르 정도? '라떼는 말이야' 같은 얘기를 잘 안 하는데, 미르한테는 장난삼아 할 때도 있어요.

Q. 유튜브(배농부부) 촬영은 어떻게 하나요.

편집자가 따로 있고, 촬영은 저희끼리 해요. 주제도 아무거나 자유롭게 하고 싶은대로 해요. 일상을 기록하는 느낌도 있죠. 그래도 촬영할 땐 아무래도 신경이 쓰이니 피곤하긴 해요. 방송이니까 말도 골라서 하죠.

Q. 도쿄올림픽 때 해설을 했는데 정식 제의를 받는다면?

아직은 생각 안 해요. 좀 더 선수 생활에 집중하고 싶어요. 미래를 생각하면, 쉬고 싶은 마음이 강해요. 20년 동안 같은 곳에서 같은 일을 했잖아요. 제충전이 필요한 것 같아요. 배구를 그만두고 나서 생각하려구요.

Q. 가끔 요리를 하시던데 내 요리 실력은?

50점 정도? 입맛은 취향 따라 다르니까. 요리를 좋아해요. 나중에 제빵 기술 같은 것도 배우고 싶긴 해요. 사실은 집에서도 가만있지 못하는 성격이라 뭐라도 해보고 싶어서 요리를 하게 됐어요. 자신있는 요리? 다 어느 정도는 해내요. 동영상 보다가 '어, 이거 한 번 해보고 싶다' 할 때 따라할 수 있는 정도예요.

Q. 고전하는 국가대표팀을 보면 어떤가요.

선수들이 많이 힘들겠죠. 경기도 잘 풀리지 않고, 응원하는 사람이 많은 만큼 비판도 커지니까. 그게 거쳐야 할 과정이라 생각해요. 저도 어렸을 때 욕 많이 먹었거든요. 무게감을 느끼겠지만 그것도 자신의 것이라 생각해야죠. 당연히 잘 하고 싶고, 최선을 다하고 있을 거예요. 그래도 더 완벽해지려고 노력했으면 좋겠어요. 국가대표잖아요. 자부심과 함께, 스트레스도 받아야죠. 팀에 있을 땐 어린 선수들은 '누군가 대신 해주겠지'라고 생각할 수도 있어요. 그렇지만 내가 해내야 한다는 마음을 가지면 좋겠어요. 물론 고생하고 있다는 건 알아요. 과도기잖아요. 안쓰럽기도 하고 응원해주고 싶어요.

Q. 올 시즌 목표는요.

항상 얘기하지만 뭔가를 이루겠다거나 잘하겠다기보다는 코트에 들어갔을 때 내 역할을 잘 해내고 싶어요. 제가 들어갔을 때 그 자리가 비어보이지 않게요. 나이 들어 실력이 떨어졌다는 이야기는 듣고 싶지 않아요.

가장 최근 경기인 23컵대회에도 코트에 나선 황연주

역시
황연주 선수가
제공한 사진

농구와도
인연이 깊은 황연주.
본인이 직접 제공한 사진

한국배구연맹의 뉴 페이스
마케팅팀 이지은-홍보팀 정채은 사원 인터뷰

학창시절부터 스포츠를 좋아했다. 관련 학과에서 공부하며 깊이를 더했다. 대외활동으로 경험을 입혔다. 올해 한국배구연맹(KOVO)의 신입·경력사원 공개 채용에서 엄청난 경쟁률을 뚫고 최종 합격의 기쁨을 누렸다. 마케팅팀 이지은(29) 경력사원, 홍보팀 정채은(23) 신입사원이 연맹의 새로운 원동력이 됐다.

Q. 합격을 다시 한번 축하한다. 배구를 원래 좋아했는지 궁금하다.

이지은(이하 이) : '공놀이'라면 다 좋아했다. 아버지의 영향이 크다. 고등학생 때까지 야구선수 생활을 하셨다. 부상 때문에 프로엔 가지 못하셨다. 그래도 맨날 야구 중계를 틀어놓으셔서 자연스레 야구를 접했다. 이후 배구, 농구 등 다른 종목들도 자주 챙겨봤다. 그중 배구를 제일 좋아했다. 고등학생 때 스포츠 관련 대외활동을 하는 등 관심이 많았다. 대학에서도 스포츠경영을 전공했다.

KOVO의 뉴 페이스
이지은 사원(왼쪽)과
정채은 사원

정채은(이하 정) : 나도 스포츠산업 전공이다. 스포츠를 전반적으로 좋아해 일찌감치 진로를 정하고 체육단과대에 입학했다. 대학에 다니며 프로농구단에서 대외활동을 했고 교내 스포츠 마케팅 동아리에도 몸담았다. 그때 V-리그를 보러 갔는데 배구에 푹 빠지게 됐다.

Q. 연맹에 지원하게 된 계기는 무엇인가.

이 : 대학교 졸업 후 곧바로 취직했다. 2018년 7월 스포츠 대회사에서 커리어를 시작했다. 2020년 1월 한국농구연맹(KBL) 마케팅팀으로 이직했다. 초반에는 스폰서, 제안서 작성 업무를 맡았다. 이후 브랜드 개발, 캐릭터 디자인 개발 사업 등 굵직한 프로젝트를 담당했다. 쇼핑몰 및 통합 홈페이지 운영 등도 했다. 2년간 근무 후 잠시 휴식을 취하다 올해 배구연맹 공고를 보게 됐다. 프로배구계에서도 일하고 싶은 마음이 들어 지원했다.

정 : 대학교 4학년 마지막 학기던 2022년 11월 배구연맹 경기운영팀에서 인턴을 했다. 지난 4월까지 근무했다. 이후 대한체육회 홍보실에서 사원으로 일했다. 경기운영팀 인턴 시절 배구 산업에 대해 이해하는 시간을 가졌다. 각 구단에 도핑 관련 안내를 하는 것이 주 업무였다. 시상식, 올스타전, 미디어데이 등 여러 행사를 보조했다. 아시아쿼터 관련 출장도 다녀왔다. 경기운영팀을 넘어 다른 팀에서도 두루두루 업무를 경험했다. 인턴을 하며 배구를 너무 좋아하게 돼 이번에도 지원하게 됐다.

Q. 서류 전형과 1, 2차 면접은 어떻게 준비했나.

이 : 나라장터나 연맹 홈페이지의 입찰 공고를 보며 내부에서 어떤 사업을 하고 있는지 파악했다. 해당 사업을 하려면 어떤 사람, 역량이 필요할지 분석했다. 그 내용을 토대로 포트폴리오를 만들고 자기소개서를 작성했다. 면접 전에는 예상 질문을 정리해 답변을 미리 준비했다.

정 : 단순히 배구 팬의 관점을 넘어 인턴 시절 경험을 떠올렸다. 어떤 사업을 어떻게 더 발전시킬 수 있을지 고민했다. 이후 영어 번역 필기시험과 영어 면접이 기다리고 있었다. 4월에 인턴을 마친 뒤 '언젠가 연맹 채용 공고가 뜨겠지'라는 생각에 영어 공부를 시작했다. 매일 전화 영어를 했다. 규정집도 틈틈 봤다. 규정 관련 영어 질문에도 능숙하게 답할 수 있도록 준비했다. 홍보팀에 지원할 계획이 있었기에 그동안 만들었던 콘텐츠를 바탕으로 SNS 발전 방안에 대해서도 정리해 어필했다.

Q. 많은 사람들이 자기소개서 작성에 어려움을 겪는다. 본인만의 노하우가 있나.

이 : 쓰다 보면 자꾸 나에게 빠져든다. 내가 어떤 사람인지 드러내고 싶은 욕구에 휩싸인다. 그런 감정을 최대한 배제하려 했다. 회사 입장에서 어떤 직원을 뽑고 싶을지 고민하고 그에 맞춰 써야 합격률이 올라가는 것 같다.

정 : 자기소개서를 잘 쓴다고 생각해본 적이 없다. 그래서 컨설팅받았다. 당시 난 할 수 있는 게 많다는 내용만 가득 썼다. 컨설팅 담당자에게 혹평을 들었다. 지금까지 해온 대외활동이나 경력 등을 바탕으로 어떤 능력을 발휘할 수 있는지, 어떻게 발전을 이룰 것인지 등을 쓰라고 하더라. 커리어에서 가장 자부할만한 것 한

가지를 꼽아 해당 카테고리를 집중적으로 풀어가는 식으로 수정했다. 내겐 SNS 콘텐츠가 강점이라 생각해 그 내용으로 주제 한 가지를 채웠다.

Q. 최종 합격 소식을 들었을 때 여러 감정이 교차했을 것 같다.

이 : 사실 지난해에도 지원했다. 당시 최종 면접에서 탈락했다. 이번에도 떨어지면 인연이 아니라고 생각하며 서류를 접수했다. 경력 면접이라 경쟁자들이 너무 쟁쟁해 면접 후 낙담했다. 그런데 2차 면접 다음 날 바로 합격 전화를 받았다. 가족, 친구들에게 많은 축하를 받았다.

정 : 1차 면접은 잘 본 듯했는데 2차 면접은 정말 못했다고 느꼈다. 면접 후 바로 집에 들어가면 눈물이 날 것 같았다. 혼자 영화 <엘리멘탈>을 보러 가 엉엉 울었다. 당시 대한체육회에서 일할 때였는데 합격 전화를 받고 올림픽공원 한가운데서 또 펑펑 울었다. 대학 동기 중 첫 번째로 취업에 성공해 친구들이 많이 축하해줬다. 부모님도 내가 인턴 할 때 연맹을 좋아했던 걸 알아서 나보다 더 기뻐해 주셨다. 정년까지 다니겠다는 각오를 세웠다.

Q. 7월 26일 입사했다. 이후 실제로 일해 보니 어땠나.

이 : 연맹의 7대 추진 과제 중 '통합 플랫폼 시스템 구축 및 운영'이 있다. 그 업무를 메인으로 맡고 있다. 브랜드 리뉴얼 사업으로 새 CI(Corporate Identity), BI(Brand Identity) 개발을 진행했다. 용역업체를 선정해 전문가분들과 협업했다. 플랫폼 시스템은 연맹 내부에 상주 중인 개발자분들이 있으셔서 같이 소통하며 만들어 나갔다. 연맹의 전체적인 분위기가 따뜻하고 가족 같은 느낌이라 좋다.

정 : 신입사원으로 직원분들을 다시 뵙게 됐는데 진심으로 환영해주시고 반가워해 주셔서 감사했다. 홍보팀에선 보도자료 작성이 주 업무다. 초반엔 계속 글을 써보고 검사 맡는 과정을 반복했다. 대학 시절 4년 내내 교지를 만들었다. 편집장도 1년 반 정도 해봐서 글 쓰는 것을 좋아한다. 하지만 보도자료는 또 다른 유형이다. 평소 이목을 끄는 표현을 쓰곤 하는데 보도자료에 들어가도 되는지 몰라 헷갈렸다. 모든 걸 다 여쭤봤다. 기존 담당자분들은 결과물이 바로바로 나온다. 나도 그 수준이 되기 위해 노력했다. 팀의 여러 업무를 익히는 과정도 거쳤다.

Q. 소속 부서 선배들에게 배우고 싶은 점이 있나.

이 : 박연욱 대리님이 사수인데 무척 꼼꼼하시다. 작은 것 하나까지 다 확인하신다. 서병희 대리님은 스폰서를 담당하시는데 친화력이 최고다. 누구와도 친해질 수 있는 능력을 갖추셨다. 권기성 팀장님은 마케팅팀에 오래 계셨다. KOVO컵 대회 때 팀장님과 함께 경기장을 한 바퀴 돌았는데 광고 위치, 현수막, 로고, 카메라의 위치 등을 일일이 다 체크하시더라. 모든 것을 알려주셔서 무척 멋있었다. 선배들의 장점을 배우고 싶다.

정 : 이재상 대리님은 정말 따뜻한 분이다. 똑같은 걸 100번 물어봐도 100번 다 친절하게 알려주실 분이다. 내가 모를만한 것을 먼저 나서서 가르쳐주시기도 했다. 망설임 없이 질문할 수 있는 분위기를 만들어주셔서

서 감사했다. 차재준 과장님은 보도자료 담당이셔서 일대일로 과외해주셨다. 내가 어떤 고충을 느낄지 예상하고 이해하기 쉽게 알려주셨다. 이영주 대리님은 대인관계 면에서 최고다. 홍보팀은 사람 간 커뮤니케이션이 많은 부서라 꼭 필요한 능력 같다. 장경민 팀장님은 '겉바속촉(겉은 바삭 속은 촉촉)'이다. 겉으로는 강인하고 칼 같아 보이는데 그 안에 따듯함이 있다. 특히 꼼꼼하셔서 업무적으로 본받을 점이 정말 많다.

Q. 시즌 개막 후에는 어떤 업무를 담당하게 되나.

이 : 계속해서 통합 홈페이지 구축에 힘쓸 예정이다. 개막에 맞춰 오픈해야 하는 기능들이 있어 보완하고 개선해나가는 작업에 집중하려 한다.

정 : 비시즌엔 알림 위주의 보도자료를 쓰지만 개막 후엔 추가되는 것이 있다. 정기적으로 흥미로운 기획 보도자료를 작성하게 된다. 훨씬 재밌어질 것이란 이야기를 많이 들었다. 아이디어 선정은 어렵겠지만 쓰는 과정은 즐거울 것 같아 기대된다.

Q. 연맹 직원으로서 해보고 싶은 일이 있나.

정 : 많다. 홍보팀에서는 SNS 사업을 맡아보고 싶다. 처음 프로스포츠 업계에 오고 싶다고 생각한 이유가 팬들이 즐길 수 있는 환경을 만들고 싶어서였다. 그런 면에서 SNS는 최고의 매개체인 것 같다. 순환근무를 하게 되면 경기운영팀에 다시 가보고 싶다. 리그 운영을 전반적으로 맡는 핵심부서이기 때문이다. 경기를 원활하게 치르는 데 도움이 되고자 한다. 제도개선팀에 가게 된다면 프로 진출에 실패한 선수들, 은퇴선수들을 위한 장치를 마련하고 싶다. 그런 제도가 있다면 배구를 시작하는 사람이 한층 많아질 듯하다.

이 : 현재 구축 중인 플랫폼 사업에 IT 관련 지식이 많이 필요하다. 지식을 더 쌓아 디지털 마케팅을 확실히, 전문적으로 해낼 수 있는 사람이 되고 싶다. 마케팅팀 내에서 하는 스폰서십 등 다른 업무들에 관한 통찰력도 키우려 한다. 모든 것을 꿰뚫어 보는 '일당백'이 되는 것이 목표다.

Q. 배구계 종사를 꿈꾸는 취업준비생들에게 한 마디 부탁한다.

정 : 스포츠 업계는 정기적인 채용이 잦지 않고, 채용 인원도 적은 편이다. 경쟁률이 극악인 경우가 많다. 특정 종목, 회사에 국한해 준비하면 너무 어려운 길을 걷게 될 것 같다. 시야를 넓혀 경험과 능력을 쌓으며 목표에 한 걸음씩 다가갔으면 좋겠다. 그렇게 하다 보면 원하는 회사에 입사할 수 있을 듯하다.

이 : 공감한다. 최대한 많은 경험을 해보는 게 중요하다. 첫 직장에서 여러 업무를 맡았는데 그 경험을 기반으로 KOVO로 이직하게 됐다. 사소한 일이라도 열심히 해 자기 것으로 만드는 게 핵심인 것 같다.

선수단 위해서라면 24시간 오픈…
도로공사 정영호 전력분석관 인터뷰

V-리그서 선수 생활을 마친 뒤 실업팀에서 배구와 연을 이어갔다. 전력분석관 제의를 받고 도로공사에서 제2의 인생을 시작했다. 3년 차에 팀의 기적 같은 우승을 함께했다. 정영호(32) 전력분석관은 모든 공을 선수단에 돌렸다. 새 시즌에도 묵묵히 팀을 도우려 한다.

Q. 전력분석관 일을 시작하게 된 계기부터 듣고 싶다.

2013~2014시즌 LIG손해보험(현 KB손해보험)에 입단해 2시즌을 소화한 뒤 현대캐피탈로 트레이드됐다. 곧바로 상무(국군체육부대)에 입대했고 전역 후 현대캐피탈로 복귀했다. 당시 실력도 부족했지만 발목을 크게 다쳐 프로에서 더 뛸 수 없었다. 재활을 마치고 실업팀 부산시체육회에 입단해 배구를 계속했다. 그러다 배기훈 도로공사 코치님께 분석관 제안을 받았다. 2020년 도로공사에 합류했다.

도로공사 정영호 전력분석관

Q. 일이 낯설었을 텐데 어렵지 않았나.

처음 배 코치님께 연락받았을 때 "공은 잘 때릴 수 있지만 프로그램은 다룰 자신이 없다"고 말씀드렸다. 코치님께서 "어렵지 않다. 마우스 클릭 몇 번만 하면 된다"고 하셨다. 날 속이셨던 것 같다(웃음). 경기 중 실시간으로 모든 플레이를 타이핑해야 해 처음엔 무척 힘들었다. 매일 밤늦게까지 영상을 보며 타이핑 치는 연습을 정말 많이 했다. 연습하다 데이터를 다 날린 적도 있다. 하나하나 전부 클릭해보다 생긴 실수다. 물론 실전 경기에서 실수한 적은 없다. 그렇게 하다 보니 점차 익숙해졌다. 그래도 아직 더 공부해야 한다. 다양한 기능들을 완벽히 활용하기 위해 노력 중이다.

Q. 선수단에는 어떤 내용을 주로 전달하나.

미팅을 앞두고 이전 라운드에 했던 경기들을 토대로 분석 자료를 만든다. 예를 들어 상대팀 주요 선수가 대각 공격을 자주 하는데 이전 맞대결에선 직선 코스를 많이 공략했다거나, 상대의 선발 멤버가 달라지는 등의 내용을 코칭스태프 및 선수들에게 전달해준다. 선수들이 요청하는 영상이나 자료가 있으면 따로 만들어서 보내주기도 한다. 우리가 공격했을 때 상대의 수비 위치를 분석해 보고하면 훈련에 반영된다. 훈련할 때는 코트에서 같이 참여한다. 상대 에이스 역할을 맡아 직접 점프해 공을 때려주기도 한다. 예를 들면 내가 김연경(흥국생명)이 돼 공격하는 것이다. 그래서 시즌 때는 더 바쁜 편이다.

Q. 시즌 중 일과는 어떻게 되나.

평일 오후 7시 김천 홈경기 기준으로 설명하겠다. 오전 7시 30분쯤 일어나 아침 식사하고 오전 훈련에 임한다. 이후 낮잠을 자거나 분석 일을 한다. 오후 4시 30분에 간식 먹고 경기장으로 출발한다. 경기장에 도착하면 2층에 캠코더를 설치해 영상을 찍는다. 이후 1층에서 타이핑을 친다. 경기 후엔 숙소로 돌아와 당일 경기 타이핑 한 것과 영상을 맞춰본다. 공격 코스는 따로 다 찍어야 한다. 다음 미팅 때 쓸 영상과 분석지를 만들고 새벽 3~4시쯤 일을 마친다.

Q. 고되지만 팀 성적이 좋으면 보람찰 것 같다. 지난 시즌 포스트시즌 전으로 돌아가 보자. 해피엔딩을 예상했나.

대부분 도로공사가 우승하긴 힘들 것이라 예상했다. 나 역시 마찬가지였다. 카타리나가 열심히 해줬고 대체외국인으로 온 캣벨도 잘해줬다. 하지만 우리 경기력이 압도적이진 않았다. 확 치고 올라가지 못했다. 그래도 순위가 많이 떨어질 것 같진 않았다. 다행히 3위를 유지했다. 점차 '될 것 같은데'라는 생각이 들었다.

Q. 정규리그와 포스트시즌은 준비 과정이 다를 듯 하다.

리그 때는 휴식일이 최소 이틀 이상이지만 포스트시즌 때는 휴식일이 하루뿐이다. 오늘 경기하고 내일 쉬고 모레 또 경기하는 일정이다. 더 바빠진다. 한 경기의 중요성이 훨씬 커져 보다 많은 것을 준비하려 했다. 같은 영상을 여러 번 반복해서 보며 작은 부분까지 체크했다.

Q. 현대건설과 플레이오프서 2연승으로 미소 지었다. 어떻게 대비했나.

미들블로커 양효진을 막을 방법에 초점을 맞췄다. 현대건설이 시즌 도중 외국인을 야스민에서 몬타뇨로 교체했는데, 몬타뇨는 비교적 위력이 떨어진다고 판단했다. 주득점원인 양효진을 막는 게 더 중요했다. 양효진도 상대팀 영상을 많이 본다고 들었다. 그래서인지 공격 코스가 조금씩 달라지더라. 우리 역시 그에 대비했다. 양효진이 또다시 변화를 줬지만 우리가 잘 막았다고 생각한다.

Q. 흥국생명과 맞붙은 챔피언결정전은 어떻게 준비했나.

에이스인 김연경을 막고자 했다. 외국인 옐레나는 2021~2022시즌 KGC인삼공사(현 정관장)에서 뛸 때부터 분석해놓은 게 있었다. 공격 코스나 스타일이 그때와 비슷했다. 오히려 김연경 앞에 블로커로 누굴 세워야 할지 많이 신경 썼다.

Q. 1, 2차전 인천 원정에서 2연패 한 뒤 3, 4차전 김천 홈경기에서 2연승으로 시리즈의 균형을 맞췄다.

인천 원정 당시 선수들이 몸살감기에 걸려 컨디션이 좋지 않았다. 다들 몸이 처져 있었다. 2차전 종료 후 마음속으로 '여기까지 온 것도 잘했다'고 말했다. 아마 모두가 흥국생명의 우승을 점쳤을 것이다. 아웃사이드 히터 포지션에 김연경의 존재감이 무척 컸다. 3차전 때는 선수들에게 부담을 주지 않으려 했던 것 같다. 있는 그대로 맡기려 했다. 상대 서브 코스만 한 번 더 짚어줬다. 그런데 선수들의 컨디션이 올라오기 시작했다. 홈 팬들의 응원 덕분이다. 선수들이 큰 힘을 받았다. 4차전 승리 후엔 '이제 진짜 누가 이길지 모른다. 우리가 우승할 수도 있다'고 생각했다. 캣벨의 경기력이 좋아 기대됐다.

Q. 5차전은 다시 인천 원정이었다. 역대 여자부 포스트시즌 최장 경기 시간(158분) 기록을 세우며 풀세트 혈투 끝 우승을 거머쥐었다. 역대 V-리그 챔프전 1, 2차전 패배 팀의 우승 확률은 0%였는데, '0%의 기적'을 썼다.

김종민 감독님께서 김천에서 4차전을 앞두고 짐을 싸라고 하셨다. 반드시 5차전까지 갈 테니 인천으로 향할 준비를 하라는 지시였다. 선수단 모두 '그래, 짐 싸자', '해보자'는 분위기였다. 긴장감보다는 '일낼 수 있겠다'는 느낌이었다. 비장함도 감돌았다. 다들 조금은 상기돼있었다. 평소였으면 선수들에게 '이 코스로 공격해. 여기로 때려' 등의 이야기를 했을 텐데 5차전 때는 아무 말도 하지 않았다. 선수들이 원하는 대로 하도록 했다.

5세트 14-13에서 (박)정아(현 페퍼저축은행)가 타점 잡고 때려서 블로킹 터치아웃 득점을 만든 순간이 가장 기억에 남는다. 정아의 마지막 득점 후 아무 생각도 들지 않았다. 노트북에 손을 올려놓고 멍하니 있었다. 너무 극적이라 실감이 안 났다. '진짜 우리가 이겼어? 우리 우승한 것 맞아?'라는 생각뿐이었다.

Q. 챔프전 우승의 키포인트는 무엇이라고 보나.

선수들의 '의지'였다. 챔프전 5차전까지 갔기에 분석, 수치적인 것은 큰 의미 없었다. 정규리그 6라운드에 챔프전 4경기까지 했기 때문에 서로 너무 잘 아는 상황이었다. 선수들이 포기하지 않고 잘해준 덕분에 우승할 수 있었다. 세터 (이)윤정이가 세트를 깔끔하게 해줬고 캣벨이 왼손까지 활용하며 공을 잘 처리해줬다. 중앙의 정대영(현 GS칼텍스), 배유나와 리베로 임명옥, 박정아까지 베테랑들이 중심을 잡아줬고 문정원도 잘했다. 뒤에서 받아주는 선수, 공을 연결해주는 선수, 공격하는 선수까지 모두가 하나로 뭉친 것이 주효했다. 그래서 더 값졌다.

Q. 올해는 분석관이 한 명 더 늘었다고 들었다.

고현우 분석관이 합류했다. 나보다 분석관 일을 먼저 시작했다. 도로공사에서 일하다 입대했고 이번에 다시 돌아왔다. 연차는 우리 둘 다 3년 차다. 대화를 통해 더 의미 있는 자료를 만들 수 있어 좋다. 예를 들면 공격 코스 분석지에 각자 의견을 단다. "이 선수는 이렇게 플레이하는 게 더 나을 것 같은데 어떤가"라고 물으며 생각을 공유한다. 서로 못 봤던 점들을 봐주니 분석이 풍부해지는 듯하다.

Q. 주축 멤버가 많이 바뀌어 새로운 전략이 필요할 것 같다.

정대영, 박정아 모두 베테랑에 노련미 있는 선수들이었다. 이들의 빈자리를 젊은 선수들이 잘 채워줄 것이라 믿는다. 훈련과 경기를 통해 노하우를 쌓아 성장하고, 기회를 잘 잡았으면 한다. 장기적인 관점에서 선수들을 키워나가야 하지 않을까 싶다. 분석 자료를 만드는 데는 큰 차이 없다. 보통 상대팀 위주로 분석하기 때문이다. 우리 팀에 있었던 선수들은 더욱 잘 안다. 물론 나보다 선수들이 더 잘 알 것이다(웃음).

Q. 디펜딩챔피언으로 새 시즌을 맞이한다.

다를 건 없다. 목표는 우승이다. 어떻게 하면 선수들에게 더 도움이 될 수 있을지만 고민하겠다. 경기에서 이겼을 때, 내가 말해준 것을 선수들이 잘 수행해 정확히 맞아떨어졌을 때 가장 행복하다. 일례로 "저 선수는 이런 상황에서 이쪽으로 많이 때린다"고 귀띔했는데 완벽히 블로킹으로 가로막았을 때 등이다. 앞으로도 분석관으로서 더 노력하겠다. 머릿속에 상대팀 모든 선수에 관한 데이터를 전부 넣어놓고 바로바로 출력해 줄 수 있도록 하겠다.

Q. 선수들에게 한마디 하며 마무리하겠다.

다른 팀 분석관들에 비해 조금 부족할 수도 있다. 그래도 도움이 되려 노력하고 있으니 필요한 게 있다면 언제든 찾아와주면 좋겠다. 난 24시간 열려있다. 밤을 새워서라도 원하는 것을 찾아 만들어주겠다.

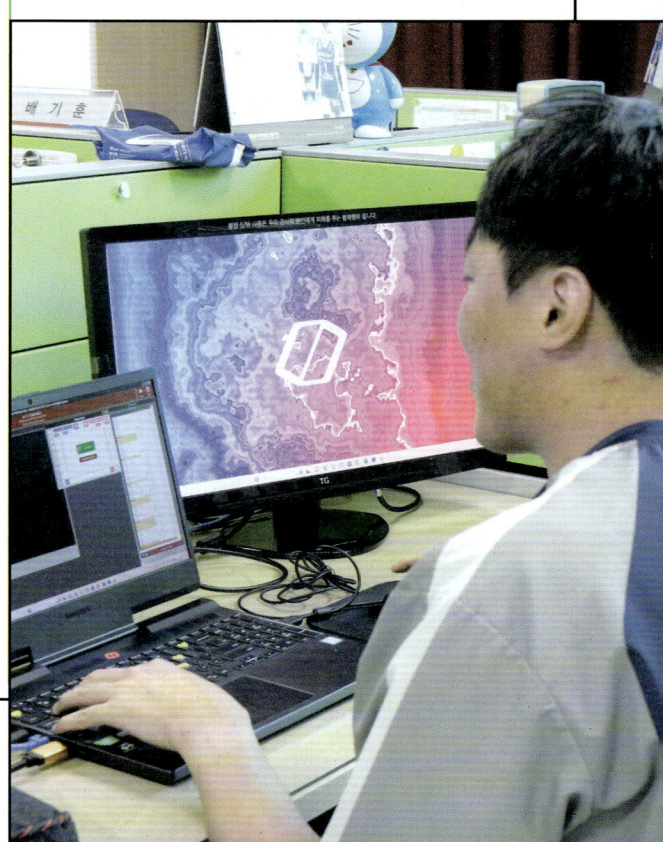

V-리그 여자부의 공격력을 높이는 외국인 선수 통역관들 인터뷰

김윤솔 통역과의 팀웍을 보면
메가왓티, 지아의
올 시즌 성적을 기대해도 좋을 것으로 예상된다

V-리그 여자부 외국인 선수들이 한국 무대에서 활동하는 기간은 긴 편이 아니다. 매년 외국인 선수 드래프트가 열리고 새로운 선수들이 유입되며, 그들에게 주어지는 적응 기간은 매우 짧다. 그 짧은 기간에 한국 무대에 적응해 실력을 드러내지 못하면 교체되는 일도 적지 않다. 심지어 단 한 경기도 뛰어보지 못하고 시즌이 열리기도 전에 교체되는 일도 있다.

그런 외국인 선수들이 스스로 가진 기량을 발휘하기 위해서는 무엇보다 '적응'이 중요하다. 그리고 적응하기 위해서는 '소통'이 필요하다. 외국인 선수의 귀와 입이 되어 소통을 도와주는 역할을 맡는 것이 바로 각 팀의 통역관들이다. 특히 올 시즌은 아시아쿼터 도입과 함께 더더욱 통역관들의 역할이 중요해졌다. 외국인 선수들의 영향력이 역대급으로 큰 시즌이 될 전망이다.

"내가 많이 응원해줄게. 언제나 너희 편이 돼줄게."
도로공사 통역관 유소연

그저 배구가 좋아 배구단에 뛰어들었다. 용기 낸 것을 한 번도 후회하지 않았다. 팀의 일원이자 외국인 선수의 조력자가 되기 위해 노력했다. V-리그가 처음인 반야 부키리치, 타나차 쑥솟의 친구가 됐다. 역시 처음 맞이하는 개막을 앞두고, 도로공사 유소연(29) 통역은 다시금 각오를 다졌다.

도로공사 유소연 통역관은 인도네시아에서 16년이나 거주한 경험이 있다.

Q. 프로배구단 통역에 지원하게 된 계기가 무엇인가요.

평소 배구를 좋아했어요. 특히 여자배구에 대한 관심, 애정이 커서 3~4년 전부터 경기를 열심히 챙겨봤죠. 2~3년 전부터는 직접 보러 다니기 시작했어요.

영어에는 익숙했고 4살 때부터 대학 입학 전까지 16년가량 인도네시아에서 살았어요. 배구와 영어 두 가지를 접목할 수 있는 직업이 무엇일까 고민하다 통역을 떠올렸죠. 원래는 일반 회사에 다니면서 해외 영업, 홍보 등의 일을 해왔고요. 이직은 쉽지 않은 결정이었어요. 그런데 제 신조가 '해보고 싶은 건 한 번 해보자' 거든요. '어떻게든 되겠지'라는 마음으로 도로공사에 지원했는데 감사하게도 합격한 거죠. 원서를 넣고 두 차례 면접을 봤어요. 영어 인터뷰도 포함되어 있었고요. 합격 후 계약서에 사인하고 다음 날 곧바로 김천으로 내려왔어요. 입사일은 7월 25일이었습니다.

Q. 통역 일이 처음이라 어려운 점도 있었을 것 같은데.

영어와 관련된 일은 자신 있었어요. 배구 용어를 곧바로 이해하고 통역해줘야 하는데 그런 부분에선 조금 미숙했지만요. 공식 용어는 물론 약어, 은어도 있어서 따로 공부했습니다. 코치님들이 쓰시는 단어 중 모르는 것을 기억해뒀다가 어떤 뜻인지 물어보고 외우곤 했죠. 모두 친절히, 자세히 알려주셔서 감사했습니다. 팬으로 배구를 볼 때와 일로 마주할 땐 정말 다르더군요. 예상은 했지만 그보다 더 차이가 컸어요.

Q. 팀에 적응하기 어렵지 않았나요.

이곳의 모든 사람들이 너무 좋아요. 그냥 하는 말이 아니라 진심으로요. 원래 성격이 밝은 편인데 스포츠단에는 처음으로 발을 들이는 터라 무척 조심스러웠거든요. 제 말이나 행동이 피해가 되진 않을지 조용조용히 다녔죠. 그래도 다들 너무 잘해주셔서 금방 적응할 수 있었어요. 곧바로 편하게 지내기 시작했죠. 김종민 감독님께서 '넌 너의 일만 잘하면 된다. 많은 걱정은 하지 않아도 된다'라고 말씀해주셨어요. 솔직히 아직도 팀에서 일하는 게 얼떨떨하고 믿기지 않아요. 너무 신기해요. 행복한 마음이 큽니다.

Q. 부키리치가 8월 2일 입국했어요. 그때부터 본격적으로 일이 시작됐을 텐데.

맞아요. 부키리치 입국 전에는 팀과 일에 적응하는 시간을 가졌어요. 평소 '부키'라고 부르는데, 부키는 무척 활달하고 적극적이에요. 무엇이든 열심히 하려 하죠. 성격이 모난 데가 없어 팀원들과 두루두루 잘 지내요. 처음 맡은 통역 일에 좋은 선수를 만나게 돼 행운이라 생각해요. 타나차는 태국 대표팀 일정으로 개막 직전에 합류하게 돼 걱정되는 부분도 있었어요. 그래도 자주 연락을 주고받았죠. 밝은 성격인 듯해요. 타나차도 영어를 잘해 의사소통엔 문제없어요.

Q. 부키리치와는 만나자마자 친해졌다고 들었어요.

비결이 있다기보다는 부키에게 관심을 많이 가졌어요. 이 친구가 지금 어떤 상태인지, 어떤 생각을 하고 어떤 감정을 느끼는지 관찰했죠. 낯선 곳에서 잘 적응할 수 있도록 도와주고 싶었어요. 그렇게 부키를 알아갔죠. 키 차이가 많이 나 부키 팔꿈치에 많이 맞으면서 더 친해졌어요. 휴식일에 같이 나들이를 다녀오기도 했고요. 부키가 서울에 가보고 싶어 해 같이 갔는데 하루에 2만보 이상 걷게 되더라고요. 1박 2일 동안 명동, 이태원, 청계천, 창덕궁과 창경궁, 북촌한옥마을, 한강 등을 전부 방문했죠. 부키는 키가 크고 다리가 길어 보폭이 넓은데 저는 비교적 보폭이 좁은데다 걸음도 느려서 발꿈치가 아팠어요. 진짜 힘들더라고요(웃음). 부키에게 원래 여행 스타일이 그런지 물어봤는데 '아니다. 보통은 카페에서 여유롭게 시간을 보낸다'고 하더라고요. 서울이 처음이라 전부 다 봐두고 싶었나 봐요. 그래도 부키가 좋아서 저도 기뻤어요.

Q. 개막하면 공식 기자회견, 방송사 인터뷰 등에 자주 임해야 하는데, 자신 있나요.

상상만 해도 긴장돼요. 특히 카메라 앞에 서면 너무 떨릴 것 같아요. 일찌감치 마인드 컨트롤을 시작했어요. 그래도 주위에서 떨고 있어도 겉으론 티가 많이 안 난다고 해주시더라고요. 생방송에선 실수하면 안 되니 압박감을 떨치고 무조건 잘해야죠. 의사소통엔 능하지만 부키의 말을 더 조리 있고 예쁘게 정리해서 전달해야 하니 한국어로 말하는 것도 열심히 연습했어요. KOVO에서 미디어 교육을 한다는 소식에 일부러 가서 듣기도 했어요. 제가 잘해야 부키도 더 빛날 거잖아요. 못하면 안 되죠.

Q. 시즌 중 선수가 다치거나 부진할 수도 있는데.

그런 일은 생기지 않았으면 좋겠어요. 너무 마음이 아플 것 같아요. KOVO컵 대회 도중 최가은 선수가 다칠 때 눈물이 날 뻔했지만 꾹 참았어요. 통역은 외국인 선수를 보살피는 역할도 해야 해요. 치료는 담당 선생님들이, 회복은 선수 본인이 하는 거지만, 저는 곁에서 심리적인 부분을 돕고 싶어요. 긍정적이고 희망적인 이야기를 해주려 합니다.

Q. 통역으로서 첫 시즌에 임하는 각오가 궁금해요.

저와 함께할 두 선수가 한국에 잘 적응해 역량을 최대로 발휘할 수 있도록 열심히 지원할 겁니다. 경기하는 데 부족함이 없도록 무슨 일이든 도와주려고요. 떨리기도 하지만 전 주어진 일을 하는 단순한 사람이에요. 부담감은 크게 느끼지 않으려 합니다. 잘할 수 있을 것이라 믿어요. '하면 된다'고 생각하겠습니다.

Q. 부키리치와 타나차에게 한마디 한다면.

나는 통역 일이 처음이고 너희는 V-리그가 처음이지. 그래서 우리에겐 공통점이 있는 것 같아. 함께 힘을 합쳐 좋은 결과 내보자. 내가 많이 응원해줄게. 언제나 너희 편이 돼줄게.

"통역 업무는 일상생활까지 '풀 케어' 해야 한다는 걸 알게 됐죠."
정관장 통역관 김윤솔

Q. 자기 소개 부탁드립니다.

안녕하세요. 저는 정관장 레드스파크스에서 영어와 인도네시아어 통역을 맡고 있는 스물두 살 김윤솔입니다.

Q. 스물두 살이면, 아직 학생일 거 같은데요?

네 맞아요. 현재 한국외국어대학교 말레이, 인도네시아어 학과 3학년 2학기 휴학 중이에요. 최대 3년까지 휴학이 가능한데 좋은 기회라고 생각해서 정관장 구단과 함께 하게 됐습니다.

Q. 말레이, 인도네시아어는 정말 흔치 않은 언어

인데, 이 전공을 선택한 배경이 궁금해요.

어린 시절 외국에서 생활을 하면서 자연스럽게 영어를 배웠어요. 그리고 고등학교 시절에는 일본어를 전공했고요. 부모님께서 언어적으로 감각이 좋아 보이니까 새로운 언어를 배우는 거 어떠냐고 물으셨어요. 저도 새로운 언어를 배우고 싶은 마음이 있었고요. 그래서 말레이, 인도네시아어를 선택하게 됐어요. 어렵지만 재밌더라고요. 작년 7~8월에 혼자 인도네시아를 다녀왔어요. 족자카르타라는 곳인데, 정말 시골이거든요. 배운 언어를 활용해보고 유튜브도 찍고 좋은 경험을 하고 왔죠.

Q. 배구단에 입사하게 된 과정이 궁금해요. 채용 공고에 지원했나요?

먼저 학교를 통해서 아르바이트 제안 연락을 받았어요. 4월 열린 아시아쿼터 드래프트에 통역 일을 할 수 있냐고 묻더라고요. 그래서 여자부 아시아쿼터 드래프트 통역 일을 하게 됐어요. 집에 돌아왔는데 아버지께서 '드래프트는 어땠니?'라고 물으시더라고요. '그냥 재밌게 잘 하고 왔다'고 말하니까 '연락처를 주고 왔어야지 왜 그냥 왔냐, 언젠가 일이 있을 수도 있는데 기회 아니겠냐'고 핀잔을 주시더라고요. 곰곰이 생각해보니 그렇더라고요(웃음). 그리고 남자부 아시아쿼터가 제주도에서 열렸는데, 인도네시아 선수가 뽑히지 않아서 제가 더 이상 할 일은 없을 거로 생각했어요. 그런데 메가왓티의 에이전트 분께서 제주도에도 오셨더라고요. 저를 알아보시더니 명함을 주시고, 혹시 구단에서 일할 생각이 있는지 물어보더라고요. 당연히 '하고 싶다'고 했죠. 행사 마치고 서울 올라가는 공항에서 비행기를 기다리는데 국장님 전화가 온 거에요. 이력서를 빨리 보내줄 수 있냐고. 집에 오자마자 이력서를 보냈는데, 얼마 뒤 고희진 감독님의 전화가 왔죠.

정관장 구단은 처음 구인 공고를 통해 인도네시아 통역을 구하려고 했다. 하지만, 지원자가 없었고 전전긍긍하던 차에 메가왓티의 에이전트를 통해 김윤솔 씨를 소개받고 입사 전형을 거쳐 채용하게 됐다.

Q. 단순히 통역을 하는 게 아니라 배구 선수를 통역하는 업무잖아요. 평소 배구에 대한 관심이 있었나요?

아버지는 여자배구 '광팬'이신데.. 저는 정말 가끔 보는 수준이었어요. 그래서 걱정이 많았죠. 전문적인 용어도 알아야 하고, 포지션도 알아야 하고. 그래서 먼저 인도네시아 배구 연맹 홈페이지에 가서 규정집을 다 읽어 봤어요. 자료도 찾아보고요. 그렇게 공부하니 각 포지션의 역할과 배구 규정 등 여러 부분에 가닥이 잡히더라고요.

Q. 메가왓티 선수가 입국하고, 함께 하게 됐습니다. 실제로 업무를 해보니 어떤가요?

처음에는 '통역이니까 말만 잘 전달하면 되겠지' 이렇게 생각했는데 제 예상이 완전히 빗나갔어요. 메가왓티가 감독님, 코치님, 선수단과 소통하려면 무조건 제가 필요하고, 이 소통이 경기력에 정말 큰 영향을 준다는 걸 알게 됐어요. 그리고 외국인 선수의 통역 업무가 단순히 통역이 아니라 친구처럼 일상생활까지 '풀 케어'를 해야 하는 일이라는 걸 알게 됐죠. 작년에 인도네시아 갔을 때 현지 친구들에게 도움을 받았던 기억을 떠올리면서 메가왓티가 언어적, 문화적으로 적응을 잘 할 수 있게 도와주고 있어요. 인도네시아에 오래 산 친한 언니가 있는데, 메가왓티를 소개해줬고, 또 이곳 정관장 본사에도 인도네시아에서 온 분들이 있어서 메가왓티와 같이 만나보고, 그렇게 영역을 넓혀가면서 즐겁게 일하고 있어요.

Q. 그런데 메가왓티 뿐만 아니라 지아의 영어 통역까지 맡고 있어요.

외국인 선수 두 명을 맡다보니까 쉽지는 않아요. 지아는 영어만 할 줄 알아서 혼자 외출하기는 어렵거든요. 제가 메가왓티랑 같이 시간을 보내게 되면 지아는 혼자 숙소에 있어야 해요. 그런 부분에서 적절히 시간 배분도 해야 하고, 도움도 많이 줘야 하죠. 재밌는 건 배구 용어도 다 달라요. 메가왓티도 지아도 백C 속공을 다 다르게 이야기해요. 가령 우리 구단은 앞차라고 쓰는 용어를 메가왓티는 '3M, 띠가메떠'라고 하고, 지아는 그냥 '넘버 투(2)'라고 불러요. 빽차는 메가왓티는 '쎄미빽', 지아는 'B'라고 하더라고요. 나라뿐 아니라 팀별로도 다 다른데, 둘 다 다르게 쓰는 용어를 우리 구단에 맞춰 통일 시키는 일도 재밌어요.

Q. 한 선수도 아니고, 두 명의 선수를 풀 케어 하는 거라면, 개인 시간은 없을 것 같은데.
한창 이것저것 많이 해보고 싶은 20대 초반인데 괜찮아요?

아직은 괜찮아요. 점심시간 뒤 오후 훈련까지 3시간의 휴식 시간이 있는데, 꽤 길더라고요. 저녁 먹고 치료가 없으면 잠들기 전까지 본인이 필요하지 않는 이상 저를 부르지 않고요. 개인 시간에 밀린 일도 보고, 유튜브 영상도 편집하고 그러면 시간이 금방 가더라고

요. 아직은 인도네시아에서 생활한 영상만 올라와 있는데, 배구단 생활도 올려보려고요.

*김윤솔 씨는 인도네시아 관련 유튜브 채널 '솔망앗(@solmangat)'을 운영 중이다.

김윤솔 통역관은 스물두 살의 젊은 나이에 통역관 업무에 발을 디뎠다

Q. 메가왓티는 아시아쿼터 지명날부터 '히잡' 쓰는 배구 선수로 눈길을 끌었어요. 이슬람 신자라고 들었는데, 특별히 신경 쓸 부분이 있나요.

정말 다른 게 없어요. 이슬람 신자라서 뭔가 다른 게 있을 거로 생각하는 게 편견이라고 봐요. 단지 종교적 이유로 히잡을 쓰고, 돼지고기를 먹지 않을 뿐이에요. 기도 시간도 훈련과 경기에 지장 받지 않게 스스로 조절하더라고요. 정말 털털한 성격이라서 함께 이야기하면 재미있어요. 지아는 메가왓티랑 정반대예요. 정말 감성적이고 여리다고 해야 할까. '극과 극'의 성격을 가진 두 명을 상대하는 게 재미있어요. 서로 많이 의지하고, 3명에서 카페 탐방도 다니고 즐겁게 시즌을 준비하고 있어요.

Q. 이야기만 들어도 업무 만족도가 높은 모습이에요. 지금까지 일하면서 보람을 느낀 순간은 언제였나요.

평범하게 고등학교, 대학교를 다닌 학생이다 보니까 운동하는 사람을 가까이 본 적이 없어요. 러닝 동호회에 참여하고 있는데, 정말 친목 위주거든요. 그런데 배구단 선수들이 진짜 매순간, 매 훈련마다 한계에 부딪힐 정도로 지치고 힘들게 훈련하는 모습을 보니 정말 멋있는 거 같아요. 시즌이라는 하나의 목표를 바라보면서 고된 훈련을 소화하고, 항상 최선을 다하는 모습. 뭔가 뭉클하고 느끼는 게 많아요. 하나의 목표를 보면서 최선을 다하는 모습, 제 삶의 큰 원동력으로 삼고 있어요.

Q. 스물두 살에 사회생활을 시작했는데, 남들보다 매우 빠른 편이잖아요. 첫 월급은 어떻게 썼는지 궁금하네요.

첫 월급은 고스란히 투자하는 데 썼어요. 부모님의 영향으로 예전부터 주식에 관심이 많았거든요. 배구단에 오기 전에 스타트업 회사에서 인턴을 했는데, 당시 받은 돈으로 생활하고 있어요. 사실 구단에서 숙식을 다 해결하니까 크게 돈 들어갈 일은 없어요. 유튜브에서 나오는 수익도 있어요. 배구단 일이 바빠서 최근엔 업로드를 못하고 있는데, 이제 다시 해보려고요.

Q. 주위에 배구단 통역 업무를 추천하고 싶은지 궁금해요. 그리고 업무에 필요한 자격조건이 있다면 조언도 부탁드려요.

저는 추천하고 싶어요. 하루하루 새롭거든요. 아빠께서 '운동은 대본 없는 영화'라고 말씀하셨는데 정말 그런 거 같아요. 가장 필요한 건 소통 능력인데 그건 당연하고, 책임감이 중요한 거 같아요. 배구 만화 하이큐에서 '특별하다고 느끼는 순간 배구는 끝난다'라는 문구가 기억에 남는데, 경험해보니 정확한 거 같아요. 각자 자신의 역할에 최선을 다함으로써 프로팀이라는 하나의 공동체를 형성할 수 있거든요. 그리고 또 하나 필요한 조건이라면 '운전면허'를 꼽고 싶어요. 외국인 선수와 외출을 하거나 필요한 업무가 있을 때 운전을 할 수 있으면 정말 좋아요. 저는 입사하기 열흘 전에 면허를 취득했는데, 구단 차량(카니발)을 운전하고 있어요. 코치님께서 '나중에 승용차 운전하면 정말 쉬울 거다'라고 말씀하셨는데, 정말 운전이 재밌더라고요. 웃지 못할 일도 있었어요. 메가왓티가 입국해 공항으로 데리러 가는 날, 비가 엄청 왔거든요. 기사님과 저, 둘이서 마중 나갔는데 가는 길에 앞차와 부딪히는 사고가 났어요. 그래서 앞부분이 부서진 채 메가왓티를 데리고

숙소로 왔죠. 지금 생각하면 아찔해요.(웃음)

Q. 이제 새 시즌이 시작되면 더 많은 일을 겪을 텐데, 각오가 어떤지 궁금해요.

고희진 감독님께서 자주 하는 말씀이 '연습 때처럼만 하자'예요. 연습 경기 때 연습처럼 한다면, 본 경기에서 연습한 걸 100% 보여줄 수 있다고 강조하세요. 우리 선수들 정말 열심히 새 시즌 준비했는데, 좋은 결과 얻었으면 좋겠어요. 저도 항상 열심히 연습한 걸 실전에서 그대로 보여줄 수 있는 통역이 되겠습니다. 새 시즌 대전에 와서 정관장 메가왓티, 지아 많이 응원해주세요. 아 그리고, 정관장 입사가 결정되고 가장 먼저 『V-리그 여자 배구 퍼펙트 가이드』를 사서 봤어요. 정관장 선수단을 아는데 정말 큰 도움이 됐어요. 여자 배구를 사랑하는 팬들, 꼭 보시길 바랄게요!

"문제라고 하면, 맛있는 걸 정말 많이 먹고 있어요. 체육관 식당은 정말 최고예요." IBK기업은행 폰푼 전담 통역관 구유정

Q. 자기 소개를 부탁합니다.

안녕하세요. 저는 IBK기업은행에서 태국 선수 폰푼의 통역을 맡고 있는 스물 한 살 구유정입니다. 현재 이화여자대학교 글로벌비즈니스 학과 1학년 휴학 중이에요.

Q. 태국어 전공이 아닌데, 태국어를 어떻게 배웠는지 궁금해요.

부모님의 결정으로 4살 때부터 태국 푸켓에서 지내게 됐어요. 저와 오빠가 학교 생활을 편하게 하길 바라는 마음에 태국으로 이주를 결정하셨죠. 초등학교, 중학교, 고등학교까지 16년 동안 태국에서 생활하고 한국에 들어왔어요. 코로나19 시기에 부모님은 먼저 들어오셨고, 저와 오빠는 학업을 마치고 한국에 돌아왔죠. 현지에서 학교를 다니면서 태국어와 영어를 자연스럽게 익히게 됐어요.

Q. 1학년인데 휴학을 했네요. 쉽지 않은 선택이었을 것 같은데. 어떻게 입사하게 됐나요.

도쿄올림픽에서 우리 여자배구 대표팀이 엄청난 활약을 했을 때 배구의 매력에 빠지게 됐어요. 그러면서 각 구단의 SNS 계정도 팔로우 하고, 배구 소식을 자주 접하게 됐죠. 그런데 IBK기업은행 구단 계정에 '태국어 통역' 모집 공고가 뜬 거에요. 운명처럼 말이죠. 진짜 하고 싶은 일이어서 바로 지원하게 됐어요. 이력서를 작성해서 제출하니 구단에서 연락이 왔어요. 그리고 면접을 봤죠. 면접에서는 기본적인 태국어 회화 실력과 감독님께서 작전을 지시할 때 바로 통역할 수 있는지를 보더라고요. 다행히 통과해서 이렇게 일하게 됐어요.

Q. 태국도 배구 인기가 매우 높은 나라인데, 태국에서 배구는 접하지 않았는지.

배구를 찾아보는 수준은 아니었어요. 고등학교 시절 체육대회를 할 때 배구 종목에 나간 적이 전부예요. 룰도 조금 아는 수준이었는데, 이제는 전문가가 되어야 하니까 열심히 공부하고 있어요.

Q. (9월8일 인터뷰 날 기준) 입사한 지 일주일 됐

는데, 첫 사회생활을 해보니 어떤가요.

정말 첫 사회생활이고, 첫 직장인데 잘 맞는 거 같아요. 감독님, 코치님, 스태프 모두 다 친절하고, 모르는 걸 물어보면 잘 알려주세요. 아직 적응하고 있는 중인데, 금방 적응할 거 같아요. 빨리 적응해서 팀에 보탬이 되고 싶어요. 눈치가 조금 빠른 편이라 첫 사회생활이지만, 잘 할 수 있을 거 같다는 자신감도 있고요.

Q. 폰푼 선수가 항저우아시안게임 이후 합류라서 아직 본격적인 일은 하지 않고 있잖아요. 폰푼 선수에 대해서는 알고 있었나요.

태국에 살던 시절에는 잘 알지 못했어요. 이번에 입사하고 알게 됐어요. 태국은 뭐랄까 조금 자유분방한 분위기예요. 태국 사회도, 사람들도 그런 경향이 있어요. 폰푼은 아직 한국의 사회 분위기를 잘 모를 거로 생각해요. 팀에 온다면 문화적 차이 이런 부분을 알려주려고 준비하고 있어요. 선수가 빠르게 적응하고, 팀에 녹아들게끔 해야죠.

Q. 어린 나이에 배구단에서 일하게 됐다고 했을 때 부모님의 반응도 궁금해요.

부모님은 적극 지지해주셨어요. 특히 아빠가 운동에 관심이 많으신데, 배구에 대해서 미리 알려주시기도 했어요. 첫 월급 받으면 용돈 조금 남기고 다 드리려고 생각하고 있어요. 효도해야죠.

Q. 자유분방한 태국에서 오래 생활을 했는데, 배구단 생활은 기본적으로 합숙을 해야 합니다. 힘든 점은 없나요.

힘든 건 전혀 없어요. 오히려 이런 경험을 즐기고 있어요. 문제라고 하면, 맛있는 걸 정말 많이 먹고 있어요. 우리 기흥 체육관 식당은 정말 최고예요. 선수들이 땀 흘리며 운동하는 모습을 보면서 멋지다는 생각도 해요. 열정 넘치는 모습에 저도 좋은 에너지가 생기는 거 같아요.

폰푼의 통역을 맡은 구유정 씨 역시 태국에서 장기 거주한 경험이 있다

Q. IBK기업은행이 이번 KOVO컵 대회에서 결승까지 올랐습니다. 경기를 봤는지 궁금해요.

그럼요. 예선 첫 경기부터 마지막 결승전까지 빼놓지 않고 다 봤어요. 결승전에 6~7년 만에 올라갔다고 이야기도 들었고요. TV 중계로 봤지만 마치 내가 경기에 뛴 느낌으로 본 거 같아요. 경기를 보면서 배운 점도 많고요. 차근차근 알아가고 있어요.

Q. 입사하면서 준비한 게 있을까요. 그리고 이 일을 꿈꾸는 사람들에게 하고 싶은 말이 있나요.

입사하기 2주 전에 운전면허를 취득했어요. 폰폰 선수와 함께 다니려면 필요하다고 해서 바로 준비했어요. 구단 차량이 정말 크더라고요. 아직은 초보지만, 폰폰 선수 올 때까지 열심히 운전 연습을 하려고요. 태국어를 하는 분이 많지는 않지만, 안타까운 건 본인이 좋아하는 일을 택했으면 하는 바람이 있어요. 대부분 성형외과에서 상담 업무를 하거든요. 대사관 업무도 있고, 저처럼 프로 구단에서 일도 할 수 있는 기회가 있어요. 통번역 일도 있고요. 선택지가 많으니까 자기가 하고 싶은 일을 했으면 좋겠어요.

Q. 마지막으로 IBK기업은행 팬들께도 인사 부탁드릴게요.

안녕하세요. 이번 시즌 새롭게 팀원이 된 구유정 통역입니다. 경기장 분위기가 정말 좋다고 들었어요. 많은 팬들 앞에서 우리 IBK기업은행이 올 시즌 좋은 성적 낼 수 있도록 뒤에서 열심히 지원하겠습니다. 제가 맡은 폰폰 선수도 많이 응원해주세요! 감사합니다.

합숙이 필수인 배구단 생활에서 힘들다는 마음보다 에너지를 얻는다고

V-LEAGUE WOMEN VOLLEYBALL PERFECT GUIDE 2023-24

스카우팅 리포트

스카우팅 리포트 보는 법

① 배구의 포지션

세터(Setter) : 공격수에게 공을 연결해주는 선수. 공격수가 스파이크를 잘 할 수 있도록 해주는 포지션이다. 공을 올려주는 행위를 '세트'라 한다. 세터의 영어 약어는 S.

아웃사이드 히터(Outside Hitter) : 기존 레프트(Left). 레프트는 주로 왼쪽에서 공격하는 선수를 의미했다. 아웃사이드 히터는 사이드에서 공격하는 선수를 뜻한다. 2명이 대각으로 맞물려 돌아간다. 공격은 물론 리베로와 함께 대부분의 리시브도 전담한다. 영어 약어는 OH.

아포짓 스파이커(Opposite Spiker) : 기존 라이트(Right). 라이트는 주로 오른쪽에서 공격하는 선수로 통했다. 아포짓 스파이커는 세터와 대각을 이루는 공격수다. V-리그에서는 팀 내 주포이며 외국인 선수인 경우가 대부분이다. 리시브에 참여하지 않고 공격에만 집중하는 사례가 많다. 영어 약어는 OP.

미들블로커(Middle Blocker) : 기존 센터(Center). 중앙에서 속공과 이동공격, 블로킹에 힘쓰는 포지션이다. 역시 2명이 대각으로 함께 돌아간다. 후위에서는 역할이 크지 않아 리베로와 교체된다. 영어 약어는 MB.

리베로(Libero) : 수비 전문 선수다. 공격, 블로킹, 서브는 하지 않고 주로 리시브, 디그를 책임진다. 구분을 위해 다른 선수들과 차별화된 색의 유니폼을 입는다. 전위에서는 미들블로커와 교체된다. 영어 약어는 L.

② 프로필

스탠딩 리치(Standing Reach) : 서서 팔을 수직으로, 몸과 일직선이 되게 들어 올렸을 때 손끝의 높이.

서전트 점프(Sargent Jump) : 무릎을 약 90도로 굽히고 팔을 크게 흔들며 수직으로 뛰어오르는 것. 제자리 점프 능력을 가늠하는 수치로 쓰인다.

③ 경기 기록

세트 성공 : 공격수에게 연결한 공이 공격 성공이 되면 세트 성공이 기록된다.

블로킹 시도 : 상대의 스파이크를 막기 위해 네트 앞에서 점프해 두 팔을 네트 상단보다 높게 뻗어 상대 코트로 공을 떨어뜨리려는 시도다.

유효 블로킹 : 상대의 스파이크가 우리 팀 블로커의 손에 맞고 우리 팀 코트에서 디그 성공으로 이어졌을 경우 유효 블로킹이 된다.

블로킹 어시스트 : 두 명 이상의 선수가 블로킹에 가담해 한 선수가 블로킹에 성공했을 때, 해당 블로킹에 도움을 줬다고 기록원이 판단하는 경우 옆에서 함께 블로킹을 시도한 선수 한 명에게 어시스트가 기록된다.

블로킹 범실 : 블로킹 도중 네트터치 등의 범실로 점수를 내준 경우 블로킹 범실이 된다.

블로킹 실패 : 블로킹을 시도했지만 공이 우리 팀 코트에 떨어지거나 상대편 코트 밖으로 나가 상대의 득점을 막지 못한 경우다.

공격 성공: 공격한 공이 상대 코트에 떨어지거나 상대 블로킹에 맞고 터치아웃 되거나 상대 선수가 디그에 실패해 득점이 되면 공격 성공으로 기록된다.

공격 차단: 공격한 공이 상대의 블로킹에 맞고 우리 팀 코트로 떨어져 실점한 경우 공격 차단으로 기록된다.

공격 범실: 공격을 시도한 선수의 각종 범실로 실점한 경우. 공이 상대 코트 밖으로 떨어지거나 네트에 걸리는 사례가 가장 많다.

공격 성공률(%): 공격 성공 / 공격 시도 X 100.

공격 효율(%): (공격 성공-공격 차단-공격 범실) / 공격 시도 X 100.

리시브 정확: 상대의 서브를 받아내는 것을 리시브라 한다. 리시브한 공이 세터의 반경 1m 내로 올라간 경우 리시브 정확이 된다.

리시브 실패: 상대 서브를 받지 못한 것. 공이 선수에게 닿지 않고 코트에 떨어진 경우 받을 수 있었을 것이라 판단되는, 공과 가장 가까운 선수의 리시브 실패로 기록된다.

리시브 효율(%): (리시브 정확-리시브 실패) / 리시브 시도 X 100.

디그: 서브를 제외한 모든 공을 받아내는 것으로 첫 번째 터치가 된다. 상대가 스파이크한 공, 유효 블로킹 된 공을 받는 것이 포함된다. 우리 팀 공격이 상대 블로킹에 맞고 우리 코트로 떨어지려 할 때 건져 올리는 것, 상대가 네트 위에서 스파이크하지 못하고 네트 상단보다 밑에서 터치해 넘겨준 공을 받는 것도 디그에 속한다. 신체 어느 부위로든 가능하다.

디그 실패: 디그했으나 공을 살리지 못했을 때, 근처에 있는 공을 터치하지 못하고 실점했을 때 기록된다.

디그 범실: 디그 과정에서 범실을 저지른 경우다.

수비: 리시브와 디그를 종합해서 계산한 기록. 수비 순위의 지표인 '수비 세트당 평균'은 [(리시브 정확-리시브 실패)+디그 성공] / 세트 수.

오픈/퀵오픈: 세터가 아포짓 스파이커, 아웃사이드 히터 등 좌우 날개공격수에게 공을 연결할 때, 토스가 안테나보다 높으면 오픈이다. 안테나보다 낮으면 퀵오픈이 된다. 상대적으로 오픈은 높고, 퀵오픈은 낮고 빠른 공격이다.

속공: 세터의 토스가 정점에 이르기 전 빠르게 스파이크하는 공격 방법. 주로 미들블로커들이 시도한다.

이동공격: 전위의 미들블로커가 전위에 위치한 다른 선수의 뒤로 돌아 빠르게 이동해 때리는 공격이다.

시간차: 전위의 공격수가 미들블로커 뒤에서, 미들블로커의 페이크 속공 점프보다 반 박자 늦게 떠올라 공격하는 것을 뜻한다.

후위공격: 전위와 후위를 구분하는 어택 라인 뒤에서 뛰어올라 스파이크하는 공격 방법. 스파이크를 위해 점프 시 어택 라인을 밟으면 범실이 된다.

since 1970
한국도로공사 하이패스
KOREA EXPRESSWAY CORPORATION HI-PASS

- www.exsportsclub.com
- @hipassvolleyclub
- youtube.com/channel/UCVIMDvlsm6ThpS8ixu6Gwyg
- https://www.facebook.com/hipassvolleyclub

2022-23 시즌
1위

정규 우승 3회

챔프 우승 2회

통합 우승 1회

2022~2023시즌 리뷰

한 편의 드라마였다. 극적인 챔피언결정전 우승으로 피날레를 장식했다. 개막 전 도로공사를 우승 후보로 꼽는 이는 없었다. 시즌 내내 3위권에 머물렀다. 전반기 종료 후 외국인 선수 카타리나 요비치를 캐서린 벨(캣벨)로 교체하고 공격진을 재정비했다. 4위 KGC인삼공사(현 정관장)의 추격을 뿌리치고 3위로 정규리그를 마쳤다. 승점 차를 4점으로 벌려 준플레이오프 없이 플레이오프로 직행했다. 현대건설과의 맞대결서 2연승으로 손쉽게 챔프전행 티켓을 손에 넣었다. 캣벨과 박정아(페퍼저축은행), 배유나가 삼각편대를 이뤘다. 챔프전에선 거함 흥국생명을 만났다. 도로공사는 선수단의 몸살감기 등 컨디션 난조로 1, 2차전을 모두 내줬다. 반전이 시작됐다. 공격 삼각편대가 다시 날아올랐다. 3, 4, 5차전서 모두 승리했다. 챔프전 1, 2차전 패배팀의 우승 확률 0%를 깨고 기적을 만들며 짜릿한 역전 우승을 거머쥐었다.

2023~2024시즌 프리뷰

선수 구성에 변화가 많다. 베테랑 아웃사이드 히터 박정아와 미들블로커 정대영이 각각 페퍼저축은행, GS칼텍스로 FA 이적했다. 도로공사는 박정아의 보상선수로 세터 이고은을 지명한 뒤 트레이드로 이고은을 페퍼저축은행에 보내고 미들블로커 최은을 데려왔다. 이후 정관장과의 트레이드로 세터 안예림, 아웃사이드 히터 김세인을 내주고 세터 박은지와 아웃사이드 히터 고의정을 영입했다. 신인드래프트에선 트레이드로 얻은 페퍼저축은행의 1라운드 지명권을 활용해 전체 1순위 지명의 행운을 안았다. 최대어로 꼽힌 미들블로커 김세빈을 품었다. 아포짓 스파이커 신은지도 1라운드에 선발했다. 공격 삼각편대를 새로이 정비하는 것이 관건이다. 새 외국인 반야 부키리치와 아시아쿼터 외국인 타나차 쑥솟이 공격을 도맡을 예정이다. 합류가 늦어진 타나차 대신 부키리치가 시즌 초반 힘을 내줘야 한다. 베스트7 라인업은 상황에 따라 달라질 전망이다.

시즌별 팀 성적

시즌	경기수	세트수	득점	공격%	블로킹	서브	세트	리시브%	디그
2018~2019	30	119	2662	38.06	2.185	0.899	13.311	47.11	21.950
2019~2020	26	103	2176	34.78	1.748	1.117	12.272	39.28	21.650
2020~2021	30	122	2651	36.83	2.426	0.869	12.262	39.40	20.139
2021~2022	32	117	2729	37.61	2.735	1.111	13.154	37.00	21.333
2022~2023	36	144	3216	36.28	2.819	0.784	12.819	49.30	20.444

감독

김종민 @kimjongmin1103

- 1974.11.03 / 190cm / 83kg / 마산중앙고-인하대
- 1996-2007 대한항공 점보스 선수
  2006 대한항공 점보스 코치
  2013 대한항공 점보스 감독대행
  2013 대한항공 점보스 감독
  2016 한국도로공사 하이패스 감독

김종민 감독 인터뷰

"상상도 못 했다." 지난 시즌을 회상하며 가장 먼저 꺼낸 한 마디다. 김종민 감독은 "처음부터 좋은 외국인이 왔다면 이런 결실을 보지 못했을 것이다. 외국인의 부족한 부분을 국내선수들이 채우는 과정에서 경기력이 극대화됐다"고 돌아봤다. 다시 새로운 시작이다. 김 감독은 도로공사의 강점을 '조직력'이라 정리했다. 주축 선수들이 대거 바뀐 만큼 계속해서 호흡을 맞추고 서로 신뢰를 쌓아야 한다. 김 감독은 "모든 선수의 공격력이 상향 평준화돼야 한다. 무엇보다 세터의 역할이 중요하다. 다양한 옵션을 활용할 수 있어야 한다"고 밝혔다. 달라진 라인업에 따라 기존 플레이를 유지하되 새로운 시도를 적절히 섞으려 한다. 김 감독은 "주요 선수 몇 명이 이적했지만 그래도 도로공사만의 색을 입혀 올 시즌에도 끝까지 팬분들께 좋은 모습 보여드리겠다"고 출사표를 던졌다.

STAFF

수석코치 박종욱	수석트레이너 최석모	매니저 조영은
코치 이효희	트레이너 이현수	통역 유소연
코치 배기훈	전력분석관 정영호	
코치 고현우		

전새얀 no. 04 OH

@yaaaaaan_

생년월일	1996.11.27
신장 / 체중	177cm / 66kg
스텐딩 리치	232cm
서전트 점프	45cm
연봉	2억1천
출신교	울산옥현초-대구일중-대구여고
드래프트순위	2014~2015 1라운드 5순위
이적사항	IBK기업은행-한국도로공사(2016)

항상 응원 해주셔서 감사합니다

SCOUTING REPORT

지난 시즌은 아쉬움 투성이다. 2021~2022시즌보다 더 많은 경기에 나섰음에도 득점이 줄었고 공격성공률도 떨어졌다. 리시브 효율이 8%p가량 상승한 점은 고무적이다. 하지만 전새얀은 "그 수치 역시 높다고 생각하진 않는다"며 스스로 채찍질했다. 특히 블로킹에 주목했다. 세트당 0.339개였던 성적이 지난 시즌 0.147개까지 떨어졌다. 외국인 선수가 두 명이나 합류한 올 시즌, 날개공격수 경쟁에서 살아남기 위해서는 블로킹을 다시 잘해야 한다는 판단을 내렸다. 지난 시즌 종료 후 두 번째 FA 자격을 얻은 전새얀은 1년, 2억1000만원(연봉 1억 8000만원·옵션 3000만원)에 잔류를 택했다. 그는 "주위에서 (박)정아(페퍼저축은행) 언니가 이적했으니 내게 더 많은 기회가 올 것이라 이야기하더라. 하지만 그건 내가 하기 나름인 것 같다"며 "잘해야 한 자리를 맡을 수 있다. 지난 시즌 못했으니 올 시즌엔 더 좋아질 일만 남았다고 생각하며 최선을 다하겠다"고 목소리를 높였다.

RECORD

• 공격 •

경기수	세트수	공격 시도	공격 성공	범실	상대블럭	성공률	점유율
36	136	526	173	33	41	32.90%	9.80%

• 피 블로킹 •

성명	상대팀명	블로킹 시도	블로킹 성공	성공률
한송이	KGC인삼공사	6	3	50.00%
옐레나	흥국생명	7	3	42.86%
최가은	페퍼저축은행	9	3	33.33%
김다인	현대건설	19	3	15.79%
박은진	KGC인삼공사	22	3	13.64%

• 블로킹 •

경기수	세트수	블로킹 시도	블로킹 성공	유효 블로킹	범실	실패	세트당개수	점유율
36	136	161	20	59	3	49	0.147	6.10%

• 서브 •

경기수	세트수	서브 시도	서브 성공	범실	세트당개수	점유율
36	136	139	5	15	0	4.30%

• 세트 •

공격종합			오픈			속공		
시도	성공	성공률	시도	성공	성공률	시도	성공	성공률
30	6	20	28	6	21.4	0	0	0.00%

퀵오픈			시간차			이동			후위		
시도	성공	성공률	시도	성공	성공률	시도	성공	성공률	시도	성공	성공률
0	0	0.00%	0	0	0.00%	0	0	0.00%	2	0	0

• 리시브 •

경기수	세트수	리시브 시도	리시브 정확	리시브 실패	효율	점유율
36	136	349	129	14	32.95%	12.10%

• 디그 •

경기수	세트수	디그 성공	디그 실패	디그 범실	효율	점유율
36	136	142	22	0	1.044	4.65%

문정원 no. 12 OP
@moon032483

생년월일	1992.03.24	신장 / 체중	174cm / 61kg
스텐딩 리치	225cm	서전트 점프	51cm	연봉 2억5천
출신교	송원초-송원중-목포여상
드래프트순위	2011~2012 2라운드4순위
이적사항	

SCOUTING REPORT

2014~2015시즌 '문데렐라'가 탄생했다. 27경기 연속 서브에이스로 신기록을 세웠다. 입단 후 4시즌 만에 이름을 알렸다. 기세를 몰아 2015 아시아선수권 대표팀에 승선했다. 생애 첫 성인 대표팀 발탁이었다. 그리고 올해, 다시 한 번 태극마크를 달았다. 주 포지션이 아닌 리베로로 선발됐다. 여러 국제대회를 치렀다. 대표팀 성적이 좋지 않아 몸도 마음도 힘들었지만, 김종민 감독과 팀 내 가장 절친한 사이인 임명옥 등의 격려 속에 씩씩하게 복귀했다. '긍정 모드'도 그대로다. 문정원은 "대표팀에서 미카사 공인구로 경기하며 V리그 예행연습을 했다고 생각한다. 소속팀에선 공격도 병행하지만 수비에 최대한 신경 써 다른 선수들의 뒤를 받쳐주려 한다"며 "체력관리 잘해 최대한 많은 경기에 나갈 것"이라고 힘줘 말했다. 김종민 감독 역시 "정원이는 항상 열심히 한다. 스스로 관리도 철저히 해 체력 문제는 걱정하지 않는다"며 신뢰를 보냈다.

RECORD

· 공격 ·

경기수	세트수	공격 시도	공격 성공	범실	상대블럭	성공률	점유율
35	135	387	135	27	14	34.90%	7.20%

· 피 블로킹 ·

성명	상대팀명	블로킹 시도	블로킹 성공	성공률
유서연	GS칼텍스	5	2	40.00%
정호영	KGC인삼공사	17	2	11.76%
산타나	IBK기업은행	1	1	100.00%
박은서	흥국생명	1	1	100.00%
니아 리드	페퍼저축은행	2	1	50.00%

· 블로킹 ·

경기수	세트수	블로킹 시도	블로킹 성공	유효 블로킹	범실	실패	세트당개수	점유율
35	135	228	19	93	7	79	0.141	8.70%

· 서브 ·

경기수	세트수	서브 시도	서브 성공	범실	세트당개수	점유율
35	135	458	18	38	0.1	14.30%

· 세트 ·

	공격종합			오픈			속공		
시도	성공	성공률	시도	성공	성공률	시도	성공	성공률	
35	135	458	18	38	0.1	14.30%	0	0.00%	

	퀵오픈			시간차			이동			후위	
시도	성공	성공률	시도	성공	성공률	시도	성공	성공률	시도	성공	성공률
4	2	50	0	0	0.00%	0	0	0.00%	10	0	0

· 리시브 ·

경기수	세트수	리시브 시도	리시브 정확	리시브 실패	효율	점유율
35	135	1182	701	28	56.94%	40.98%

· 디그 ·

경기수	세트수	디그 성공	디그 실패	디그 범실	효율	점유율
35	135	421	85	1	3.119	14.37%

부키리치 no. 13 OP
@vanja_bukilic

생년월일	1999.06.13
신장 / 체중	198cm / 89kg
스텐딩 리치	250cm
서전트 점프	43cm
연봉	25만$
출생(국가)	세르비아
드래프트순위	2023 외국인선수 7순위
풀네임	VANJA BUKILIC

SCOUTING REPORT

외국인선수 트라이아웃 드래프트에서 7순위로 지명받았다. 세르비아 출신 장신 공격수다. 높이에서의 약점을 보완해줄 수 있는 외국인이다. 부키리치도 "타점이 높다. 공을 강하게 때릴 수 있다는 것도 장점이다"며 "팀의 스피드를 더하면 더 강력한 공격을 선보일 수 있을 듯하다"고 자신감을 드러냈다. 사령탑의 평가도 긍정적이다. 당초 올 시즌뿐 아니라 다음 시즌까지 장기적인 관점에서 부키리치를 선발했다. 그간 프로가 아닌 대학팀에서 뛰었기에 시간이 필요할 것이라 예상했다. 실제로 훈련해보니 발전 가능성이 더욱 컸다. 김종민 감독은 "웨이트 트레이닝을 체계적으로 해 신체적인 균형을 맞추고 나면 더 좋은 기량을 보여줄 것 같다. 힘이 부족한 느낌이었는데 나아졌다"며 "스파이크할 때 힘을 실을 수 있다는 게 중요하다"고 평했다. 비시즌 전지훈련 연습경기에서 해결사로서 능력도 입증했다. 부키리치는 "매 경기 최선을 다해 득점을 올리겠다. 내 한계가 어디인지 시험해보는 게 목표"라며 웃었다.

RECORD

• 공격 •

경기수	세트수	공격 시도	공격 성공	범실	상대블럭	성공률	점유율

• 피 블로킹 •

성명	상대팀명	블로킹 시도	블로킹 성공	성공률

• 블로킹 •

경기수	세트수	블로킹 시도	블로킹 성공	유효 블로킹	범실	실패	세트당개수	점유율

• 서브 •

경기수	세트수	서브 시도	서브 성공	범실	세트당개수	점유율

• 세트 •

공격종합			오픈			속공		
시도	성공	성공률	시도	성공	성공률	시도	성공	성공률

퀵오픈			시간차			이동			후위		
시도	성공	성공률	시도	성공	성공률	시도	성공	성공률	시도	성공	성공률

• 리시브 •

경기수	세트수	리시브 시도	리시브 정확	리시브 실패	효율	점유율

• 디그 •

경기수	세트수	디그 성공	디그 실패	디그 범실	효율	점유율

배유나 no. 10 MB
@yoona_zzing_10

생년월일	1989.11.30	신장 / 체중	182cm / 67kg	
스텐딩 리치	241cm	서전트 점프	48cm	연봉 5억5천
출신교	안산서초-안산원곡중-수원한일전산여고-수원대			
드래프트순위	2007~2008 1라운드 1순위			
이적사항	GS칼텍스-한국도로공사(2016)			

SCOUTING REPORT

디펜딩챔피언으로서 자부심과 동기부여가 컸다. 지난 시즌 종료 후 FA 잔류를 택한 배경이다. 계약 기간 3년, 연간 보수 5억5000만원(연봉 4억4500만원·옵션 1억1000만원)에 사인했다. 미들블로커 최고 대우다. 2016~2017시즌부터 7시즌 동안 함께 호흡을 맞춘 베테랑 미들블로커 정대영(GS칼텍스)의 FA 이적으로 중앙의 주축이 됐다. 후배들을 아우르며 새로이 벽을 세워야 한다. 배유나는 "솔직히 지난 시즌보다 힘들 것 같다는 예감은 든다. 하지만 새로운 선수들과 새로운 배구를 할 생각에 설레기도 한다"며 "후배들이 비시즌 내내 잘 따라와 줬다. (임)명옥 언니와 함께 동생들을 잘 이끌어 재밌는 배구를 해보겠다"고 미소 지었다. 개인적으로는 블로킹 톱3 안에 드는 것과 꾸준한 체력 관리를 목표로 삼았다. 그는 "팀으로썬 당연히 우승이다. 특출난 팀 없이 각 구단의 전력이 다 비슷한 것 같다. 시즌 초반 분위기가 중요하니 잘 치고 나가겠다"고 다짐했다.

RECORD

• 공격 •

경기수	세트수	공격 시도	공격 성공	범실	상대블럭	성공률	점유율
36	144	752	315	28	18	41.90%	14.00%

• 피 블로킹 •

성명	상대팀명	블로킹 시도	블로킹 성공	성공률
한수지	GS칼텍스	10	3	30.00%
강소휘	GS칼텍스	13	3	23.08%
산타나	IBK기업은행	16	2	12.50%
이소영	KGC인삼공사	17	2	11.76%
엘레나	흥국생명	3	1	33.33%

• 블로킹 •

경기수	세트수	블로킹 시도	블로킹 성공	유효 블로킹	범실	실패	세트당개수	점유율
36	144	724	111	245	13	213	0.771	27.50%

• 서브 •

경기수	세트수	서브 시도	서브 성공	범실	세트당개수	점유율
36	144	473	17	39	0.1	14.70%

• 세트 •

공격종합			오픈			속공		
시도	성공	성공률	시도	성공	성공률	시도	성공	성공률
151	45	29.8	143	39	27.3	0	0	0.00%

퀵오픈			시간차			이동			후위		
시도	성공	성공률	시도	성공	성공률	시도	성공	성공률	시도	성공	성공률
2	1	50	0	0	0.00%	0	0	0.00%	6	5	83.3

• 리시브 •

경기수	세트수	리시브 시도	리시브 정확	리시브 실패	효율	점유율
36	144	35	15	2	37.14%	1.21%

• 디그 •

경기수	세트수	디그 성공	디그 실패	디그 범실	효율	점유율
36	144	35	15	2	37.14%	1.21%

최가은

no. 09 MB
@gaeunida

생년월일	2001.02.28
신장 / 체중	184cm / 78kg
스탠딩 리치	238cm
서전트 점프	47cm
연봉	8천5백
출신교	광동초-세화여중-일신여상
드래프트순위	2019~2020 1라운드 5순위
이적사항	IBK기업은행-페퍼저축은행(2021)-한국도로공사(2023)

SCOUTING REPORT

2019~2020시즌부터 2020~2021시즌까지 IBK기업은행에서 백업으로 지냈다. 2021~2022시즌부터 두 시즌 간 페퍼저축은행에서 주전으로 경험을 쌓았다. 최가은은 "선수로서 뛰는 데 도움이 되는 시간이었다"고 돌아봤다. 올해 트레이드(최가은·2023~2024시즌 신인드래프트 1라운드 지명권↔이고은·2023~2024시즌 신인드래프트 2라운드 지명권)를 통해 도로공사에 합류했다. 그는 "미들블로커 선수들이 많다. 경쟁하면서 발전할 수 있을 듯해 기대된다"며 "배구를 배울 수 있는 선배가 있다는 점도 정말 좋다"고 미소 지었다. 어느 때보다, 그 누구보다 열심히 구슬땀을 흘렸다. 스스로 "이렇게 운동을 많이 한 것은 처음"이라고 말할 정도다. 최가은은 "보다 체계적인 훈련 및 몸 관리를 통해 실력을 끌어올리려 했다. 코트를 보는 시야, 블로킹 손 모양 등을 더 보완 중이다"고 전했다. KOVO컵 대회서 생긴 발목 부상은 금세 털어냈다. 주전 경쟁에서 승리할 일만 남았다.

RECORD

• 공격 •

경기수	세트수	공격 시도	공격 성공	범실	상대블럭	성공률	점유율
36	136	395	146	28	24	37.00%	8.00%

• 피 블로킹 •

성명	상대팀명	블로킹 시도	블로킹 성공	성공률
정지윤	현대건설	3	3	100.00%
캣벨	한국도로공사	5	3	60.00%
이소영	KGC인삼공사	7	3	42.86%
한수지	GS칼텍스	11	2	18.18%
정대영	한국도로공사	3	1	33.33%

• 블로킹 •

경기수	세트수	블로킹 시도	블로킹 성공	유효 블로킹	범실	실패	세트당개수	점유율
36	136	572	73	208	7	165	0.537	25.80%

• 서브 •

경기수	세트수	서브 시도	서브 성공	범실	세트당개수	점유율
36	136	342	14	23	0.1	12.70%

• 세트 •

공격종합			오픈			속공		
시도	성공	성공률	시도	성공	성공률	시도	성공	성공률
82	17	20.7	80	16	20	0	0	0.00%

퀵오픈			시간차			이동			후위		
시도	성공	성공률	시도	성공	성공률	시도	성공	성공률	시도	성공	성공률
0	0	0.00%	0	0	0.00%	0	0	0.00%	2	1	50

• 리시브 •

경기수	세트수	리시브 시도	리시브 정확	리시브 실패	효율	점유율
36	136	21	5	1	19.05%	0.73%

• 디그 •

경기수	세트수	디그 성공	디그 실패	디그 범실	효율	점유율
36	136	140	28	1	1.029	5.09%

이윤정 no. 06 S
@__eyun

생년월일	1997.05.29	신장 / 체중	172cm / 58kg		
스텐딩 리치	220cm	서전트 점프	46cm	연봉	1억8천
출신교	파장초-수일여중-전산여고-국제사이버대재학중				
드래프트순위	2021~2022 2라운드 2순위				
이적사항					

항상 응원해주셔서 감사합니다
모두 도로해 :)

SCOUTING REPORT

"나는 운이 좋은 선수"라는 이윤정. 실업팀을 거쳐 2021~2022시즌 프로 무대에 입성했고 신인선수상을 받았다. 지난 시즌엔 주전으로 풀타임을 소화했다. 짜릿한 챔피언결정전 역전 우승에 기여했다. 그는 "운 좋게 매 시즌 감사한 일이 생겼다. 감독님과 대화를 자주 하며 멘탈도 잡았다. 크게 흔들리지 않았던 것 같다"고 설명했다. 올 시즌 주전 라인업에 변화가 많다. 공격을 조율하는 세터의 머릿속이 복잡해질 수 있다. 그러나 이윤정은 "오히려 재밌을 듯하다. 우리가 보여줄 배구에 더 관심을 가져주시지 않을까"라며 미소 지었다. 세트 성공률을 높이고 서브를 보완하려 한다. 실수를 줄이려는 시도다. 부상 없이 시즌을 무사히 마무리하는 것이 최우선목표다. 발목 부상으로 올해 KOVO컵 대회에 출전하지 못하고 지켜보기만 했다. 속상함을 느끼며 몸 관리의 중요성에 대해 다시금 떠올렸다. 이윤정은 "팀원들 모두 정말 열심히 준비했다. 잘 지켜봐 주셨으면 좋겠다"고 전했다.

RECORD

• 공격 •

경기수	세트수	공격 시도	공격 성공	범실	상대블럭	성공률	점유율
36	144	53	16	3	1	30.20%	1.00%

• 블로킹 •

경기수	세트수	블로킹 시도	블로킹 성공	유효 블로킹	범실	실패	세트당개수	점유율
36	144	258	31	111	2	76	0.215	9.80%

• 서브 •

경기수	세트수	서브 시도	서브 성공	범실	세트당개수	점유율
36	144	464	14	19	0.1	14.50%

• 세트 •

공격종합			오픈			속공		
시도	성공	성공률	시도	성공	성공률	시도	성공	성공률
3706	1438	38.8	1319	473	35.9	231	83	35.9

퀵오픈			시간차			이동			후위		
시도	성공	성공률	시도	성공	성공률	시도	성공	성공률	시도	성공	성공률
1556	622	40	243	111	45.7	158	79	50	199	70	35.2

• 리시브 •

경기수	세트수	리시브 시도	리시브 정확	리시브 실패	효율	점유율
36	144	4	0	0	0.00%	0.14%

• 디그 •

경기수	세트수	디그 성공	디그 실패	디그 범실	효율	점유율
36	144	366	76	0	2.542	12.52%

• 디그 상대 •

성명	팀명	디그 시도	디그 성공	성공률
엘리자벳	KGC인삼공사	37	21	56.76%
니아 리드	페퍼저축은행	17	14	82.35%
모마	GS칼텍스	18	12	66.67%
옐레나	흥국생명	25	11	44.00%
표승주	IBK기업은행	10	9	90.00%

임명옥 no. 08 L

@myungok88

생년월일	1986.03.15	신장 / 체중	175cm / 60kg	
스탠딩 리치	230cm	서전트 점프	48cm	연봉 3억5천
출신교	남명초-마산제일여중-마산제일여고-국제대재학중			
드래프트순위	2005 1라운드 3순위			
이적사항	KGC인삼공사-한국도로공사(2015)			

SCOUTING REPORT

'나이는 숫자에 불과하다'는 말이 가장 잘 어울리는 선수. 최근 4시즌 연속 리시브 1위를 차지한 것은 물론 매년 수치를 더 끌어올렸다. 2019~2020시즌부터 지난 시즌까지 각각 리시브 효율 51.94%, 52.63%, 55.24%, 59.85%로 상승 곡선을 그렸다. 후배들에게 뒤처지지 않기 위해 독하게 이를 악문 결과다. 리그 정상급 리베로의 자리를 지키는 것이 때로는 힘들지만 "또 1위에 오를 수 있도록 노력할 것"이라며 주먹을 꽉 쥔다. 올 시즌 변수는 공인구다. '스타'에서 '미카사'의 V200W로 바뀌었다. KOVO컵 대회서 리시브 효율 67.31%로 건재함을 알렸다. 임명옥은 "확실히 차이가 있다. 쉽게 넘어오는 공이 오히려 받기 어렵더라"며 "계속 공을 받아내며 노하우를 만들면 된다. 감독님도 '넌 더 잘할 수 있다'고 이야기해주셨다"고 밝혔다. 임명옥의 시선은 리시브 퀸 왕좌와 베스트7 리베로 부문 5회 연속 수상으로 향한다.

RECORD

• 공격 •

경기수	세트수	공격 시도	공격 성공	범실	상대블럭	성공률	점유율
36	144	1	0	1	0	0.00%	0.00%

• 블로킹 •

경기수	세트수	블로킹 시도	블로킹 성공	유효 블로킹	범실	실패	세트당개수	점유율
36	144	0	0	0	0	0	0	0.00%

• 서브 •

경기수	세트수	서브 시도	서브 성공	범실	세트당개수	점유율
36	144	0	0	0	0	0.00%

• 세트 •

공격종합			오픈			속공		
시도	성공	성공률	시도	성공	성공률	시도	성공	성공률
471	140	29.7	450	136	30.2	0	0	0.00%

퀵오픈			시간차			이동			후위		
시도	성공	성공률	시도	성공	성공률	시도	성공	성공률	시도	성공	성공률
2	0	0	0	0	0.00%	0	0	0.00%	19	4	21.1

• 리시브 •

경기수	세트수	리시브 시도	리시브 정확	리시브 실패	효율	점유율
36	144	797	511	34	59.85%	27.64%

• 디그 •

경기수	세트수	디그 성공	디그 실패	디그 범실	효율	점유율
36	144	765	113	3	5.313	24.96%

• 디그 상대 •

성명	팀명	디그 시도	디그 성공	성공률
이한비	페퍼저축은행	39	30	76.92%
산타나	IBK기업은행	26	18	69.23%
니아 리드	페퍼저축은행	27	18	66.67%
정지윤	현대건설	20	17	85.00%
김연경	흥국생명	22	16	72.73%

고의정

no. 20 OH
@uj._.dr

생년월일	2000.07.05
신장 / 체중	181cm / 71kg
스텐딩 리치	237cm
서전트 점프	41cm
연봉	1억5백
출신교	안산서초-원곡중-원곡고
드래프트순위	2018~2019 2라운드 5순위
이적사항	KGC인삼공사-한국도로공사(2023)

SCOUTING REPORT

지난 8월 KGC인삼공사(현 정관장) 소속으로 훈련을 준비 중이던 고의정은 고희진 인삼공사 감독의 부름을 받았다. '무슨 말씀을 하시려는 걸까'라고 궁금해하다 '혹시 트레이드인가'라고 생각했다. 적중했다. 처음으로 둥지가 바뀌었다. 그는 "예상했기에 크게 놀라지 않았다. 무덤덤하게 받아들였다. 새로운 기회라 생각했다"고 전했다. 도로공사에서 환대받았다. 고의정은 "김종민 감독님과 코치님들, 언니들이 정말 친근하게 대해주셔서 바로 적응했다. 운동 환경도 무척 좋더라"며 미소 지었다. 공격과 관련해 세부적인 가르침을 얻었다. 세게만 때리는 것이 아닌, 밀어치거나 틀어치는 방법을 몸에 익혔다. 상황에 따라 공을 처리하는 법도 배웠다. 블로킹 타이밍 등에 맞춰 달라지는 수비 위치도 연습했다. 고의정은 "기복 없는 확실한 공격력, 범실 없는 정확하고 빠른 서브, 안정적인 수비를 보여드리고 싶다"며 "새로운 팀에서 새로운 모습, 더 자신감 넘치고 잘하는 모습을 선보이겠다"고 다짐했다.

RECORD

• 공격 •

경기수	세트수	공격 시도	공격 성공	범실	상대블럭	성공률	점유율
30	71	87	37	15	4	42.50%	1.70%

• 피 블로킹 •

성명	상대팀명	블로킹 시도	블로킹 성공	성공률
배유나	한국도로공사	2	1	50.00%
이다현	현대건설	3	1	33.33%
엘레나	흥국생명	3	1	33.33%
박경현	페퍼저축은행	4	1	25.00%
강소휘	GS칼텍스	1	0	0.00%

• 블로킹 •

경기수	세트수	블로킹 시도	블로킹 성공	유효 블로킹	범실	실패	세트당개수	점유율
30	71	21	1	9	0	6	0.014	0.80%

• 서브 •

경기수	세트수	서브 시도	서브 성공	범실	세트당개수	점유율
30	71	106	10	25	0.1	3.30%

• 세트 •

공격종합			오픈			속공		
시도	성공	성공률	시도	성공	성공률	시도	성공	성공률
9	3	33.3	7	2	28.6	0	0	0.00%

퀵오픈			시간차			이동			후위		
시도	성공	성공률	시도	성공	성공률	시도	성공	성공률	시도	성공	성공률
0	0	0.00%	0	0	0.00%	0	0	0.00%	2	1	50

• 리시브 •

경기수	세트수	리시브 시도	리시브 정확	리시브 실패	효율	점유율
30	71	65	19	3	24.62%	2.27%

• 디그 •

경기수	세트수	디그 성공	디그 실패	디그 범실	효율	점유율
30	71	28	10	0	0.394	1.13%

박은지

no. 03 S
@ezxip

생년월일	2004.06.09
신장 / 체중	177cm / 75kg
스탠딩 리치	231cm
서전트 점프	38cm
연봉	5천8백
출신교	중대초-일신여중-일신여상
드래프트순위	2022~2023 1라운드 4순위
이적사항	KGC인삼공사-한국도로공사(2023)

SCOUTING REPORT

프로의 벽은 높았다. 지난 시즌 1라운드 4순위로 KGC인삼공사(현 정관장)에 입단했다. 1라운드 초반 센터로 중용됐으나 이후 기회를 더 얻지 못했다. 원포인트 서버로만 코트를 밟았다. 지난 8월 트레이드(박은지·고의정↔김세인·안예림)로 도로공사에 합류했다. 박은지는 "설레기보다는 잘할 수 있을지에 대한 걱정이 많았던 것 같다. 김종민 감독님과 코치님들께서 '코트에선 불안해하지 말고 자신 있게 하고 싶은 것 다 해라'라고 말씀해주셨다"며 "심리적으로 위축됐는데 점차 나아졌다"고 밝혔다. 세트의 정확성을 높이기 위해 집중 훈련에 매진했다. 덕분에 자신감을 충전했다. 지난 시즌엔 세트 352개를 시도해 124개를 성공시켰다. 세트당 평균 1.851개를 기록했다. '기회는 내가 어떻게 하느냐에 달렸다'는 마음으로 비시즌을 보냈다. 그는 "믿고 기용하실 수 있도록 지난 시즌보다 나아진 모습을 보여드리겠다. 승부처에서도 흔들리지 않고 경기를 운영해보겠다"며 각오를 다졌다.

RECORD

• 공격 •

경기수	세트수	공격 시도	공격 성공	범실	상대블럭	성공률	점유율
26	67	1	0	25.00%	0.20%	0.00%	0.00%

• 블로킹 •

경기수	세트수	블로킹 시도	블로킹 성공	유효 블로킹	범실	실패	세트당개수	점유율
26	67	15	1	14	0.045	1.70%	0	0.00%

• 서브 •

경기수	세트수	서브 시도	서브 성공	범실	세트당개수	점유율
26	67	110	6	19	0.1	3.50%

• 세트 •

공격종합			오픈			속공		
시도	성공	성공률	시도	성공	성공률	시도	성공	성공률
332	124	37.3	136	46	33.8	47	18	38.3

퀵오픈			시간차			이동			후위		
시도	성공	성공률	시도	성공	성공률	시도	성공	성공률	시도	성공	성공률
101	37	36.6	3	2	66.7	2	1	50	43	20	46.5

• 리시브 •

경기수	세트수	리시브 시도	리시브 정확	리시브 실패	효율	점유율
26	67	0	0	0	0.00%	0.00%

• 디그 •

경기수	세트수	디그 성공	디그 실패	디그 범실	효율	점유율
26	67	28	11	0	0.418	1.16%

• 디그 상대 •

성명	팀명	디그 시도	디그 성공	성공률
니아 리드	페퍼저축은행	2	2	100.00%
정지윤	현대건설	4	2	50.00%
이다현	현대건설	1	1	100.00%
육서영	IBK기업은행	1	1	100.00%
야스민	현대건설	1	1	100.00%

SCOUTING REPORT

현대건설 소속이던 2018~2019시즌을 끝으로 V리그를 떠났다. 이후 경일대 배구부와 비치발리볼 국가대표팀에서 뛰었다. 지난 시즌 친정팀 도로공사 손을 잡고 돌아왔다. 대학팀과는 완전히 다른 훈련 및 시스템에 적응하는 데 시간이 걸렸다. 대신 우승 기운을 몰고 왔다. 신인 시절이던 2017~2018시즌 도로공사는 창단 첫 통합우승을 이뤘다. 지난 시즌에도 챔피언결정전 우승을 빚었다. 좋은 기억을 안고 올 시즌을 준비했다. 지난 시즌을 앞두고는 발바닥 부상 때문에 공격 훈련을 못 했다. 올해는 리베로 위주로 훈련하되 공격 연습도 종종 했다. 백채림은 "프로에서는 보는 것도 중요하다. 언니들의 수비를 보는 것만으로도 정말 큰 도움이 된다"며 "내 것으로 만들기 위해 수많은 노력을 했다. 실력도 느는 듯해 다행이다"고 목소리를 높였다. 그는 "지난 시즌보다 더 팀에 보탬이 되고 싶다. 분위기를 활기차게 만들어줄 수 있는 선수가 되고자 한다"고 포부를 밝혔다.

RECORD

• 공격 •

경기수	세트수	공격 시도	공격 성공	범실	상대블럭	성공률	점유율
1	1	0	0	0	0	0.00%	0.00%

• 블로킹 •

경기수	세트수	블로킹 시도	블로킹 성공	유효 블로킹	범실	실패	세트당개수	점유율
1	1	0	0	0	0	0	0	0.00%

• 서브 •

경기수	세트수	서브 시도	서브 성공	범실	세트당개수	점유율
1	1	3	0	0	0	0.10%

• 세트 •

공격종합			오픈			속공		
시도	성공	성공률	시도	성공	성공률	시도	성공	성공률

퀵오픈			시간차			이동			후위		
시도	성공	성공률	시도	성공	성공률	시도	성공	성공률	시도	성공	성공률

• 리시브 •

경기수	세트수	리시브 시도	리시브 정확	리시브 실패	효율	점유율
1	1	0	0	0	0.00%	0.00%

• 디그 •

경기수	세트수	디그 성공	디그 실패	디그 범실	효율	점유율
1	1	1	0	0	1	0.03%

• 디그 상대 •

성명	팀명	디그 시도	디그 성공	성공률

우수민 no. 17 OH
@sumiinnn

생년월일	1998.11.07	신장 / 체중	177cm / 68kg	
스탠딩 리치	227cm	서전트 점프	48cm	연봉 6천5백
출신교	반포초 - 세화여중 - 대전용산고			
드래프트순위	2017~2018 1라운드 4순위			
이적사항	KGC인삼공사-한국도로공사(2018)			

SCOUTING REPORT

2017~2018시즌 KGC인삼공사(현 정관장)에 입단한 후 2018~2019시즌부터 도로공사에 몸담았다. 코트보다는 웜업존에 머무는 날이 더 많았다. 출장 시간을 늘리기 위해 노력 중이다. 우선 플레이의 '정확성'을 높이려 한다. 우수민은 "수비할 때 공을 정확히 띄워놓기, 이단연결 정확하게 하기 등이다"고 설명했다. 모든 것을 더 잘하고 싶지만 그중에서도 리시브에 가장 목마르다. 그는 "공을 몸 앞에 두고 안정적으로 받아야 한다. 팔로 치거나 조절하려 해선 안 된다"며 "공인구가 미카사로 바뀐 뒤 더 어려워진 듯하다. 단번에 잘 되진 않았다"고 밝혔다. 그래도 나아진 점이 있다. 예년보다 마음이 한결 편해졌다. 방심하거나 안주한다는 뜻은 아니다. 부담감을 내려놓고 긍정적으로 임하겠다는 의미다. 어느덧 프로 7번째 시즌을 맞이한다. 우수민은 "항상 목표가 똑같다. '작년의 나보다 잘하기'다"며 "경기에 들어가면 팀에 많은 도움을 주고 싶다"고 전했다.

RECORD

• 공격 •

경기수	세트수	공격 시도	공격 성공	범실	상대블럭	성공률	점유율
28	65	0	0	0	0	0.00%	0.00%

• 피 블로킹 •

성명	상대팀명	블로킹 시도	블로킹 성공	성공률

• 블로킹 •

경기수	세트수	블로킹 시도	블로킹 성공	유효 블로킹	범실	실패	세트당개수	점유율
28	65	0	0	0	0	0	0	0.00%

• 서브 •

경기수	세트수	서브 시도	서브 성공	범실	세트당개수	점유율
28	65	97	5	2	0.1	3.00%

• 세트 •

공격종합			오픈			속공		
시도	성공	성공률	시도	성공	성공률	시도	성공	성공률
8	3	37.5	8	3	37.5	0	0	0.00%

퀵오픈			시간차			이동			후위		
시도	성공	성공률	시도	성공	성공률	시도	성공	성공률	시도	성공	성공률
0	0	0.00%	0	0	0.00%	0	0	0.00%	0	0	0.00%

• 리시브 •

경기수	세트수	리시브 시도	리시브 정확	리시브 실패	효율	점유율
28	65	3	1	1	0.00%	0.10%

• 디그 •

경기수	세트수	디그 성공	디그 실패	디그 범실	효율	점유율
28	65	21	6	0	0.323	0.77%

이미소

no. 16 OH
@_smilemiso

생년월일	2004.11.19
신장 / 체중	177cm / 67kg
스탠딩 리치	228cm
서전트 점프	42cm
연봉	3천8백
출신교	파장초-수일여중-한봄고
드래프트순위	2022~2023 3라운드 7순위
이적사항	

SCOUTING REPORT

지난 시즌 3라운드 7순위로 입단해 데뷔에 성공했다. 총 3경기 3세트서 공격으로만 2득점을 올렸다. 공격성공률은 50%였다. 디그도 1개 기록했다. 이미소는 "시간이 느린 듯하면서도 빨리 지나갔다. 첫 시즌이라 그랬던 것 같다"며 "확실히 받는 게 잘 돼야 다음 플레이도 원활히 이뤄지는 듯했다. 언니들의 리시브를 유심히 봤다. 난 아직 잘하진 못한다"고 말했다. 느낀 점을 바탕으로 올해 리시브와 디그를 보완하는 데 힘썼다. 그는 "훈련을 정말 많이 했다. 죽는 줄 알았다"며 "잘하려면 당연히 열심히 해야 한다. 실력이 좋아졌는지는 모르겠다"고 웃었다. 블로킹에선 발전을 이뤘다. 당초 스스로 폼이 이상하다고 생각했다. 수정하는 데 성공했다. 배유나의 조언을 자양분으로 삼았다. 이미소는 "올 시즌 목표는 '잘 버티기'다. 경기에 더 나가고 싶은 욕심도 있다"며 "시작이 절반이라고 하니 우리 팀이 초반부터 잘했으면 좋겠다. 그것도 내 소원이다"고 바람을 내비쳤다.

RECORD

• 공격 •

경기수	세트수	공격 시도	공격 성공	범실	상대블럭	성공률	점유율
3	3	4	2	0	1	50.00%	0.10%

• 피 블로킹 •

성명	상대팀명	블로킹 시도	블로킹 성공	성공률
양효진	현대건설	1	1	100.00%
최가은	페퍼저축은행	1	0	0.00%

• 블로킹 •

경기수	세트수	블로킹 시도	블로킹 성공	유효 블로킹	범실	실패	세트당개수	점유율
3	3	2	0	1	0	1	0	0.10%

• 서브 •

경기수	세트수	서브 시도	서브 성공	범실	세트당개수	점유율
3	3	7	0	1	0	0.20%

• 세트 •

공격종합			오픈			속공		
시도	성공	성공률	시도	성공	성공률	시도	성공	성공률

퀵오픈			시간차			이동			후위		
시도	성공	성공률	시도	성공	성공률	시도	성공	성공률	시도	성공	성공률

• 리시브 •

경기수	세트수	리시브 시도	리시브 정확	리시브 실패	효율	점유율
3	3	0	0	0	0.00%	0.00%

• 디그 •

경기수	세트수	디그 성공	디그 실패	디그 범실	효율	점유율
3	3	1	0	0	0.333	0.03%

이예담

no. 11 MB

@lunadamz_

생년월일	2003.08.20
신장 / 체중	185.5cm / 74kg
스탠딩 리치	238cm
서전트 점프	44cm
연봉	6천
출신교	추계초-중앙여중-중앙여고
드래프트순위	2021~2022 1라운드 4순위
이적사항	

많이 응원해 주세요! 도움해 ♥

SCOUTING REPORT

프로 첫해였던 2021~2022시즌, 코트 위에서 무척 긴장했다. 이제는 한결 나아졌다. "아주 조금의 여유가 생긴 것 같다"며 수줍게 웃었다. 지난 시즌 첫 공격, 서브, 블로킹 득점과 디그 성공도 기록했다. 소소해 보이지만 귀중한 성과다. 올해 KOVO컵 대회 도중 손가락을 다친 뒤 빠르게 회복했다. 훈련을 통해 감각을 되찾는 데 집중했다. 이예담은 "연습 때 아무리 잘해도 실전에서 보여주지 못하면 끝이다. 아무 소용 없어진다"며 "부족함을 많이 느껴 훈련할 때도 실제 경기라 생각하고 임했다. 올 시즌 경기에 나서게 된다면 그동안 준비했던 것들을 다 펼쳐 보이고 싶다"고 바람을 내비쳤다. 배유나와 짝을 이룰 미들블로커 한 자리를 두고 경쟁해야 한다. 그는 "언젠가 기회는 올 것이라 생각한다. 항상 완벽히 준비해 기회가 왔을 때 잡아내겠다"며 "공격, 블로킹 등 어떤 것으로든 팀에 도움이 되는 게 목표다"고 다부진 각오를 전했다.

RECORD

• 공격 •

경기수	세트수	공격 시도	공격 성공	범실	상대블럭	성공률	점유율
11	13	6	1	0	0	16.70%	0.10%

• 피 블로킹 •

성명	상대팀명	블로킹 시도	블로킹 성공	성공률
최가은	페퍼저축은행	1	0	0.00%
유서연	GS칼텍스	2	0	0.00%

• 블로킹 •

경기수	세트수	블로킹 시도	블로킹 성공	유효 블로킹	범실	실패	세트당개수	점유율
11	13	12	4	3	0	1	0.308	0.50%

• 서브 •

경기수	세트수	서브 시도	서브 성공	범실	세트당개수	점유율
11	13	19	1	2	0.1	0.60%

• 세트 •

공격종합			오픈			속공		
시도	성공	성공률	시도	성공	성공률	시도	성공	성공률
3	0	0	3	0	0	0	0	0.00%

퀵오픈			시간차			이동			후위		
시도	성공	성공률	시도	성공	성공률	시도	성공	성공률	시도	성공	성공률
0	0	0.00%	0	0	0.00%	0	0	0.00%	0	0	0.00%

• 리시브 •

경기수	세트수	리시브 시도	리시브 정확	리시브 실패	효율	점유율
11	13	3	0	1	0.00%	0.10%

• 디그 •

경기수	세트수	디그 성공	디그 실패	디그 범실	효율	점유율
11	13	5	2	0	0.385	0.20%

이예림

no. 07 OH
@leebangrim (비공개)

생년월일	1998.01.10
신장 / 체중	175cm / 63kg
스탠딩 리치	227cm
서전트 점프	47cm
연봉	7천5백
출신교	둔포초-천안봉서중-수원전산여고
드래프트순위	2015~2016 2라운드 3순위
이적사항	현대건설-대구시청(2017)-수원시청(2018)-도로공사(2021)

항상 응원해주셔서 감사합니다.

SCOUTING REPORT

'섬세한 배구.' 이예림의 올 시즌 목표다. 지난 두 시즌 간 백업으로 틈틈이 출전했다. 김종민 감독으로부터 '범실'을 줄이라는 주문을 받았다. 정확도를 높여 보다 정교한 플레이를 펼치고자 한다. 이예림은 "계속 반복훈련 하는 수밖에 없다. 공 하나하나에 더 집중하려 한다"고 말했다. 리시브를 중점적으로 연습했다. 코칭스태프가 강조한 부분이기도 하다. 그는 "경기에 나가려면 한 가지라도 강점이 있어야 한다. 나는 잘 받는 것으로 만들어보려 한다"며 "공격은 아직 부족한 부분이 많다. 블로킹도 더 잘하고 싶다"고 밝혔다. 지난 시즌 우승을 통해 '조직력'의 힘을 체감했다. 조직력을 극대화하면 대형 공격수가 있는 팀도 이길 수 있다는 것을 느꼈다. 이예림은 "우리만의 '팀 컬러'인 듯하다. 올 시즌도 전력이 완벽하진 않지만 조직력으로 승부하면 해볼 만할 것 같다"며 "나도 이번엔 정말 무엇이든 보여주고 싶다. 경기에 자주 들어가 팀원들과 웃으며 좋은 성적을 내고 싶다"고 강조했다.

RECORD

• 공격 •

경기수	세트수	공격 시도	공격 성공	범실	상대블럭	성공률	점유율
31	64	141	46	17	8	32.60%	2.60%

• 피 블로킹 •

성명	상대팀명	블로킹 시도	블로킹 성공	성공률
김수지	IBK기업은행	11	2	18.18%
문명화	GS칼텍스	1	1	100.00%
산타나	IBK기업은행	2	1	50.00%
모마	GS칼텍스	4	1	25.00%
이주아	흥국생명	4	1	25.00%

• 블로킹 •

경기수	세트수	블로킹 시도	블로킹 성공	유효 블로킹	범실	실패	세트당개수	점유율
31	64	21	2	6	1	10	0.031	0.80%

• 서브 •

경기수	세트수	서브 시도	서브 성공	범실	세트당개수	점유율
31	64	86	0	9	0	2.70%

• 세트 •

공격종합			오픈			속공		
시도	성공	성공률	시도	성공	성공률	시도	성공	성공률
16	3	18.8	15	3	20	0	0	0.00%

퀵오픈			시간차			이동			후위		
시도	성공	성공률	시도	성공	성공률	시도	성공	성공률	시도	성공	성공률
1	0	0	0	0	0.00%	0	0	0.00%	0	0	0.00%

• 리시브 •

경기수	세트수	리시브 시도	리시브 정확	리시브 실패	효율	점유율
31	64	199	88	14	37.19%	6.90%

• 디그 •

경기수	세트수	디그 성공	디그 실패	디그 범실	효율	점유율
31	64	85	23	0	1.328	3.06%

이예은

no. 21 OH
@2ldpms

생년월일	2004.04.28
신장 / 체중	175cm / 60kg
스탠딩 리치	227cm
서전트 점프	46cm
연봉	5천
출신교	남천초-제천여중-제천여고
드래프트순위	2022~2023 2라운드 3순위
이적사항	

SCOUTING REPORT

도로공사의 '금쪽이'다. 엉뚱한 면이 있어 종종 선배들을 당황하게 한다. 때에 따라 '은쪽이', '동쪽이'를 넘어 '똥쪽이'까지 강등된다는 후문. 지난 시즌엔 신인임에도 제대로 사고를 쳤다. 정규리그엔 원포인트 서버로 5경기 9세트에 출전해 득점을 올리지 못했지만, 포스트시즌 일을 냈다. 플레이오프는 물론 챔피언결정전서 흐름을 가져오는 결정적인 서브에이스를 터트렸다. 총 7경기서 서브로만 4득점을 올렸다. 이예은은 "감독님, 코치님들이 말씀해주신 대로 한 것뿐인데 운이 좋았다. 금쪽이라 그런지 긴장되지 않고 재미있었다"며 웃음을 터트렸다. 이어 "유일하게 서브만 잘 됐고 나머지는 다 부족했다. 수비가 무척 약했는데 위치 선정하는 법 등을 배워 한층 나아진 모습을 선보일 수 있을 것 같다"고 덧붙였다. 그는 "지난 시즌 서브로 이름을 알렸다면 올 시즌엔 '이 선수, 다른 것도 잘하는구나'라는 걸 보여드리고 싶다. 더 자신 있게 플레이하겠다"고 당찬 포부를 밝혔다.

RECORD

• 공격 •

경기수	세트수	공격 시도	공격 성공	범실	상대블럭	성공률	점유율
5	9	1	0	0	0	0.00%	0.00%

• 피 블로킹 •

성명	상대팀명	블로킹 시도	블로킹 성공	성공률
모마	GS칼텍스	1	0	0.00%

• 블로킹 •

경기수	세트수	블로킹 시도	블로킹 성공	유효 블로킹	범실	실패	세트당개수	점유율
5	9	0	0	0	0	0	0	0.00%

• 서브 •

경기수	세트수	서브 시도	서브 성공	범실	세트당개수	점유율
5	9	11	0	2	0	0.30%

• 세트 •

공격종합			오픈			속공		
시도	성공	성공률	시도	성공	성공률	시도	성공	성공률

퀵오픈			시간차			이동			후위		
시도	성공	성공률	시도	성공	성공률	시도	성공	성공률	시도	성공	성공률

• 리시브 •

경기수	세트수	리시브 시도	리시브 정확	리시브 실패	효율	점유율
5	9	3	3	0	100.00%	0.10%

• 디그 •

경기수	세트수	디그 성공	디그 실패	디그 범실	효율	점유율
5	9	5	0	0	0.556	0.14%

임주은

no. 14 MB
@w_ndms519

생년월일	2003.05.19
신장 / 체중	181cm / 71kg
스텐딩 리치	234cm
서전트 점프	50cm
연봉	4천5백
출신교	신하초-제천여중-제천여고
드래프트순위	2022~2023 1라운드 7순위
이적사항	

도공 응원 많이 해주세요 ♡

SCOUTING REPORT

프로 첫 시즌 1경기 1세트 블로킹 1득점으로 마무리했다. 단순한 기록 외에 코트 밖에서 배운 것들이 있다. 임주은은 "언니들이 하는 것을 보며 최대한 본받으려 했다. 마음가짐부터 달라지더라. 몸 관리 방법도 다시 정립하게 됐다"고 설명했다. 블로킹에서 터닝 포인트를 만들었다. 그는 "고등학생 땐 '높게'만 했다. 프로에 와 빠른 속도로 블로킹하려고 하니 잘 안 됐다. 처음엔 못 따라갔다"며 "계속 눈으로 보고 실제로 해보니 점점 맞춰졌다. 한결 나아진 듯하다"고 전했다. 올해 처음으로 KOVO컵 대회에 출전했다. 3경기서 블로킹 2개, 서브 1개 포함 6득점을 올렸다. 임주은은 "욕심을 내면 몸에 힘이 들어가 더 안 되더라. 파이팅만 크게 외치고 그저 열심히 하자는 생각으로 임하니 조금씩 괜찮아졌다"며 "블로킹은 조금 나아졌는데 공격은 아직 멀었다. 꼭 보완해 코트에 들어갈 수 있는 실력을 갖추겠다. 기회가 주어진다면 후회 없이 해보겠다"고 다짐했다.

RECORD

• 공격 •

경기수	세트수	공격 시도	공격 성공	범실	상대블럭	성공률	점유율
1	1	0	0	0	0	0.00%	0.00%

• 피 블로킹 •

성명	상대팀명	블로킹 시도	블로킹 성공	성공률

• 블로킹 •

경기수	세트수	블로킹 시도	블로킹 성공	유효 블로킹	범실	실패	세트당개수	점유율
1	1	2	1	1	0	0	1	0.10%

• 서브 •

경기수	세트수	서브 시도	서브 성공	범실	세트당개수	점유율
1	1	0	0	0	0	0.00%

• 세트 •

공격종합			오픈			속공		
시도	성공	성공률	시도	성공	성공률	시도	성공	성공률

퀵오픈			시간차			이동			후위		
시도	성공	성공률	시도	성공	성공률	시도	성공	성공률	시도	성공	성공률

• 리시브 •

경기수	세트수	리시브 시도	리시브 정확	리시브 실패	효율	점유율
1	1	0	0	0	0.00%	0.00%

• 디그 •

경기수	세트수	디그 성공	디그 실패	디그 범실	효율	점유율
1	1	0	0	0	0	0.00%

타나차 no. 19 OP,OH

@thanacha.momay

생년월일	2000.05.26
신장 / 체중	180cm / 65kg
스텐딩 리치	238cm
서전트 점프	61cm
연봉	10만$
출생(국가)	태국
드래프트순위	2023 아시아쿼터 4순위
풀네임	THANACHA SOOKSOD

SCOUTING REPORT

올해 도입된 아시아쿼터 트라이아웃에서 전체 4순위로 도로공사에 호명됐다. 태국 출신 아포짓 스파이커로 신장은 180㎝다. 아웃사이드 히터도 가능한 점을 고려해 좌우 날개 포지션을 두루 시험해볼 계획이다. 선수 등록은 아웃사이드 히터로 했다. 비시즌 태국 대표팀 일정을 소화해 실전 감각은 최상이다. 지난해까진 대표팀에서 주로 백업으로 뛰었지만 올해 주전으로 발돋움했다. 태국 대표팀 내 떠오르는 스타다. 도로공사에서도 부키리치와 함께 쌍포를 구축할 예정이다. 다만 개막 전 도로공사 선수들과 손발을 맞출 시간이 짧았다는 점이 변수다. 타나차는 항저우 아시안게임을 마치고 입국한다. 여자배구는 10월 7일 막을 내린다. 개막까지 일주일도 남지 않은 상태에서 팀에 녹아들어야 한다. 여러 전술 및 라인업을 고려 중인 김종민 감독은 타나차를 효과적으로 활용할 방법을 고민 중이다. 타나차의 대표팀 경기 영상 등을 살피며 시즌 준비에 임했다.

RECORD

• 공격 •

경기수	세트수	공격 시도	공격 성공	범실	상대블럭	성공률	점유율

• 피 블로킹 •

성명	상대팀명	블로킹 시도	블로킹 성공	성공률

• 블로킹 •

경기수	세트수	블로킹 시도	블로킹 성공	유효 블로킹	범실	실패	세트당개수	점유율

• 서브 •

경기수	세트수	서브 시도	서브 성공	범실	세트당개수	점유율

• 세트 •

공격종합			오픈			속공		
시도	성공	성공률	시도	성공	성공률	시도	성공	성공률

퀵오픈			시간차			이동			후위		
시도	성공	성공률	시도	성공	성공률	시도	성공	성공률	시도	성공	성공률

• 리시브 •

경기수	세트수	리시브 시도	리시브 정확	리시브 실패	효율	점유율

• 디그 •

경기수	세트수	디그 성공	디그 실패	디그 범실	효율	점유율

김미진 no. 23 L

@mi._.jin._.0

생년월일	2005.03.10
신장 / 체중	173cm / 62kg
스탠딩 리치	218cm
서전트 점프	48cm
연봉	2천4백
출신교	안산서초-원곡중-한봄고
드래프트순위	2023~2024 수련선수
이적사항	

SCOUTING REPORT

아버지의 권유로 초등학교 2학년 때 배구를 시작했다. 시간이 흘러 올해 한봄고 소속으로 신인드래프트에 참가했다. 수련선수 지명 순서에서 도로공사가 "한봄고"까지 말하는 순간 긴장했다. 김미진은 "그때 우리 학교에서 나와 내 친구만 남아있는 상태였다. '친구가 뽑히겠구나' 했는데 내 이름이 나와 무척 놀랐다"고 회상했다. 김종민 감독은 김미진에 대해 "한봄고에서 살림꾼 역할을 하던 선수다. 기본기가 좋고 발도 빠르다"고 칭찬했다. 김미진은 도로공사에서 원포인트 서버 및 아웃사이드 히터 수비를 맡을 예정이다. 고등학생 때까지 리시브만큼은 자신 있다고 자부했지만 프로 입단 후 생각이 달라졌다. 그는 "나는 엉망인데 다른 언니들은 너무 잘한다. 특히 (임)명옥 언니를 보며 감탄했다"며 "팔만 뻗어도 자석이 붙어있는 것처럼 공이 가더라. 내 롤모델이다"고 고백했다. 이어 "올 시즌 경기에 5번 이상 들어가는 게 목표다. 주어진 역할을 잘 해내겠다"며 각오를 밝혔다.

김세빈

no. 18 MB
@_sbeen2

생년월일	2005.06.16	신장 / 체중	187cm / 67kg	
스텐딩 리치	237cm	서전트 점프	46cm	연봉 5천5백
출신교	파장초-수일여중-한봄고			
드래프트순위	2023~2024 1라운드 1순위			
이적사항				

SCOUTING REPORT

남자배구 한국전력 김철수 단장과 여자배구 국가대표 출신 김남순 씨의 둘째 딸이다. 초등학교 4학년 때 배구에 입문했다. 이후 한봄고 에이스로 활약하며 신인 최대어로 꼽혔다. 드래프트서 전체 1순위의 영광을 안았다. 지명 후 어머니로부터 손편지를 받았다. '부담감이 컸을 텐데 그동안 열심히 해줘 고맙다'는 내용이었다. 뜨거운 눈물을 흘렸다. 더 잘하고자 이를 악물었다. 김종민 감독은 "김세빈에게 기회를 충분히 줄 생각"이라고 밝혔다. 김세빈은 "엄마의 속공, 아빠의 블로킹 감각을 본받고 싶다. 이동공격도 더 보완하겠다"고 말했다. 코칭스태프, 선배들의 조언 속에 무럭무럭 자라고 있다. 훈련 시 '속공은 네트에서 멀리 떠서 때려라', '블로킹 천천히 떠라' 등의 맞춤형 지도를 받았다. 김세빈은 "더 잘하고, 잘 클 수 있는 환경이다. 특히 (배)유나 언니를 보고 계속 따라 하려 한다. 언니 영상도 찾아봤다"며 "열심히 해 팀에 보탬이 되는 선수로 성장하겠다"고 강조했다.

신은지

no. 24 OP
@eunji_19_9

생년월일	2005.06.29	신장 / 체중	176cm / 73kg		
스탠딩 리치	224cm	서전트 점프	50cm	연봉	4천5백
출신교	반포초-경해여중-선명여고				
드래프트순위	2023~2024 1라운드 7순위				
이적사항					

SCOUTING REPORT

먼저 배구를 시작한 오빠를 따라 초등학교 5학년 때 배구공을 쥐었다. 워낙 활동적인 성향이라 배구가 재미있어 보였다. 부모님의 우려마저 이겨냈다. 선명여고로 진학 후 신인드래프트서 1라운드 7순위로 지명받았다. 김종민 감독은 "전체 2순위 감이라 평가했다. 공격, 서브가 좋고 리시브도 괜찮다"며 "왼손잡이 아포짓이라 '제2의 문정원'으로 육성해볼 수 있을 것 같다"고 극찬했다. 문정원은 리시브하는 아포짓이자 날카로운 서브로 유명하다. 신은지도 주 무기가 서브. 팀 내 아포짓이 많아 올 시즌엔 아웃사이드 히터로 등록됐다. 그는 "처음엔 왼쪽에서 때리는 게 어려웠다. 그래도 언니들이 많이 칭찬해줘 훈련이 즐거웠다"고 회상했다. 이어 "비시즌 친선경기 때 감독님께서 리시브에 초점을 맞추라고 하셔서 우선 거기에 더 신경 썼다"고 전했다. 신은지는 "경기에 투입된다면 신인답게 활발한 모습 보여드리겠다"며 "서브에 자신 있으니 서브에이스를 만들어보고 싶다"고 눈을 반짝였다.

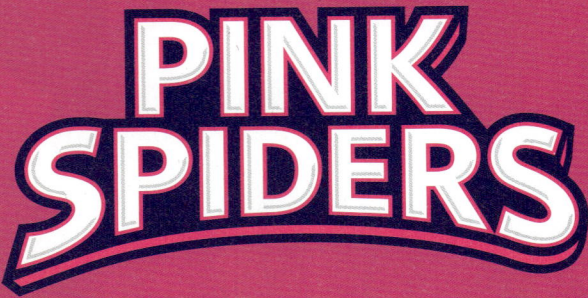

since 1971
흥국생명 핑크스파이더스
HEUNGKUK LIFE INSURANCE
PINK SPIDERS

🏠 www.pinkspiders.co.kr
📷 @hkpinkspiders

2022-23 시즌
2위

정규 우승 6회

챔프 우승 4회

통합 우승 3회

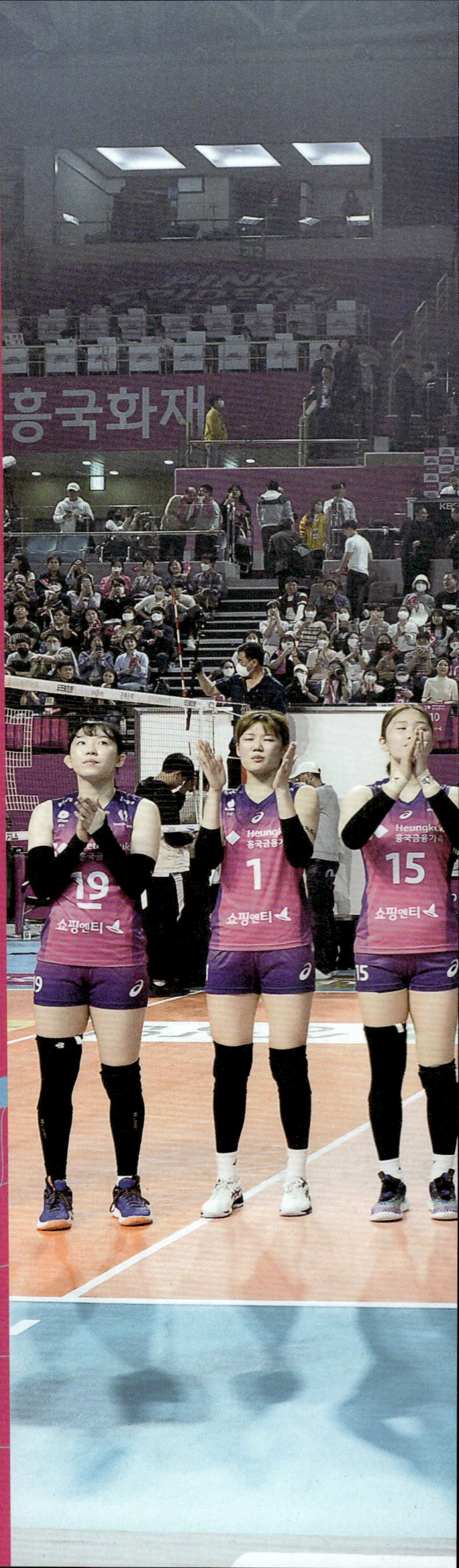

2022~2023시즌 리뷰

김연경이 1년 만에 다시 팀으로 돌아왔다. 김연경의 복귀는 분명 전력에 플러스 요인이다. 그러나 직전시즌 6위에 그쳤던 흥국생명이 어디까지 도약할 수 있을지는 미지수였다. 시즌 초반 현대건설에 이어 2위를 지키던 흥국생명은 3라운드 현대건설과의 맞대결에서 처음으로 승리하며 1위 도약을 눈앞에 뒀다. 그러나 권순찬 감독이 납득할 수 없는 이유로 경질됐다. 경질 과정만큼이나 구단의 사후 수습도 사태를 키웠다. 후임 선임으로 한참 고민을 앓던 구단은 결국 새 사령탑으로 김연경의 튀르키예 시절 은사였던 마르첼로 아본단자 감독을 선임했다. 부침 속에 통산 여섯 번째 정규리그 1위를 확정했다. 한국도로공사와의 챔피언결정전 1,2차전 승리로 통합 우승에 1승만을 남겨뒀던 흥국생명은 이후 거짓말처럼 3경기를 내리 내주며 준우승에 그쳤다. 역대 V리그 챔프전에서 한 번도 없었던 리버스 스윕의 희생양이 됐다. 챔프전 준우승의 아쉬움은 김연경의 정규리그 MVP 수상으로 풀어야 했다.

2023~2024시즌 프리뷰

김연경을 잔류시킨데 이어 절친 김수지를 영입했다. 국가대표 주전으로 거듭난 이주아에 김수지의 노련함이 블로킹 라인에 더해지게 됐다. 장고 끝에 리베로 김해란도 '한 시즌 더'를 결정했다. 여자부 7개 구단 중 유일하게 외국인 선수(옐레나)와 재계약했다. 아시아쿼터로는 일본 출신의 레이나 토쿠쿠를 지명했다. 레이나의 합류로 아웃사이드 히터 한 자리의 경쟁은 더욱 치열해질 전망이다. 주장 김미연에 대표팀에서 주포로 활약한 김다은의 활약도 기대가 된다. 그만큼 세터 김다솔과 이원정의 역할을 더욱 중요해질 전망이다.
'역대급 승부'로 회자된 지난시즌 챔피언결정전. 우승을 놓친 흥국생명 선수들 대부분이 차마 경기 영상을 돌려보지 못했다고 한다. 아쉬움이 컸던 만큼 올해는 반드시 통합우승을 이루리라 절치부심하고 있다. 누구보다 자존심 회복을 벼르는 건 마르첼로 아본단자 감독이다. 아본단자 감독 체제 아래 시작하는 첫 번째 시즌에 흥국생명이 어떤 변화를 보여줄지 벌써부터 팬들의 기대가 뜨겁다.

시즌별 팀 성적

시즌	경기수	세트수	득점	공격%	블로킹	서브	세트	리시브%	디그
2018~2019	30	111	2549	37.41	2.297	0.955	13.766	42.17	22.910
2019~2020	27	110	2459	36.30	2.036	1.164	12.891	30.12	21.827
2020~2021	30	114	2534	38.62	2.061	1.202	12.912	34.50	20.184
2021~2022	33	119	2572	35.13	2.218	0.966	12.395	23.65	21.101
2022~2023	36	137	3201	40.98	2.058	1.058	14.460	38.61	21.686

감독

아본단자

- 1970.08.24 / 188cm
- 2003-2006 이탈리아 Scavolini Pesaro 감독
- 2012-2014 불가리아 국가대표 감독
- 2017-2018 캐나다 국가대표 감독
- 2018-2019 폴란드 Chemik Police 감독
- 2019-2020 이탈리아 Zanetti Bergamo 감독
- 2019-2023 튀르키예 터키항공 Turk Hava Yollari SK 감독
- 2022-2023 그리스 국가대표 감독

아본단자 감독 인터뷰

아본단자 감독에게 자주 듣는 말을 물으면 흥국생명 선수들은 하나 같이 "어떤 것부터 말해야 할지 모르겠다"고 답한다. 그만큼 선수들에게 지시가 다양하고 또 세밀하다는 뜻이다. 특히 아본단자 감독은 블로킹과 수비, 공격에서는 백어택의 중요성을 강조하고 있다. 지난 코보컵 대회를 통해 일부 변화의 움직임이 감지되기도 했다. 아본단자 감독은 지난시즌 뒤 한동안 국내에 머물며 마무리 훈련을 진행하기도 했다. 아직까지 선수단 파악이 완전하지 않다는 생각에서다. 구단에도 늘 훈련 시간만큼은 100% 보장할 수 있게끔 강조한다고 한다. 올 시즌 목표를 묻자 "확실히 이기고 우승하는 것. 그 과정에서 어린 선수들이 많이 성장했으면 좋겠다"고 말했다. 올 시즌부터는 가족이 한국에서 함께 생활한다. 이미 구단 훈련장 근처 파스타 맛 집을 줄줄 욀 정도로 한국 생활에도 적응하고 있다. 유럽 시절에 비해 한결 부드러워졌다는 일각의 평에 대해선 "그런 것 같다"면서도 "시즌이 시작되면 나도 어떻게 될지 모른다"고 씨익 웃었다.

STAFF

수석코치 김대경	수석트레이너 이상화	전력분석관 이주현	매니저 정지인
코치 최지완	트레이너 여재기	전력분석관 정경훈	통역 김태희
코치 박건휘	트레이너 이택규		통역 서지영
코치 파룩	트레이너 고윤성		통역 박미성
	피지컬트레이너 이반		

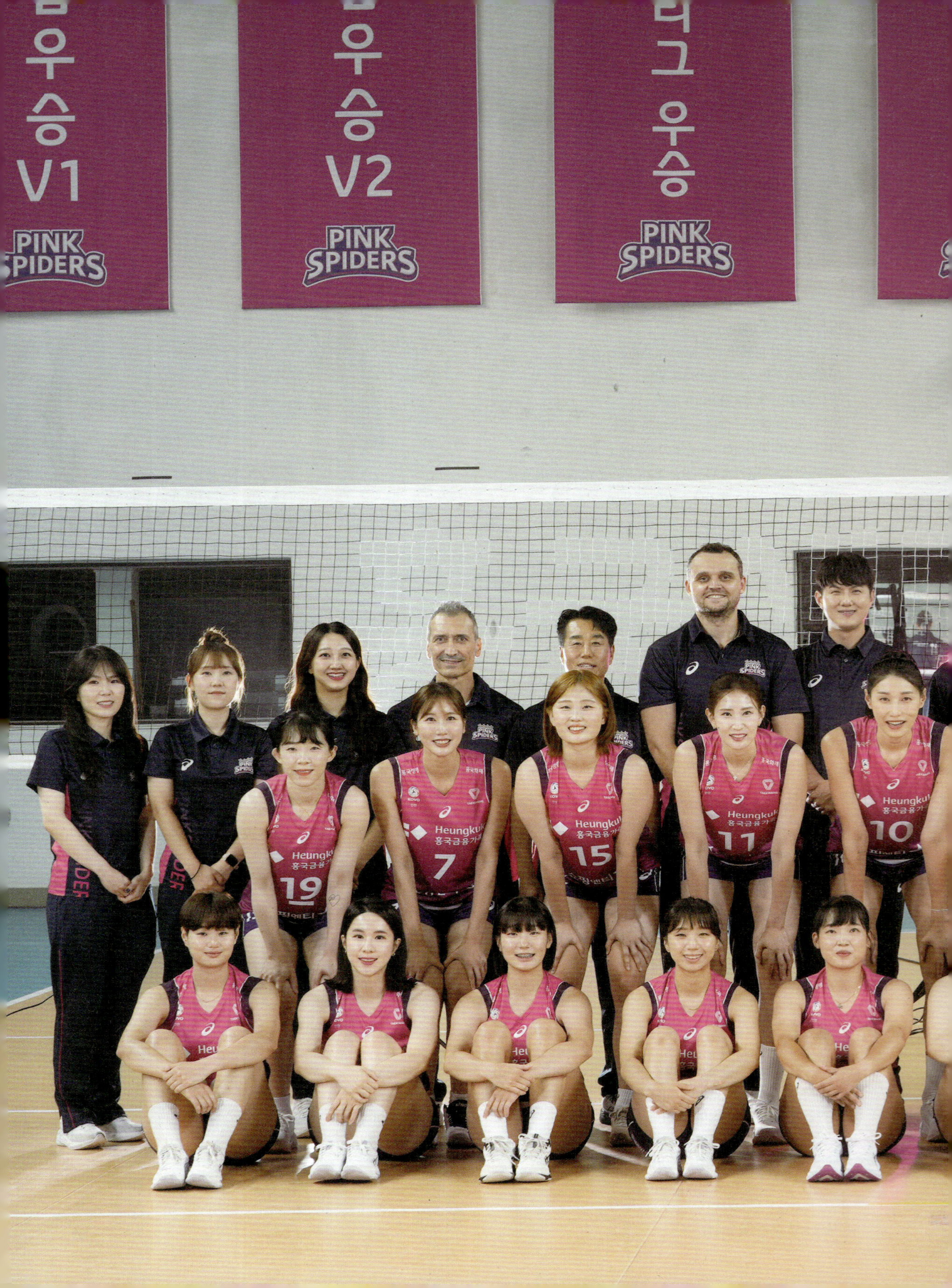
우승
V1
PINK SPIDERS
우승
V2
PINK SPIDERS
우승
PINK SPIDERS
Heungkuk
19
7
15
11
10

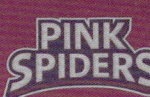

김연경

no. 10 OH
@kimyk10

생년월일	1988.02.26
신장 / 체중	192cm / 72kg
스탠딩 리치	250cm
서전트 점프	40cm
연봉	7억7천5백
출신교	안산서초등학교-원곡중학교-수원한일전산여자고등학교
드래프트순위	2005~2006 1라운드 1순위
이적사항	흥국생명(2005~2009)-JT 마블러스(2009~2011)
	페네르바흐체(2011~2017)-상하이 브라이트 유베스트(2017~2018)
	엑자시바시 비트라(2018~2020)-흥국생명(2020~2021)
	상하이 브라이트 유베스트 (2021~2022) -흥국생명(2022~)

SCOUTING REPORT

'배구여제' 타이틀에 걸맞은 활약을 펼쳤다. 지난시즌 공격종합(45.76%) 1위에 올랐고 전체 6라운드 중 4차례 라운드 MVP를 수상했다. 올스타전 MVP, 정규리그 MVP도 싹쓸이했다. 부족한 건 챔피언결정전 최종 5차전 승리 단 하나였다. 때문에 한국도로공사 캣벨에게 챔프전 MVP를 내줘야 했다.

심각하게 이적을 고민하기도 했지만 결국 흥국생명 분홍 유니폼을 그대로 입기로 했다. 절친 김수지의 합류는 김연경의 마음에도 큰 안정을 줄 전망. 비 시즌 동안에도 대표팀 어드바이저에 IOC 선수위원, 해설위원 도전 등으로 눈코 뜰 새 없는 시간을 보냈다. 특히 선수위원 면접을 준비하며 직장인들의 위대함을 깨달았다고 한다. 이밖에 재단 설립도 추진 중이다. 물론 팬들이 가장 원하는 모습은 코트 위의 김연경이라는 걸 스스로도 잘 알고 있을 테다. 김연경은 현명하다.

국내 복귀 후 두 차례나 챔프전에서 미끄러진 만큼 어느 때보다 통합우승이 절실하다. 1년 계약을 한 만큼 시즌 뒤 거취도 벌써부터 관심을 모은다. 정말 마지막일지도 모른다.

RECORD

• 공격 •

경기수	세트수	공격 시도	공격 성공	범실	상대블럭	성공률	점유율
34	129	1333	610	76	31	45.80%	26.30%

• 피 블로킹 •

성명	상대팀명	블로킹 시도	블로킹 성공	성공률
정대영	한국도로공사	14	3	21.43%
배유나	한국도로공사	40	3	7.50%
이소영	KGC인삼공사	9	2	22.22%
최정민	IBK기업은행	16	2	12.50%
최가은	페퍼저축은행	17	2	11.76%

• 블로킹 •

경기수	세트수	블로킹 시도	블로킹 성공	유효 블로킹	범실	실패	세트당개수	점유율
34	129	264	39	101	7	64	0.302	10.90%

• 서브 •

경기수	세트수	서브 시도	서브 성공	범실	세트당개수	점유율
34	129	493	20	39	0.2	15.50%

• 세트 •

공격종합			오픈			속공		
시도	성공	성공률	시도	성공	성공률	시도	성공	성공률
177	52	29.4	136	39	28.7	0	0	0.00%

퀵오픈			시간차			이동			후위		
시도	성공	성공률	시도	성공	성공률	시도	성공	성공률	시도	성공	성공률
1	1	100	0	0	0.00%	0	0	0.00%	40	12	30

• 리시브 •

경기수	세트수	리시브 시도	리시브 정확	리시브 실패	효율	점유율
34	129	500	253	19	46.80%	18.91%

• 디그 •

경기수	세트수	디그 성공	디그 실패	디그 범실	효율	점유율
34	129	479	71	0	3.713	15.60%

김미연

no. 19 OH
@_myeoni_is_free

생년월일	1993.03.05
신장 / 체중	177cm / 65kg
스텐딩 리치	228cm
서전트 점프	55cm
연봉	1억 9천
출신교	신탄진초등학교-신탄중앙중학교-용산고등학교
드래프트순위	2011~2012 3라운드 3순위
이적사항	한국도로공사(2012~2016)-IBK기업은행(2016~2018) 흥국생명(2021~)

올시즌 우승히!

SCOUTING REPORT

새 시즌에도 흥국생명의 캡틴을 맡는다. 배구 IQ가 좋다는 평가를 받는 대표적인 선수. 아시아쿼터로 영입된 레이나와 포지션 경쟁이 예상되지만 아직까진 앞서 있다는 평가를 받는다. 컬러가 다른 두 선수가 공존할수록 흥국생명은 날개를 단다. 김미연 스스로도 "선의의 경쟁이 이뤄지지 않을까 기대한다"고 말했다.

아본단자 감독의 주문도 다양하다. "리시브에서는 발이 먼저 움직여라" 뿐만 아니라 "블로킹도 적극적으로 하라"는 이야기를 많이 듣는다고 한다. 그동안 블로킹 범실 최소화에만 급급했던 김미연을 일깨우는 주문이다.

최근 4시즌 연속 서브 부문 톱5에 이름을 올렸던 김미연이 새 사용구(미카사)로도 날카로운 서브를 구사할 수 있을지 관심이 쏠린다. 김미연은 "원래는 짧은 직선 코스를 잘 때리고 대각 코스에 어려움이 있었는데 미카사는 반대로 직선 코스가 어렵다. 지난 시즌(세트 당 0.24개) 좋은 서브 기록을 남기는 게 목표인 만큼 좀 더 적응이 필요하다"고 설명했다.

RECORD

• 공격 •

경기수	세트수	공격 시도	공격 성공	범실	상대블럭	성공률	점유율
33	110	755	265	32	47	35.10%	14.90%

• 피 블로킹 •

성명	상대팀명	블로킹 시도	블로킹 성공	성공률
정대영	한국도로공사	18	6	33.33%
이윤정	한국도로공사	14	5	35.71%
한수지	GS칼텍스	15	4	26.67%
정호영	KGC인삼공사	16	4	25.00%
이다현	현대건설	18	4	22.22%

• 블로킹 •

경기수	세트수	블로킹 시도	블로킹 성공	유효 블로킹	범실	실패	세트당개수	점유율
33	110	174	17	71	1	54	0.155	7.20%

• 서브 •

경기수	세트수	서브 시도	서브 성공	범실	세트당개수	점유율
33	110	436	26	37	0.2	13.70%

• 세트 •

공격종합			오픈			속공		
시도	성공	성공률	시도	성공	성공률	시도	성공	성공률
77	23	29.9	62	21	33.9	0	0	0.00%

퀵오픈			시간차			이동			후위		
시도	성공	성공률	시도	성공	성공률	시도	성공	성공률	시도	성공	성공률
0	0	0.00%	0	0	0.00%	0	0	0.00%	15	2	13.3

• 리시브 •

경기수	세트수	리시브 시도	리시브 정확	리시브 실패	효율	점유율
33	110	836	296	35	31.22%	31.62%

• 디그 •

경기수	세트수	디그 성공	디그 실패	디그 범실	효율	점유율
33	110	360	64	0	3.273	12.03%

옐레나

no. 13 OP
@mladjenovicjelena_13

생년월일	1997.05.30
신장 / 체중	196cm / 88kg
스텐딩 리치	251cm
서전트 점프	50cm
연봉	30만$
출생(국가)	보스니아
드래프트순위	2023 외국인선수 3순위(재계약)
풀네임	JELENA MLADJENOVIC

Good Luck! Fighting!

SCOUTING REPORT

여자부 7개 구단 중 유일하게 재계약에 성공했다. 어느덧 국내에서 세 번째 시즌을 맞이한다. 스스로도 "전체적으로 봤을 때 V리그 첫 번째 시즌보다 확실히 성장했다고 느낀다"고 말한다. 옐레나는 지난시즌 공격종합(42.79%) 4위, 서브(세트 당 0.25개) 2위를 했다.

그런 옐레나에게도 지난시즌 챔피언결정전은 배구인생에서 잊지 못할 경기였다. 옐레나는 여전히 아쉬움이 묻어나는 표정으로 "굉장히 큰 경험이었다. 특히 마지막 5차전은 어떻게 싸워야 하는지를 다시 배운 경기였다"고 말했다. 이어 "올해는 반드시 그 목표(통합우승)를 이루겠다"고 의지를 불태웠다.

새 시즌 V리그에 도입되는 아시아쿼터는 기존 외국인 선수에게도 새로운 도전 과제다. 옐레나는 "한국 선수들이 익숙해진 것도 사실인데 아시아쿼터로 새로운 선수들이 들어오면서 당장 그들의 플레이스타일을 파악하는 것이 중요할 것 같다. 도전적인 시즌이 될 것"이라고 말했다. 아본단자 감독의 지도 스타일에 대해서는 "크레이지 이탈리안"이란 말로 답변을 대신했다.

RECORD

• 공격 •

경기수	세트수	공격 시도	공격 성공	범실	상대블럭	성공률	점유율
36	135	1685	721	81	142	42.80%	33.20%

• 피 블로킹 •

성명	상대팀명	블로킹 시도	블로킹 성공	성공률
배유나	한국도로공사	44	17	38.64%
최정민	IBK기업은행	25	10	40.00%
김수지	IBK기업은행	44	10	22.73%
정대영	한국도로공사	27	8	29.63%
양효진	현대건설	30	7	23.33%

• 블로킹 •

경기수	세트수	블로킹 시도	블로킹 성공	유효 블로킹	범실	실패	세트당개수	점유율
36	135	412	66	150	2	123	0.489	16.90%

• 서브 •

경기수	세트수	서브 시도	서브 성공	범실	세트당개수	점유율
36	135	520	34	66	0.3	16.40%

• 세트 •

공격종합			오픈			속공		
시도	성공	성공률	시도	성공	성공률	시도	성공	성공률
90	23	25.6	82	22	26.8	0	0	0.00%

퀵오픈			시간차			이동			후위		
시도	성공	성공률	시도	성공	성공률	시도	성공	성공률	시도	성공	성공률
1	0	0	0	0	0.00%	0	0	0.00%	7	1	14.3

• 리시브 •

경기수	세트수	리시브 시도	리시브 정확	리시브 실패	효율	점유율
36	135	2	0	1	0.00%	0.08%

• 디그 •

경기수	세트수	디그 성공	디그 실패	디그 범실	효율	점유율
36	135	2	0	1	0.00%	0.08%

김수지

no. 11 MB
@suji6620

생년월일	1987.06.20
신장 / 체중	188cm / 68kg
스텐딩 리치	240cm
서전트 점프	45cm
연봉	3억1천
출신교	안산서초등학교-원곡중학교-수원한일전산여자고등학교-강남대학교
드래프트순위	2005~2006 1라운드 3순위
이적사항	현대건설(2005~2014)-흥국생명(2014~2017) IBK기업은행(2017~2023)-흥국생명(2023~)

23-24 시즌 화이팅!!

SCOUTING REPORT

6시즌 만에 다시 흥국생명 유니폼을 입었다. FA 이적은 김수지 자신에게도 적지 않은 충격을 줬다. 김수지는 "오랜만에 왔지만 친정팀이어서 그런지 크게 어색한 건 없다"고 복귀 소감을 밝혔다.

달라진 게 있다면 '맏언니' 타이틀을 내려놓을 수 있게 됐단 것. 선배 김해란에 절친 김연경까지 있다보니 마음은 편안하다. 하지만 좋은 성적을 내야 한다는 부담만큼은 적지 않다. 물론 김수지는 언제든 제 역할을 잘 해내는 선수다. IBK기업은행 시절에도 팀은 주춤했지만, 김수지의 기록은 늘 우상향 그래프를 그렸다. 지난시즌에는 블로킹에서 커리어 하이(세트당 0.693개)를 기록했다. 절친 김연경과 달리 3년 계약을 맺었다. V리그 최고참 정대영의 활약은 김수지를 비롯한 베테랑들에게도 좋은 자극이 되고 있다.

아본단자 감독을 처음 만난 날 "우승하러 왔지?"라는 질문을 받았다. 물론 답은 '그렇다'다. 김수지는 "우승하러 왔고 우승하고 싶다"고 새 시즌 목표를 밝혔다. 올 시즌 블로킹 64개를 더하면 양효진, 정대영에 이어 세 번째로 1000블로킹 고지를 넘는다.

RECORD

• 공격 •

경기수	세트수	공격 시도	공격 성공	범실	상대블럭	성공률	점유율
36	137	483	182	29	10	37.70%	8.90%

• 피 블로킹 •

성명	상대팀명	블로킹 시도	블로킹 성공	성공률
황민경	현대건설	2	2	100.00%
엘리자벳	KGC인삼공사	1	1	100.00%
박은서	페퍼저축은행	2	1	50.00%
김다은	흥국생명	2	1	50.00%
김연경	흥국생명	4	1	25.00%

• 블로킹 •

경기수	세트수	블로킹 시도	블로킹 성공	유효 블로킹	범실	실패	세트당개수	점유율
36	137	638	95	261	4	165	0.693	25.00%

• 서브 •

경기수	세트수	서브 시도	서브 성공	범실	세트당개수	점유율
36	137	504	26	42	0.2	16.70%

• 세트 •

공격종합			오픈			속공		
시도	성공	성공률	시도	성공	성공률	시도	성공	성공률
116	31	26.7	102	30	29.4	0	0	0.00%

퀵오픈			시간차			이동			후위		
시도	성공	성공률	시도	성공	성공률	시도	성공	성공률	시도	성공	성공률
1	0	0	0	0	0.00%	0	0	0.00%	13	1	7.7

• 리시브 •

경기수	세트수	리시브 시도	리시브 정확	리시브 실패	효율	점유율
36	137	19	6	0	31.58%	0.67%

• 디그 •

경기수	세트수	디그 성공	디그 실패	디그 범실	효율	점유율
36	137	184	18	1	1.343	5.35%

이주아

no. 04 MB
@juah_0821

생년월일	2000.08.21	신장 / 체중	185cm / 73kg	
스탠딩 리치	241cm	서전트 점프	50cm	연봉 1억5천5백
출신교	반포초등학교-원일중학교-원곡고등학교			
드래프트순위	2018~2019 1라운드 1순위			
이적사항				

부상없이 우승가자!!

SCOUTING REPORT

국가대표 주전으로 거듭났다. 이른바 차세대 미들블로커 4총사(이주아, 박은진, 정호영, 이다현) 중에서도 가장 꾸준히 출전 기회를 얻었다. 지난시즌 팀에서도 커리어하이를 기록했다. 300득점에서 5점 모자란 295점을 기록했다. 공격효율도 35.36%로 역대 최고다.

비시즌 동안 사실상 진천선수촌에서 생활하다보니 팀 훈련을 따라가는데 어려움이 있다. 국가대표라는 누구나 극복해야 할 관문이다. 아본단자 감독이 올 시즌 이주아에게 강조하는 건 블로킹. 지난시즌 블로킹은 세트 당 0.609개로 준수했지만 직전 시즌(세트 당 0.723개)에 비하면 아쉬움이 남는 수치다. 때문에 손을 밀어 넣는 위치부터 상대 세터를 읽는 능력까지 하나하나 꼼꼼하게 훈련하고 있다. 국제무대에서 세계적인 공격수들을 상대한 경험도 분명 도움이 될 터.

올 시즌 각광 받는 FA 중 하나다. 벌써부터 타 구단에서 관심이 있다는 소문이 떠돈다. 최근 짬을 내 운전면허를 땄다고 한다. 높은 계약금으로 그럴싸한 '마이 카'를 산다면 이보다 최상의 시나리오는 없다.

RECORD

• 공격 •

경기수	세트수	공격 시도	공격 성공	범실	상대블럭	성공률	점유율
35	133	461	198	15	20	43.00%	9.10%

• 피 블로킹 •

성명	상대팀명	블로킹 시도	블로킹 성공	성공률
이다현	현대건설	9	3	33.33%
한수지	GS칼텍스	11	3	27.27%
양효진	현대건설	6	2	33.33%
이한비	페퍼저축은행	10	2	20.00%
이소영	KGC인삼공사	11	2	18.18%

• 블로킹 •

경기수	세트수	블로킹 시도	블로킹 성공	유효 블로킹	범실	실패	세트당개수	점유율
35	133	601	81	234	7	166	0.609	24.70%

• 서브 •

경기수	세트수	서브 시도	서브 성공	범실	세트당개수	점유율
35	133	399	16	23	0.1	12.60%

• 세트 •

공격종합			오픈			속공		
시도	성공	성공률	시도	성공	성공률	시도	성공	성공률
88	29	33	71	22	31	0	0	0.00%

퀵오픈			시간차			이동			후위		
시도	성공	성공률	시도	성공	성공률	시도	성공	성공률	시도	성공	성공률
1	0	0	0	0	0.00%	0	0	0.00%	16	7	43.8

• 리시브 •

경기수	세트수	리시브 시도	리시브 정확	리시브 실패	효율	점유율
35	133	39	22	3	48.72%	1.48%

• 디그 •

경기수	세트수	디그 성공	디그 실패	디그 범실	효율	점유율
35	133	113	33	1	0.85	4.17%

김다솔

no. 18 S

@_da_sol (비공개)

생년월일	1997.04.14
신장 / 체중	173cm / 63kg
스탠딩 리치	226cm
서전트 점프	49cm
연봉	1억2천
출신교	안산서초등학교-세화여자중학교-세화여자고등학교
드래프트순위	2014~2015 수련선수
이적사항	

SCOUTING REPORT

지난시즌 팀의 제1세터를 맡았다. 후배 세터 박혜진의 이탈로 시즌 초반 사실상 혼자 팀을 이끌어가야 했다. 그나마 시즌 후반 이원정이 합류하면서 한숨을 돌렸다. 좋은 공격수와 함께 한다는 건 세터에겐 기회이지만 반대로 부담이기도 하다. 김다솔은 "초반엔 혼자 해야 한다는 생각에 멘탈적으로 부담이 많았던 건 사실"이라고 설명했다.

사실상 풀타임에 가까운 33경기(114세트)를 소화한 김다솔은 비시즌 동안 체력 강화에 집중하고 있다. 멘탈이 흔들리지 않기 위해선 무엇보다 체력이 뒷받침돼야 한다는 걸 깨달은 결과다. 수련선수 출신인 김다솔은 많은 후배들에게도 귀감이 되고 있다.

새 시즌에도 이원정과 역할을 나눠가질 전망. 김다솔과 이원정은 경기 때마다 선발을 선장, 교체 선수를 부선장이라고 부른다고 한다. "경쟁자라기보단 서로 부담을 나눠지는 존재이기 때문"이라는 설명이다. 물론 두 선수 모두 목표는 선장. 아직까진 다행히도 김다솔의 선장 가능성이 높게 점쳐지고 있다.

RECORD

• 공격 •

경기수	세트수	공격 시도	공격 성공	범실	상대블록	성공률	점유율
33	114	20	4	2	1	20.00%	0.40%

• 블로킹 •

경기수	세트수	블로킹 시도	블로킹 성공	유효 블로킹	범실	실패	세트당개수	점유율
33	114	213	5	109	2	66	0.044	8.80%

• 서브 •

경기수	세트수	서브 시도	서브 성공	범실	세트당개수	점유율
33	114	321	10	29	0.1	10.10%

• 세트 •

공격종합			오픈			속공		
시도	성공	성공률	시도	성공	성공률	시도	성공	성공률
2594	1114	42.9	601	213	35.4	274	111	40.5

퀵오픈			시간차			이동			후위		
시도	성공	성공률	시도	성공	성공률	시도	성공	성공률	시도	성공	성공률
949	401	42.3	256	142	55.5	127	62	48.8	387	185	47.8

• 리시브 •

경기수	세트수	리시브 시도	리시브 정확	리시브 실패	효율	점유율
33	114	5	0	2	0.00%	0.19%

• 디그 •

경기수	세트수	디그 성공	디그 실패	디그 범실	효율	점유율
33	114	304	42	1	2.667	9.84%

• 디그 상대 •

성명	팀명	디그 시도	디그 성공	성공률
엘리자벳	KGC인삼공사	17	11	64.71%
산타나	IBK기업은행	11	10	90.91%
모마	GS칼텍스	7	7	100.00%
김수지	IBK기업은행	7	7	100.00%
박정아	한국도로공사	8	7	87.50%

김해란

no. 05 L
@kim.hae.ran

생년월일	1984.03.16
신장 / 체중	168cm / 60kg
스텐딩 리치	215cm
서전트 점프	45cm
연봉	1억8천
출신교	염포초등학교-마산제일여자중학교-마산제일여자고등학교
드래프트순위	프로출범 등록
이적사항	한국도로공사(2002~2015)-KGC인삼공사(2015~2017) 흥국생명(2017~)

23-24 시즌에는 통합우승!!

SCOUTING REPORT

긴 고민 끝에 은퇴 대신 '1년 더'를 결정했다. 육아, 계약조건, 동기부여 등에 대한 고민이 디그 여왕의 마음을 흔들었다. 어쩌면 김해란에게 필요했던 건 충분한 휴식이었는지도 모른다. 회복 기간을 거쳐 팀에 합류한 김해란은 다시 또 새 시즌을 향해 신발 끈을 조이고 있다.

V리그에서 유일하게 1만 개 이상(1만900개)의 디그를 성공해온 김해란에게도 지난 챔피언결정전은 가혹했다. 김해란은 "주변에서도 다들 우승할 거라고 했고 자신도 있었다. 회복하는 과정에서 몸과 마음이 다 힘들었던 것 같다"고 복기했다. 베테랑 김해란에게 아본단자 감독은 "공과 사를 철저히 구분하는 지도자"다.

수비상 3회 수상 등 커리어에 비해 챔프전 우승(1회)이 적다는 평가를 받는 김해란은 올 시즌 통합우승과 함께 화려한 피날레를 꿈꾼다. 은퇴 가능성을 묻는 질문에 김해란은 "내년이면 정말 은퇴하지 않을까. 나는 늘 마지막이라고 생각하고 뛴다"는 묵직한 답변을 내놨다.

RECORD

• 공격 •

경기수	세트수	공격 시도	공격 성공	범실	상대블럭	성공률	점유율
35	133	1	0	1	0	0.00%	0.00%

• 블로킹 •

경기수	세트수	블로킹 시도	블로킹 성공	유효 블로킹	범실	실패	세트당개수	점유율
35	133	0	0	0	0	0	0	0.00%

• 서브 •

경기수	세트수	서브 시도	서브 성공	범실	세트당개수	점유율
35	133	0	0	0	0	0.00%

• 세트 •

공격종합			오픈			속공		
시도	성공	성공률	시도	성공	성공률	시도	성공	성공률
290	114	39.3	235	86	36.6	0	0	0.00%

퀵오픈			시간차			이동			후위		
시도	성공	성공률	시도	성공	성공률	시도	성공	성공률	시도	성공	성공률
0	0	0.00%	0	0	0.00%	0	0	0.00%	55	28	50.9

• 리시브 •

경기수	세트수	리시브 시도	리시브 정확	리시브 실패	효율	점유율
35	133	634	314	23	45.90%	23.98%

• 디그 •

경기수	세트수	디그 성공	디그 실패	디그 범실	효율	점유율
35	133	746	132	2	5.609	24.96%

• 디그 상대 •

성명	팀명	디그 시도	디그 성공	성공률
이한비	페퍼저축은행	24	19	79.17%
니아 리드	페퍼저축은행	26	19	73.08%
배유나	한국도로공사	20	16	80.00%
정지윤	현대건설	22	16	72.73%
박정아	한국도로공사	20	15	75.00%

김나희

no. 07 MB
@naaa_hi217

생년월일	1989.02.17	신장 / 체중	178cm / 63kg		
스탠딩 리치	237cm	서전트 점프	48cm	연봉	8천5백
출신교	천안쌍용초등학교-서울세화여자중학교-서울중앙여자고등학교-용인대학교				
드래프트순위	2007~2008 1라운드 5순위				
이적사항					

늘 사는 최선을 다하겠습니다

SCOUTING REPORT

미들블로커 김나희는 지난시즌 팀에 '없어선 안 될' 활약을 했다. 시즌 시작부터 끝까지 주전 한 자리를 책임졌다. 정규리그 29경기, 106세트를 소화했다. 김나희가 100세트 이상 출전한 것은 2016~2017시즌 이후 6년 만이다. 그러나 정작 스스로는 "그동안 발전 없이 머무른 시간이 길었다. 밖에선 좋은 평가를 받더라도 스스로는 만족스럽지 않았다"고 아쉬움을 토로했다.

시즌을 앞두고 김나희는 블로킹 훈련에 집중하고 있다. 아본단자 감독은 블로킹 높이가 모자란 건 이해해도 자리를 놓치는 건 용납하지 않는다고 한다. 그만큼 선수들에게 책임감을 강조한다는 의미다. 김나희도 이참에 자신의 약점으로 여겼던 블로킹을 하나부터 열까지 점검하고 있다.

어느덧 흥국생명에서만 17번째 시즌을 앞둔 김나희는 "선발이 아니어도 괜찮다. 한 자리만 책임지고 나오더라도 그저 팀이 필요로 하는 역할을 해내고 싶다"고 새 시즌 목표를 밝혔다. 김나희이기에 흔한 답변이 흔하지 않게 들렸다.

RECORD

• 공격 •

경기수	세트수	공격 시도	공격 성공	범실	상대블럭	성공률	점유율
29	106	152	59	9	9	38.80%	3.00%

• 피 블로킹 •

성명	상대팀명	블로킹 시도	블로킹 성공	성공률
김수지	IBK기업은행	5	2	40.00%
배유나	한국도로공사	2	1	50.00%
황민경	현대건설	2	1	50.00%
김하경	IBK기업은행	2	1	50.00%
이다현	현대건설	2	1	50.00%

• 블로킹 •

경기수	세트수	블로킹 시도	블로킹 성공	유효 블로킹	범실	실패	세트당개수	점유율
29	106	292	16	124	6	98	0.151	12.00%

• 서브 •

경기수	세트수	서브 시도	서브 성공	범실	세트당개수	점유율
29	106	296	3	15	0	9.30%

• 세트 •

공격종합			오픈			속공		
시도	성공	성공률	시도	성공	성공률	시도	성공	성공률
153	56	36.6	134	50	37.3	0	0	0.00%

퀵오픈			시간차			이동			후위		
시도	성공	성공률	시도	성공	성공률	시도	성공	성공률	시도	성공	성공률
3	2	66.7	0	0	0.00%	0	0	0.00%	16	4	25

• 리시브 •

경기수	세트수	리시브 시도	리시브 정확	리시브 실패	효율	점유율
29	106	28	8	2	21.43%	1.06%

• 디그 •

경기수	세트수	디그 성공	디그 실패	디그 범실	효율	점유율
29	106	100	13	0	0.943	3.21%

김다은

no. 01 OH
@_d_e._.1

생년월일	2001.01.25	신장 / 체중	180cm / 67kg
스텐딩 리치	234cm	서전트 점프	50cm	연봉	6천3백

출신교: 중대초등학교-일신여자중학교-일신여자상업고등학교
드래프트순위: 2019~2020 1라운드 6순위
이적사항:

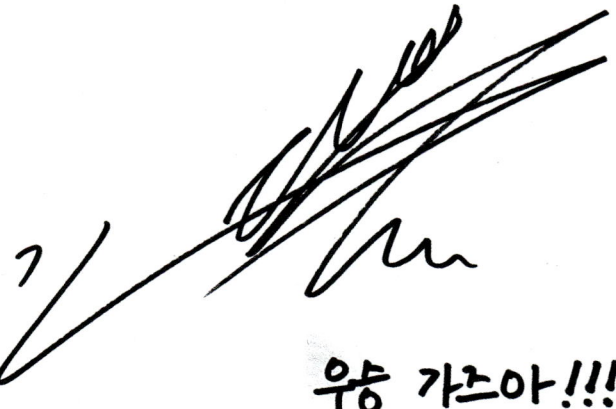

웅 가즈아!!!

SCOUTING REPORT

VNL 전패 속에서도 한국 여자배구 대표팀이 얻은 성과가 있다면 김다은의 재발견. 흥국생명에서도 공격력에서만큼은 인정받았던 김다은은 대표팀에서 기대 이상의 활약을 해냈다. 대표팀에서 강소휘와 함께 팀 내 최다 득점(83점)을 기록했다. 생애 처음으로 성인 대표팀 유니폼을 입으면서 보고, 듣고, 느낀 모든 것이 김다은의 자산이다. 한편으로는 부족함을 깨닫는 계기가 되기도 했다. 특히 튀르키예의 바르가스를 보고는 '와우'란 말 밖에 나오지 않았다고 한다.

소속팀 아본단자 감독은 물론 대표팀 세자르 감독에게도 큰 신뢰를 얻고 있다. 다만 VNL 막판 어깨 통증으로 사실상 한 달 넘게 볼 훈련을 쉬어야 했다. 더구나 대표팀에서는 어포짓 스파이커를 맡으면서 한동안 리시브 훈련도 내려놓았다. 시즌을 앞둔 김다은에게 기대와 걱정이 교차하는 이유다. 리시브 고민을 해결하지 못한다면 기회에서 멀어질 수밖에 없다. 이를 본인도 알고 있듯 김다은은 "안정감 있는 아웃사이드 히터가 되는 것이 목표"라고 말했다.

RECORD

• 공격 •

경기수	세트수	공격 시도	공격 성공	범실	상대블럭	성공률	점유율
35	103	463	157	33	26	33.90%	9.10%

• 피 블로킹 •

성명	상대팀명	블로킹 시도	블로킹 성공	성공률
최정민	IBK기업은행	10	3	30.00%
한수지	GS칼텍스	14	3	21.43%
정호영	KGC인삼공사	2	2	100.00%
한송이	KGC인삼공사	3	2	66.67%
산타나	IBK기업은행	4	2	50.00%

• 블로킹 •

경기수	세트수	블로킹 시도	블로킹 성공	유효 블로킹	범실	실패	세트당개수	점유율
35	103	141	19	53	0	49	0.184	5.80%

• 서브 •

경기수	세트수	서브 시도	서브 성공	범실	세트당개수	점유율
35	103	189	10	26	0.1	6.00%

• 세트 •

공격종합			오픈			속공		
시도	성공	성공률	시도	성공	성공률	시도	성공	성공률
31	10	32.3	25	7	28	0	0	0.00%

퀵오픈			시간차			이동			후위		
시도	성공	성공률	시도	성공	성공률	시도	성공	성공률	시도	성공	성공률
0	0	0.00%	0	0	0.00%	0	0	0.00%	6	3	50

• 리시브 •

경기수	세트수	리시브 시도	리시브 정확	리시브 실패	효율	점유율
35	103	448	186	32	34.38%	16.94%

• 디그 •

경기수	세트수	디그 성공	디그 실패	디그 범실	효율	점유율
35	103	136	19	1	1.32	4.43%

김채연

no. 15 MB
@kim_chae_rong_

생년월일	1999.12.11	신장 / 체중	184cm / 74kg
스텐딩 리치	235cm	서전트 점프	50cm	연봉	8천5백
출신교	아산둔포초등학교-수일여자중학교-수원전산여자고등학교
드래프트순위	2017~2018 1라운드 5순위
이적사항	

Mochi
Chaeyeon
23-24 시즌에는 부상없이!!

SCOUTING REPORT

시즌 전 피로골절 부상을 당했다. 5라운드 들어서야 처음으로 코트를 밟았다. 직전 시즌 활약이 좋았기에 부상이 더 뼈아팠다. 몸만큼이나 마음을 추슬러야 했다. 정신적 스트레스로 두 달 가까이 위염으로 고생했다. 잔치상 대신 죽을 받아야 했던 생일(12월 11일)을 잊지 못하겠다고 한다. 챔피언결정전 막바지 중용되긴 했지만 아무래도 아쉬움이 남는 시즌이다. 7경기, 5득점은 신인왕 출신에게 기대하는 기록이 아니다.

팀 내 미들블로커 경쟁은 더욱 치열해질 전망이다. 김수지, 이주아가 버티는 미들블로커 라인업은 사실상 국가대표급이다. 한 시즌 미뤄진 FA 자격을 얻기 위해선 어느 때보다 활약이 절실하다. 가뜩이나 올 시즌엔 준척급 FA들이 쏟아져 나오는 해다. 블로킹은 물론 서브에서도 아본단자 감독의 '섬세한' 주문이 이어진다고 한다. 서브의 경우 리베로에게 공이 향할 경우 불같이 화를 낸다고 한다. 심지어 기준 속도도 정해놨을 정도다. 김채연은 "비디오 미팅이 굉장히 길다"고 혀를 내두르며 웃었다.

RECORD

• 공격 •

경기수	세트수	공격 시도	공격 성공	범실	상대블럭	성공률	점유율
7	8	9	2	0	0	22.20%	0.20%

• 피 블로킹 •

성명	상대팀명	블로킹 시도	블로킹 성공	성공률
김수지	IBK기업은행	1	0	0.00%
한수지	GS칼텍스	1	0	0.00%
정지윤	현대건설	1	0	0.00%
이다현	현대건설	1	0	0.00%
박은서	페퍼저축은행	2	0	0.00%

• 블로킹 •

경기수	세트수	블로킹 시도	블로킹 성공	유효 블로킹	범실	실패	세트당개수	점유율
7	8	19	3	11	0	4	0.375	0.80%

• 서브 •

경기수	세트수	서브 시도	서브 성공	범실	세트당개수	점유율
7	8	9	0	1	0	0.30%

• 세트 •

공격종합			오픈			속공		
시도	성공	성공률	시도	성공	성공률	시도	성공	성공률
2	1	50	2	1	50	0	0	0.00%

퀵오픈			시간차			이동			후위		
시도	성공	성공률	시도	성공	성공률	시도	성공	성공률	시도	성공	성공률
0	0	0.00%	0	0	0.00%	0	0	0.00%	0	0	0.00%

• 리시브 •

경기수	세트수	리시브 시도	리시브 정확	리시브 실패	효율	점유율
7	8	1	1	0	100.00%	0.04%

• 디그 •

경기수	세트수	디그 성공	디그 실패	디그 범실	효율	점유율
7	8	5	1	0	0.625	0.17%

도수빈 no. 08 L
@_s_been_

생년월일	1998.06.21	신장 / 체중	165cm / 58kg		
스텐딩 리치	213cm	서전트 점프	47cm	연봉	1억3천
출신교	대구삼태초등학교-대구일중학교-대구여자고등학교				
드래프트순위	2016~2017 2라운드 3순위				
이적사항					

올 시즌 최선을 다해서 통합우승까지!

SCOUTING REPORT

억대 연봉(1억3000만 원) 선수에 합류했다. 지난 시즌(8000만 원) 대비 60% 이상 인상됐다. FA시장에서 타 구단의 러브 콜을 받으면서 만족스러운 계약 조건을 이끌어냈다. FA 계약금으론 부모님께 목걸이를 선물했다고 한다.

처음으로 FA 시장에 나섰던 도수빈은 "정말 협상시간이 되자마자 전화가 오더라"며 웃고는 "팀에서 정말 많은 일이 있었다. 지난시즌 놓친 통합우승을 동료들과 함께 이뤄보고 싶은 마음에 잔류를 결정했다"고 설명했다. 물론 높아진 몸값만큼 커진 책임감은 스스로 짊어져야 할 몫이다.

아본단자 감독도 도수빈을 향한 기대에 발놀림, 타이밍, 공을 올리는 각도 하나하나 세세하게 주문한다고 한다. "무딘 편이어서 그런지 미카사 볼 적응에도 큰 어려움이 없다"고 자신감을 드러냈다. 김해란이라는 큰 이름에 가려지긴 했지만 이젠 자신의 이름으로 나서야 할 때다. 도수빈은 "새 시즌에는 출전시간을 많이 늘리고 싶다. 리시브도 수비도 좀 더 효율적인 배구를 하는 것도 목표"라고 강조했다.

RECORD

• 공격 •

경기수	세트수	공격 시도	공격 성공	범실	상대블럭	성공률	점유율
26	53	0	0	0	0	0.00%	0.00%

• 블로킹 •

경기수	세트수	블로킹 시도	블로킹 성공	유효 블로킹	범실	실패	세트당개수	점유율
26	53	0	0	0	0	0	0	0.00%

• 서브 •

경기수	세트수	서브 시도	서브 성공	범실	세트당개수	점유율
26	53	0	0	0	0	0.00%

• 세트 •

공격종합			오픈			속공		
시도	성공	성공률	시도	성공	성공률	시도	성공	성공률
17	4	23.5	14	4	28.6	0	0	0.00%

퀵오픈			시간차			이동			후위		
시도	성공	성공률	시도	성공	성공률	시도	성공	성공률	시도	성공	성공률
0	0	0.00%	0	0	0.00%	0	0	0.00%	3	0	0

• 리시브 •

경기수	세트수	리시브 시도	리시브 정확	리시브 실패	효율	점유율
26	53	90	43	2	45.56%	3.40%

• 디그 •

경기수	세트수	디그 성공	디그 실패	디그 범실	효율	점유율
26	53	55	12	0	1.038	1.90%

• 디그 상대 •

성명	팀명	디그 시도	디그 성공	성공률
황연주	현대건설	4	4	100.00%
정지윤	현대건설	5	4	80.00%
황민경	현대건설	3	3	100.00%
모마	GS칼텍스	2	2	100.00%
몬타뇨	현대건설	4	2	50.00%

박수연 no. 20 L

@o4.17___

생년월일	2003.04.17	신장 / 체중	176cm / 66kg		
스텐딩 리치	230cm	서전트 점프	45cm	연봉	3천8백
출신교	울산덕신초등학교-해람중학교-강릉여자고등학교				
드래프트순위	2021~2022 3라운드 1순위				
이적사항					

올시즌도 화이팅!

SCOUTING REPORT

프로 세 번째 시즌을 맞아 박수연은 리베로로 포지션을 교체했다. 박수연 스스로도 고민을 하고 있던 차에 아본단자 감독이 포지션 변경을 제안하면서 마음을 굳혔다. 큰 아쉬움은 없었다. 새로운 기회가 열린다는 기대가 컸다. 아웃사이드히터로 리시브에 자신 있는 편이긴 했지만 리베로의 경험은 180도 달랐다. 코트를 넓게 바라보는 눈부터 새로 익혀야 했다. 공격수일 때는 리시브가 흔들려도 공격으로 만회를 하면 됐지만 리베로는 만회의 기회가 없다는 생각에 마음이 조급해지기도 한다. 하지만 "코트 위에는 선후배가 따로 없다"는 리베로 선배들의 조언이 도움이 됐다. 박수연은 "최대한 코트 위에서 말도 많이 하고 적극적으로 플레이하면서 조금씩 자신감을 얻고 있다"고 설명했다. 새 시즌 리베로의 박수연의 목표는 단연 안정된 리시브다. 아직까지 새 사용구(미카사)도 손에 익지 않지만 극복해야 할 과정이다. 박수연은 "디그는 아직도 많이 서툴다. 최대한 많이 보완하는 한 시즌을 보내고 싶다"고 목표를 밝혔다.

RECORD

• 공격 •

경기수	세트수	공격 시도	공격 성공	범실	상대블럭	성공률	점유율
27	65	5	2	0	1	40.00%	0.10%

• 블로킹 •

경기수	세트수	블로킹 시도	블로킹 성공	유효 블로킹	범실	실패	세트당개수	점유율
27	65	3	0	2	0	1	0	0.10%

• 서브 •

경기수	세트수	서브 시도	서브 성공	범실	세트당개수	점유율
27	65	123	9	8	0.1	3.90%

• 세트 •

공격종합			오픈			속공		
시도	성공	성공률	시도	성공	성공률	시도	성공	성공률
10	4	40	10	4	40	0	0	0.00%

퀵오픈			시간차			이동			후위		
시도	성공	성공률	시도	성공	성공률	시도	성공	성공률	시도	성공	성공률
0	0	0.00%	0	0	0.00%	0	0	0.00%	0	0	0.00%

• 리시브 •

경기수	세트수	리시브 시도	리시브 정확	리시브 실패	효율	점유율
27	65	18	9	1	44.44%	0.68%

• 디그 •

경기수	세트수	디그 성공	디그 실패	디그 범실	효율	점유율
27	65	16	4	0	0.246	0.57%

• 디그 상대 •

성명	팀명	디그 시도	디그 성공	성공률
최은지	GS칼텍스	1	1	100.00%
최정민	IBK기업은행	1	1	100.00%
한송이	KGC인삼공사	1	1	100.00%
양효진	현대건설	2	1	50.00%
박정아	한국도로공사	1	0	0.00%

박은서 no. 09 S
@__eunjoy__

생년월일	2000.09.04	신장 / 체중	173cm / 58kg		
스텐딩 리치	220cm	서전트 점프	51cm	연봉	4천5백
출신교	파장초등학교-천안봉서중학교-수원전산여자고등학교				
드래프트순위	2018~2019 3라운드 1순위				
이적사항					

23-24 시즌도 좋은 모습 보여드릴게요♥

SCOUTING REPORT

프로 6번째 시즌을 앞둔 세터 박은서는 지난시즌 잊지 못할 시간을 보냈다. 12경기, 21세트 출전은 그리 많은 기록이라 할 수 없지만 그동안 늘 기회가 목말랐던 박은서에겐 하나하나 값진 경험이었다. "코트를 밟을 수 있어서 너무 행복했지만 한편으로는 아직 경험이 부족하다는 걸 깨닫는 계기가 되기도 했다"는 게 박은서의 설명. 그래도 "시즌 후반부로 갈수록 긴장도 덜하고 점점 차분해지게 됐다"고 말할 수 있는 건 코트를 밟은 자만이 쌓을 수 있는 경험치다.

새 시즌 목표는 언제나 그랬듯 "팀에 조금이라도 도움이 되는 선수"가 되는 것. 박은서는 "아직도 나는 배우는 단계. 최대한 많이 보고 배우고 듣겠다"고 새 시즌 각오를 밝혔다. 이루고 싶은 목표가 있다면 아직 한 번도 이루지 못한 서브 특점에 성공하는 것. V리그 통산 총 21차례 서브를 시도한 박은서는 그 중 19개를 지난시즌 기록했다. 스스로에게 하고 싶은 말을 묻자 박은서는 "그동안 정말 잘 버텨온 것 같다"고 말했다.

RECORD

• 공격 •

경기수	세트수	공격 시도	공격 성공	범실	상대블럭	성공률	점유율
12	21	6	2	1	0	33.30%	0.10%

• 블로킹 •

경기수	세트수	블로킹 시도	블로킹 성공	유효 블로킹	범실	실패	세트당개수	점유율
12	21	19	1	8	0	9	0.048	0.80%

• 서브 •

경기수	세트수	서브 시도	서브 성공	범실	세트당개수	점유율
12	21	19	0	3	0	0.60%

• 세트 •

공격종합			오픈			속공		
시도	성공	성공률	시도	성공	성공률	시도	성공	성공률
180	70	38.9	50	15	30	12	6	50

퀵오픈			시간차			이동			후위		
시도	성공	성공률	시도	성공	성공률	시도	성공	성공률	시도	성공	성공률
79	37	46.8	4	1	25	6	2	33.3	29	9	31

• 리시브 •

경기수	세트수	리시브 시도	리시브 정확	리시브 실패	효율	점유율
12	21	0	0	0	0.00%	0.00%

• 디그 •

경기수	세트수	디그 성공	디그 실패	디그 범실	효율	점유율
12	21	20	7	0	0.952	0.77%

• 디그 상대 •

성명	팀명	디그 시도	디그 성공	성공률
캣벨	한국도로공사	2	2	100.00%
박정아	한국도로공사	3	2	66.67%
정시영	현대건설	1	1	100.00%
정대영	한국도로공사	1	1	100.00%
양효진	현대건설	1	1	100.00%

박현주

no. 14 OP

@juuu._.625

생년월일	2001.06.25
신장 / 체중	176cm / 63kg
스탠딩 리치	228cm
서전트 점프	50cm
연봉	5천3백
출신교	반포초등학교-세화여자중학교-중앙여자고등학교
드래프트순위	2019~2020 2라운드 1순위
이적사항	

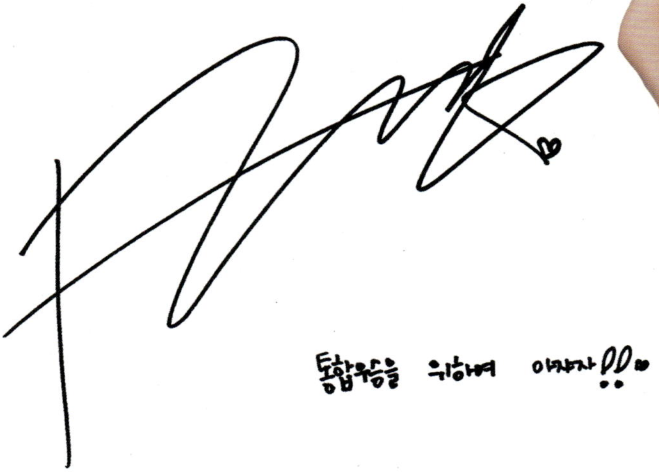

통합우승을 위하여 아자자!!

SCOUTING REPORT

박현주는 올 시즌 등번호 12번을 쓴다. 지난시즌 달았던 11번은 FA 이적생 김수지에게 양보했다. 분위기 전환과 함께 새로운 도약의 계기가 되길 꿈꾼다. 컵 대회 때 팀의 주전으로 나섰다. 정작 경기 내용보다는 '박현주의 눈물'이 더 이슈가 됐다. "압박감이 많았다"는 박현주의 설명이다.

2019~2020시즌 최초의 2라운드 신인왕이라는 새 역사를 썼지만 이후 마냥 기대만큼 성장하지 못했다. 지난시즌 16경기 출전, 31득점은 팬들이 바라는 박현주의 기록이 아니다. 시즌을 앞두고는 자신의 약점으로 꼽는 블로킹 훈련에 집중했다. 올 시즌 박현주가 꿈꾸는 장면은 원 블록.

새 시즌 포지션 경쟁은 더욱 치열해질 전망이다. 특히 아시아쿼터로 레이나까지 새로 합류하면서 아웃사이드 히터들은 제한된 기회 속에서 최대한의 역량을 발휘해야 한다. 박현주의 필살기인 서브만큼이나 강한 무언가가 필요한 때다. 동생 남자부 KB손해보험 센터 박현빈과 배구 이야기도 자주 나누는 편. 센터 입장에서 바라는 공격수의 움직임 등 많은 공부가 된다고 한다.

RECORD

• 공격 •

경기수	세트수	공격 시도	공격 성공	범실	상대블럭	성공률	점유율
16	33	71	25	5	1	35.20%	1.40%

• 피 블로킹 •

성명	상대팀명	블로킹 시도	블로킹 성공	성공률
야스민	현대건설	3	1	33.33%
김사랑	현대건설	1	0	0.00%
몬타뇨	현대건설	1	0	0.00%
박정아	한국도로공사	1	0	0.00%
정시영	현대건설	1	0	0.00%

• 블로킹 •

경기수	세트수	블로킹 시도	블로킹 성공	유효 블로킹	범실	실패	세트당개수	점유율
16	33	18	2	7	0	6	0.061	0.70%

• 서브 •

경기수	세트수	서브 시도	서브 성공	범실	세트당개수	점유율
16	33	47	4	13	0.1	1.50%

• 세트 •

공격종합			오픈			속공		
시도	성공	성공률	시도	성공	성공률	시도	성공	성공률
6	0	0	5	0	0	0	0	0.00%

퀵오픈			시간차			이동			후위		
시도	성공	성공률	시도	성공	성공률	시도	성공	성공률	시도	성공	성공률
0	0	0.00%	0	0	0.00%	0	0	0.00%	1	0	0

• 리시브 •

경기수	세트수	리시브 시도	리시브 정확	리시브 실패	효율	점유율
16	33	7	0	0	0.00%	0.26%

• 디그 •

경기수	세트수	디그 성공	디그 실패	디그 범실	효율	점유율
16	33	25	0	0	0.758	0.71%

박혜진 no. 03 S

@park_hey._.3

생년월일	2002.04.15
신장 / 체중	177cm / 60kg
스텐딩 리치	238cm
서전트 점프	46cm
연봉	5천5백
출신교	안산서초등학교-경해여자중학교-선명여자고등학교
드래프트순위	2020~2021 1라운드 5순위
이적사항	

통합우승 가보자고~~!

SCOUTING REPORT

개막을 앞두고 오른쪽 무릎 연골 수술로 시즌 아웃됐다. 주전 세터로 중용될 예정이었기에 더욱 부상이 뼈아팠다. 수술 후 3,4개월을 집에서 쉬었다. 선수 생활을 하며 처음으로 수술대에 올랐기에 충격도 컸다. 박혜진은 "많이 울기도 울었는데 옆에서 가족이 큰 위로가 됐다"고 말했다. 재활 기간 동안 반려견(누리)을 키우며 마음의 안정을 얻었다고 한다.

아직까지 몸 상태가 완벽하진 않다. 올 3월 팀에 합류한 박혜진은 서서히 페이스를 끌어올리고 있다. 무릎을 쓰지 않으려다 다른 부위에 무리가 갈 수 있는 만큼 조급해하지 않는 것이 중요하다. 지금 박혜진에게 가장 중요한 건 재발 방지다. 재활의 터널 끝을 향해 달려가는 박혜진의 좌우명은 '일어나지 않은 일을 두려워하지 말자'다. 새 시즌 목표로는 "부상 없이 한 시즌을 마무리하는 것"이라고 말했다. 높이에서 강점이 있는 박혜진은 흥국생명의 오랜 고민을 덜 수 있는 세터다. 시즌 중후반 무렵 복귀할 전망이다.

RECORD

• 공격 •

경기수	세트수	공격 시도	공격 성공	범실	상대블럭	성공률	점유율
0	0	0	0	0	0	0.00%	0.00%

• 블로킹 •

경기수	세트수	블로킹 시도	블로킹 성공	유효 블로킹	범실	실패	세트당개수	점유율
0	0	0	0	0	0	0	0	0.00%

• 서브 •

경기수	세트수	서브 시도	서브 성공	범실	세트당개수	점유율
0	0	0	0	0	0	0.00%

• 세트 •

	공격종합			오픈			속공		
시도	성공	성공률	시도	성공	성공률	시도	성공	성공률	

	퀵오픈			시간차			이동		후위		
시도	성공	성공률	시도	성공	성공률	시도	성공	성공률	시도	성공	성공률

• 리시브 •

경기수	세트수	리시브 시도	리시브 정확	리시브 실패	효율	점유율
0	0	0	0	0	0.00%	0.00%

• 디그 •

경기수	세트수	디그 성공	디그 실패	디그 범실	효율	점유율
0	0	0	0	0	0	0.00%

• 디그 상대 •

성명	팀명	디그 시도	디그 성공	성공률

변지수

no. 06 MB
@ji_chuuu_

생년월일	1997.03.01
신장 / 체중	180cm / 69kg
스탠딩 리치	236cm
서전트 점프	44cm
연봉	6천3백
출신교	평거초등학교-경해여자중학교-선명여자고등학교-수원대학교
드래프트순위	2015~2016 1라운드 6순위
이적사항	IBK기업은행(2015~2020)-수원시청(2020~2021) 흥국생명(2021~)

23-24 시즌 통합우승 가자!

SCOUTING REPORT

흥국생명의 웜업존을 이야기할 때 빼놓을 수 없는 선수. 코트 밖에선 응원단장, 안에선 활력소 역할을 자처한다. 유독 TV 중계화면에도 자주 잡히는 편이다.

3라운드까진 사실상 코트를 밟지 못했지만 4라운드 이후 선발로 꾸준히 기회를 얻었다. 그 덕에 개인 최다인 37세트 출전 기록을 남겼다. "통합우승을 놓친 건 아쉽지만 그래도 정규리그 우승에 힘을 보태 뿌듯하다"고 지난시즌을 돌아봤다.

베테랑 김수지의 합류로 흥국생명의 미들블로커 경쟁은 더욱 치열해질 전망이다. 가뜩이나 유망주들이 많은 자리다. 자칫 출전 기회가 줄어들 가능성도 높다. 하지만 변지수는 "같은 포지션의 선수가 늘어난다고 해서 준비가 달라질 건 없다. 코트에 몇 번을 들어가도 늘 임팩트 있는 활약을 하는 선수가 되고 싶다"고 말했다. 미들블로커로서 키(180㎝)가 크지 않은 변지수는 자신의 생존방식으로 안정성을 꼽았다. 코트 위에서 업 다운을 최소화하는 것은 물론 범실도 최대한 줄이겠다는 의미다.

RECORD

• 공격 •

경기수	세트수	공격 시도	공격 성공	범실	상대블럭	성공률	점유율
13	37	41	12	5	2	29.30%	0.80%

• 피 블로킹 •

성명	상대팀명	블로킹 시도	블로킹 성공	성공률
한수지	GS칼텍스	1	1	100.00%
최가은	페퍼저축은행	3	1	33.33%
정호영	KGC인삼공사	1	0	0.00%
최정민	IBK기업은행	1	0	0.00%
오세연	GS칼텍스	1	0	0.00%

• 블로킹 •

경기수	세트수	블로킹 시도	블로킹 성공	유효 블로킹	범실	실패	세트당개수	점유율
13	37	103	10	47	0	35	0.27	4.20%

• 서브 •

경기수	세트수	서브 시도	서브 성공	범실	세트당개수	점유율
13	37	107	4	2	0.1	3.40%

• 세트 •

공격종합			오픈			속공		
시도	성공	성공률	시도	성공	성공률	시도	성공	성공률
17	5	29.4	14	4	28.6	0	0	0.00%

퀵오픈			시간차			이동			후위		
시도	성공	성공률	시도	성공	성공률	시도	성공	성공률	시도	성공	성공률
0	0	0.00%	0	0	0.00%	0	0	0.00%	3	1	33.3

• 리시브 •

경기수	세트수	리시브 시도	리시브 정확	리시브 실패	효율	점유율
13	37	8	4	0	50.00%	0.30%

• 디그 •

경기수	세트수	디그 성공	디그 실패	디그 범실	효율	점유율
13	37	35	7	0	0.946	1.19%

이원정 no. 23 S
@lwj_01.12

생년월일	2000.01.12
신장 / 체중	176cm / 71kg
스텐딩 리치	229cm
서전트 점프	49cm
연봉	1억
출신교	대구삼덕초등학교-경해여자중학교-선명여자고등학교
드래프트순위	2017~2018 1라운드 2순위
이적사항	한국도로공사(2017~2020)-GS칼텍스(2020~2022)-흥국생명(2022~)

부상 없이 이번시즌도 화이팅!!

SCOUTING REPORT

지난시즌 챔피언결정전은 이원정의 투혼이 빛난 무대였다. 최종 5차전까지 이어진 혈투 속 차마 떨어지지 않는 발을 이끌어가며 혼신의 토스를 했다. 이원정의 배구 인생에 있어서도 역대급 승부였다. 경기 마다 스스로에게 '마지막 기회'라고 주문을 외웠다고 한다. 결과는 아쉽지만 이원정은 "그래도 배구를 보는 눈이 다시 한 번 더 트인 것 같다"고 의미 부여했다. 물론 올 시즌에도 기회는 꾸준히 주어질 것이다. 이원정은 "감독님의 주문이 너무 많아서 때론 버거울 때도 있다. 진짜 '뇌 정지' 올 정도"라고 말했다.

올 시즌 뒤 FA 자격을 얻는다. 지난시즌 중반 트레이드 되면서 어느새 유니폼도 세 번째다. 잦은 트레이드는 발전의 가능성을 의미하기도 하지만 반대로 뿌리내리지 못했음을 의미하기도 한다. 더 이상 이원정에게 기대주, 잠재력 등의 수식어는 어울리지 않는다. 이제는 실력으로 증명해야 할 때다. 철저한 몸 관리 또한 프로의 덕목이라는 걸 잊지 않아야 한다.

RECORD

• 공격 •

경기수	세트수	공격 시도	공격 성공	범실	상대블럭	성공률	점유율
15	52	19	6	1	0	31.60%	0.40%

• 블로킹 •

경기수	세트수	블로킹 시도	블로킹 성공	유효 블로킹	범실	실패	세트당개수	점유율
15	52	121	17	49	3	30	0.327	5.00%

• 서브 •

경기수	세트수	서브 시도	서브 성공	범실	세트당개수	점유율
15	52	137	2	10	0	4.30%

• 세트 •

공격종합			오픈			속공		
시도	성공	성공률	시도	성공	성공률	시도	성공	성공률
1118	475	42.5	301	113	37.5	93	37	39.8

퀵오픈			시간차			이동			후위		
시도	성공	성공률	시도	성공	성공률	시도	성공	성공률	시도	성공	성공률
450	193	42.9	85	52	61.2	43	19	44.2	146	61	41.8

• 리시브 •

경기수	세트수	리시브 시도	리시브 정확	리시브 실패	효율	점유율
15	52	2	0	0	0.00%	0.08%

• 디그 •

경기수	세트수	디그 성공	디그 실패	디그 범실	효율	점유율
15	52	133	22	1	2.558	4.43%

• 디그 상대 •

성명	팀명	디그 시도	디그 성공	성공률
니아 리드	페퍼저축은행	16	14	87.50%
엘리자벳	KGC인삼공사	11	9	81.82%
정호영	KGC인삼공사	7	7	100.00%
모마	GS칼텍스	6	5	83.33%
배유나	한국도로공사	4	4	100.00%

정윤주 no. 12 OH

@19_belita_joo

생년월일	2003.04.14
신장 / 체중	176cm / 62kg
스탠딩 리치	230cm
서전트 점프	54cm
연봉	5천2백
출신교	대구신당초등학교-대구일중학교-대구여자고등학교
드래프트순위	2021~2022 2라운드 3순위
이적사항	

올 시즌도 부상없이 통합우승 가보자구~!!

SCOUTING REPORT

정윤주는 지난시즌 '2년차 징크스'를 겪었다. 출전 경기도 첫 시즌 30경기에서 18경기로 줄었고, 같은 기간 득점도 203점에서 12점으로 급감했다. 데뷔시즌 활약이 빛났기에 어쩌면 필연적으로 거칠 수밖에 없는 과정이다. 정윤주는 "신인 때는 서브도 겁 없이 때렸는데 2년차 때는 겁부터 났던 것 같다. 보여주고 싶은 것이 많았는데 정체기를 겪었던 것이 아쉽다"고 지난시즌을 복기했다.

세 번째 시즌을 앞둔 정윤주는 처음부터 다시 다져나가고 있다. 정윤주는 "원래부터 부족했던 리시브를 가장 중요하게 생각하고 있다"고 설명했다. 아본단자 감독이 강조하는 후위공격도 스텝부터 하나하나 다시 익히고 있다. 아본단자 감독은 이밖에도 6대 6 플레이 대신 4대 4 플레이를 선수들이 다양한 상황에서 보다 다양한 플레이를 할 수 있도록 유도하고 있다. 정윤주는 "거창한 계획을 세우기보단 일단 최대한 코트를 많이 밟는 게 목표다. 올해는 최대한 연습한 것들을 많이 보여주고 싶다"고 말했다.

RECORD

• 공격 •

경기수	세트수	공격 시도	공격 성공	범실	상대블럭	성공률	점유율
18	26	36	10	5	4	27.80%	0.70%

• 피 블로킹 •

성명	상대팀명	블로킹 시도	블로킹 성공	성공률
이다현	현대건설	5	2	40.00%
최가은	페퍼저축은행	3	1	33.33%
정대영	한국도로공사	3	1	33.33%
염혜선	KGC인삼공사	1	0	0.00%
황민경	현대건설	1	0	0.00%

• 블로킹 •

경기수	세트수	블로킹 시도	블로킹 성공	유효 블로킹	범실	실패	세트당개수	점유율
18	26	5	0	1	0	3	0	0.20%

• 서브 •

경기수	세트수	서브 시도	서브 성공	범실	세트당개수	점유율
18	26	23	2	7	0.1	0.70%

• 세트 •

공격종합			오픈			속공		
시도	성공	성공률	시도	성공	성공률	시도	성공	성공률
3	1	33.3	2	1	50	0	0	0.00%

퀵오픈			시간차			이동			후위		
시도	성공	성공률	시도	성공	성공률	시도	성공	성공률	시도	성공	성공률
0	0	0.00%	0	0	0.00%	0	0	0.00%	1	0	0

• 리시브 •

경기수	세트수	리시브 시도	리시브 정확	리시브 실패	효율	점유율
18	26	16	6	3	18.75%	0.61%

• 디그 •

경기수	세트수	디그 성공	디그 실패	디그 범실	효율	점유율
18	26	14	2	0	0.538	0.45%

레이나 no. 17 OP

생년월일	1999.04.28	신장 / 체중	177cm / 75kg	
스텐딩 리치	232cm	서전트 점프	63cm	연봉 10만$
출생(국가)	일본			
드래프트순위	2023 아시아쿼터 7순위			
풀네임	REINA TOKOKU			

みんなの為に頑張ります!!
응원 잘 부탁드립니다♡

SCOUTING REPORT

흥국생명의 첫 아시아쿼터 지명 선수. 가나인 아버지와 일본인 어머니 사이에서 태어났다. 포지션은 아웃사이드 히터와 어포짓 스파이커 둘 다 가능하다. 개인적으로는 어포짓 쪽에서 좀 더 편안함을 느낀다. 보다 스피드를 살릴 수 있는 편이라고 한다. 아본단자 감독은 경우에 따라 레이나를 리시빙 라이트(어포짓)로 활용 가능성도 고민하고 있다.

V리그에 오기 전 레이나는 핀란드 무대에서도 뛰었다. 핀란드 컵 대회에서 베스트 어포짓에 선정되기도 했다. 핀란드 리그는 유럽 최정상급 수준은 아니었지만 "키가 큰 선수들을 상대로 공격할 수 있는 기술을 익혔다"는 게 레이나의 설명이다. 다른 점을 묻자 "핀란드에 갔을 때는 외국인 감독님이 무리해서 훈련을 시키지 않았는데 흥국생명에선 외국인 감독(아본단자)이 오히려 될 때까지 하게 한다"며 웃었다.

남자부 OK금융그룹의 아보 키요시 수석코치와는 과거 일본 연령별 대표팀에서 함께한 인연이 있다. 레이나의 목표는 "팬 여러분께 나의 모든 것을 보여주면서 반드시 우승에 공헌하는 것"이다.

RECORD

· 공격 ·

경기수	세트수	공격 시도	공격 성공	범실	상대블럭	성공률	점유율

· 피 블로킹 ·

성명	상대팀명	블로킹 시도	블로킹 성공	성공률

· 블로킹 ·

경기수	세트수	블로킹 시도	블로킹 성공	유효 블로킹	범실	실패	세트당개수	점유율

· 서브 ·

경기수	세트수	서브 시도	서브 성공	범실	세트당개수	점유율

· 세트 ·

공격종합			오픈			속공		
시도	성공	성공률	시도	성공	성공률	시도	성공	성공률

퀵오픈			시간차			이동			후위		
시도	성공	성공률	시도	성공	성공률	시도	성공	성공률	시도	성공	성공률

· 리시브 ·

경기수	세트수	리시브 시도	리시브 정확	리시브 실패	효율	점유율

· 디그 ·

경기수	세트수	디그 성공	디그 실패	디그 범실	효율	점유율

서채현

no. 21 S
@hyeon._.0126

생년월일	2006.01.26	신장 / 체중	174cm / 64kg		
스탠딩 리치	220cm	서전트 점프	70cm	연봉	3천5백
출신교	삼덕초등학교-경해여자중학교-선명여자고등학교				
드래프트순위	2023~2024 2라운드 3순위				
이적사항					

SCOUTING REPORT

올 시즌 흥국생명이 처음으로 호명한 신인. 1라운드 지명권을 GS칼텍스에 넘긴 흥국생명은 2라운드 3순위로 서채현을 택했다. 팀 내에서도 여러 의견이 갈렸지만, 서채현의 경기 운영과 손 모양을 본 아본단자 감독이 과감히 지명을 결정했다고 한다. 페퍼저축은행 미들블로커 서채원의 동생. 자매가 나란히 배구를 시작했다. 정구 국가대표 출신 어머니의 권유로 운동을 시작했다. 어려서부터 줄곧 세터를 맡았다. 내 선택으로 인해 모든 공격수가 움직이고, 상대 블로커도 움직인다는 게 재밌었다고 한다. 동생의 프로 지명에 언니 서채원은 축하와 함께 "지명 라운드가 중요한 게 아니라 앞으로 어떻게 하느냐가 중요하다"는 조언을 건넸다. 롤 모델은 남자부 대한항공의 한선수. 플레이도 다양한 데다 까다로운 리시브도 빠른 발로 점프 토스 해내는 모습을 닮고 싶다고 한다. 서채현은 "조급해하지 않고 천천히 한 걸음씩 성장하겠다. 언젠가 모든 사람이 알아주는 세터가 되는 것이 꿈"이라고 말했다.

양태원 no. 16 OH
@tae._.won05

생년월일	2005.02.07	신장 / 체중	181cm / 69kg	
스텐딩 리치	232cm	서전트 점프	73cm	연봉 2천4백
출신교	쌍용초등학교-금천중학교-세화여자고등학교			
드래프트순위	수련 선수			
이적사항				

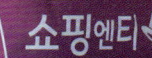

SCOUTING REPORT

신인드래프트 참가자 40명 중 가장 마지막인 21번째 이름이 불렸다. 울먹이는 모습이 고스란히 전파를 탔다. 양태원은 "끝까지 이름이 안 불려서 속상해서 눈물이 흘렀는데 막상 불려서 당황했다"고 당시를 회상했다. 실업리그 시절 현대에서 선수 생활을 했던 어머니(장미선)는 양태원에게 "이제 됐다. 괜찮다"며 "그동안 해왔던 걸 잘 보여주라"는 당부의 말을 했다고 한다. 또래보다 늦은 초등학교 6학년 때 배구를 시작했다. 롤 모델은 같은 팀의 김연경과 정관장의 이소영. 김연경은 큰 키에 공격은 물론 수비와 리시브에서도 장점이 있는 부분을 배우고 싶다고 한다. 이소영의 빠르고 공격적인 스윙도 닮고 싶다는 설명이다. 세화여고 시절 흥국생명의 안방인 인천삼산월드체육관에서 경기를 본 적이 있는데 생각보다 연경 언니가 너무 커서 놀랐다고 한다. 어쩌면 양태원에게 도전은 지금부터인지 모른다. 양태원은 "TV에서만 보던 드래프트 현장에 서 있으니 '내가 진짜 여기까지 왔다'란 생각이 든다. 열정적인 모습으로 팀에 보탬이 되는 선수가 되고 싶다"고 말했다.

홍다비 no. 02 L
@d.xoi_

생년월일	2005.09.08
신장 / 체중	162cm / 61kg
스탠딩 리치	210cm
서전트 점프	62cm
연봉	2천4백
출신교	추계초등학교-중앙여자중학교-세화여자중학교-세화여자고등학교
드래프트순위	수련 선수
이적사항	

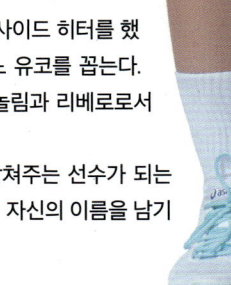

SCOUTING REPORT

수련선수로 지명된 신인. 긴 기다림 끝에 흥국생명 유니폼을 입은 홍다비는 친동생의 축하문자가 가장 기억에 남는다고 했다. 동생은 세화여중을 다니는 배구 후배이기도 하다. 주말마다 취미로 배구를 하는 어머니를 따라 초등학교 6학년 때 배구를 시작했다. 딸에게 혹여 도움이 될까하는 생각에 홍다비의 어머니는 드래프트를 앞두고 따로 미카사 공을 구해왔다고 한다. 정작 공개 훈련에서는 스타 볼을 사용해서 적잖이 당황했다는 후문.

고등학생이 되면서부터 리베로를 시작했다고 한다. 이전에는 아웃사이드 히터를 했다. 롤 모델은 흥국생명 선배인 김해란과 일본 대표팀 출신의 사노 유코를 꼽는다. 김해란에게는 정석적인 자세와 팀 장악력을, 유코에게는 빠른 발놀림과 리베로로서 마인드를 배우고 싶다고 한다.

모든 신인이 그러하듯 홍다비의 목표 또한 선배 언니들의 뒤를 받쳐주는 선수가 되는 것. 이름은 많을 다(多)에 날 비(飛)자를 쓴다고 한다. V리그 무대에 자신의 이름을 남기기 위한 홍다비의 수없는 날갯짓이 이제 시작된다.

since 1977
현대건설 힐스테이트

HDEC HILLSTATE

- hillstate.hdec.kr
- @hdecvolleyball
- www.youtube.com/HDECVolleyballTeam
- https://www.facebook.com/hdecvolleyball
- @현대건설 힐스테이트 배구단

2022-23 시즌
3위

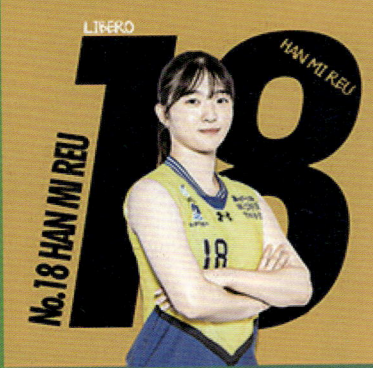

PAWEE
KOMINJI
OUTSIDE
HITTER
10
LEE NA YEON
SETTER
25
KIM JU HYANG
11
OVER THE LIMIT
OVER THE LIMIT
OVER THE LIMIT
OVER THE LIMIT
YANG HYO JIN
14
MIDDLE BLOCKER
17
KO
YE RIM
OUTSIDE HITTER
MIDDLE BLOCKER
LEE DA HYEON
No.12 LEE DA HYEON
12
8
LIBERO
KIM YEON GYEON
4
YEONJOO
OPPOSITE
5
9
NA
HYUN SOO
MIDDLE BLOCKER
OUTSIDE HITTER
SEO JI HYE
No.22 SEO JI HYE
22
HYUNDAI E&C
HILLSTATE
KIM SA RANG
SETTER
6
15
CHOI SEO HYUN
16
CHOI
HO SUN

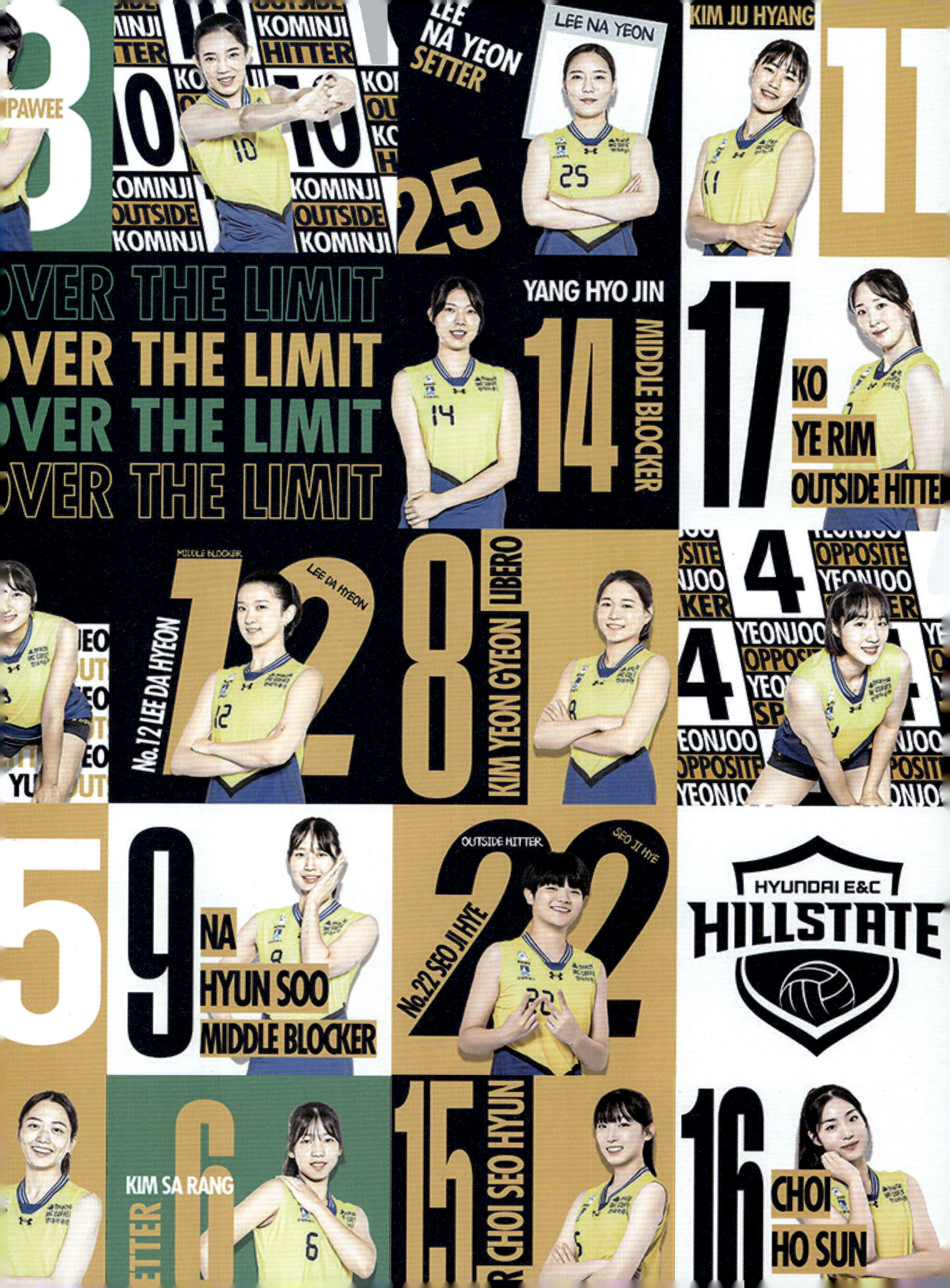

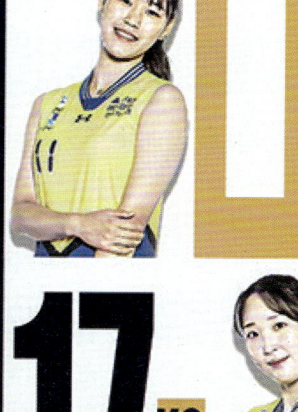

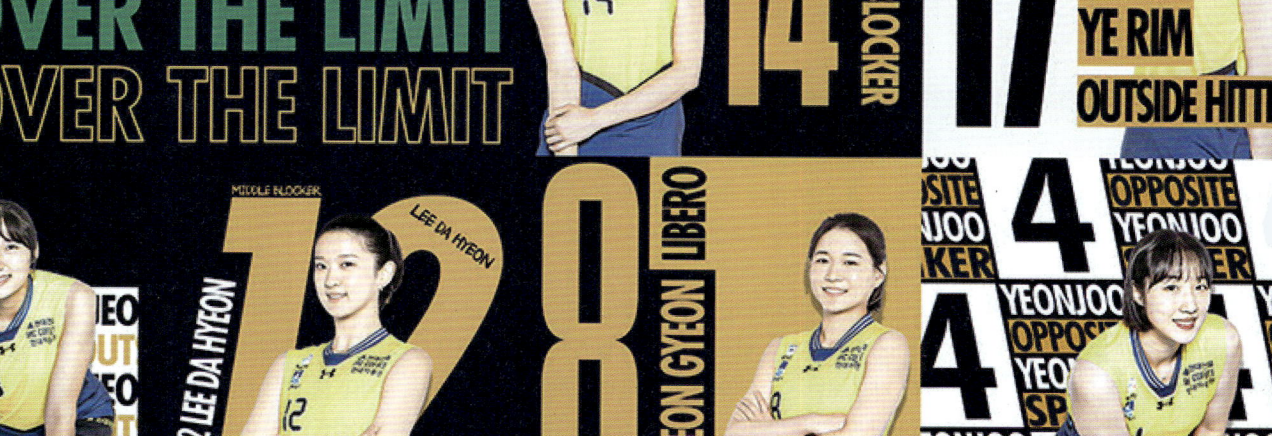

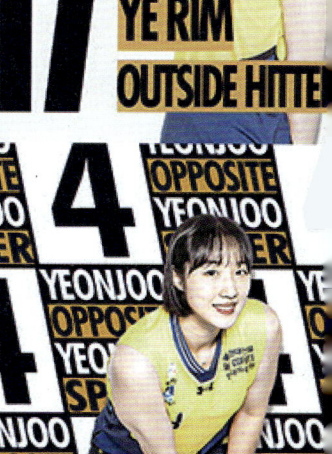

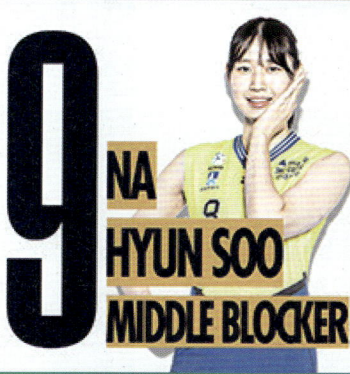

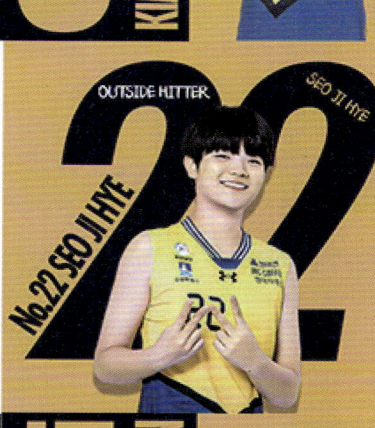

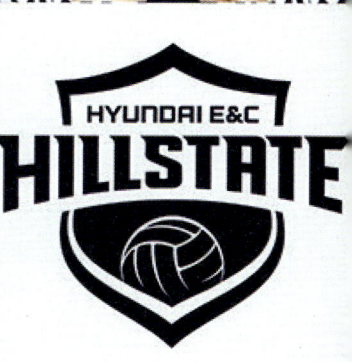

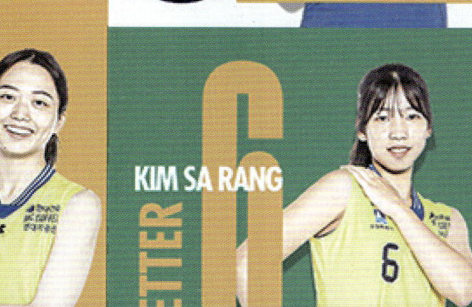

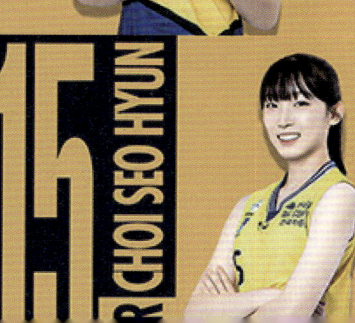

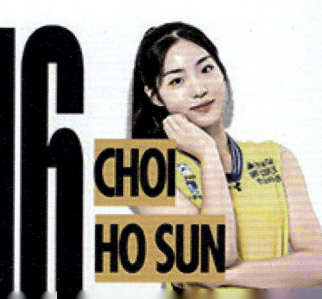

2022~2023시즌 리뷰

현대건설은 2021~22시즌이 조기 종료되면서 아쉬움을 곱씹었다. 19~20시즌에 이어 두 번이나 '1위'를 하고도 챔프전을 치르지 못했기 때문이다. 하지만 22~23시즌에도 현대건설은 흥국생명과 함께 양강으로 꼽혔다. 주축 선수들이 그대로 남아있었기 때문이었다. 예상대로 1라운드 전승에 이어 2라운드도 전승. 야스민과 양효진 부상이 발생했음에도 개막 15연승 신기록을 세웠다. 하지만 크리스마스에 KGC인삼공사에 진 뒤부터 주춤하기 시작했다. 야스민의 결장이 길어졌다. 대체 외인 몬타뇨가 오기 전까지 황연주가 고군분투했으나 하락세를 막을 순 없었다. 결국 5라운드 도로공사전에서 패하며 흥국생명에게 1위 자리를 내줬다. 6라운드 초반 3연승을 달렸지만, 도로공사와 KGC에 연달아지면서 2위 확정. 간신히 준플레이오프는 치르지 않게 됐지만 이미 기세가 꺾인 뒤였다. PO에서 힘없이 2패로 도로공사에게 챔프전 티켓을 내주고 말았다. 역대 최고의 전반기(16승 2패)를 보내고도 소득 없이 시즌을 마쳤다.

2023~2024시즌 프리뷰

엄청난 강팀을 만들 뻔했다. 김연경 영입 성사 직전까지 갔다. 하지만 막판에 무산됐다. FA였던 주장 황민경까지 떠났다. 그럼에도 여전히 현대건설은 강하다. 양효진-이다현의 미들블로커진이 단단하고, 리그 전반적인 세터난 속에서도 김다인이 든든하게 자리를 잡았다. 황민경이 떠났지만 아웃사이드 히터진은 풍년이다. 리베로는 국가대표 김연견이고 백업도 준비됐다. 어느 포지션 하나 빠지는 데가 없다. 다만 시즌 초반이 위기다. 외국인이 모마로 바뀌었고, 위파위와 김다인, 이다현, 김연견은 대표팀 차출로 팀에 늦게 합류했다. 손발을 맞출 시간이 너무 부족했다. 고예림과 정지윤도 수술과 부상 때문에 시즌 초반 출전은 어렵다. 베테랑 양효진도 "초반을 잘 넘겨야 한다"고 했다. 하지만 대다수 선수들이 오랫동안 같이 팀에 있었고, 백업 선수층도 두터운 편이다. 모마는 기량이 검증됐고, 아시아쿼터 2순위로 뽑은 위파위의 기량도 뛰어나다. '1강'이라고는 할 수 없지만 현대건설을 우승후보에서 제외하는 전문가는 한 명도 없다.

시즌별 팀 성적

시즌	경기수	세트수	득점	공격%	블로킹	서브	세트	리시브%	디그
2018~2019	30	108	2293	37.40	2.148	0.972	13.139	39.81	21.167
2019~2020	27	105	2359	39.33	2.467	1.219	12.771	31.33	19.638
2020~2021	30	123	2654	38.61	2.057	0.732	13.512	32.80	20.675
2021~2022	31	117	2739	41.98	2.513	1.359	13.915	33.26	20.513
2022~2023	36	143	3238	39.75	2.412	0.979	13.580	39.79	20.986

감독

강성형

- 1970.05.07 / 187cm / 85kg / 전남사대부고-한양대학교
- 1992-2001 현대자동차 배구단 선수
- 2001-2002 현대자동차 배구단 선수 겸 트레이너
- 2017-2019 대한민국 청소년 배구 국가대표팀 감독
- 2019- 대한민국 여자 배구 국가대표팀 수석 코치
- 2021- 현대건설 힐스테이트 감독

강성형 감독 인터뷰

역대 여자부 승률 1위(77.6%) 사령탑. 하지만 3년 동안 17번만 졌는데도 우승을 못했다. 불운이란 단어로도 부족할 정도다. 남자부에서 주로 지도자 생활을 했지만, 여자팀을 처음 맡으면서도 부드러운 리더십으로 잘 이끌고 있다. 올 시즌은 그 어느 때보다 준비 과정이 힘들었다. 주전 선수 7명 중 양효진을 제외한 선수들이 아프거나 대표팀에 차출됐다. 핑계를 댈 생각은 없다. 백업 멤버들을 그만큼 더 강하게 만들기 위해 노력했다. 훈련량도 오히려 늘었다. "나현수가 컵대회에서 성장한 걸 보여줬고, 연주도 지난해 정도를 기대한다. 세터 이나연이 지난해 안 좋았는데 점점 전의 모습을 찾고 있다. 김주향도 시즌 초반 키플레이어"라고 말했다.

호통을 치거나 적극적으로 사인을 보내기보다는 선수들을 기다려주는 덕장이다. 대화가 부족하다고 느끼는 선수들도 있지만 면담은 언제든지 받아준다. '운동파', '음주파'였으나 최근엔 '등산파'가 됐다. 숙소 인근 법화산을 자주 찾는다. 1시간 20분 정도 걸으면서 생각을 정리한다.

STAFF

수석코치 김성현	수석트레이너 공윤덕	전력분석 김경한	매니저 정효진
코치 장영기	트레이너 성지현		통역 최윤지
코치 김태영	트레이너 안준형		통역 윤예지
코치 이한솔	트레이너 정의		

WE ARE

정지윤

no. 13 OH
@ji__yun__

생년월일	2001.01.01
신장 / 체중	180cm / 71kg
스텐딩 리치	235cm
서전트 점프	60cm
연봉	1억8천
출신교	수정초-경남여중-경남여고
드래프트순위	2018~2019 1라운드 4순위
이적사항	

SCOUTING REPORT

신인왕과 컵대회 MVP를 거치며 착실하게 성장하고 있다. 현대건설 뿐 아니라 한국 여자배구를 이끌 미래로 국가대표에도 꾸준히 뽑히고 있다. 미들블로커에서 아웃사이드 히터로 전향하면서 '리시브'란 숙제를 풀어나가는 중이다. 지난 시즌엔 처음으로 성공률 30%대를 넘어섰다. 하지만 공격과 블로킹 수치가 줄어들었다. 자리를 잡기 위한 과정을 겪고 있다. 지난해에 이어 또다시 시즌 전에 다쳤다. 대표팀 훈련 도중 발목 부상을 당했다. 인대 파열로 3개월 진단을 받아 올림픽 예선과 아시안게임에 나서지 못했다. 그래도 생각했던 것보다는 부상이 심하지 않았다. 생각보다 빠르게 회복돼 개막전은 힘들어도 1~2라운드엔 뛸 수 있게 됐다. 국제대회를 치르면서 공격 패턴도 다양해지고, 특히 상대 블로킹을 이용하는 공격이 늘어났다. 팀내 OH 중 공격력이 가장 뛰어난 만큼 정지윤이 얼마나 중심을 잘 잡아주느냐가 팀에 있어서도 중요하다. 목적타 리시브가 예상되지만, 물러날 생각은 전혀 없다. 시즌 뒤 FA 자격을 얻는다.

RECORD

• 공격 •

경기수	세트수	공격 시도	공격 성공	범실	상대블럭	성공률	점유율
36	127	779	301	46	48	38.60%	15.10%

• 피 블로킹 •

성명	상대팀명	블로킹 시도	블로킹 성공	성공률
한송이	KGC인삼공사	23	6	26.09%
한수지	GS칼텍스	16	5	31.25%
이원정	흥국생명	14	4	28.57%
최가은	페퍼저축은행	24	4	16.67%
최정민	IBK기업은행	14	3	21.43%

• 블로킹 •

경기수	세트수	블로킹 시도	블로킹 성공	유효 블로킹	범실	실패	세트당개수	점유율
36	127	228	32	86	4	68	0.252	9.00%

• 서브 •

경기수	세트수	서브 시도	서브 성공	범실	세트당개수	점유율
36	127	263	4	34	0	8.10%

• 세트 •

공격종합			오픈			속공		
시도	성공	성공률	시도	성공	성공률	시도	성공	성공률
49	7	14.3	45	7	15.6	0	0	0.00%

퀵오픈			시간차			이동			후위		
시도	성공	성공률	시도	성공	성공률	시도	성공	성공률	시도	성공	성공률
0	0	0.00%	0	0	0.00%	0	0	0.00%	4	0	0

• 리시브 •

경기수	세트수	리시브 시도	리시브 정확	리시브 실패	효율	점유율
36	127	719	278	37	33.52%	26.40%

• 디그 •

경기수	세트수	디그 성공	디그 실패	디그 범실	효율	점유율
36	127	208	61	0	1.638	7.51%

위파위 no. 23 OH

생년월일	1999.01.28	신장 / 체중	174cm / 65kg		
스텐딩 리치	227cm	서전트 점프	54cm	연봉	10만$
출생(국가)	태국				
드래프트순위	2023 아시아쿼터 2순위				
풀네임	WIPAWEE SRITHONG				

SCOUTING REPORT

현대건설 최초의 아시아쿼터 선수. 태국 국가대표 아웃사이드 히터로 키는 크지 않지만, 탄력이 좋다. 스파이크 높이가 288㎝로 훌륭하다. 안정된 리시브와 수준 이상의 공격력을 겸비했다. 세터, 그리고 다른 공격수와 호흡을 맞추는 시간차 공격이 일품이다. 다만 오픈 공격 성공률은 조금 낮은 편이다. 10대 때부터 국가대표로 뛰었을 정도로 태국 황금세대의 뒤를 잇는 미래로 성장했다. 지난 시즌 태국리그 베스트7에도 선정됐다. 해외 진출은 이번이 처음. "한국 생활이 기대된다"며 기뻐했다. 이번 시즌엔 VNL, 아시아선수권, 올림픽 예선, 아시안게임까지 4개 대회를 모두 소화했다. 처음엔 비중이 크지 않았지만 점차 좋은 모습을 보였다. 아시아선수권 한국전에선 마지막 승리를 결정짓는 스파이크를 때리기도 했다. 서브를 받고, 들어가 때리는 모습을 지켜본 강성형 감독이 미소를 지었다는 후문도 들린다. 드래프트 전엔 큰 주목을 받지 못했으나, 외국인 선수와 견주어도 부족하지 않다는 평가까지 나온다. 황민경이 떠난 자리를 훌륭하게 메울 것으로 기대된다.

RECORD

• 공격 •

경기수	세트수	공격 시도	공격 성공	범실	상대블럭	성공률	점유율

• 피 블로킹 •

성명	상대팀명	블로킹 시도	블로킹 성공	성공률

• 블로킹 •

경기수	세트수	블로킹 시도	블로킹 성공	유효 블로킹	범실	실패	세트당개수	점유율

• 서브 •

경기수	세트수	서브 시도	서브 성공	범실	세트당개수	점유율

• 세트 •

공격종합			오픈			속공		
시도	성공	성공률	시도	성공	성공률	시도	성공	성공률

퀵오픈			시간차			이동			후위		
시도	성공	성공률	시도	성공	성공률	시도	성공	성공률	시도	성공	성공률

• 리시브 •

경기수	세트수	리시브 시도	리시브 정확	리시브 실패	효율	점유율

• 디그 •

경기수	세트수	디그 성공	디그 실패	디그 범실	효율	점유율

모마

no. 99 OP
@laetitiamoma

생년월일	1993.10.09	신장 / 체중	184cm / 82kg
스탠딩 리치	240cm	서전트 점프	60cm	연봉 25만$
출생(국가)	카메룬		
드래프트순위	2023 외국인선수 5순위		
풀네임	MOMA BASSOKO		

SCOUTING REPORT

외국인 선수로서는 단신이지만, 힘만큼은 누구에게도 뒤지지 않는다. 지치지 않는 체력은 덤. 첫해만큼(득점 1위, 공격 1위, 서브 2위)은 아니지만 득점 2위, 공격 2위, 서브 3위에 오르며 2년차 시즌도 잘 해냈다. GS칼텍스가 재계약을 포기했으나 곧바로 현대건설의 선택을 받았다. 서로에게 좋은 만남이란 평가다. "팀이 바뀌긴 했지만, 한국으로 돌아오고 싶었기에 기쁘다"는 소감을 남겼다. GS를 상대하는 기분에 대해 묻자 "친구들이 있어서 만나면 기분 좋겠지만, 다른 팀과 마찬가지로 상대하겠다"고 답했다. 지난 시즌과 달리 이번 비시즌에는 다른 나라에서 열리는 단기 리그에서 뛰지 않았다. 구단이 회복과 휴식에 집중해달라고 요청했고, 이를 받아들였다. 볼 훈련은 하지 않았지만 피지컬 운동에 집중했다. 등번호를 99번으로 바꿨다. 4~5개 남은 번호 중에서 한 번도 시도하지 않았던 걸 골랐는데, 덕분에 등장순서가 마지막이 됐다. 취미는 요리. GS에선 쿠키나 브라우니, 머핀을 만들어 동료들에게 대접하기도 했다.

RECORD

• 공격 •

경기수	세트수	공격 시도	공격 성공	범실	상대블럭	성공률	점유율
35	134	1827	798	100	147	43.70%	36.50%

• 피 블로킹 •

성명	상대팀명	블로킹 시도	블로킹 성공	성공률
정호영	KGC인삼공사	43	11	25.58%
표승주	IBK기업은행	50	11	22.00%
엘리자벳	KGC인삼공사	37	8	21.62%
양효진	현대건설	39	8	20.51%
캣벨	한국도로공사	14	7	50.00%

• 블로킹 •

경기수	세트수	블로킹 시도	블로킹 성공	유효 블로킹	범실	실패	세트당개수	점유율
35	134	370	48	132	1	124	0.358	16.00%

• 서브 •

경기수	세트수	서브 시도	서브 성공	범실	세트당개수	점유율
35	134	456	33	79	0.2	14.70%

• 세트 •

공격종합			오픈			속공		
시도	성공	성공률	시도	성공	성공률	시도	성공	성공률
49	12	24.5	47	12	25.5	0	0	0.00%

퀵오픈			시간차			이동			후위		
시도	성공	성공률	시도	성공	성공률	시도	성공	성공률	시도	성공	성공률
49	12	24.5	47	12	25.5	0	0	0.00%	2	0	0.0

• 리시브 •

경기수	세트수	리시브 시도	리시브 정확	리시브 실패	효율	점유율
35	134	1	0	0	0.00%	0.04%

• 디그 •

경기수	세트수	디그 성공	디그 실패	디그 범실	효율	점유율
35	134	325	73	0	2.425	12.03%

양효진

no. 14 MB
@hjyang14v

생년월일	1989.12.14	신장 / 체중	190km / 70kg		
스텐딩 리치	250cm	서전트 점프	48cm	연봉	6억
출신교	부산수정초-부산여중-남성여고-수원대학교				
드래프트순위	2007~2008 1라운드 4순위				
이적사항					

SCOUTING REPORT

현대건설의 프랜차이즈 스타이자 한국 여자 배구 레전드. 통산 득점(7028점), 블로킹(1451개) 1위다. 국가대표 팀에선 은퇴했지만, 여전히 V리그에선 양효진만한 선수가 없다. 미들블로커 중 유일하게 득점 톱10(9위)에 올랐다. 2014~15시즌 베스트7이 생긴 이래 한 번도 수상을 놓치지 않았다. 2015~16시즌 우승 이후 꽤 긴 시간이 지났다. 이번에도 우승후보지만 "쉽지 않다"고 했다. "운도 필요하고, 변수가 많으니까요." 코로나19로 인해 두 번이나 정규시즌 1위를 하고도 챔프전을 치르지 못해서일 것이다. 두 명의 주전 선수(야스민, 황민경)가 떠나 팀에는 변수가 많지만, 양효진의 기량을 의심하는 이는 없다. 양효진에게 높은 패스를 올려 때리는 오픈 공격은 '치트키'로 통한다. 상대가 대비해도 못 막기 때문. "상대가 움직이는 만큼 나도 데이터를 보고 한 번 더 생각해 공격한다. 연습 때도 여러 가지 패턴으로 준비를 한다"고 했다. 30대 중반에 접어들다 보니 제일 신경쓰는 건 역시 부상. 보강 운동을 많이 하고 있다.

RECORD

• 공격 •

경기수	세트수	공격 시도	공격 성공	범실	상대블럭	성공률	점유율
33	129	827	416	46	12	50.30%	16.10%

• 피 블로킹 •

성명	상대팀명	블로킹 시도	블로킹 성공	성공률
정대영	한국도로공사	17	3	17.65%
김수지	IBK기업은행	16	2	12.50%
정호영	KGC인삼공사	24	2	8.33%
육서영	IBK기업은행	3	1	33.33%
김현정	IBK기업은행	4	1	25.00%

• 블로킹 •

경기수	세트수	블로킹 시도	블로킹 성공	유효 블로킹	범실	실패	세트당개수	점유율
33	129	526	95	218	5	138	0.736	20.70%

• 서브 •

경기수	세트수	서브 시도	서브 성공	범실	세트당개수	점유율
33	129	437	12	21	0.1	13.50%

• 세트 •

공격종합			오픈			속공		
시도	성공	성공률	시도	성공	성공률	시도	성공	성공률
137	43	31.4	132	42	31.8	0	0	0.00%

퀵오픈			시간차			이동			후위		
시도	성공	성공률	시도	성공	성공률	시도	성공	성공률	시도	성공	성공률
1	0	0	0	0	0.00%	0	0	0.00%	4	1	25

• 리시브 •

경기수	세트수	리시브 시도	리시브 정확	리시브 실패	효율	점유율
33	129	58	30	3	46.55%	2.13%

• 디그 •

경기수	세트수	디그 성공	디그 실패	디그 범실	효율	점유율
33	129	157	23	1	1.217	5.05%

이다현

no. 12 MB
@dahyeon_1111

생년월일	2001.11.11	신장/체중	185cm / 70kg		
스텐딩 리치	242cm	서전트 점프	50cm	연봉	1억4천
출신교	추계초-서울동양여중-서울중앙여고				
드래프트순위	2019~2020 1라운드 2순위				
이적사항					

No.12

플레이오프 가자!

SCOUTING REPORT

선배 양효진의 뒤를 잇는 정통 미들블로커. 블로킹, 이동공격, 속공, 서브까지 다재다능하다. 어깨 부상이 잦았지만 지난 두 시즌 연속 문제없이 풀타임을 소화했다. 베스트 7에 오른 2021~22시즌보다 블로킹은 다소 줄었지만, 나머지 기록은 모두 좋아졌다. 성장이 끝나지 않았다는 뜻이다. 막내 티를 벗은 만큼 팀의 중심이 되겠다는 각오를 세웠다. "그 전에는 언니들에게 기댔지만, 이젠 연차도 쌓였으니 생활적인 면에서도 성숙된 모습을 보이고 싶다." 대표팀에 꾸준히 가면서 경험도 많이 쌓았다. 자연스럽게 해외 진출에 대한 생각도 생겼다. 일본, 태국 선수들처럼 큰 무대에 도전하고 싶어 한다. 영어 능력이 뛰어나 적응력에도 문제가 없을 듯하다. 배구인 가족이다. 어머니 류연수는 1990년 대통령배 신인왕에 오른 미들블로커. 남동생 이준영(한양대)도 배구선수다. 올스타전 세리머니상 2회 수상자. 하지만 "올 시즌엔 새로운 얼굴들이 나오게 조금 물러나고 싶다"며 조금 자제할 생각. 이제는 우승반지를 끼고 싶다.

RECORD

• 공격 •

경기수	세트수	공격 시도	공격 성공	범실	상대블럭	성공률	점유율
34	134	396	195	18	19	49.20%	7.70%

• 피 블로킹 •

성명	상대팀명	블로킹 시도	블로킹 성공	성공률
니아 리드	페퍼저축은행	3	3	100.00%
한송이	KGC인삼공사	10	3	30.00%
한수지	GS칼텍스	8	2	25.00%
김채연	흥국생명	1	1	100.00%
김주향	IBK기업은행	1	1	100.00%

• 블로킹 •

경기수	세트수	블로킹 시도	블로킹 성공	유효 블로킹	범실	실패	세트당개수	점유율
34	134	584	79	230	3	174	0.59	23.00%

• 서브 •

경기수	세트수	서브 시도	서브 성공	범실	세트당개수	점유율
34	134	360	21	42	0.2	11.10%

• 세트 •

공격종합			오픈			속공		
시도	성공	성공률	시도	성공	성공률	시도	성공	성공률
82	24	29.3	66	18	27.3	0	0	0.00%

퀵오픈			시간차			이동			후위		
시도	성공	성공률	시도	성공	성공률	시도	성공	성공률	시도	성공	성공률
0	0	0.00%	0	0	0.00%	0	0	0.00%	16	6	37.5

• 리시브 •

경기수	세트수	리시브 시도	리시브 정확	리시브 실패	효율	점유율
34	134	44	18	4	31.82%	1.62%

• 디그 •

경기수	세트수	디그 성공	디그 실패	디그 범실	효율	점유율
34	134	147	30	2	1.097	5.00%

김다인

no. 03 S
@daeni_03

생년월일	1998.10.15	신장 / 체중	172cm / 56kg		
스탠딩 리치	223cm	서전트 점프	52cm	연봉	1억7천
출신교	추계초-세화여중-세화여고-포항여고				
드래프트순위	2017~2018 2라운드 4순위				
이적사항					

NO.3

SCOUTING REPORT

고2 때 처음 세터가 됐다. 프로 2년차였던 2018~19시즌 한 경기도 못 뛰었다. 지금은? 국가대표 주전 세터다. 상대 움직임을 보고 재빠르게 블로킹이 없거나 낮은 자리로 올려주는 능력이 탁월하다. 발도 빠르고, 수비 능력도 좋다. 지난 시즌 전 경기를 소화할 정도로 생각보다 체력도 좋다. 2년 연속 베스트 7 세터상을 받았다. "세터는 실수를 해도 공격득점이 나면 세트(공격 성공한 패스)가 올라간다. 좋은 팀원들 덕분"이라지만 김다인의 능력은 누구나 인정한다. 기복을 좀 더 줄이는 게 자신이 설정한 과제다. 단신인만큼 블로킹이 좋진 않다. 하지만 해마다 향상되고 있다. "우리 팀 미들블로커가 좋으니까 나를 공략할 수 밖에 없다. 최대한 랠리가 끝나지 않게 만들려고 했다"고 이유를 설명했다. 다만 올 시즌은 초반을 잘 넘겨야 한다. 4개의 국제대회를 치렀고, 팀 내 새로 영입된 선수들이 많은데 같이 연습할 시간이 적었다. 본인도 걱정하는 부분. 그래도 워낙 팀 케미스트리가 좋아 큰 어려움은 없을 것이다.

RECORD

• 공격 •

경기수	세트수	공격 시도	공격 성공	범실	상대블럭	성공률	점유율
36	141	74	15	6	1	20.30%	1.40%

• 블로킹 •

경기수	세트수	블로킹 시도	블로킹 성공	유효 블로킹	범실	실패	세트당개수	점유율
36	141	266	20	123	3	67	0.142	10.50%

• 서브 •

경기수	세트수	서브 시도	서브 성공	범실	세트당개수	점유율
36	141	552	22	26	0.2	17.10%

• 세트 •

공격종합			오픈			속공		
시도	성공	성공률	시도	성공	성공률	시도	성공	성공률
3629	1554	42.8	1293	485	37.5	474	254	53.6

퀵오픈			시간차			이동			후위		
시도	성공	성공률	시도	성공	성공률	시도	성공	성공률	시도	성공	성공률
1234	526	42.6	152	78	51.3	67	31	46.3	409	180	44

• 리시브 •

경기수	세트수	리시브 시도	리시브 정확	리시브 실패	효율	점유율
36	141	5	0	1	0.00%	0.18%

• 디그 •

경기수	세트수	디그 성공	디그 실패	디그 범실	효율	점유율
36	141	449	81	2	3.184	14.85%

• 디그 상대 •

성명	팀명	디그 시도	디그 성공	성공률
니아 리드	페퍼저축은행	27	18	66.67%
박정아	한국도로공사	21	16	76.19%
모마	GS칼텍스	15	11	73.33%
옐레나	흥국생명	19	11	57.89%
김희진	IBK기업은행	11	10	90.91%

김연견

no. 08 L
@gyeonii8

생년월일	1993.12.01	신장 / 체중	163km / 52cg		
스텐딩 리치	210cm	서전트 점프	57cm	연봉	3억
출신교	신당초-대구일중-대구여고				
드래프트순위	2011~2012 3라운드 5순위				
이적사항					

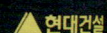

SCOUTING REPORT

임명옥과 김해란, 오지영 등과 어깨를 견줄만한 선수로 성장했다. 지난 시즌 디그 1위였다. 리시브는 '리그 톱'이라고 할 수 없지만 수비 능력만큼은 최고다. 리베로의 또다른 임무인 2단 연결 토스도 아주 좋다. '김다인 디그-김연견 패스-2단 공격' 패턴으로 쏠쏠한 재미를 봤다. 2년 연속 대표팀에 간 게 발전의 디딤돌이 됐다. 외국인 감독과 시스템을 겪었다. 또다른 비결은 '배움'. 2022년 같이 대표팀에서 뛴 GS칼텍스 한다혜의 2단 토스를 보며 느낀 게 있었다. "후배지만 인정할 건 인정해야 한다. 좋은 계기였다." 팀과는 세 번째 FA 계약을 맺었다. "구단에서 신경써줘서 고맙다"고 했지만, 그만큼 팀도 김연견이 필요하다. 시즌 막바지 김연견의 부상은 현대건설에게도 큰 데미지였다. 2019년에도 비슷한 경험이 있어 더욱 아쉬웠다. SSG 랜더스 투수 서동민과 결혼한 지 1년이 지났다. 서로 운동을 해서 함께 있는 시간이 적다 보니 생활 면에선 달라진 게 없다. 하지만 든든한 내 편이 생겨 안정감이 생겼다.

RECORD

• 공격 •

경기수	세트수	공격 시도	공격 성공	범실	상대블럭	성공률	점유율
28	103	1	0	1	0	0.00%	0.00%

• 블로킹 •

경기수	세트수	블로킹 시도	블로킹 성공	유효 블로킹	범실	실패	세트당개수	점유율
28	103	0	0	0	0	0	0	0.00%

• 서브 •

경기수	세트수	서브 시도	서브 성공	범실	세트당개수	점유율
28	103	0	0	0	0	0.00%

• 세트 •

공격종합			오픈			속공		
시도	성공	성공률	시도	성공	성공률	시도	성공	성공률
267	85	31.8	230	71	30.9	0	0	0.00%

퀵오픈			시간차			이동			후위		
시도	성공	성공률	시도	성공	성공률	시도	성공	성공률	시도	성공	성공률
3	3	100	0	0	0.00%	0	0	0.00%	34	11	32.4

• 리시브 •

경기수	세트수	리시브 시도	리시브 정확	리시브 실패	효율	점유율
28	103	456	212	22	41.67%	16.74%

• 디그 •

경기수	세트수	디그 성공	디그 실패	디그 범실	효율	점유율
28	103	582	94	1	5.65	18.89%

• 디그 상대 •

성명	팀명	디그 시도	디그 성공	성공률
니아 리드	페퍼저축은행	21	18	85.71%
모마	GS칼텍스	22	15	68.18%
이한비	페퍼저축은행	18	14	77.78%
배유나	한국도로공사	12	11	91.67%
박정아	한국도로공사	13	11	84.62%

고민지

no. 10 OH
@gxmvely

생년월일	1998.04.27
신장 / 체중	173cm / 61kg
스텐딩 리치	220cm
서전트 점프	51cm
연봉	5천5백
출신교	달산초-대구일중-대구여고-국제사이버대
드래프트순위	2016~2017 1라운드 5순위
이적사항	IBK기업은행(2016~2017)-KGC인삼공사(2017~2023) 현대건설(2023~)

새로운 모습으로
최선을 다하는 선수가
되도록 하겠습니다 ♡
응원 많이 해주세요!

SCOUTING REPORT

고교 시절 에이스였다. 비교적 단신이지만 점프력이 좋았다. 하지만 중학교 1학년 때부터 무릎이 아팠고, 결국 수비 쪽에 무게를 둔 아웃사이드 히터로 성장했다. 지난 시즌엔 팀 사정상 리베로로 변신했으나 쉽지 않았다. 22경기 69세트에 출전했으나 주전이 되진 못했다. 리시브를 주로 맡았지만 냉정하게 만족스럽진 못했다. 결국 변화를 꾀했고, 정관장에서 자유계약선수로 풀어주면서 현대건설에 자리잡았다. 백업 리베로와 후위 세 자리를 맡아줄 서베로가 필요했던 현대건설로서도 만족스러운 영입. 주전 김연견이 있기 때문에 지난 시즌 김주하의 롤을 맡을 듯하다. 선수 자신도 잘 알고 있기에 맞춰서 준비중이다. 소소한 욕심이라면 1경기 1득점. 지난 시즌엔 리베로로만 뛰어서 아예 공격을 못 했는데 무릎 상태가 많이 좋아져서 기회만 생기면 때리고 싶다고. 현대건설 팀 분위기를 묻자 "선수 개개인이 '유머 기운'을 가지고 있다 재밌다"고 말했다. 등번호를 10번으로 바꿨다. IBK에서 썼던 15번도 생각하다 골랐다. 제주도 출신답게 제주도 여행을 가지 않는다. 취미는 드라이브.

RECORD

• 공격 •

경기수	세트수	공격 시도	공격 성공	범실	상대블럭	성공률	점유율
22	69	0	0	0	0	0.00%	0.00%

• 피 블로킹 •

성명	상대팀명	블로킹 시도	블로킹 성공	성공률

• 블로킹 •

경기수	세트수	블로킹 시도	블로킹 성공	유효 블로킹	범실	실패	세트당개수	점유율
22	69	0	0	0	0	0	0	0.00%

• 서브 •

경기수	세트수	서브 시도	서브 성공	범실	세트당개수	점유율
22	69	12	0	1	0	0.40%

• 세트 •

공격종합			오픈			속공		
시도	성공	성공률	시도	성공	성공률	시도	성공	성공률
97	33	34	77	25	32.5	0	0	0.00%

퀵오픈			시간차			이동			후위		
시도	성공	성공률	시도	성공	성공률	시도	성공	성공률	시도	성공	성공률
0	0	0.00%	0	0	0.00%	0	0	0.00%	20	8	40

• 리시브 •

경기수	세트수	리시브 시도	리시브 정확	리시브 실패	효율	점유율
22	69	269	127	18	40.52%	9.40%

• 디그 •

경기수	세트수	디그 성공	디그 실패	디그 범실	효율	점유율
22	69	213	42	1	3.087	7.61%

고예림

no. 17 OH
@yr___x._.x

생년월일	1994.06.12	신장 / 체중	177cm / 64kg	
스텐딩 리치	225cm	서전트 점프	57cm	연봉 2억7천2백
출신교	함박초-서울중앙여중-강릉여고			
드래프트순위	2013~2014 1라운드 2순위			
이적사항	한국도로공사(2013~2017)-IBK기업은행(2017~2019) 현대건설(2019~)			

SCOUTING REPORT

V리그에서 손꼽히는 수비형 아웃사이드 히터. 지난 시즌에도 47.43%의 높은 리시브 성공률을 기록했다. 프로 데뷔 초엔 스스로 불안해 하기도 했지만, 이제는 단단해진 느낌을 받을 정도다. 2022~23시즌 몸도, 마음도 힘들었다. 몇 년 전부터 심해진 무릎 통증을 달고 뛰었다. 통증을 관리하면서 뛰었지만 쉽지 않았다. 끝까지 참고 포스트시즌까지 뛴 뒤 양쪽 무릎 슬개건 수술을 받았다. "참아보려 했지만 점프도 힘들어졌다. 조금만 더 버티자는 생각이었는데 팀에게까지 피해를 주는 거 같아 미안한 마음까지 들었다." 수술은 잘 됐다. 비시즌 기간 재활에 전념했다. 완벽하게 출발하긴 어렵지만 생각보다 복귀 시점은 빨라질 전망. 예전처럼 아프지 않은만큼, 더 나은 모습도 기대한다. 두 팀에서 함께 뛰어 절친했던 황민경이 떠났다. "언니가 더 잘 되면 좋으니까 축하한다"면서도 "경기 때는 누구 공보다 잘 받고, 누구보다 세게 때릴 생각"이라고 선전포고했다. 마음이 행복지는 순간은 집에서 키우는 애완견 2마리와 함께 할 때.

RECORD

• 공격 •

경기수	세트수	공격 시도	공격 성공	범실	상대블럭	성공률	점유율
30	91	457	145	27	32	31.70%	8.90%

• 피 블로킹 •

성명	상대팀명	블로킹 시도	블로킹 성공	성공률
니아 리드	페퍼저축은행	2	2	100.00%
박경현	페퍼저축은행	4	2	50.00%
엘리자벳	KGC인삼공사	7	2	28.57%
모마	GS칼텍스	9	2	22.22%
이윤정	한국도로공사	10	2	20.00%

• 블로킹 •

경기수	세트수	블로킹 시도	블로킹 성공	유효 블로킹	범실	실패	세트당개수	점유율
30	91	143	8	75	0	40	0.088	5.60%

• 서브 •

경기수	세트수	서브 시도	서브 성공	범실	세트당개수	점유율
30	91	279	10	18	0.1	8.60%

• 세트 •

공격종합			오픈			속공		
시도	성공	성공률	시도	성공	성공률	시도	성공	성공률
78	21	26.9	71	18	25.4	0	0	0.00%

퀵오픈			시간차			이동			후위		
시도	성공	성공률	시도	성공	성공률	시도	성공	성공률	시도	성공	성공률
0	0	0.00%	0	0	0.00%	0	0	0.00%	7	3	42.9

• 리시브 •

경기수	세트수	리시브 시도	리시브 정확	리시브 실패	효율	점유율
30	91	525	268	19	47.43%	19.27%

• 디그 •

경기수	세트수	디그 성공	디그 실패	디그 범실	효율	점유율
30	91	290	53	2	3.187	9.63%

김사랑

no. 06 S
@saxanz

생년월일	2004.03.12
신장 / 체중	173cm / 58kg
스텐딩 리치	218cm
서전트 점프	50cm
연봉	4천7백
출신교	파장초-수일여중-한봄고
드래프트순위	2022~2023년 2라운드 1순위
이적사항	

NO.6 김사랑

SCOUTING REPORT

현대건설과는 입단 전부터 인연이 있다. 어머니가 배구 동호회 활동을 하다 황연주의 어머니와 친해졌고, 볼을 주우러 갔다가 제안을 받아 배구를 시작했다. 그리고 지난해 드래프트에서 현대건설 지명을 받아 같은 팀에서 뛰게 됐다. 한봄고 시절 4관왕을 이끌었고, 청소년 대표로도 발탁됐다. 중학교에 와서 세터를 시작했지만, 생각보다 빠르게 배구 실력이 늘었다. 프로에서 첫 시즌을 치르면서 부족한 점을 많이 느꼈다. 주전 김다인처럼 공을 곱게 올려주는 토스를 배우려고 노력중. 신장이 아주 작진 않지만 블로킹을 약점이라고 느낀다. 그래도 교체 투입될 때마다 다양한 공격 루트를 활용하려는 시도가 돋보였다. 신인 최서현이 오면서 '3번 세터' 경쟁을 피할 수 없게 됐다. 배구가 잘 안 풀릴 때는 혼자서 카페에 가거나 노래방에 간다. 즐겨 부르는 장르는 댄스곡. 학창 시절 별명이 '러브'였는데 현대건설에서도 마찬가지다. 올 시즌엔 무조건 팀에 도움이 되는 선수가 되고 싶다. 당연히 코트에서 머무는 시간이 최대한 길어지길 바란다.

RECORD

• 공격 •

경기수	세트수	공격 시도	공격 성공	범실	상대블럭	성공률	점유율
7	14	0	0	0	0	0.00%	0.00%

• 블로킹 •

경기수	세트수	블로킹 시도	블로킹 성공	유효 블로킹	범실	실패	세트당개수	점유율
7	14	5	0	3	0	1	0	0.20%

• 서브 •

경기수	세트수	서브 시도	서브 성공	범실	세트당개수	점유율
7	14	19	0	3	0	0.60%

• 세트 •

공격종합			오픈			속공		
시도	성공	성공률	시도	성공	성공률	시도	성공	성공률
149	59	39.6	33	6	18.2	23	8	34.8

퀵오픈			시간차			이동			후위		
시도	성공	성공률	시도	성공	성공률	시도	성공	성공률	시도	성공	성공률
73	34	46.6	4	2	50	0	0	0.00%	16	9	56.3

• 리시브 •

경기수	세트수	리시브 시도	리시브 정확	리시브 실패	효율	점유율
7	14	1	0	0	0.00%	0.04%

• 디그 •

경기수	세트수	디그 성공	디그 실패	디그 범실	효율	점유율
7	14	14	4	0	1	0.50%

• 디그 상대 •

성명	팀명	디그 시도	디그 성공	성공률
엘리자벳	KGC인삼공사	5	3	60.00%
김다은	흥국생명	2	2	100.00%
박현주	흥국생명	3	2	66.67%
이소영	KGC인삼공사	1	1	100.00%
모마	GS칼텍스	1	1	100.00%

김주향

no. 11 OH
@ju_hyang_0327

생년월일	1999.03.27
신장 / 체중	180cm / 66kg
스탠딩 리치	238cm
서전트 점프	65cm
연봉	1억1천6백
출신교	치평초-광주체중-광주체고
드래프트순위	2017~2018 1라운드 3순위
이적사항	현대건설(2017~2019)-IBK기업은행(2019~2023) 현대건설(2023~)

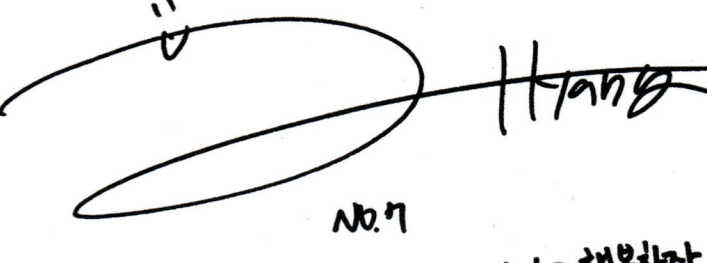

No.7

SCOUTING REPORT

프로 3년차 때 FA 고예림 보상선수로 IBK기업은행에 갔다. 그리고 4년 만에 다시 친정팀 현대건설로 돌아왔다. 이번엔 FA 황민경의 보상선수. 기존에 알던 선수도 많고, 나이도 들어서인지 어려움보다는 편안함을 느끼고 있다. 컵대회에선 준수한 모습을 보였지만 아쉬워했다. 공격은 좋았지만, 리시브에서 버티지 못했다는 자평. 늘 김주향에게 부족한 부분이기도 했다. 김주향 스스로도 "이걸 이겨내야 좋은 선수가 되지 않을까"라고 말한다. 강성형 감독이 볼 터치와 첫 볼을 중요하게 이야기하기 때문에 신경쓰고 있다. 현대건설은 아웃사이드 히터 부자다. 그러나 시즌 초반엔 김주향의 역할이 중요하다. 정지윤과 고예림이 부상을 입었고, 위파위는 태국 대표로 국제대회에 나서 팀 훈련이 부족했다. 지난 시즌 허리 부상으로 꽤 고생했다. 그래서 비시즌 동안 보강 운동을 신경써서 했다. 여성 팬이 많다. 본인에게 이유를 묻자 "땀이 많아서 열심히 하는 것처럼 보인다"며 "운동할 때와는 달리 평소에 여리여리하다"고 답했다.

RECORD

• 공격 •

경기수	세트수	공격 시도	공격 성공	범실	상대블럭	성공률	점유율
22	31	103	30	8	3	29.10%	1.90%

• 피 블로킹 •

성명	상대팀명	블로킹 시도	블로킹 성공	성공률
황연주	현대건설	1	1	100.00%
문명화	GS칼텍스	1	1	100.00%
양효진	현대건설	2	1	50.00%
배유나	한국도로공사	1	0	0.00%
염혜선	KGC인삼공사	1	0	0.00%

• 블로킹 •

경기수	세트수	블로킹 시도	블로킹 성공	유효 블로킹	범실	실패	세트당개수	점유율
22	31	20	2	10	0	4	0.065	0.80%

• 서브 •

경기수	세트수	서브 시도	서브 성공	범실	세트당개수	점유율
22	31	31	3	7	0.1	1.00%

• 세트 •

공격종합			오픈			속공		
시도	성공	성공률	시도	성공	성공률	시도	성공	성공률
6	0	0	5	0	0	0	0	0.00%

퀵오픈			시간차			이동			후위		
시도	성공	성공률	시도	성공	성공률	시도	성공	성공률	시도	성공	성공률
0	0	0.00%	0	0	0.00%	0	0	0.00%	1	0	0

• 리시브 •

경기수	세트수	리시브 시도	리시브 정확	리시브 실패	효율	점유율
22	31	122	38	6	26.23%	4.30%

• 디그 •

경기수	세트수	디그 성공	디그 실패	디그 범실	효율	점유율
22	31	41	7	0	1.323	1.26%

나현수 no. 09 MB
@hyunsu_._._

생년월일	1999.09.15
신장 / 체중	184cm / 65kg
스탠딩 리치	242cm
서전트 점프	50cm
연봉	5천8백
출신교	문상초-신탄중앙중-대전용산고
드래프트순위	2018~2019 2라운드 1순위
이적사항	KGC인삼공사(2018~2022)-현대건설(2022~)

SCOUTING REPORT

배구를 늦게 시작해 중학교 때 1년 유급을 했다. 고교 시절까진 왼손잡이 이점을 살린 날개 공격수였다. 사인은 왼손으로 하지만 오른손으로 글씨를 쓸 수도 있다. 프로에 온 뒤 미들블로커로 포지션을 변경했다. 현대건설로 이적한 뒤에는 컵대회에서 아포짓을 맡기도 했다. 미들블로커로 뛰면서 자주는 아니지만 사이드 공격도 참여할 수 있다는 장점이 있다. 어차피 정규리그 땐 외국인 선수와 황연주가 있어서 본인 스스로도 날개 공격에 대해 부담을 갖진 않는다. 지난 시즌 종종 10점 이상 올리는 등 세 번째 MB 옵션으로서 훌륭히 역할을 해냈다. 약점은 아직 경험이 부족해 공격 타이밍이 느릴 때가 있다는 것. 그래서 최대 타점을 살리기 위한 노력을 기울이고 있다. 선배 양효진에게 뺏고 싶은 능력은 역시 블로킹. 상대를 읽고 하는 것 같다고 했다. 올 시즌 개인적인 목표도 미들블로커로서 지난해보다 블로킹 숫자를 늘리는 것이다. 스트레스 해소법은 '외출'. 집 밖을 나가는 것만으로도 마음이 편안해진다는 ENFJ.

RECORD

• 공격 •

경기수	세트수	공격 시도	공격 성공	범실	상대블럭	성공률	점유율
33	83	92	33	6	4	35.90%	1.80%

• 피 블로킹 •

성명	상대팀명	블로킹 시도	블로킹 성공	성공률
박은진	KGC인삼공사	2	2	100.00%
김연경	흥국생명	2	1	50.00%
정대영	한국도로공사	3	1	33.33%
박정아	한국도로공사	1	0	0.00%
이소영	KGC인삼공사	1	0	0.00%

• 블로킹 •

경기수	세트수	블로킹 시도	블로킹 성공	유효 블로킹	범실	실패	세트당개수	점유율
33	83	100	13	21	0	43	0.157	3.90%

• 서브 •

경기수	세트수	서브 시도	서브 성공	범실	세트당개수	점유율
33	83	77	8	9	0.1	2.40%

• 세트 •

공격종합			오픈			속공		
시도	성공	성공률	시도	성공	성공률	시도	성공	성공률
20	5	25	18	5	27.8	0	0	0.00%

퀵오픈			시간차			이동			후위		
시도	성공	성공률	시도	성공	성공률	시도	성공	성공률	시도	성공	성공률
0	0	0.00%	0	0	0.00%	0	0	0.00%	2	0	0

• 리시브 •

경기수	세트수	리시브 시도	리시브 정확	리시브 실패	효율	점유율
33	83	5	2	0	40.00%	0.18%

• 디그 •

경기수	세트수	디그 성공	디그 실패	디그 범실	효율	점유율
33	83	37	3	0	0.446	1.12%

서가은

no. 01 OH
@ga_eun04_

생년월일	2004.05.31
신장 / 체중	178cm / 72kg
스탠딩 리치	230cm
서전트 점프	58cm
연봉	4천5백
출신교	추계초-중앙여중-근영여고
드래프트순위	2022~2023년 2라운드 2순위
이적사항	

SCOUTING REPORT

프로 2년차를 맞이한 아웃사이드 히터. 한국배구연맹 유소년 배구교실 출신 첫 V리거라는 이색 경력이 있다. 쌍둥이 언니와 함께 배구를 시작했고, 추계초 배구부에 들어가면서 엘리트 선수의 길까지 걷게 됐다. 지난 시즌 3경기에 출전해 경험도 쌓았다. 시즌 마지막 흥국생명전도 역시 잊을 수 없다. 딱 한 세트지만 스타팅으로도 나서 5득점을 올렸다. 칭찬을 잘 안 하는 편인 강성형 감독도 사이드 공격과 블로킹에 대해 좋은 평가를 해줬다. 첫 시즌을 마치고 느낀 게 많다. 특히 리시브 보강에 집중해야겠다고 생각하고, 비시즌 준비를 했다. 롤모델은 이소영. 프로에서 직접 만나 보니 생각했던 것 이상으로 모든 걸 잘 해내고, 특히 수비나 리시브가 더욱 닮고 싶어졌다. 네 자매인데 '운동 DNA'가 있다. 쌍둥이 언니도 골프 테스트를 준비중이고, 동생은 프로골퍼 서나은이다. 꿈을 크게 가지는 게 좋다며 목표를 국가대표로 밝혔다. 중고등학교 때부터 김다인을 알아서 팀에서도 도움을 받았다. 못 먹는 음식은 해산물.

RECORD

• 공격 •

경기수	세트수	공격 시도	공격 성공	범실	상대블럭	성공률	점유율
3	4	18	5	1	1	27.80%	0.30%

• 피 블로킹 •

성명	상대팀명	블로킹 시도	블로킹 성공	성공률
박현주	흥국생명	2	1	50.00%
박수연	흥국생명	1	0	0.00%
임혜림	흥국생명	1	0	0.00%
변지수	흥국생명	1	0	0.00%
김다은	흥국생명	1	0	0.00%

• 블로킹 •

경기수	세트수	블로킹 시도	블로킹 성공	유효 블로킹	범실	실패	세트당개수	점유율
3	4	4	0	2	0	2	0	0.20%

• 서브 •

경기수	세트수	서브 시도	서브 성공	범실	세트당개수	점유율
3	4	5	0	1	0	0.20%

• 세트 •

공격종합			오픈			속공		
시도	성공	성공률	시도	성공	성공률	시도	성공	성공률
1	0	0	1	0	0	0	0	0.00%

퀵오픈			시간차			이동			후위		
시도	성공	성공률	시도	성공	성공률	시도	성공	성공률	시도	성공	성공률
0	0	0.00%	0	0	0.00%	0	0	0.00%	0	0	0.00%

• 리시브 •

경기수	세트수	리시브 시도	리시브 정확	리시브 실패	효율	점유율
3	4	10	2	3	0.00%	0.37%

• 디그 •

경기수	세트수	디그 성공	디그 실패	디그 범실	효율	점유율
3	4	4	1	0	1	0.14%

이나연 no. 25 S

계정없음

생년월일	1992.03.25
신장 / 체중	173cm / 66kg
스텐딩 리치	219cm
서전트 점프	42cm
연봉	1억6천5백
출신교	추계초-서울중앙여중-서울중앙여고
드래프트순위	2010~2011 신생팀 우선지명
이적사항	IBK기업은행(2011~2012)-GS칼텍스(2012~2018) IBK기업은행(2018~2020)-현대건설(2020~)

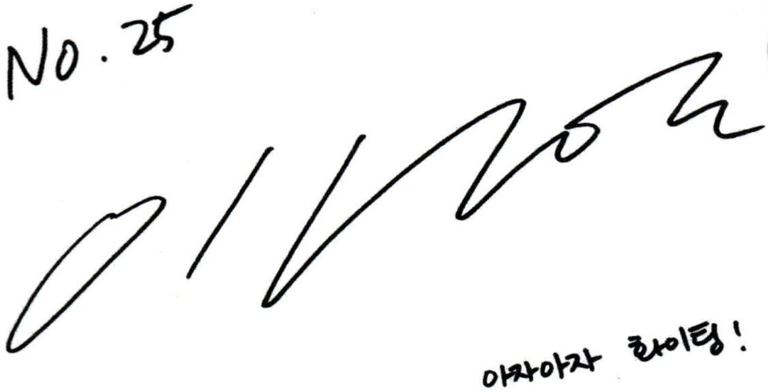

No. 25

아자아자 화이팅!

SCOUTING REPORT

현대건설은 더블 스위치(전위 세터와 후위 공격수 2명을 후위 세터, 전위 공격수와 한꺼번에 바꾸는 전술)를 자주 쓴 팀이었다. 낮고 빠른 토스가 강점인데다 왼손잡이인 세터 이나연과 왼손잡이 공격수 황연주가 있었기 때문이다. 하지만 지난 시즌엔 자주 볼 수 없었다. 이나연이 주춤했기 때문이다. 선수 스스로도 "코트에 못 들어가는 게 육체적인 것보다 더 괴롭다. 지금까지 시즌 중 가장 힘들었다"고 말할 정도다. 크고 작은 부상에 슬럼프까지 겹쳐 2012~13시즌 이후 가장 적은 17경기 출전에 그쳤다. 세트도 23개에 머물렀다. 배구가 어렵고 힘든건 당연하지만 무섭다는 생각도 처음 했다. 하지만 도망가진 않는다. 비시즌 동안 마음을 추스르며 "재밌게 해보자"고 다잡았다. 팀원들도, 코칭스태프도 그런 이나연의 어깨를 두드렸다. 대표팀 차출까지 겹쳐 힘든 김다인을 어떻게든 도와주고 싶다는 게 올 시즌 목표다. 다행히 연습 도중 잘 풀리지 않을 때 스스로에게 화를 낼 정도로 멘털적으로는 회복됐다. "존재의 이유를 인정받겠다." 이보다 더 결연한 시즌 전 각오는 없다.

RECORD

• 공격 •

경기수	세트수	공격 시도	공격 성공	범실	상대블럭	성공률	점유율
17	23	1	0	0	0	0.00%	0.00%

• 블로킹 •

경기수	세트수	블로킹 시도	블로킹 성공	유효 블로킹	범실	실패	세트당개수	점유율
17	23	4	0	2	0	1	0	0.20%

• 서브 •

경기수	세트수	서브 시도	서브 성공	범실	세트당개수	점유율
17	23	21	0	3	0	0.70%

• 세트 •

공격종합			오픈			속공		
시도	성공	성공률	시도	성공	성공률	시도	성공	성공률
163	53	32.5	60	18	30	23	10	43.5

퀵오픈			시간차			이동			후위		
시도	성공	성공률	시도	성공	성공률	시도	성공	성공률	시도	성공	성공률
67	21	31.3	4	1	25	1	1	100	8	2	25

• 리시브 •

경기수	세트수	리시브 시도	리시브 정확	리시브 실패	효율	점유율
17	23	0	0	0	0.00%	0.00%

• 디그 •

경기수	세트수	디그 성공	디그 실패	디그 범실	효율	점유율
17	23	13	4	0	0.565	0.47%

• 디그 상대 •

성명	팀명	디그 시도	디그 성공	성공률
엘리자벳	KGC인삼공사	4	2	50.00%
모마	GS칼텍스	1	1	100.00%
니아 리드	페퍼저축은행	1	1	100.00%
김나희	흥국생명	1	1	100.00%
전새얀	한국도로공사	1	1	100.00%

이영주 no. 05 L
@y_jxx__

생년월일	1999.03.09	신장 / 체중	161cm / 56kg		
스탠딩 리치	205cm	서전트 점프	58cm	연봉	6천
출신교	추계초-중앙여중-중앙여고				
드래프트순위	2017~2018 4라운드 4순위				
이적사항					

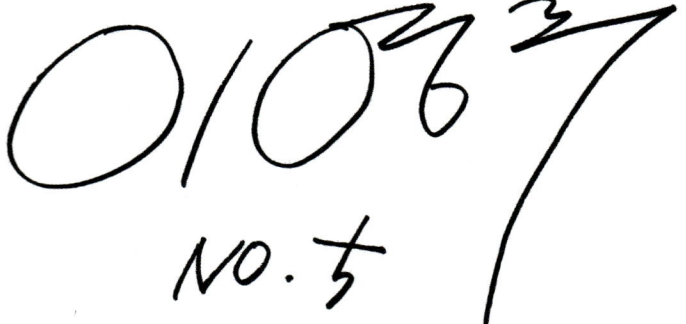

SCOUTING REPORT

주로 세컨드 리베로를 맡는다. 디그 능력은 팀 내에서 세 손가락 안에 든다. 한동안 원포인트 서버로 나섰을 만큼, 서브 능력도 갖췄다. 코트에서 첫 터치가 이뤄지는 리베로의 손에서 경기가 만들어지는 게 아니냐며 포지션에 대한 애착을 드러냈다. 2019~20시즌엔 김연견의 부상으로 주전으로 뛰기도 했다. 비교적 어린 연차에 큰 짐을 맡아 힘들어하기도 했다. 최근엔 김연견이 절정의 기량을 보여주는 바람에 기회가 많이 줄었다. 김주하, 한미르 등 같은 포지션 경쟁자도 많았다. 프로선수라면 당연히 받아들여야 할 경쟁이기 때문에 새삼스럽진 않다. 치열함 속에서도 4라운드 지명선수로서 6년 동안 프로에서 살아남았다. 노력, 그리고 열정 덕분이다. "욕심을 낸다고 해서 기회가 오는 건 아니다. 열심히 하는 것뿐이다." 당연히 올해 목표는 '많이 뛰기'다. 휴식 시간은 소소하게 보낸다. 카페에서 차나 디저트를 즐기면서 '소확행'을 즐긴다. 집에 있을 땐 두 마리의 강아지를 보며 힐링한다. 간식은 달달구리파.

RECORD

• 공격 •

경기수	세트수	공격 시도	공격 성공	범실	상대블럭	성공률	점유율
10	27	0	0	0	0	0.00%	0.00%

• 블로킹 •

경기수	세트수	블로킹 시도	블로킹 성공	유효 블로킹	범실	실패	세트당개수	점유율
10	27	0	0	0	0	0	0	0.00%

• 서브 •

경기수	세트수	서브 시도	서브 성공	범실	세트당개수	점유율
10	27	0	0	0	0	0.00%

• 세트 •

공격종합			오픈			속공		
시도	성공	성공률	시도	성공	성공률	시도	성공	성공률
30	9	30	24	5	20.8	0	0	0.00%

퀵오픈			시간차			이동			후위		
시도	성공	성공률	시도	성공	성공률	시도	성공	성공률	시도	성공	성공률
0	0	0.00%	0	0	0.00%	0	0	0.00%	6	4	66.7

• 리시브 •

경기수	세트수	리시브 시도	리시브 정확	리시브 실패	효율	점유율
10	27	28	14	3	39.29%	1.03%

• 디그 •

경기수	세트수	디그 성공	디그 실패	디그 범실	효율	점유율
10	27	52	14	0	1.926	1.84%

• 디그 상대 •

성명	팀명	디그 시도	디그 성공	성공률
박혜민	KGC인삼공사	6	5	83.33%
김다은	흥국생명	3	2	66.67%
박현주	흥국생명	3	2	66.67%
니아 리드	페퍼저축은행	4	2	50.00%
엘리자벳	KGC인삼공사	6	2	33.33%

정시영 no. 21 OH
@si_young_01

생년월일	1993.03.12	신장 / 체중	180cm / 67kg		
스탠딩 리치	225cm	서전트 점프	62cm	연봉	7천
출신교	수정초-경남여중-경남여고				
드래프트순위	2011~2012 2라운드 3순위				
이적사항	흥국생명(2011~2018)-현대건설(2018~)				

NO. 21

SCOUTING REPORT

프로 데뷔 후 아포짓, 미들블로커, 아웃사이드 히터 등 여러 포지션을 거쳤다. 타고난 점프력이 좋고, 힘도 있어서. 지난 시즌엔 오래간만에 아웃사이드 히터로 풀 시즌을 치렀다. 본인은 만족한다. 새로운 도전을 하니 똑같은 배구도 재미있게 느껴졌다. 정시영의 교체 투입타이밍은 역시 블로킹과 득점을 기대하는 상황이다. 그러나 리시브도 신경쓰고 있다. 자신의 좋은 리시브로 속공이 터졌을 때 쾌감을 느낀다고. 새 공 적응도 잘 해가고 있다. 공격 면에선 큰 차이를 못 느꼈으나 리시브는 확실히 달라서 집중 연습했다. "잘 될 때까지 하나라도 더 연습을 하려 했다"고 말할 정도. 프로에서 10시즌을 뛰었는데 아직 우승 반지는 하나 뿐이다. 현대건설 이적 후에도 팀은 많이 이겼으나 우승까지 가진 못했다. 지금도 "코로나만 아니었어도"란 아쉬움이 있다. 과거 단발 스타일을 다시 하길 바라는 팬들도 있는데, 고민을 하고 있는 중. 쉬는 시간엔 맛집을 찾아다닌다. 예전엔 양식파였으나 요즘엔 한식파로 바뀌었다.

RECORD

• 공격 •

경기수	세트수	공격 시도	공격 성공	범실	상대블럭	성공률	점유율
17	30	116	39	8	19	33.60%	2.30%

• 피 블로킹 •

성명	상대팀명	블로킹 시도	블로킹 성공	성공률
배유나	한국도로공사	9	4	44.44%
한송이	KGC인삼공사	5	3	60.00%
김수지	IBK기업은행	2	2	100.00%
이소영	KGC인삼공사	1	1	100.00%
이예솔	KGC인삼공사	1	1	100.00%

• 블로킹 •

경기수	세트수	블로킹 시도	블로킹 성공	유효 블로킹	범실	실패	세트당개수	점유율
17	30	26	0	17	0	8	0	1.00%

• 서브 •

경기수	세트수	서브 시도	서브 성공	범실	세트당개수	점유율
17	30	53	1	7	0	1.60%

• 세트 •

공격종합			오픈			속공		
시도	성공	성공률	시도	성공	성공률	시도	성공	성공률
11	3	27.3	11	3	27.3	0	0	0.00%

퀵오픈			시간차			이동			후위		
시도	성공	성공률	시도	성공	성공률	시도	성공	성공률	시도	성공	성공률
0	0	0.00%	0	0	0.00%	0	0	0.00%	0	0	0.00%

• 리시브 •

경기수	세트수	리시브 시도	리시브 정확	리시브 실패	효율	점유율
17	30	124	49	4	36.29%	4.55%

• 디그 •

경기수	세트수	디그 성공	디그 실패	디그 범실	효율	점유율
17	30	63	16	0	2.1	2.20%

한미르

no. 18 L
@hanmireuu

생년월일	2002.07.13	신장 / 체중	166cm / 62kg
스텐딩 리치	205cm	서전트 점프	58cm	연봉	5천7백
출신교	수정초-경해여중-선명여고		
드래프트순위	2020~2021 1라운드 6순위		
이적사항			

SCOUTING REPORT

고교 시절 센터와 리베로를 겸했으나, 프로에 온 뒤 원포인트 서버 및 2번 리베로로 주로 나서고 있다. 위협적이진 않아도, 상대를 흔들어 놓은 서브를 추구하고 있다. 실제로 지난 시즌 서브 에이스는 줄었지만, 범실률은 낮아져서 연속 득점을 많이 이끌어냈다. 공인구 변화로 플로터 서브가 더 득세할 전망이라 활용가치가 더 높아질 듯하다. 본인이 스스로 매긴 지난 시즌 점수는 40점. 서브 이후엔 수비를 해야 하는데 그 부분에서 아쉬움을 느꼈기 때문이다. 강성형 감독도 평소 세심한 서브와 수비를 주문했다. 어렸을 땐 이름이 마음에 들지 않았지만, 지금은 만족한다. 올 시즌 안 다치는 것을 첫번째로 생각하고, 들어갈 때마다 작은 역할이라고 100% 해내고 싶다는 각오를 밝혔다. 팀 내 활력소이기도 하다. 서가은에 따르면 팀내에서 가장 재밌는 선수. 웜업존에서도 열심히 하는 모습이 자주 보인다. '현미밥즈'와 함께 축가를 부를 때 메인보컬을 맡기도 했다.

RECORD

• 공격 •

경기수	세트수	공격 시도	공격 성공	범실	상대블럭	성공률	점유율
34	98	0	0	0	0	0.00%	0.00%

• 블로킹 •

경기수	세트수	블로킹 시도	블로킹 성공	유효 블로킹	범실	실패	세트당개수	점유율
34	98	0	0	0	0	0	0	0.00%

• 서브 •

경기수	세트수	서브 시도	서브 성공	범실	세트당개수	점유율
34	98	147	2	10	0	4.60%

• 세트 •

공격종합			오픈			속공		
시도	성공	성공률	시도	성공	성공률	시도	성공	성공률
9	5	55.6	7	4	57.1	0	0	0.00%

퀵오픈			시간차			이동			후위		
시도	성공	성공률	시도	성공	성공률	시도	성공	성공률	시도	성공	성공률
1	1	100	0	0	0.00%	0	0	0.00%	1	0	0

• 리시브 •

경기수	세트수	리시브 시도	리시브 정확	리시브 실패	효율	점유율
34	98	11	2	1	9.09%	0.40%

• 디그 •

경기수	세트수	디그 성공	디그 실패	디그 범실	효율	점유율
34	98	24	4	0	0.245	0.78%

• 디그 상대 •

성명	팀명	디그 시도	디그 성공	성공률
박정아	한국도로공사	2	2	100.00%
변지수	흥국생명	1	1	100.00%
박경현	페퍼저축은행	1	1	100.00%
한송이	KGC인삼공사	1	1	100.00%
유서연	GS칼텍스	1	1	100.00%

황연주

no. 04 OP
@no.4_hwang.yj

생년월일	1986.08.13
신장 / 체중	178cm / 65kg
스텐딩 리치	228cm
서전트 점프	53cm
연봉	1억1천2백
출신교	부천소사초-안산원곡중-수원한일전산여고-경기대
드래프트순위	2005~2006 1라운드 2순위
이적사항	

SCOUTING REPORT

프로배구 원년 신인왕. 드디어 20시즌을 채운다. 예전보다 코트에서 자주 볼 순 없지만, 경기력은 여전하다. 지난 시즌 야스민이 부상으로 빠진 자리를 훌륭하게 채우며 개막 15연승에 기여했다. 20득점 이상 올린 경기가 3번이나 됐다. 지난 시즌 기가 막힌 앵글샷을 터트리자 박미희 해설위원은 "2점을 줘야 한다"며 감탄했다. 페인트와 각 큰 공격, 스트레이트를 자유자재로 때린다. 과거만큼 성공률이 압도적이진 않지만, 국내 선수 중 황연주만큼 후위공격을 잘 때리는 아포짓은 드물다. 특별한 몸 관리 비결은 없다. 매일매일 운동을 하는 것 뿐이다. 스스로도 "회복력은 떨어졌지만, 운동능력은 여전하다"고 자신감을 드러낸다. 황연주의 대표 별명은 꽃사슴과 기록의 여왕. 두 가지 별명 중 하나를 골라달라고 하자 꽃사슴을 택했다. "꽃사슴이 더 예쁘니까. 나를 알릴 수 있는 계기였고, 신인 때부터 갖고 있는 별명이니까 좋다." 남편 박경상(프로농구 KCC 전력분석원)이 은퇴하면서 집안의 유일한 현역 선수가 됐다.

RECORD

• 공격 •

경기수	세트수	공격 시도	공격 성공	범실	상대블럭	성공률	점유율
28	79	641	219	39	35	34.20%	12.50%

• 피 블로킹 •

성명	상대팀명	블로킹 시도	블로킹 성공	성공률
정호영	KGC인삼공사	18	4	22.22%
강소휘	GS칼텍스	7	3	42.86%
최가은	페퍼저축은행	9	3	33.33%
표승주	IBK기업은행	17	3	17.65%
김연경	흥국생명	21	3	14.29%

• 블로킹 •

경기수	세트수	블로킹 시도	블로킹 성공	유효 블로킹	범실	실패	세트당개수	점유율
28	79	171	16	62	1	59	0.203	6.70%

• 서브 •

경기수	세트수	서브 시도	서브 성공	범실	세트당개수	점유율
28	79	228	14	21	0.2	7.10%

• 세트 •

공격종합			오픈			속공		
시도	성공	성공률	시도	성공	성공률	시도	성공	성공률
41	9	22	41	9	22	0	0	0.00%

퀵오픈			시간차			이동			후위		
시도	성공	성공률	시도	성공	성공률	시도	성공	성공률	시도	성공	성공률
0	0	0.00%	0	0	0.00%	0	0	0.00%	0	0	0.00%

• 리시브 •

경기수	세트수	리시브 시도	리시브 정확	리시브 실패	효율	점유율
28	79	2	1	0	50.00%	0.07%

• 디그 •

경기수	세트수	디그 성공	디그 실패	디그 범실	효율	점유율
28	79	164	30	0	2.076	5.41%

서지혜

no. 22 OH
@mushroom._j

생년월일	2005.08.14
신장 / 체중	173cm / 66kg
스텐딩 리치	223cm
서전트 점프	54cm
연봉	4천
출신교	반포초-근영중-근영여고
드래프트순위	2023~2024 2라운드 2순위
이적사항	

SCOUTING REPORT

어렸을 때부터 뛰는 걸 좋아했다. 자연스럽게 클럽팀에서 배구를 시작하다 4학년 때 전학해 엘리트 선수의 길을 걷기 시작했다. 키가 크지 않아 고민한 시기도 있다. 그래도 어쩔 수 없으니 자신만의 강점을 찾으려고 노력했다. "빠릿빠릿하게 움직이려고 했다"는 게 본인의 설명. 중앙여중을 다니다 김의성 감독을 따라 전주 근영여고로 진학했다. 자신있는 부분은 점프력과 리시브. 타점을 살려 틀어때리는 데 능하다. 고교 시절 팀내에서 많은 리시브를 책임졌다. 고등학교 때 오른 어깨 부상으로 1년간 재활을 했다. 그래서 드래프트에서도 큰 기대를 하지 않았다. 강성형 감독도 어깨 상태를 제일 먼저 물어봤다. 공격할 때 요령있게 대처하는 걸 보완하고 싶다. 보브컷 헤어스타일은 초등학교 때부터 쭉 유지하는 중. MBTI는 INFJ. 평소엔 '방콕' 스타일로 축구 경기 시청이 취미다. 성장형 선수를 꿈꾼다. 팬들에게도 "점점 잘 하는 선수"로 기억되고 싶다. 올 시즌 목표는 소박하다. 최대한 열심히, 자신의 강점을 키우는 것.

최서현

no. 15 S
@_qpfh0

생년월일	2005.02.03	신장 / 체중	176cm / 60kg	
스탠딩 리치	226cm	서전트 점프	49cm	연봉 4천5백
출신교	파장초-수일여중-한봄고			
드래프트순위	2023~2024 1라운드 6순위			
이적사항				

SCOUTING REPORT

김세빈과 함께 2022~23년 한봄고의 7연속 우승 행진에 기여했던 세터. 심판위원이자 한국배구연맹 기록원으로 활동중인 도로공사 출신 기남이씨의 딸이기도 하다. 자연스럽게 초등학교 4학년 때 어머니의 영향으로 배구를 시작했다. 포지션도 어머니가 추천해줬다. "공격수는 경쟁이 힘들고, 세터는 다른 포지션에 비해 특수하니까"란 이유였다. 직장에서 어머니를 만나겠지만 신경쓰지 않을 생각. "엄마도 일하고, 저도 일하는 거죠." 현대건설 세터들은 전반적으로 신장이 낮은 편이었고, 강성형 감독도 세터로선 작지 않은 키라는 점을 주목했다. 본인도 장점으로 네트를 넘어가는 공 처리와 블로킹을 꼽았다. 고교 시절 김세빈, 최유림(1m90㎝, 근영여고 전학) 등 장신 선수들과 호흡을 많이 맞춰봤다. 좋은 미들블로커들이 많은 현대건설에선 좋은 재산이 될 수 있다. 이제는 김세빈을 블로킹해야 하는 상황도 온다. "세빈이가 주로 뒷쪽으로 공격해서 자주 만나진 않겠지만, 잡으면 기분좋을 것 같다"고 했다. 요즘 관심거리는 화장.

최호선 no. 16 OP

생년월일	2005.12.21	신장 / 체중	180cm / 65kg	
스탠딩 리치	228cm	서전트 점프	48cm	연봉 3천
출신교	가주초-일신여중-일신여상			
드래프트순위	2023~2024 4라운드 2순위			
이적사항				

SCOUTING REPORT

초등학교 4학년 때 배구를 시작했다. 국가대표를 지냈고 LG화재(현 KB손보) 출신인 고모부 강호인이 권유했다. 키는 반에서 제일 컸지만, 운동에 관심도 없고 배구의 '배'자도 몰랐지만 재밌었다. 일반 학교를 다니면서 일신여중에 가 연습을 했다. 덕분에 기본기도 잘 다졌다. 왼손잡이다. 높은 타점에서 빠르게 스윙해 감아 때리는 서브가 좋고, 범실도 적은 편. 프로에서도 원포인트 서버로 기회를 얻을 전망. 기회가 되면 자신있게 때릴 생각이다. 입단하고 싶은 팀이 현대건설이었다. "항상 팀 분위기가 좋고, 프로다운팀이라고 느꼈다. 황연주의 팬이었지만 정작 이야기는 별로 못 나눴다. 낯가림도 심하고, 내성적인 편. 그래도 배구를 하면서 조금 밝아졌다. MBTI는 ISFJ. 여덟 번 했는데 똑같이 나왔다. 계획적인 성향답게 계획이 틀어지는 걸 싫어한다. 청소년 대표 경력이 있다. 새로운 환경에 적응하고, 시야도 넓어졌다. 이윤신, 유가람 등 대표 선수들과도 친해졌다. 좋아하는 아이돌은 투모로우바이투게더의 연준.

JUNG KWAN JANG
RED SPARKS

since 1988
정관장
레드스파크스
JUNG KWAN JANG RED SPARKS

- https://www.kgcsports.com/volleyball/main/main.php
- @kgcvolle
- http://tinyurl.com/vfgb84p
- www.facebook.com/VolleyballKgc

2022-23 시즌
4위

정규 우승 1회 | 챔프 우승 3회 | 통합 우승 1회

2022~2023시즌 리뷰

이영택 감독이 떠나고 고희진 감독이 새로 지휘봉을 잡으며 시작한 2022~2023시즌. '검증된 거포' 엘리자벳 영입으로 공격력을 강화하며 '봄 배구' 진출에 대한 열의를 불태웠다. 하지만, 리베로 노란의 부상 공백 속에 수비 불안을 노출하며 3라운드까지 중위권을 벗어나지 못했다. 4라운드부터 전력이 조금씩 안정을 찾자 5라운드 반격에 나섰다. 3차전 IBK기업은행과 경기를 시작으로 내리 6연승을 달리며 3위를 꿰찼다. 하지만 뒷심 부족에 고개를 떨궜다. 본격적인 승점 경쟁이 시작된 시즌 마지막 4경기에서 2승 2패, 승점 5점에 그쳐 3위 한국도로공사와 승점 4점 차, 4위로 시즌을 마감했다. '봄 배구'까지 딱 승점 1점이 부족했고, 여자배구 '봄 배구 최장 실패 기록'의 불명예를 안았다. 특히 3위 한국도로공사에 1승 5패로 절대 열세로 밀린 부문이 탈락의 요인이었다. 1라운드에서 최하위 페퍼저축은행에 시즌 첫 승점, 1점을 헌납한 것도 돌이켜보면 뼈아팠다. 희망도 봤다. 국가대표 미들블로커 정호영과 박은진이 풀타임을 소화하며 한 계단 성장했다. 정호영은 높이의 위력을 자랑했고, 박은진은 다양한 공격을 선보이며 재능을 뽐냈다. 아쉽게 시즌을 일찍 마감했지만, 전-현직 국가대표의 위용을 과시하며 6연승을 달린 건 새 시즌에 대한 희망이 됐다.

2023~2024시즌 프리뷰

채선아와 이별했지만, 베테랑 염혜선, 한송이와 FA 잔류 계약에 성공하며 전력 이탈을 최소화했다. 타 구단과 다른 외국인 선수 선발 전략을 세웠다. 유일하게 아포짓 스파이커(메가왓티)를 아시아쿼터 선수로 선발했고, 자연스럽게 외국인 선수는 아웃사이드 히터(지아)를 뽑았다. 메가왓티의 공격력이 리그에서도 충분히 통할 거로 판단했다. 백업 전력 보강을 위한 트레이드도 적극적으로 나섰다. 한국도로공사와 2대 2 트레이드를 단행해 박은지와 고의정을 보내고 안예림, 김세인을 영입했다. 강도 높은 웨이트 프로그램을 소화하며 새 시즌을 준비하던 중 '행운'까지 따랐다. 4번째로 적은 8개의 구슬로 신인드래프트 2순위의 행운을 차지했다. 고희진 감독은 '살림꾼' 역할이 기대되는 아웃사이드 히터 곽선옥을 지명했다. 이어 182cm 장신 공격수 강다연(2라운드 6순위), 리베로 정수지(수련)을 선발해 미래를 준비했다. 전-현직 국가대표가 대거 포진한 주전 멤버의 일면은 화려하다. 하지만, 공-수 핵심 이소영이 어깨 수술을 받고 이탈한 점은 '아킬레스건'이다. 최소 3라운드까지 이소영의 공백을 메워야 한다. 박혜민, 이선아 등 아웃사이드 히터 자원의 활약에 초반 성패가 달렸다. 이제는 여자배구 '봄 배구 최장 실패 기록'을 끊어야 한다.

시즌별 팀 성적

시즌	경기수	세트수	득점	공격%	블로킹	서브	세트	리시브%	디그
2018~2019	30	105	2182	33.87	2.048	0.819	12.429	42.60	21.905
2019~2020	26	114	2462	37.60	1.974	1.053	12.702	31.49	20.605
2020~2021	30	117	2549	38.65	2.145	0.932	13.231	33.62	20.359
2021~2022	32	115	2548	37.99	2.357	1.130	12.913	31.40	20.730
2022~2023	36	144	3168	40.05	2.555	0.743	13.438	40.74	19.236

감독

고희진

- 1980.07.13. / 198cm / 91kg / 마산중앙고–성균관대
- 2003–2016 삼성화재블루팡스 선수
  2010 광저우 아시안게임 동메달
  2016–2017 삼성화재블루팡스 코치
  2017–2020 삼성화재블루팡스 수석코치
  2020–2022 삼성화재블루팡스 감독
  2022– KGC인삼공사배구단 감독

고희진 감독 인터뷰

고희진 감독은 지난 시즌 봄 배구 문턱을 넘지 못한 건 체력 문제라고 판단했다. "풀세트 11경기에서 6승을 따냈지만, 풀세트까지 가지 않아도 되는 경기를 많이 했다"며 "4세트 이후 체력이 떨어지면서 결정력 부족이 드러났다. 범실도 많아졌다"고 진단했다. 새 트레이너와 함께 차원이 다른 웨이트 프로그램을 준비했다. 모든 선수의 웨이트 중량이 늘었다. 선수단 사이에서 '역대급'이라는 소리가 나올 정도로 훈련 강도는 높았다. 부임 두 번째 시즌, 고희진 감독은 '스피드 배구'를 천명했다. 빠른 토스워크로 다양한 플레이를 선보일 계획이다. 그는 "외국인 선수가 바뀌었고, 팀 스타일 자체도 달라졌다. 공격을 분산시키고, 스피드 있는 패턴 플레이로 시즌을 치러야 한다. 그러기 위해서는 호흡이 중요하다"고 설명했다. '주포' 이소영의 부상 공백을 메우기 위한 대비도 철저히 하고 있다. "어깨는 민감한 부위기 때문에 정말 100% 다 회복하면 복귀시킬 예정이다. 박혜민, 이선우, 트레이드로 영입한 김세인까지 아웃사이드 히터 자원이 자기 역할을 해줄 것이다"라고 말했다. 부임 첫 시즌 '봄 배구'를 강조했다면, 두 번째 시즌 목표는 '우승'이다. "시즌 초반 잘 버틴 뒤 이소영이 복귀한다면 분위기를 충분히 탈 수 있을 거 같다. '봄 배구'를 목표했더니 안 되겠더라. 우승을 목표로 나아가겠다"고 강조했다.

STAFF

코치 이숙자	트레이너 정소희	전력분석 송찬욱	매니저 신동민
코치 이강주	트레이너 박창배	전력분석 오유란	통역 김윤솔
코치 김정환	트레이너 노혜진		

이소영

no. 01 OH
@so02_1

생년월일	1994.10.17
신장 / 체중	175cm / 68kg
스텐딩 리치	223cm
서전트 점프	47cm
연봉	6억5천
출신교	둔포초-근영중-근영여고
드래프트순위	2012~2013 1라운드 1순위
이적사항	GS칼텍스-정관장(2021~)

SCOUTING REPORT

이소영의 2023~2024시즌은 다소 늦게 시작될 예정이다. 지난 시즌을 마친 뒤 오른쪽 어깨 회전근개 수술을 받고 비시즌 내내 재활에 매진했다. 수술을 받기까지 고민이 많았다. 이소영은 "수술대에 올라가서도 고민이었다"며 "무릎 수술 경험이 있었지만, 어깨는 다른 문제였다. 공격수, 특히 힘을 쓰는 공격수 입장에서 어깨에 칼을 대는 건 큰 모험이었다"고 회상했다. 다행히 수술은 성공적으로 끝났고, 재활은 순조롭다. 회복 속도가 빨라서 본인은 물론 트레이너까지 모두 놀라워할 정도. "워낙 아팠던 부위라서 정리했더니 속이 시원하다. 이제는 어깨 각도를 잘 만들어서 더 나은 퍼포먼스를 내야 한다"고 말했다. 이소영이 예상하는 복귀 시점은 3라운드. '완벽한 회복'이 복귀 조건이다. 이소영은 "복귀해서도 팀에 민폐를 끼치면 안 된다"며 "지난 시즌을 돌아보면 리시브 감이 정말 좋았다. '다시 그렇게 받을 수 있을까'라고 생각할 정도로 좋았는데, 올 시즌도 차이가 없게끔 준비를 잘 하겠다"고 말했다. 정관장에서 어느덧 세 번째 시즌, 올 시즌을 마치면 다시 FA 자격을 취득한다. 봄 배구를 넘어 우승을 목표로 '유종의 미'를 다짐하고 있다.

RECORD

• 공격 •

경기수	세트수	공격 시도	공격 성공	범실	상대블럭	성공률	점유율
36	144	1092	406	70	84	37.20%	21.50%

• 피 블로킹 •

성명	상대팀명	블로킹 시도	블로킹 성공	성공률
한수지	GS칼텍스	25	8	32.00%
배유나	한국도로공사	35	7	20.00%
정대영	한국도로공사	25	6	24.00%
전새얀	한국도로공사	13	5	38.46%
오세연	GS칼텍스	11	4	36.36%

• 블로킹 •

경기수	세트수	블로킹 시도	블로킹 성공	유효 블로킹	범실	실패	세트당개수	점유율
36	144	257	38	84	1	84	0.264	9.70%

• 서브 •

경기수	세트수	서브 시도	서브 성공	범실	세트당개수	점유율
36	144	548	13	46	0.1	17.30%

• 세트 •

공격종합			오픈			속공		
시도	성공	성공률	시도	성공	성공률	시도	성공	성공률
212	68	32.1	148	49	33.1	0	0	0.00%

퀵오픈			시간차			이동			후위		
시도	성공	성공률	시도	성공	성공률	시도	성공	성공률	시도	성공	성공률
1	1	100	0	0	0.00%	0	0	0.00%	63	18	28.6

• 리시브 •

경기수	세트수	리시브 시도	리시브 정확	리시브 실패	효율	점유율
36	144	875	456	23	49.49%	30.57%

• 디그 •

경기수	세트수	디그 성공	디그 실패	디그 범실	효율	점유율
36	144	606	108	2	4.208	21.28%

지아

no. 77 OH

@gia__day

생년월일	1998.06.13	신장 / 체중	186cm / 81kg
스탠딩 리치	241cm	서전트 점프	46cm	연봉	25만$
출생(국가)	미국
드래프트순위	2023 외국인선수 4순위
풀네임	GIOVANNA MILANA

SCOUTING REPORT

미국 출신으로 외국인 선수 드래프트에서 전체 3순위로 정관장 유니폼을 입었다. 2023~2024시즌 7개 구단 외국인 선수 가운데 유일한 아웃사이드 히터. 아포짓 스파이커 자리에 아시아쿼터 메가왓티가 영입되면서, 리시브에서 높은 평가를 받은 '아웃사이드 히터' 지아가 정관장의 선택을 받았다. 공격과 수비, 모두 책임져야 하는 막중한 임무 속에 고희진 감독이 추구하는 스피드 배구의 핵심 선수로 꼽힌다. 부담감보다는 자신감이 더 높다. "동료를 지원해주는 것이 나의 목표"라며 "한국식 서브에 빨리 적응해서 리비스에서 흔들리지 않겠다"고 다짐했다. 엘리자벳, 야스민 등 평소 알고 지낸 선수들에게 한국 생활 적응에 대한 조언도 빼놓지 않고 듣고 있다. 부침개의 기름진 맛에 빠진 뒤 한국 음식을 더욱 사랑하게 됐다. 처음해 보는 한국식 훈련은 "무척 고되지만, 새로운 경험"이라며 자신의 배구 인생에서 한 단계 성장하는 계기로 삼고 있다. "코트에서 100%를 쏟아 부으면, 숫자는 따라올 거로 믿는다"며 2023~2024시즌 활약을 다짐했다.

RECORD

• 공격 •

경기수	세트수	공격 시도	공격 성공	범실	상대블럭	성공률	점유율

• 피 블로킹 •

성명	상대팀명	블로킹 시도	블로킹 성공	성공률

• 블로킹 •

경기수	세트수	블로킹 시도	블로킹 성공	유효 블로킹	범실	실패	세트당개수	점유율

• 서브 •

경기수	세트수	서브 시도	서브 성공	범실	세트당개수	점유율

• 세트 •

공격종합			오픈			속공		
시도	성공	성공률	시도	성공	성공률	시도	성공	성공률

퀵오픈			시간차			이동			후위		
시도	성공	성공률	시도	성공	성공률	시도	성공	성공률	시도	성공	성공률

• 리시브 •

경기수	세트수	리시브 시도	리시브 정확	리시브 실패	효율	점유율

• 디그 •

경기수	세트수	디그 성공	디그 실패	디그 범실	효율	점유율

메가

no. 08 OP

@megawatihangestrip

생년월일	1999.09.20
신장 / 체중	185cm / 65kg
스텐딩 리치	240cm
서전트 점프	52cm
연봉	10만$
출생(국가)	인도네시아
드래프트순위	2023 아시아쿼터 3순위
풀네임	MEGAWATI PERTIWI

SCOUTING REPORT

아시아쿼터 유일한 아포짓 스파이커 공격수이자 '최장신' 선수로 지난 4월 드래프트에서 정관장의 선택을 받았다. 지명 당시 종교적 이유로 히잡을 쓰고 있어 주목 받기도 했다. 축구 선수로 뛰다가 아버지의 추천으로 배구 선수의 길을 걷게 됐다. 1999년생이지만, 프로 경력이 무려 9년차로 '베테랑'이다. "중3 시절 동네 클럽을 시작으로 인도네시아, 태국에서 선수 생활을 했다. 한국 생활은 처음인데, 즐기고 있다. 음식, 문화 모든 것이 새롭고 즐겁다"고 말했다. 인도네시아 국가대표 주전 아포짓 스파이커로 활약한 만큼 '파워'와 '공격력'이 강점으로 꼽힌다. "원래 힘이 셌는데, 정관장 입단 후 처음 경험하는 체계적인 웨이트 훈련 덕분에 힘이 더 세졌다"며 웃었다. 연습경기에서 연일 강타를 터뜨리자, 상대 구단의 '경계 대상 1호'로 떠올랐다. "자만심을 갖는 건 아니지만, 인도네시아에서도 늘 경계 대상으로 지목 받았기 때문에 크게 신경 쓰지는 않는다"며 자신감을 드러냈다. 자신의 이름처럼 '메가톤급' 활약으로 팀을 우승으로 이끌고 싶다는 포부를 밝혔다.

RECORD

• 공격 •

경기수	세트수	공격 시도	공격 성공	범실	상대블럭	성공률	점유율

• 피 블로킹 •

성명	상대팀명	블로킹 시도	블로킹 성공	성공률

• 블로킹 •

경기수	세트수	블로킹 시도	블로킹 성공	유효 블로킹	범실	실패	세트당개수	점유율

• 서브 •

경기수	세트수	서브 시도	서브 성공	범실	세트당개수	점유율

• 세트 •

공격종합			오픈			속공		
시도	성공	성공률	시도	성공	성공률	시도	성공	성공률

퀵오픈			시간차			이동			후위		
시도	성공	성공률	시도	성공	성공률	시도	성공	성공률	시도	성공	성공률

• 리시브 •

경기수	세트수	리시브 시도	리시브 정확	리시브 실패	효율	점유율

• 디그 •

경기수	세트수	디그 성공	디그 실패	디그 범실	효율	점유율

정호영

no. 17 MB
@harace_0823

생년월일	2001.08.23
신장 / 체중	190cm / 73kg
스탠딩 리치	248cm
서전트 점프	61cm
연봉	1억3천
출신교	경양초-광주체중-선명여고
드래프트순위	2019~2020 1라운드 1순위
이적사항	

부상없이 즐겁올라가기!

SCOUTING REPORT

지난 시즌 공격과 수비, 전 부분에서 커리어 하이를 찍으며 확실한 주전 미들블로커로 자리매김했다. 리그 속공 3위, 블로킹 6위에 오르며 팀의 중앙을 단단히 지켰다. 리그 최고 미들블로커로 꼽히는 현대건설 양효진에 버금가는 '높이'가 제대로 위력을 발휘했다. 정호영은 "지난 시즌과 비교해 확실히 성장했다는 걸 느꼈다"며 "개인적으로 만족한 시즌이었지만, 팀이 승점 1점 차이로 봄 배구를 하지 못한 게 정말 아쉬웠다"고 돌아봤다. 새 시즌 화두는 '다양성'이다. 높이의 우위는 확인했지만, 고희진 감독이 추구하는 스피드 배구를 실현하려면 조금 더 빠르게, 많이 움직여야 한다. "스피드를 올리는 건 항상 숙제라고 생각한다"며 "이동 공격, 시간차 공격 등 움직이는 공격에 대한 필요성을 느끼고 있다"고 말했다. 비시즌 국가대표 일정을 소화하면서 체력 유지의 어려움도 겪었다. "쉬는 기간 없이 항상 경기를 준비하고 있다 보니 체력이 떨어지는 걸 느끼고 있다. 팀에 합류하면 36경기, 풀타임을 뛸 수 있는 체력을 완성하는 게 우선인 것 같다"고 말했다.

RECORD

• 공격 •

경기수	세트수	공격 시도	공격 성공	범실	상대블럭	성공률	점유율
36	140	555	254	26	21	45.80%	10.90%

• 피 블로킹 •

성명	상대팀명	블로킹 시도	블로킹 성공	성공률
양효진	현대건설	20	4	20.00%
배유나	한국도로공사	22	3	13.64%
육서영	IBK기업은행	2	2	100.00%
이다현	현대건설	11	2	18.18%
야스민	현대건설	1	1	100.00%

• 블로킹 •

경기수	세트수	블로킹 시도	블로킹 성공	유효 블로킹	범실	실패	세트당개수	점유율
36	140	635	96	242	15	166	0.686	24.00%

• 서브 •

경기수	세트수	서브 시도	서브 성공	범실	세트당개수	점유율
36	140	316	5	26	0	10.00%

• 세트 •

공격종합			오픈			속공		
시도	성공	성공률	시도	성공	성공률	시도	성공	성공률
42	18	42.9	34	15	44.1	0	0	0.00%

퀵오픈			시간차			이동			후위		
시도	성공	성공률	시도	성공	성공률	시도	성공	성공률	시도	성공	성공률
0	0	0.00%	0	0	0.00%	0	0	0.00%	8	3	37.5

• 리시브 •

경기수	세트수	리시브 시도	리시브 정확	리시브 실패	효율	점유율
36	140	41	14	3	26.83%	1.43%

• 디그 •

경기수	세트수	디그 성공	디그 실패	디그 범실	효율	점유율
36	140	106	28	2	0.757	4.04%

박은진 no. 06 MB
@as991215

생년월일	1999.12.15	신장 / 체중	187cm / 73kg		
스텐딩 리치	247cm	서전트 점프	49cm	연봉	1억3천
출신교	경해여중-선명여고				
드래프트순위	2018~2019 1라운드 2순위				
이적사항					

봄배구 진출!

SCOUTING REPORT

36경기, 전 경기 출장하며 팀의 중앙을 든든하게 책임졌다. 전 시즌과 비교해 모든 부분이 향상됐는데, 블로킹은 두 배 가까운 수치를 기록했다. 박은진은 "개인적으로 많이 성장한 시즌이라고 생각한다. 수비에서도 발전했고, 특히 공격의 다양성 부분에서 나름 소득이 있었다. 자신감도 많이 얻었다"고 회상했다. 개인적인 발전에도 팀이 승점 1점 차이로 봄 배구 진출에 실패한 건 아쉬움으로 남았다. "탈락이 확정되고 돌아보니 아쉬운 경기가 너무 많았다. 새 시즌에는 아쉬움을 남기고 싶지 않다"고 말했다. KOVO컵 대회를 마친 뒤 연이은 국가대표 차출로 팀 훈련을 제대로 소화하지 못했다. "체력적인 부분에서 아무래도 걱정이 된다"며 "비시즌 기간 다들 강도 높은 웨이트 훈련을 소화했다고 들었다. 대표팀 일정이 워낙 강행군이라 체력 보강은커녕 현상 유지도 힘든 상황이었다. 팀에 복귀하면 체력부터 회복해야 할 것 같다"고 말했다. "같은 포지션의 정호영, 아포짓 스파이커 메가왓티와 함께 단단한 벽을 쌓겠다"며 새 시즌 봄 배구 이상을 정조준하고 있다.

RECORD

• 공격 •

경기수	세트수	공격 시도	공격 성공	범실	상대블럭	성공률	점유율
36	130	271	113	18	8	41.70%	5.30%

• 피 블로킹 •

성명	상대팀명	블로킹 시도	블로킹 성공	성공률
김연경	흥국생명	2	2	100.00%
강소휘	GS칼텍스	1	1	100.00%
김다은	흥국생명	1	1	100.00%
오세연	GS칼텍스	3	1	33.33%
이윤정	한국도로공사	3	1	33.33%

• 블로킹 •

경기수	세트수	블로킹 시도	블로킹 성공	유효 블로킹	범실	실패	세트당개수	점유율
36	130	465	63	189	5	140	0.485	17.50%

• 서브 •

경기수	세트수	서브 시도	서브 성공	범실	세트당개수	점유율
36	130	287	8	17	0.1	9.10%

• 세트 •

공격종합			오픈			속공		
시도	성공	성공률	시도	성공	성공률	시도	성공	성공률
63	19	30.2	43	14	32.6	0	0	0.00%

퀵오픈			시간차			이동			후위		
시도	성공	성공률	시도	성공	성공률	시도	성공	성공률	시도	성공	성공률
0	0	0.00%	0	0	0.00%	0	0	0.00%	20	5	25

• 리시브 •

경기수	세트수	리시브 시도	리시브 정확	리시브 실패	효율	점유율
36	130	26	9	0	34.62%	0.91%

• 디그 •

경기수	세트수	디그 성공	디그 실패	디그 범실	효율	점유율
36	130	93	16	0	0.715	3.24%

염혜선

no. 03 S
@luminous___y03

생년월일	1991.02.03
신장 / 체중	176cm / 66kg
스텐딩 리치	227cm
서전트 점프	35cm
연봉	3억5천
출신교	목포하당초-목포영화중-목포여상
드래프트순위	2008~2009 1라운드 1순위
이적사항	현대건설-IBK기업은행(2017~2019) GS칼텍스(2019)-정관장(2019~)

SCOUTING REPORT

여자배구 역대 두 번째로 1만3000세트 대기록을 달성했지만, 염혜선은 "분하고, 속상한 지난 시즌이었다"고 회상했다. "승점 1점 차이로 봄 배구에서 탈락하니까 더 아쉽더라. 스스로에게 화가 많이 났고, 부족한 부분이 많이 떠올랐다"고 말했다. 새 시즌 준비를 위해 FA 계약도 빠르게 매듭지었다. 3억5000만원으로 세터 최고 대우를 받고 정관장에 잔류했다. "구단과 고희진 감독님께서 행복한 배구를 할 수 있게 좋은 환경을 만들어 준다"며 잔류 이유를 밝혔다. 최고 대우를 받은 만큼 책임감은 더 커졌다. 스피드 배구를 완성하기 위해 정확도를 높이는데 집중했다. 중앙 활용은 숙제. 특히 정호영과 박은진, 국가대표 미들 블로커와 시너지를 내야 한다. 염혜선은 후배들이 흔들리는 건 자신의 문제라고 진단했다. "내가 중심을 잡아줘야 하는데, 급했다. 그래서 후배들이 흔들린 부분이 있었다. 정호영, 박은진 모두 센스가 좋으니까 새 시즌에는 중앙 공격을 많이 활용하려고 한다"고 말했다. 어느덧 30대 중반을 향해가는 만큼 트로피에 대한 갈증이 크다. "우승하면 여한이 없을 거 같다는 게 무슨 말인지 알 것 같다. 새 시즌 충분히 해볼 수 있다고 본다. 높은 곳으로 가보겠다"고 다짐했다.

RECORD

• 공격 •

경기수	세트수	공격 시도	공격 성공	범실	상대블럭	성공률	점유율
36	139	73	29	7	1	39.70%	1.40%

• 블로킹 •

경기수	세트수	블로킹 시도	블로킹 성공	유효 블로킹	범실	실패	세트당개수	점유율
36	139	264	13	122	4	72	0.094	10.00%

• 서브 •

경기수	세트수	서브 시도	서브 성공	범실	세트당개수	점유율
36	139	527	10	21	0.1	16.60%

• 세트 •

공격종합			오픈			속공		
시도	성공	성공률	시도	성공	성공률	시도	성공	성공률
3622	1513	41.8	1267	492	38.8	566	266	47

퀵오픈			시간차			이동			후위		
시도	성공	성공률	시도	성공	성공률	시도	성공	성공률	시도	성공	성공률
1008	420	41.7	129	57	44.2	47	16	34	605	262	43.3

• 리시브 •

경기수	세트수	리시브 시도	리시브 정확	리시브 실패	효율	점유율
36	139	15	0	3	0.00%	0.52%

• 디그 •

경기수	세트수	디그 성공	디그 실패	디그 범실	효율	점유율
36	139	384	69	0	2.763	13.46%

• 디그 상대 •

성명	팀명	디그 시도	디그 성공	성공률
배유나	한국도로공사	20	17	85.00%
황연주	현대건설	14	11	78.57%
모마	GS칼텍스	14	11	78.57%
니아 리드	페퍼저축은행	14	9	64.29%
양효진	현대건설	16	9	56.25%

노란

no. 05 L

@rrrran_317

생년월일	1994.03.07
신장 / 체중	167cm / 57kg
스탠딩 리치	215cm
서전트 점프	45cm
연봉	1억2천
출신교	파장초-수일여중-한봄고-국제사이버대
드래프트순위	2012~2013 3라운드 3순위
이적사항	IBK기업은행-정관장(2018~)

#5

SCOUTING REPORT

10년의 기다림 끝에 주전으로 발돋움했지만, 지난 시즌을 앞두고 아킬레스건 부상으로 힘든 시간을 보냈다. 빠르게 회복해 팀에 복귀했지만, 봄 배구 탈락의 아쉬움에 고개를 떨궜다. 노란은 "부상은 어쩔 수 없는 부분 아니겠는가. 마지막까지 포기하고 싶지 않았는데, 승점 1점 차이로 봄 배구에 탈락하니 너무 아쉬웠다"고 말했다. 그래도 몸 상태에 대한 '불안감'을 떨쳐낸 건 지난 시즌 수확이다. "통증은 이제 없다. 기능적인 부분은 부상 이전으로 돌아가려고 하고 있다"며 "수술 당시 워낙 무서웠는데, 복귀하는 날 관중의 함성과 동료들이 격려가 큰 힘이 됐다. 중요한 시점에서 복귀를 해 팀에 폐를 끼치지 말자고 생각했다"고 말했다. 새 시즌 리시브 라인에 외국인 선수가 합류한다. "영어 공부를 많이 해야 할 것 같다"고 웃은 노란은 "가벼운 대화는 되는데, 아무래도 깊게 이야기할 때는 막히는 부분이 있다. 새 시즌 소통이 우리 팀 수비의 가장 핵심 키워드가 되지 않을까 싶다"고 밝혔다. 다치지 않고, 건강하게 새 시즌을 완주하는 것도 중요한 목표다.

RECORD

• 공격 •

경기수	세트수	공격 시도	공격 성공	범실	상대블럭	성공률	점유율
19	72	0	0	0	0	0.00%	0.00%

• 블로킹 •

경기수	세트수	블로킹 시도	블로킹 성공	유효 블로킹	범실	실패	세트당개수	점유율
19	72	0	0	0	0	0	0	0.00%

• 서브 •

경기수	세트수	서브 시도	서브 성공	범실	세트당개수	점유율
19	72	0	0	0	0	0.00%

• 세트 •

공격종합			오픈			속공		
시도	성공	성공률	시도	성공	성공률	시도	성공	성공률
109	31	28.4	84	20	23.8	0	0	0.00%

퀵오픈			시간차			이동			후위		
시도	성공	성공률	시도	성공	성공률	시도	성공	성공률	시도	성공	성공률
0	0	0.00%	0	0	0.00%	0	0	0.00%	25	11	44

• 리시브 •

경기수	세트수	리시브 시도	리시브 정확	리시브 실패	효율	점유율
19	72	357	188	15	48.46%	12.47%

• 디그 •

경기수	세트수	디그 성공	디그 실패	디그 범실	효율	점유율
19	72	325	58	2	4.514	11.44%

• 디그 상대 •

성명	팀명	디그 시도	디그 성공	성공률
니아 리드	페퍼저축은행	12	11	91.67%
캣벨	한국도로공사	13	10	76.92%
산타나	IBK기업은행	11	7	63.64%
박정아	한국도로공사	9	6	66.67%
모마	GS칼텍스	11	6	54.55%

김세인

no. 04 OH
@kimsein_03

생년월일	2003.02.06
신장 / 체중	172cm / 58kg
스탠딩 리치	219cm
서전트 점프	50cm
연봉	6천8백
출신교	유영초-경해여중-선명여고
드래프트순위	2021~2022 1라운드 5순위
이적사항	페퍼저축은행-한국도로공사(2022~2023)-정관장(2023~)

SCOUTING REPORT

프로 세 번째 시즌을 세 번째 팀에서 맞게 됐다. 지난 8월 2대 2 트레이드로 한국도로공사를 떠나 정관장에 새 둥지를 틀었다. 김세인은 "점심을 먹고 낮잠을 자고 있었는데, 트레이드 이야기를 들었다. 놀라서 잠이 확 깨더라. '어느 팀으로 가냐'고 물으니 정관장이라고 해서 그제야 실감이 났다"고 말했다. 한국도로공사에서 우승의 추억을 뒤로 하고 새롭게 출발선에 섰다. 시즌 시작 전까지 적응을 마치고, 세터와 호흡을 맞추는 것이 최우선 목표다. "토스의 구질과 방향, 속도 모든 게 다르기 때문에 처리하기 바쁜 건 사실"이라며 "리시브 연습도 많이 하고 있다. 전 소속 팀과 수비 시스템도 달라서 배우고 또 배우고 있다"고 말했다. 시즌 초반 주전 이소영의 공백을 메워야 하는 후보 중 한 명이다. 새 팀에서 우선 목표는 스타팅 멤버로 코트 많이 밟기. 지난 시즌 KOVO컵 대회에서 보여준 임팩트를 재연한다면 목표 달성은 충분히 가능하다. 더 큰 목표는 '우승'이다. "우승을 경험해 보니 왜 다들 우승을 원하는지 알겠다"며 각오를 다졌다.

RECORD

• 공격 •

경기수	세트수	공격 시도	공격 성공	범실	상대블럭	성공률	점유율
31	63	31	10	1	3	32.30%	0.60%

• 피 블로킹 •

성명	상대팀명	블로킹 시도	블로킹 성공	성공률
고예림	현대건설	1	1	100.00%
이주아	흥국생명	2	1	50.00%
야스민	현대건설	2	1	50.00%
정호영	KGC인삼공사	1	0	0.00%
이고은	페퍼저축은행	1	0	0.00%

• 블로킹 •

경기수	세트수	블로킹 시도	블로킹 성공	유효 블로킹	범실	실패	세트당개수	점유율
31	63	3	0	1	0	1	0	0.10%

• 서브 •

경기수	세트수	서브 시도	서브 성공	범실	세트당개수	점유율
31	63	77	1	5	0	2.40%

• 세트 •

공격종합			오픈			속공		
시도	성공	성공률	시도	성공	성공률	시도	성공	성공률
10	4	40	9	3	33.3	0	0	0.00%

퀵오픈			시간차			이동			후위		
시도	성공	성공률	시도	성공	성공률	시도	성공	성공률	시도	성공	성공률
0	0	0.00%	0	0	0.00%	0	0	0.00%	1	1	100

• 리시브 •

경기수	세트수	리시브 시도	리시브 정확	리시브 실패	효율	점유율
31	63	102	37	9	27.45%	3.54%

• 디그 •

경기수	세트수	디그 성공	디그 실패	디그 범실	효율	점유율
31	63	55	9	0	0.873	1.81%

김채나

no. 14 S

@chae__n_a_

생년월일	1996.05.04
신장 / 체중	173cm / 60kg
스텐딩 리치	226cm
서전트 점프	43cm
연봉	5천5백
출신교	치평초-서울중앙여중-대구여고
드래프트순위	2014~2015 수련 선수
이적사항	정관장(2016~2017)-한국도로공사(2018~2021) 정관장(2021~)

매 경기 후회없이 최선을! 봄이랑 GO→

SCOUTING REPORT

지난 시즌을 앞두고 김혜원에서 김채나로 이름을 바꿨다. 새 이름으로 새 출발했지만, 9경기 11세트 출전하며 큰 활약을 보여주지 못했다. "지난 시즌 아쉬움이 많았다"며 "이름까지 바꾸면서 각오를 다졌는데, 여전히 부족한 점을 느꼈다. 프로에 돌아와서 처음 맞는 풀타임 시즌이라 정신없이 보낸 것 같다"고 말했다. 다가오는 새 시즌, 주전 세터 염혜선의 백업 역할을 맡을 전망. 트레이드로 팀에 합류한 안예림과 경쟁을 펼쳐야 한다. 정관장 세터 가운데 신장은 제일 작지만, 빠른 토스워크가 강점으로 꼽힌다. 고희진 감독이 추구하는 스피드 배구에 적합한 플레이 스타일이다. 김채나도 자신의 강점을 강조했다. "스피드를 살려 빠르게 배분한다면, 기회는 분명히 찾아올 거라 생각한다. 점프 토스에 자신감도 있다. 비시즌 양쪽 C 코스로 빠르게 쏘는 공격을 집중적으로 연습했다"고 말했다. 중앙 공격의 비중도 높이고 있다. "우리 팀 센터진의 높이가 좋은 편이다. 지난 시즌 많이 올렸는데, 올해는 더 많이 올려서 공격의 다양성을 보여주고 싶다"고 다짐했다.

RECORD

• 공격 •

경기수	세트수	공격 시도	공격 성공	범실	상대블럭	성공률	점유율
9	11	1	0	0	0	0.00%	0.00%

• 블로킹 •

경기수	세트수	블로킹 시도	블로킹 성공	유효 블로킹	범실	실패	세트당개수	점유율
9	11	8	2	3	0	1	0.182	0.30%

• 서브 •

경기수	세트수	서브 시도	서브 성공	범실	세트당개수	점유율
9	11	13	0	2	0	0.40%

• 세트 •

공격종합			오픈			속공		
시도	성공	성공률	시도	성공	성공률	시도	성공	성공률
63	23	36.5	27	14	51.9	5	0	0

퀵오픈			시간차			이동			후위		
시도	성공	성공률	시도	성공	성공률	시도	성공	성공률	시도	성공	성공률
25	6	24	1	1	100	1	0	0	4	2	50

• 리시브 •

경기수	세트수	리시브 시도	리시브 정확	리시브 실패	효율	점유율
9	11	0	0	0	0.00%	0.00%

• 디그 •

경기수	세트수	디그 성공	디그 실패	디그 범실	효율	점유율
9	11	4	1	0	0.364	0.15%

• 디그 상대 •

성명	팀명	디그 시도	디그 성공	성공률
황연주	현대건설	1	1	100.00%
야스민	현대건설	2	1	50.00%

박혜민

no. 10 OH
@p_hyemin_

생년월일	2000.11.08
신장 / 체중	181cm / 64kg
스텐딩 리치	229cm
서전트 점프	40cm
연봉	1억1천5백
출신교	수정초-경해여중-선명여고
드래프트순위	2018~2019 1라운드 3순위
이적사항	GS칼텍스-정관장(2021~)

꼭 우승하고 싶습니다!
즐겁게 배구하는 모습 보여드리겠습니다.

SCOUTING REPORT

누구보다 열심히 하는 선수, 그러나 아직 '벽'을 깨지 못하고 있다. 수비와 블로킹 타이밍에서 평균 이상을 하지만 힘이 약한 단점에 늘 발목을 잡히고 있다. 박혜민도 자신의 상황을 잘 알고 있다. "고희진 감독님께서 '힘 대신 기교로 가야 한다'고 강조하셨다. 섬세하고, 세밀한 공격을 할 수 있게 집중하고 있다"고 말했다. 그러면서 베테랑 아웃사이드 히터 황민경(IBK기업은행)을 롤모델로 꼽았다. "국가대표팀에서 같이 훈련 하면서 많은 걸 배웠다. 배구를 정말 잘 하는 언니라는 걸 느꼈다. 수비는 물론 공격 부문에서도 내가 가야할 방향을 본 것 같았다"고 말했다. 새 시즌 초반 활약이 중요하다. 주전 이소영이 복귀할 때까지 아웃사이드 히터 한 자리를 맡을 가능성이 크다. 수비뿐 아니라 공격에서도 역할을 해줘야 한다. 지난 시즌 '웜업존'에 머문 시간이 많았기 때문에 새 시즌 전의를 더욱 불태우고 있다. 동기부여는 또 있다. 2023~2024시즌을 마친 뒤 데뷔 첫 FA 자격을 취득할 수 있다. "FA가 될 거라는 생각은 꿈에서도 하지 못했다"며 "감독님, 코치님께 잘 배워서 배구가 더 성장한 것 같다. 내가 주전으로 뛰어서 봄 배구를 간 적이 없다. 봄 배구를 넘어 꼭 우승까지 해보고 싶다"고 다짐했다.

RECORD

• 공격 •

경기수	세트수	공격 시도	공격 성공	범실	상대블럭	성공률	점유율
29	88	355	123	25	17	34.60%	7.00%

• 피 블로킹 •

성명	상대팀명	블로킹 시도	블로킹 성공	성공률
양효진	현대건설	2	2	100.00%
한수지	GS칼텍스	4	2	50.00%
옐레나	흥국생명	5	2	40.00%
김희진	IBK기업은행	1	1	100.00%
박은서	페퍼저축은행	2	1	50.00%

• 블로킹 •

경기수	세트수	블로킹 시도	블로킹 성공	유효 블로킹	범실	실패	세트당개수	점유율
29	88	153	18	56	1	55	0.205	5.80%

• 서브 •

경기수	세트수	서브 시도	서브 성공	범실	세트당개수	점유율
29	88	215	5	16	0.1	6.80%

• 세트 •

공격종합			오픈			속공		
시도	성공	성공률	시도	성공	성공률	시도	성공	성공률
49	15	30.6	33	10	30.3	0	0	0.00%

퀵오픈			시간차			이동			후위		
시도	성공	성공률	시도	성공	성공률	시도	성공	성공률	시도	성공	성공률
0	0	0.00%	0	0	0.00%	0	0	0.00%	16	5	31.3

• 리시브 •

경기수	세트수	리시브 시도	리시브 정확	리시브 실패	효율	점유율
29	88	585	240	24	36.92%	20.44%

• 디그 •

경기수	세트수	디그 성공	디그 실패	디그 범실	효율	점유율
29	88	238	62	0	2.705	8.92%

서유경

no. 09 L

@yu_ky_eong

생년월일	2002.05.02
신장 / 체중	167cm / 59kg
스탠딩 리치	215cm
서전트 점프	50cm
연봉	3천4백
출신교	신탄진초-신탄진중앙중-대전용산고
드래프트순위	2020~2021 2라운드 5순위
이적사항	

우승!!

SCOUTING REPORT

지난 시즌 11경기, 20세트에 나서며 데뷔 첫 득점까지 신고했다. 시즌 초반 주전 리베로 노란의 부상 공백을 메우며 가능성을 확인했다. 그러나 서유경은 "팀에 큰 도움을 주지 못한 것 같아서 미안했다. 부족한 걸 많이 느꼈다"고 털어놓았다. 코트에 들어가면 자신도 모르게 조급해진다는 걸 깨달았다. "생각이 많아지다 보니 따라가기 급급하더라. 그래서 새 시즌 준비해야 될 게 많다는 걸 느꼈다"고 말했다. 노란의 복귀로 백업 리베로 자리를 두고 최효서와 경쟁을 벌여야 한다. '2단 연결에 대한 자신감'이 경쟁력이다. "공격수가 잘 때릴 수 있게 연결하는데 중점을 두고 연습하고 있다. 전보다 자신감이 생겼다"고 밝혔다. 더불어 원포인트 서버 역할도 준비 중이다. 지난 시즌 서브 에이스로 데뷔 첫 득점을 따낸 좋은 기억도 있다. 고향 팀에서 우승을 해보는 것이 선수 생활 목표 중 하나다. "한 경기만 이겨도 그렇게 기쁜데, 우승을 하면 어떤 기분일지 궁금하다"며 "제 앞에 오는 공을 우리 선수들이 잘 때릴 수 있도록 최선을 다해 받겠다"고 다짐했다.

RECORD

• 공격 •

경기수	세트수	공격 시도	공격 성공	범실	상대블럭	성공률	점유율
11	20	0	0	0	0	0.00%	0.00%

• 블로킹 •

경기수	세트수	블로킹 시도	블로킹 성공	유효 블로킹	범실	실패	세트당개수	점유율
11	20	0	0	0	0	0	0	0.00%

• 서브 •

경기수	세트수	서브 시도	서브 성공	범실	세트당개수	점유율
11	20	23	2	1	0.1	0.70%

• 세트 •

공격종합			오픈			속공		
시도	성공	성공률	시도	성공	성공률	시도	성공	성공률

퀵오픈			시간차			이동			후위		
시도	성공	성공률	시도	성공	성공률	시도	성공	성공률	시도	성공	성공률

• 리시브 •

경기수	세트수	리시브 시도	리시브 정확	리시브 실패	효율	점유율
11	20	0	0	0	0.00%	0.00%

• 디그 •

경기수	세트수	디그 성공	디그 실패	디그 범실	효율	점유율
11	20	8	5	0	0.4	0.39%

• 디그 상대 •

성명	팀명	디그 시도	디그 성공	성공률
옐레나	흥국생명	2	1	50.00%
이주아	흥국생명	3	1	33.33%
배유나	한국도로공사	1	0	0.00%
이한비	페퍼저축은행	1	0	0.00%

안예림 no. 02 S
@an_yerim0921

생년월일	2001.09.21
신장 / 체중	181cm / 69kg
스텐딩 리치	232cm
서전트 점프	50cm
연봉	6천5백
출신교	사하초-부산여중-남성여고
드래프트순위	2019~2020 1라운드 4순위
이적사항	한국도로공사-정관장(2023~)

SCOUTING REPORT

챔피언결정전 우승의 여운이 가시기도 전에 새로운 출발선에 섰다. 지난 8월, 2대 2 트레이드를 통해 한국도로공사를 떠나 정관장 유니폼을 입었다. "트레이드 소식을 들었을 때 믿기지 않았다. 계속 한국도로공사에 있을 거로 생각했는데, 사람 일은 어떻게 될지 모르는 것 같다"고 당시를 회상했다. 그래도 초등학교, 중학교, 고등학교를 같이 다닌 이선우가 있어서 적응에 큰 문제는 없었다. 주전 염혜선의 뒤를 받치는, 김채나와 백업 경쟁을 펼쳐야 한다. 장점은 중앙 활용 능력. 180cm가 넘는 큰 신장을 활용한 속공 전개가 탁월하다는 평가를 받는다. 국가대표 미들 블로커 정호영, 박은진과 시너지를 낸다면 경쟁력은 충분하다. 정관장 합류 후 이숙자 코치의 집중 지도 아래 공을 더 빠르게 올리는데 집중하고 있다. 자신감 있는 모습으로 코트에 서고 싶다는 목표도 밝혔다. "고희진 감독님께서 '왜 그렇게 소극적으로 자신감 없이 하냐'고 자주 언급하신다. 그런 모습을 없애고 코트에서 파이팅 넘치는 모습을 보여주고 싶다"고 다짐했다.

RECORD

• 공격 •

경기수	세트수	공격 시도	공격 성공	범실	상대블럭	성공률	점유율
33	66	11	2	1	1	18.20%	0.20%

• 블로킹 •

경기수	세트수	블로킹 시도	블로킹 성공	유효 블로킹	범실	실패	세트당개수	점유율
33	66	47	3	15	3	17	0.045	1.80%

• 서브 •

경기수	세트수	서브 시도	서브 성공	범실	세트당개수	점유율
33	66	45	3	4	0	1.40%

• 세트 •

공격종합			오픈			속공		
시도	성공	성공률	시도	성공	성공률	시도	성공	성공률
335	111	33.1	137	46	33.6	58	21	36.2

퀵오픈			시간차			이동			후위		
시도	성공	성공률	시도	성공	성공률	시도	성공	성공률	시도	성공	성공률
122	37	30.3	9	4	44.4	1	0	0	8	3	37.5

• 리시브 •

경기수	세트수	리시브 시도	리시브 정확	리시브 실패	효율	점유율
33	66	1	0	1	0.00%	0.03%

• 디그 •

경기수	세트수	디그 성공	디그 실패	디그 범실	효율	점유율
33	66	25	4	0	0.379	0.82%

• 디그 상대 •

성명	팀명	디그 시도	디그 성공	성공률
산타나	IBK기업은행	3	3	100.00%
니아 리드	페퍼저축은행	1	1	100.00%
옐레나	흥국생명	1	1	100.00%
표승주	IBK기업은행	1	1	100.00%
김다인	현대건설	1	1	100.00%

이선우

no. 15 OH
@ls_w0712

생년월일	2002.07.12	신장 / 체중	183cm / 69kg	
스텐딩 리치	240cm	서전트 점프	45cm	연봉 6천5백
출신교	사하초-부산여중-남성여고			
드래프트순위	2020~2021 1라운드 2순위			
이적사항				

SCOUTING REPORT

2020~2021시즌 신인왕, 두 번째 시즌엔 주전으로 발돋움했고, 2022년 국가대표에도 승선하며 자신의 이름 석 자를 확실히 알렸다. 하지만, 지난 시즌 리시브 불안을 노출하며 코트와 웜업존을 오가는 일이 잦아졌다. 팀도 '봄 배구'에 탈락하며 아쉬움 속에 세 번째 시즌을 마감했다. "부족한 점을 다시 느꼈다. 대표팀에서 공격 비중이 큰 아포짓 스파이커를 맡으면서 리시브 감이 떨어진 것 같다"고 말했다. 새 시즌, 박혜민과 함께 이소영의 부상 공백을 메워야 하는 중책을 맡았다. 리시브 라인의 수비력 보강을 고려하면, 새 외국인 선수 지아와 경쟁을 벌일 전망이다. 결국, 리시브에 올 시즌 성패가 달렸다. 이선우도 잘 알고 있다. "팀은 물론 대표팀 훈련에서도 리시브 연습에 많은 시간을 쏟고 있다. 상대의 목적타 서브에 대한 준비도 하고 있다. 두 번은 당할 수 없다"고 밝혔다. 다만, 올해도 국가대표 일정에 모두 불리면서 팀 훈련이 부족한 점은 우려가 되고 있다. "대회 일정이 너무 빡빡해서 체력 유지도 쉽지 않다"며 "부상 없이 건강히 팀에 복귀하는 걸 목표하고 있다. 새 시즌 더 좋은 모습을 보여드리겠다"고 다짐했다.

RECORD

• 공격 •

경기수	세트수	공격 시도	공격 성공	범실	상대블럭	성공률	점유율
30	57	152	45	13	17	29.60%	3.00%

• 피 블로킹 •

성명	상대팀명	블로킹 시도	블로킹 성공	성공률
김수지	IBK기업은행	9	4	44.44%
권민지	GS칼텍스	6	2	33.33%
한수지	GS칼텍스	10	2	20.00%
양효진	현대건설	1	1	100.00%
나현수	현대건설	1	1	100.00%

• 블로킹 •

경기수	세트수	블로킹 시도	블로킹 성공	유효 블로킹	범실	실패	세트당개수	점유율
30	57	34	6	14	1	10	0.105	1.30%

• 서브 •

경기수	세트수	서브 시도	서브 성공	범실	세트당개수	점유율
30	57	51	3	7	0.1	1.60%

• 세트 •

공격종합			오픈			속공		
시도	성공	성공률	시도	성공	성공률	시도	성공	성공률
11	3	27.3	10	2	20	0	0	0.00%

퀵오픈			시간차			이동			후위		
시도	성공	성공률	시도	성공	성공률	시도	성공	성공률	시도	성공	성공률
0	0	0.00%	0	0	0.00%	0	0	0.00%	1	1	100

• 리시브 •

경기수	세트수	리시브 시도	리시브 정확	리시브 실패	효율	점유율
30	57	63	18	5	20.63%	2.20%

• 디그 •

경기수	세트수	디그 성공	디그 실패	디그 범실	효율	점유율
30	57	42	8	0	0.737	1.49%

이예솔

no. 07 OP
@ye_s01_04

생년월일	2000.06.08
신장 / 체중	177cm / 64kg
스텐딩 리치	228cm
서전트 점프	54cm
연봉	5천3백
출신교	삼덕초-경해여중-선명여고
드래프트순위	2018~2019 2라운드 2순위
이적사항	

매 경기 성장하는 모습 보여드리겠습니다.

SCOUTING REPORT

흔치 않은 왼손잡이 공격수로 늘 기대를 받았다. 하지만, 외국인 선수와 포지션이 겹치는 운명에 늘 생존경쟁을 펼쳐야 했다. 지난 시즌에는 엘리자벳의 백업으로 10경기에 출전했고, 12점을 기록했다. 새로운 변화가 필요한 시점. 고희진 감독은 이예솔에게 '수비력 강화'를 주문했다. "새 시즌부터 외국인 선수가 두 명 뛰기 때문에 공격력보다는 수비력 강화에 집중하고 있다"고 말했다. 같은 왼손잡이이자 국가대표 공격수 문정원(한국도로공사)의 영상을 보며 수비력을 키우고 있다. "자세를 어떻게 낮추는지, 발은 언제 어떻게 움직이는지 많이 참고하고 있다"며 "중요한 건 수비 타이밍이 더라. 떨어지는 타이밍을 맞춰서 공을 받아내는 게 생각보다 어렵다"고 밝혔다. 고교 시절 전국대회 4관왕을 이끈 공격력도 포기할 수는 없다. 파워를 끌어올리기 위해 비시즌 웨이트에 많은 시간을 할애했다. 서브 기복을 줄이는 것도 목표 중 하나다. "들어가면 서브를 잘 넣어야 한다는 생각에 불안했던 것 같다. 겁이 많다고 해야 하나. 서브에서 기복을 줄이고 싶다"고 말했다.

RECORD

• 공격 •

경기수	세트수	공격 시도	공격 성공	범실	상대블럭	성공률	점유율
10	17	31	10	3	2	32.30%	0.60%

• 피 블로킹 •

성명	상대팀명	블로킹 시도	블로킹 성공	성공률
황민경	현대건설	2	1	50.00%
강소휘	GS칼텍스	2	1	50.00%
이다현	현대건설	1	0	0.00%
양효진	현대건설	3	0	0.00%
정지윤	현대건설	3	0	0.00%

• 블로킹 •

경기수	세트수	블로킹 시도	블로킹 성공	유효 블로킹	범실	실패	세트당개수	점유율
10	17	7	1	2	1	2	0.059	0.30%

• 서브 •

경기수	세트수	서브 시도	서브 성공	범실	세트당개수	점유율
10	17	14	1	3	0.1	0.40%

• 세트 •

	공격종합			오픈			속공		
시도	성공	성공률	시도	성공	성공률	시도	성공	성공률	
3	0	0	3	0	0	0	0	0.00%	

	퀵오픈			시간차			이동			후위	
시도	성공	성공률	시도	성공	성공률	시도	성공	성공률	시도	성공	성공률
0	0	0.00%	0	0	0.00%	0	0	0.00%	0	0	0.00%

• 리시브 •

경기수	세트수	리시브 시도	리시브 정확	리시브 실패	효율	점유율
10	17	0	0	0	0.00%	0.00%

• 디그 •

경기수	세트수	디그 성공	디그 실패	디그 범실	효율	점유율
10	17	5	2	0	0.294	0.21%

이지수

no. 18 MB

@ljisu0618

생년월일	2003.06.18
신장 / 체중	183cm / 69kg
스텐딩 리치	241cm
서전트 점프	40cm
연봉	4천5백
출신교	수원초-구운중-한봄고
드래프트순위	2021~2022 1라운드 7순위
이적사항	

봄배구 가고 싶습니다!

SCOUTING REPORT

정호영, 박은진의 뒤를 받치는 백업 미들블로커. 2경기 출전에 그친 데뷔 시즌(2021~2022)과 달리 지난 시즌 10경기, 13세트에 나서며 경험을 쌓았다. 데뷔 첫 유효블로킹도 2개를 기록했다. 다소 늦은 중학교 3학년에 배구를 시작해 기본기가 부족하다는 평가를 받는다. 하지만, 183cm의 신장에도 빠른 발을 자랑한다. "러닝을 잘 뛴다. 빠른 게 장점이라고 생각한다"며 "이동 공격의 완성도를 높이는 데 집중하고 있다. 내가 연습하기에 달린 것 같다. 시즌에 맞춰 내 실력이 얼마나 올라오느냐가 중요하다"고 말했다. 어느덧 데뷔 세 번째 시즌을 맞았지만, 코트에 설 때마다 늘 새롭다. "고등학교는 3학년 내내 같은 시간이 반복됐는데, 프로는 완전히 달랐다. 감독님과 코치님이 새로 오실 때는 차이를 느꼈다. 고등학교 시절엔 운동을 하는 게 눈에 보였다면 프로에선 눈앞이 자주 깜깜하다"며 웃었다. 절친 김세인이 '깜짝' 트레이드로 합류하면서 함께 하는 운동이 더욱 재밌어졌다. 같은 포지션 두 언니의 존재감이 크지만, 자신감을 무기로 '올 시즌도 목표는 한 경기 5득점 이상'을 외쳤다.

RECORD

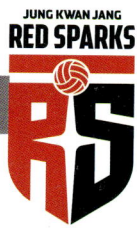

• 공격 •

경기수	세트수	공격 시도	공격 성공	범실	상대블럭	성공률	점유율
10	13	6	1	1	0	16.70%	0.10%

• 피 블로킹 •

성명	상대팀명	블로킹 시도	블로킹 성공	성공률
나현수	현대건설	1	0	0.00%
이다현	현대건설	1	0	0.00%
박사랑	페퍼저축은행	1	0	0.00%

• 블로킹 •

경기수	세트수	블로킹 시도	블로킹 성공	유효 블로킹	범실	실패	세트당개수	점유율
10	13	2	0	2	0	0	0	0.10%

• 서브 •

경기수	세트수	서브 시도	서브 성공	범실	세트당개수	점유율
10	13	0	0	0	0	0.00%

• 세트 •

공격종합			오픈			속공		
시도	성공	성공률	시도	성공	성공률	시도	성공	성공률
1	0	0	1	0	0	0	0	0.00%

퀵오픈			시간차			이동			후위		
시도	성공	성공률	시도	성공	성공률	시도	성공	성공률	시도	성공	성공률
0	0	0.00%	0	0	0.00%	0	0	0.00%	0	0	0.00%

• 리시브 •

경기수	세트수	리시브 시도	리시브 정확	리시브 실패	효율	점유율
10	13	0	0	0	0.00%	0.00%

• 디그 •

경기수	세트수	디그 성공	디그 실패	디그 범실	효율	점유율
10	13	1	1	0	0.077	0.06%

최효서

no. 20 L
@hyo_seo___19

생년월일	2004.05.20
신장 / 체중	168cm / 62kg
스탠딩 리치	221cm
서전트 점프	46cm
연봉	5천
출신교	옥천초-수일여중-한봄고
드래프트순위	2022~2023 2라운드 6순위
이적사항	

도움이 되는 선수 되기!

SCOUTING REPORT

데뷔 첫 시즌 22경기에 출전해 수비에 힘을 보탰다. 주전 리베로 노란의 부상 공백을 효율적으로 메웠다는 평가도 받았다. 신인 선수로 유일하게 올스타전에 출전하더니 2022~2023시즌 신인상까지 차지했다. 여자배구 역대 최초 리베로 포지션 신인상이라는 영광도 따라왔다. 하지만, 최효서는 만족하지 않았다. "기술적으로 아직 부족한 것 같다"며 "확실히 공의 파워, 구질이 고교 시절과 달랐고, 그래서 받기 더 어려웠던 거 같다"고 돌아봤다. 데뷔 시즌을 치르면서 자신의 강점과 약점을 확실히 파악한 건 소득이다. "공 컨트롤, 감각은 괜찮은 것 같다. 그러나 발이 느리다. 스피드 향상을 위해서 노력하고 있다"고 말했다. 모든 팀을 이기고 싶지만, 언니 최정민이 뛰는 IBK기업은행을 향한 승부욕을 불태웠다. "언니가 있어서 그런지 무조건 이기고 싶은 마음이 있더라"며 웃었다. 첫 시즌 화성체육관을 가득 채우고 응원해준 팬들에게 감사 인사도 빼놓지 않았다. "프로의 세계가 이런 곳이라는 걸 제대로 느꼈다. 응원에 힘을 받았다. 늘 감사한 마음이다. 새 시즌도 많이 와주셔서 응원해주셨으면 좋겠다"고 말했다.

RECORD

• 공격 •

경기수	세트수	공격 시도	공격 성공	범실	상대블럭	성공률	점유율
22	51	0	0	0	0	0.00%	0.00%

• 블로킹 •

경기수	세트수	블로킹 시도	블로킹 성공	유효 블로킹	범실	실패	세트당개수	점유율
22	51	0	0	0	0	0	0	0.00%

• 서브 •

경기수	세트수	서브 시도	서브 성공	범실	세트당개수	점유율
22	51	3	0	0	0	0.10%

• 세트 •

공격종합			오픈			속공		
시도	성공	성공률	시도	성공	성공률	시도	성공	성공률
58	23	39.7	39	16	41	0	0	0.00%

퀵오픈			시간차			이동			후위		
시도	성공	성공률	시도	성공	성공률	시도	성공	성공률	시도	성공	성공률
0	0	0.00%	0	0	0.00%	0	0	0.00%	19	7	36.8

• 리시브 •

경기수	세트수	리시브 시도	리시브 정확	리시브 실패	효율	점유율
22	51	177	70	17	29.94%	6.18%

• 디그 •

경기수	세트수	디그 성공	디그 실패	디그 범실	효율	점유율
22	51	105	24	0	2.059	3.83%

• 디그 상대 •

성명	팀명	디그 시도	디그 성공	성공률
니아 리드	페퍼저축은행	8	5	62.50%
산타나	IBK기업은행	5	4	80.00%
이한비	페퍼저축은행	5	4	80.00%
박경현	페퍼저축은행	4	3	75.00%
정지윤	현대건설	3	2	66.67%

한송이

no. 12 MB
@ssongr12

생년월일	1984.09.05
신장 / 체중	186cm / 65kg
스탠딩 리치	244cm
서전트 점프	44cm
연봉	2억1천
출신교	성호초-수일여중-한일전산여고-남서울대
드래프트순위	2002 1라운드 1순위
이적사항	흥국생명(2008~2011)-GS칼텍스(2011~2017) 정관장(2017~)

SCOUTING REPORT

'봄 배구 진출'과 함께 화려한 피날레를 꿈꿨지만, 승점 1점에 고개를 떨궜다. 한송이는 "지난 시즌 중반 승점 관리를 못한 게 아쉬웠다. 3위 팀과 딱 1점 차이였는데, 딱 그만큼 부족했던 거 같다"고 말했다. 아쉬움을 뒤로 하고, 22년째 시즌을 준비했다. 먼저 구단과 1년 2억1000만 원에 FA 잔류 계약을 체결했다. 털털한 성격대로 크게 고민하지 않고, 구단 제안에 도장을 찍었다. 어느덧 우리나이 마흔. 체력 보강을 위해 웨이트에 많은 시간을 할애했다. "무게를 올리고, 프로그램도 바꿨다. 그러면서 근육양이 많이 늘어났다. 확실히 몸이 좋아진 게 느껴진다"고 말했다. 뛰어난 배구 센스와 피나는 노력으로 미들블로커에 완전히 정착했지만, 자신은 아직도 부족하다고 손사래를 쳤다. 정호영과 박은진, 이제 팀의 중앙을 책임져야 하는 후배들의 성장을 돕고 싶은 마음도 크다. "두 선수 모두 성장하는 과정이라고 생각한다. 아직 발전 가능성은 충분하다. 매년, 매년 좋아지고 있어서 새 시즌도 기대가 된다"고 밝혔다. 새 시즌 목표는 '봄 배구' 진출에서 '우승'으로 바꿨다. "봄 배구 진출을 목표 삼았는데, 늘 목표의 80~90% 달성에 그치더라. '우승'을 목표하면 80~90%만 달성해도 봄 배구가 되지 않겠는가. 우승과 함께 아름다운 마무리를 하고 싶다"고 말했다.

RECORD

• 공격 •

경기수	세트수	공격 시도	공격 성공	범실	상대블럭	성공률	점유율
36	116	171	60	12	13	35.10%	3.40%

• 피 블로킹 •

성명	상대팀명	블로킹 시도	블로킹 성공	성공률
김수지	IBK기업은행	7	3	42.86%
이윤정	한국도로공사	3	2	66.67%
이주아	흥국생명	9	2	22.22%
육서영	IBK기업은행	1	1	100.00%
유서연	GS칼텍스	1	1	100.00%

• 블로킹 •

경기수	세트수	블로킹 시도	블로킹 성공	유효 블로킹	범실	실패	세트당개수	점유율
36	116	331	50	134	2	75	0.431	12.50%

• 서브 •

경기수	세트수	서브 시도	서브 성공	범실	세트당개수	점유율
36	116	236	2	5	0	7.50%

• 세트 •

공격종합			오픈			속공		
시도	성공	성공률	시도	성공	성공률	시도	성공	성공률
68	28	41.2	52	21	40.4	0	0	0.00%

퀵오픈			시간차			이동			후위		
시도	성공	성공률	시도	성공	성공률	시도	성공	성공률	시도	성공	성공률
1	0	0	0	0	0.00%	0	0	0.00%	15	7	46.7

• 리시브 •

경기수	세트수	리시브 시도	리시브 정확	리시브 실패	효율	점유율
36	116	65	19	2	26.15%	2.27%

• 디그 •

경기수	세트수	디그 성공	디그 실패	디그 범실	효율	점유율
36	116	87	22	0	0.75	3.24%

강다연 no. 19 OH

생년월일	2005.07.18
신장 / 체중	181cm / 73kg
스탠딩 리치	230cm
서전트 점프	40cm
연봉	3천8백만
출신교	광주치평초-경혜여중-선명여고
드래프트순위	2023~2024 2라운드 6순위
이적사항	

SCOUTING REPORT

이번 드래프트 아웃사이드 히터 자원 중 최장신(181cm)을 자랑한다. '180cm가 넘는 아웃사이드 히터는 반드시 뽑힌다'는 드래프트 전통을 이어간 주인공이다. 가장 좋은 신체조건을 갖추고 있는데, 플레이의 완성도까지 높다는 평가를 받는다. 큰 신장을 활용한 블로킹 능력도 뛰어난 편이다. 그러나 강다연은 겸손한 모습이었다. "솔직히 뽑히지 않을 것 같은데, 이름을 불러주셔서 정말 감사했다"며 "공격적인 부분은 자신있는데, 블로킹은 잘 하는지 나도 잘 모르겠다. 수비에서는 공을 빨리 따라가는 부분이 장점이지만, 리시브는 조금 더 보완해야 한다"고 말했다. 처음 겪는 프로 생활, 하루하루가 새로움으로 가득차고 있다. "선배 언니들께서 정말 잘 해주시고, 운동이 더 재미있어졌다"며 "운동할수록 '프로의 세계가 이런 거구나'라고 느끼고 있다. 항상 밝은 자세로 운동하고 있다"고 말했다. 파이팅은 또 다른 무기라고 강조했다. "코트에 들어가게 되면 언니들보다 더 파이팅 넘치게 플레이 하겠다. 엄웝존에서도 팀에 파이팅을 불어 넣겠다"고 말했다.

곽선옥 no. 11 OH

생년월일	2005.01.01	신장 / 체중	178cm / 66kg		
스탠딩 리치	229cm	서전트 점프	48cm	연봉	5천3백만
출신교	광주치평초-일신여중-일신여상				
드래프트순위	2023~2024 1라운드 2순위				
이적사항					

SCOUTING REPORT

정관장 구단의 2023~2024시즌 '대박 행운'의 주인공. 8개의 구슬로 전체 2순위 지명권을 얻자 고민 없이 선택한 아웃사이드 히터 자원이다. 고희진 감독은 "기본기가 탄탄해서 즉시 전력으로 될 수 있을 정도"라고 칭찬했다. '운명 같은 만남'도 있었다. 곽선옥은 "드래프트 전날 열린 쇼케이스 현장에서 고희진 감독님이 여러 질문을 주셨다. '공을 조금 더 빨리 때렸으면 좋겠다', '우리 팀에 오면 잘 할 수 있겠냐'고 물어보셨다. 마치 나를 '플러팅' 하는 것 같았다(웃음). 구슬이 어떻게 나올지 몰라 얼렁뚱땅 대답했는데, 정관장 유니폼을 입을 줄은 상상도 못했다"고 말했다. 고교 아웃사이드 히터 가운데 가장 '육각형'에 가까운 플레이를 펼친다는 평가를 받는다. 고교 시절 팀을 두 번이나 우승으로 이끈 공격력에 리시브도 안정감이 높다. 곽선옥 역시 "공을 가지고 노는 기교가 괜찮은 거 같다. 발은 조금 느리지만 수비에서 보는 눈이 빠른 것 같고, 다른 선수보다 리시브도 나쁘지 않은 거 같다. 그러고 보니 딱히 단점은 없는 거 같다"며 웃었다. 롤모델은 팀 선배 이소영. "이소영 선배님의 파워 넘치는 공격을 닮고 싶다"며 "자신감 있는 모습으로 코트를 많이 밟고 싶다"고 포부를 밝혔다.

정수지 no. 13 L

생년월일	2005.01.31
신장 / 체중	167cm / 59kg
스텐딩 리치	215cm
서전트 점프	48cm
연봉	2천4백만
출신교	안산서초-원곡중-한봄고
드래프트순위	2023~2024 수련선수
이적사항	

SCOUTING REPORT

고교 시절 매년 성장하더니 3학년인 2023년 처음으로 주전으로 자리매김했다. 안정적인 수비로 한봄고의 7관왕을 이끈 주역 중 한 명이다. 지난 3월 대회에서는 리베로 상을 받기도 했다. 그리고 신인 드래프트에서 수련선수로 정관장 유니폼을 입게 됐다. "솔직한 심정은 체념이었다. 라운드를 지나 수련선수까지 오니 '안 되겠구나'하는 마음이었다. 그런데 이름이 불려서 깜짝 놀랐고, 아무 생각도 나지 않았다"고 말했다. 이어 "단상 위에서 눈물을 꾹 참았는데, 내려오니 친구가 울고 있더라. 축하를 받으니 나도 눈물이 펑펑 쏟아졌다. 부모님께서도 대견하다고, 잘 했다고 해주셔서 더 느낌이 달랐다"고 덧붙였다. 생각한대로 프로의 훈련은 힘들었다. 그러나 충분히 버틸 수준이라고 설명했다. 발이 빨라서 수비 범위가 넓고 반응 속도가 좋은 건 장점으로 평가받지만, 리시브를 조금 더 다듬어야 하는 숙제도 있다. 연령별 국가대표 경험도 프로 적응에 도움이 되고 있다. "미카사 공을 많이 다뤄봤다. 어색하지 않아서 괜찮은 거 같다"고 말했다. 팀 내 리베로 경쟁이 치열하다보니, 데뷔 시즌 원포인트 서버, 이른바 '서베로'로 나설 전망이다. "서브 미스 하지 않고, 코트 안에서 할 수 있는 모든 플레이를 다 하고 싶다"고 포부를 밝혔다.

since 1970
GS칼텍스 서울Kixx
GS CALTEX SEOUL KIXX

- www.gsvolleyball.com
- @gscaltexkixx
- www.youtube.com/gscaltexkixx
- www.facebook.com/gsvolleyball
- tv.naver.com/gsvolleyball

2022-23 시즌
5위

정규 우승 2회

챔프 우승 3회

통합 우승 1회

2022~2023시즌 리뷰

내부 FA는 잔류시켰지만, 눈에 띄는 보강은 없었던 게 사실. IBK기업은행과의 개막전을 3-0으로 따내며 산뜻한 출발을 했지만 1라운드 2승 4패로 반타작도 거두지 못했다. 시즌 초부터 안혜진, 강소휘 등 주전들이 연이어 부상 이탈했다. 시즌 내내 비슷한 분위기가 이어졌다. 눈에 띄는 연패도 없었지만, 인상적인 연승 또한 없었다. 어느 때보다 조용한 시즌을 보냈다. 결국 정규리그 5위로 5시즌 만에 포스트시즌 탈락의 고배를 마셨다.

외국인 선수 모마가 득점(879점), 공격종합(43.68%) 2위로 리그 정상급 활약을 해냈지만 직전 시즌보다 하향 그래프를 그린 것이 사실. 공격 종합 톱5 2명(2위 모마, 5위 강소휘)을 보유하고도 봄 배구에 탈락했다는 건 GS칼텍스가 고민해야 할 대목이다. 와중에 미들블로커 한수지는 생애 첫 블로킹 1위 타이틀을 거머쥐었다. 김지원, 권민지, 문지윤 등 어린 선수들의 성장도 있었지만 차상현 감독의 기대에 부응하기 위해선 가야할 길이 멀다.

2023~2024시즌 프리뷰

미들블로커 정대영을 FA로 영입했다. GS칼텍스가 외부 FA와 계약한 건 2011년 당시 한송이 영입 이후 무려 12년 만이다. 그동안 내부 FA 잔류에만 주로 초점을 맞춰왔던 GS칼텍스가 지갑을 꺼내든 건 그만큼 급한 마음을 보여준다. 현역 최고참 정대영의 이적은 GS칼텍스는 물론 리그 전체에 신선한 바람을 불러일으키고 있다.

어느 때보다 체제 개편이 눈에 띈다. 2시즌 동안 함께했던 모마와 결별하고 지젤 실바와 계약을 맺었다. 아시아쿼터는 2차례 교체라는 우여곡절 끝에 필리핀 국가대표 세터 아이리스 톨레나다를 영입했다. 왼쪽 어깨 수술로 사실상 시즌 아웃된 세터 안혜진의 빈 자리를 채워주길 기대한다. 신인 드래프트까지 3차례 구슬 추첨에서 운이 따르지 않았다.

이밖에 강소휘를 주장, 유서연을 부주장으로 새로 선임하기도 했다. 시작은 좋다. 시즌 전 코보컵 대회에서 우승하며 여자부 최다 우승 기록을 5에서 6으로 늘렸다. '미친 개 작전'은 다시 장충의 봄을 불러일으킬 수 있을까.

시즌별 팀 성적

시즌	경기수	세트수	득점	공격%	블로킹	서브	세트	리시브%	디그
2018~2019	30	114	2502	38.27	2.149	1.079	13.316	37.64	20.632
2019~2020	27	104	2405	39.86	2.413	1.346	13.144	31.90	19.904
2020~2021	30	122	2795	41.30	2.344	1.098	14.131	41.11	20.180
2021~2022	31	107	2512	42.14	2.056	1.355	14.150	36.05	19.991
2022~2023	36	141	3100	40.41	2.085	0.801	13.631	39.46	19.291

감독

차상현

- 1974.11.07 / 187cm / 100kg / 마산중앙고-경기대
- 2004 경기대학교 코치
  2005 LIG 코치
  2016.10 세화여고 감독
  2011-2014 GS칼텍스 Kixx 수석코치
  2016 GS칼텍스 Kixx 감독

차상현 감독 인터뷰

차상현 감독은 지난시즌에 대해 '실패'라고 잘라 말했다. 의미를 부여할 법도 하건만 돌려서 말하는 법이 없다. 차 감독다운 답변이다. 2016~2017시즌 차 감독 부임 이후 GS칼텍스는 5시즌 동안 5위에서 1위로 한 계단씩 도약했다. 그러다 2021~2022시즌 3위에 이어 지난시즌 5위를 했다. 가장 속이 쓰린 건 본인 자신이었을 테다.

강소휘를 주장으로 선임했다. 차 감독의 메시지는 간결하다. 강소휘를 중심으로 팀이 꾸려져야 한다는 것. 동시에 강소휘도 그런 책임감을 짊어질 때가 됐다는 것. 물론 베테랑들을 만나 선택의 이유를 설명하기도 했다. 유서연을 부주장으로 선임한 것 또한 차 감독의 숨은 배려다.

차 감독에게 시즌 키 플레이어를 묻자 "가장 답하기 어려운 질문"이라고는 "우리는 모두가 잘 해야만 승리를 챙길 수 있는 팀이다. 키 플레이어 한 명이 팀을 끌어가서도 안 되고, 그렇게 끌고 가고 싶지도 않다"고 말했다. 마지막까지 차 감독다운 답변이었다.

STAFF

수석코치 임동규	트레이너 박기호	전력분석 신보식	매니저 이경하
코치 조두영	트레이너 장원석		통역 이지언
코치 공태현	트레이너 오해준		통역 김지연
	트레이너 김하정		

강소휘 no. 10 OH
@hwihwi_o.o

생년월일	1997.07.18	신장 / 체중	180cm / 66kg	
스텐딩 리치	225cm	서전트 점프	45cm	연봉 5억5천
출신교	안산서초-원곡중-원곡고			
드래프트순위	2015~2016 1라운드 1순위			
이적사항				

이번 시즌 멋있게 만나요 강

SCOUTING REPORT

명실상부 GS칼텍스의 에이스. 올 시즌엔 팀의 주장도 맡는다. 여자부 최연소 주장이다. 대표팀에서도 주포로 성장했다.

강소휘는 매 시즌마다 목표 득점을 정한다. 팀의 토종에이스로서 최소한 책임져줘야 할 역할이 있다는 생각에서다. 그런 강소휘는 올 시즌 특별히 더 많은 목표를 세웠다. 강소휘는 "이루고 싶은 목표가 너무 많다. 일단 500득점에 공격성공률, 리시브효율 40%를 넘기고 싶다. 트리플 크라운에 가능하면 라운드 MVP도 한 번 받고 싶다"고 말했다. 이를 듣고 있던 차 감독은 "500득점하면 나머지는 자연스레 다 따라올 것"이라고 덧붙였다. 여자부에서 국내 선수의 트리플 크라운은 2020년 2월 이후 명맥이 끊겼다. 기록을 세우기 위해선 블로킹을 좀 더 끌어올려야 한다.

주장에 대한 부담감은 크게 느끼지 않으려 한다. 강소휘는 "주장이 된다고 처음엔 걱정도 많았다. 늘 코트 위에서 해왔던 것처럼 그저 파이팅 넘치게 선수들을 이끌 생각"이라고 말했다. GS칼텍스가 다시 봄 배구에 초대받기 위해선 '강 캡틴'의 활약이 절실하다.

RECORD

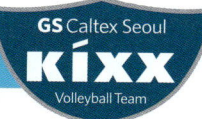

• 공격 •

경기수	세트수	공격 시도	공격 성공	범실	상대블럭	성공률	점유율
32	119	1011	409	72	29	40.50%	20.20%

• 피 블로킹 •

성명	상대팀명	블로킹 시도	블로킹 성공	성공률
정대영	한국도로공사	31	3	9.68%
엘리자벳	KGC인삼공사	8	2	25.00%
니아 리드	페퍼저축은행	11	2	18.18%
황연주	현대건설	12	2	16.67%
양효진	현대건설	14	2	14.29%

• 블로킹 •

경기수	세트수	블로킹 시도	블로킹 성공	유효 블로킹	범실	실패	세트당개수	점유율
32	119	204	25	78	1	51	0.21	8.80%

• 서브 •

경기수	세트수	서브 시도	서브 성공	범실	세트당개수	점유율
32	119	442	21	48	0.2	14.20%

• 세트 •

공격종합			오픈			속공		
시도	성공	성공률	시도	성공	성공률	시도	성공	성공률
70	28	40	56	24	42.9	0	0	0.00%

퀵오픈			시간차			이동			후위		
시도	성공	성공률	시도	성공	성공률	시도	성공	성공률	시도	성공	성공률
0	0	0.00%	0	0	0.00%	0	0	0.00%	14	4	28.6

• 리시브 •

경기수	세트수	리시브 시도	리시브 정확	리시브 실패	효율	점유율
32	119	779	323	31	37.48%	27.59%

• 디그 •

경기수	세트수	디그 성공	디그 실패	디그 범실	효율	점유율
32	119	376	61	1	3.16	13.24%

유서연

no. 19 OH
@s_yeun__s2

생년월일	1999.01.12	신장 / 체중	174cm / 63kg		
스텐딩 리치	218cm	서전트 점프	57cm	연봉	2억5천
출신교	평거초-경해여중-선명여고				
드래프트순위	2016~2017 1라운드 4순위				
이적사항	흥국생명(2016~2017)-한국도로공사(2017~2020)				
	GS칼텍스(2020~)				

경기장 많이 찾아와주세요! ♡

SCOUTING REPORT

코보컵 결승전. GS칼텍스에서 팀 내 최다 득점을 올린 건 강소휘(21점)가 아닌 유서연(22점)이었다. 유서연의 플레이는 늘 이렇다. 도드라지진 않지만 늘 팀에서 기대 이상의 활약을 해준다. V리그의 많은 지도자들이 유서연을 높게 평가하는 이유다.

지난시즌 36경기 전 경기에 출전했다. 263득점으로 4시즌 연속 세 자릿수 득점을 해냈다. 더 의미가 큰 건 리시브 효율. 40.38%로 개인 최초 40% 고지를 넘었다. 리시브 12위, 디그 9위로 리베로 못지않은 살림꾼 역할을 해냈다. 유서연은 "FA 계약 뒤 첫 시즌이라 부담이 컸는지 뿌듯함보다는 아쉬움이 많았다"면서도 "그래도 리시브는 좋아진 것 같다. 자신감이 있다"고 힘주어 말했다.

새 시즌에는 부주장을 맡는다. 부주장을 둔 건 GS칼텍스가 유일하다. 그만큼 차 감독의 신뢰를 받고 있다는 의미다. 유서연은 "소휘 언니와 팀을 잘 이끌어가면서 선수와 스텝 사이에 중간 역할을 잘 해내겠다"고 말했다.

RECORD

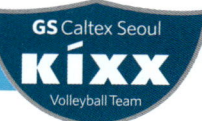

• 공격 •

경기수	세트수	공격 시도	공격 성공	범실	상대블럭	성공률	점유율
36	118	602	242	28	50	40.20%	12.00%

• 피 블로킹 •

성명	상대팀명	블로킹 시도	블로킹 성공	성공률
이주아	흥국생명	19	5	26.32%
배유나	한국도로공사	18	4	22.22%
양효진	현대건설	10	3	30.00%
엘레나	흥국생명	11	3	27.27%
문정원	한국도로공사	15	3	20.00%

• 블로킹 •

경기수	세트수	블로킹 시도	블로킹 성공	유효 블로킹	범실	실패	세트당개수	점유율
36	118	133	9	63	1	46	0.076	5.80%

• 서브 •

경기수	세트수	서브 시도	서브 성공	범실	세트당개수	점유율
36	118	382	12	33	0.1	12.30%

• 세트 •

공격종합			오픈			속공		
시도	성공	성공률	시도	성공	성공률	시도	성공	성공률
68	25	36.8	54	19	35.2	0	0	0.00%

퀵오픈			시간차			이동			후위		
시도	성공	성공률	시도	성공	성공률	시도	성공	성공률	시도	성공	성공률
0	0	0.00%	0	0	0.00%	0	0	0.00%	14	6	42.9

• 리시브 •

경기수	세트수	리시브 시도	리시브 정확	리시브 실패	효율	점유율
36	118	520	234	24	40.38%	18.42%

• 디그 •

경기수	세트수	디그 성공	디그 실패	디그 범실	효율	점유율
36	118	281	71	2	2.381	10.70%

실바

no. 05 OP
@gyselledelacaridad

생년월일	1991.10.29	신장 / 체중	191cm / 95kg		
스텐딩 리치	245cm	서전트 점프	30cm	연봉	25만$
출생(국가)	쿠바				
드래프트순위	2023 외국인선수 6순위				
풀네임	GYSELLE SILVA				

SCOUTING REPORT

GS칼텍스의 새 외국인 선수. 2년간 좋은 활약을 한 모마 대신 GS칼텍스 유니폼을 입었다. 키 191㎝에 포지션은 어포짓 스파이커다. 쿠바, 아제르바이잔, 튀르키예, 중국, 필리핀, 이탈리아, 폴란드, 그리스 등 여러 리그를 돌았다. 한국 무대를 선택한 이유로 "가장 좋은 도전의 기회"라고 설명했다. 쿠바 리그, 폴란드 컵 대회 등에서 최우수선수(MVP) 수상 경험이 있다.

그동안 GS칼텍스의 고민이었던 높이에서 힘을 실어줄 전망이다. 코보컵 대회를 통해 본 한국 배구의 첫 인상은 "좋은 수비에 빠른 스피드"였다고 한다. 쿠바 출신으로 V리그에 자신의 이름을 각인시킨 시몬, 레오 등과도 잘 아는 사이라고 한다. GS칼텍스의 쿠바산 폭격기를 기대해도 되냐고 묻자 실바는 웃음으로 답변을 대신했다. 실바는 "팀이 지난해 성적이 좋지 못했던만큼 올해 1위 복귀할 수 있도록 돕고 싶다. 남에게 보여주기 위해서보단 나 스스로에게 해낼 수 있다는 걸 증명해내고 싶다"고 각오를 밝혔다. 남편, 딸과 함께 생활한다.

RECORD

• 공격 •

경기수	세트수	공격 시도	공격 성공	범실	상대블럭	성공률	점유율

• 피 블로킹 •

성명	상대팀명	블로킹 시도	블로킹 성공	성공률

• 블로킹 •

경기수	세트수	블로킹 시도	블로킹 성공	유효 블로킹	범실	실패	세트당개수	점유율

• 서브 •

경기수	세트수	서브 시도	서브 성공	범실	세트당개수	점유율

• 세트 •

공격종합			오픈			속공		
시도	성공	성공률	시도	성공	성공률	시도	성공	성공률

퀵오픈			시간차			이동			후위		
시도	성공	성공률	시도	성공	성공률	시도	성공	성공률	시도	성공	성공률

• 리시브 •

경기수	세트수	리시브 시도	리시브 정확	리시브 실패	효율	점유율

• 디그 •

경기수	세트수	디그 성공	디그 실패	디그 범실	효율	점유율

한수지

no. 34 MB
@han.sooji

생년월일	1989.02.01
신장 / 체중	183cm / 77kg
스탠딩 리치	235cm
서전트 점프	40cm
연봉	2억6천
출신교	전주동초-근영여중-근영여고
드래프트순위	2006~2007 1라운드 1순위
이적사항	GS칼텍스(2006~2007)-현대건설(2007~2010) KGC인삼공사(2010~2019)-GS칼텍스(2019~)

SCOUTING REPORT

지난시즌 블로킹 퀸. 세트 당 0.827개의 기록은 개인 커리어 하이이기도 하다. 한수지가 개인 기록에서 1위에 오른 건 2009~2010시즌 세트 부문 1위 이후 13시즌 만이다. 어느덧 세터 출신임이 기억나지 않을 정도로 완벽한 포지션 교체를 이뤘다. 다만 팀이 부진하면서 크게 주목을 받진 못했다. 내심 베스트7 수상도 기대했는데 놓친 게 두고두고 아쉽다. 한수지는 올 시즌 두 개의 짐을 내려놨다. 주장 타이틀은 후배 강소휘에게 내줬고, 최고참 타이틀도 이적생 정대영에게 내주게 됐다. 정대영과는 대표팀에서도 함께 생활한 만큼 원래부터 친했다고 한다. 주장을 내려놓으면서 생겨난 고민은 '어느 선쯤에서 내가 빠져야 할까'다.
한수지가 심혈을 기울이는 건 무엇보다 부상 방지. 한수지는 "코보컵 경기를 하는데 어느 순간 코트 위에 80년대생이 나밖에 없어서 놀랐다"고는 "나이가 들면서 예전엔 3만큼 다칠 걸 이젠 5로 다친다. 몸이 되는 한 웨이트 트레이닝을 따라한다"고 말했다.

RECORD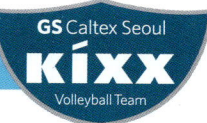

• 공격 •

경기수	세트수	공격 시도	공격 성공	범실	상대블럭	성공률	점유율
35	133	283	109	10	12	38.50%	5.70%

• 피 블로킹 •

성명	상대팀명	블로킹 시도	블로킹 성공	성공률
정호영	KGC인삼공사	9	2	22.22%
정지윤	현대건설	1	1	100.00%
산타나	IBK기업은행	1	1	100.00%
니아 리드	페퍼저축은행	1	1	100.00%
김하경	IBK기업은행	2	1	50.00%

• 블로킹 •

경기수	세트수	블로킹 시도	블로킹 성공	유효 블로킹	범실	실패	세트당개수	점유율
35	133	653	110	213	4	208	0.827	28.30%

• 서브 •

경기수	세트수	서브 시도	서브 성공	범실	세트당개수	점유율
35	133	371	11	17	0.1	12.00%

• 세트 •

공격종합			오픈			속공		
시도	성공	성공률	시도	성공	성공률	시도	성공	성공률
50	19	38	44	18	40.9	0	0	0.00%

퀵오픈			시간차			이동			후위		
시도	성공	성공률	시도	성공	성공률	시도	성공	성공률	시도	성공	성공률
2	0	0	0	0	0.00%	0	0	0.00%	4	1	25

• 리시브 •

경기수	세트수	리시브 시도	리시브 정확	리시브 실패	효율	점유율
35	133	31	7	3	12.90%	1.10%

• 디그 •

경기수	세트수	디그 성공	디그 실패	디그 범실	효율	점유율
35	133	176	42	0	1.323	6.59%

정대영

no. 13 MB
계정 없음

생년월일	1981.08.12
신장 / 체중	185cm / 73kg
스텐딩 리치	238cm
서전트 점프	48cm
연봉	3억
출신교	청주서원초-충북여중-양백여상-남서울대
드래프트순위	프로출범 등록
이적사항	현대건설(1999~2007)-GS칼텍스(2007~2014) 도로공사(2014~2023)-GS칼텍스(2023~)

응원 많이 해주세요 ~ ♡

SCOUTING REPORT

이번 FA 시장의 진정한 승자다. 보수 3억 원(연봉 2억5000만 원, 옵션 5000만 원)에 9년 만에 다시 GS칼텍스에 합류했다. 지난시즌 한국도로공사에서 받은 1억6000만 원 보다 87.5% 인상된 규모다. 원 소속팀인 도로공사에서도 예의를 갖췄지만 GS칼텍스의 제안이 워낙 좋았다. 계약 고민으로 비 시즌 동안만 3~4㎏가 빠졌다고 한다. 그래도 프로는 자신의 가치를 높게 평가해주는 곳에 가는 게 맞다.

프로 무대에 시사하는 바가 크다. 40대 선수가 그것도 100% 넘게 인상된 규모에 이적을 했다는 건 리그에 새로운 길을 연 것과 같다. 자신을 향한 높은 기대도 잘 알고 있다. 정대영은 "팀에서 원하는 대로 구심점이 돼 후배들을 잘 도와줄 생각"이라고 말했다. 강도 높은 웨이트 트레이닝은 벌써부터 후배들의 귀감이 되고 있다. 민트색 유니폼이 잘 어울리는 덕에 벌써부터 팬들에게 '민트 대영'으로 불리고 있다. 정대영은 "가는 팀마다 우승을 한만큼 GS칼텍스에도 좋은 기운을 불어넣겠다"고 덧붙였다.

RECORD

• 공격 •

경기수	세트수	공격 시도	공격 성공	범실	상대블럭	성공률	점유율

• 피 블로킹 •

성명	상대팀명	블로킹 시도	블로킹 성공	성공률

• 블로킹 •

경기수	세트수	블로킹 시도	블로킹 성공	유효 블로킹	범실	실패	세트당개수	점유율

• 서브 •

경기수	세트수	서브 시도	서브 성공	범실	세트당개수	점유율

• 세트 •

공격종합			오픈			속공		
시도	성공	성공률	시도	성공	성공률	시도	성공	성공률

퀵오픈			시간차			이동			후위		
시도	성공	성공률	시도	성공	성공률	시도	성공	성공률	시도	성공	성공률

• 리시브 •

경기수	세트수	리시브 시도	리시브 정확	리시브 실패	효율	점유율

• 디그 •

경기수	세트수	디그 성공	디그 실패	디그 범실	효율	점유율

김지원

no. 14 S
@2eewn_

생년월일	2001.10.26
신장 / 체중	174cm / 67kg
스텐딩 리치	217cm
서전트 점프	50cm
연봉	7천
출신교	유영초-경해여중-제천여고
드래프트순위	2020~2021 1라운드 1순위
이적사항	

예쁘게 봐주세요!!

SCOUTING REPORT

2020~2021시즌 신인드래프트 1라운드 1순위 지명 선수. 올해 GS칼텍스의 향방은 김지원 손끝에 달려있다고 해도 과언이 아니다. 프로 2년차부터 줄곧 기회를 얻었다. 올 시즌 안혜진이 부상으로 이탈한 만큼 사실상 팀의 1세터 역할을 맡을 전망이다. 코보컵 대회에선 팀의 우승을 이끌며 라이징스타 상을 받았다. "그저 재밌게 했다"는 반응. 처음으로 성인 대표팀에 합류하면서 배구를 보는 시야도 한층 넓어졌다. 워낙 신체조건이 좋은 선수들을 상대하다보니 어떻게 하면 블로커들을 피해 토스할 수 있는지 계속 연구했다고 한다. 가장 인상적인 팀은 브라질. 이밖에 태국과 일본의 빠른 플레이와 꼼꼼한 수비도 눈여겨봤다고 한다. 아시아쿼터로 세터 아이리스 톨레나다가 합류했지만 아직까진 김지원에게 무게감이 쏠린다. 김지원은 "(김)지우까지 셋이서 팀을 끌고 가야 한다. 적어도 세터 때문에 팀 성적이 안 좋다는 이야기만큼은 듣고 싶지 않다. 일단 1차 목표는 무조건 플레이오프 진출"이라고 말했다.

RECORD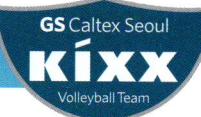

• 공격 •

경기수	세트수	공격 시도	공격 성공	범실	상대블럭	성공률	점유율
31	94	17	5	4	1	29.40%	0.30%

• 블로킹 •

경기수	세트수	블로킹 시도	블로킹 성공	유효 블로킹	범실	실패	세트당개수	점유율
31	94	85	5	34	0	28	0.053	3.70%

• 서브 •

경기수	세트수	서브 시도	서브 성공	범실	세트당개수	점유율
31	94	238	9	17	0.1	7.70%

• 세트 •

공격종합			오픈			속공		
시도	성공	성공률	시도	성공	성공률	시도	성공	성공률
1406	579	41.2	384	122	31.8	158	61	38.6

퀵오픈			시간차			이동			후위		
시도	성공	성공률	시도	성공	성공률	시도	성공	성공률	시도	성공	성공률
543	238	43.8	89	42	47.2	13	6	46.2	219	110	41.8

• 리시브 •

경기수	세트수	리시브 시도	리시브 정확	리시브 실패	효율	점유율
31	94	1	0	0	0.00%	0.04%

• 디그 •

경기수	세트수	디그 성공	디그 실패	디그 범실	효율	점유율
31	94	127	36	0	1.351	4.93%

• 디그 상대 •

성명	팀명	디그 시도	디그 성공	성공률
양효진	현대건설	9	7	77.78%
산타나	IBK기업은행	6	5	83.33%
김희진	IBK기업은행	7	5	71.43%
육서영	IBK기업은행	8	5	62.50%
표승주	IBK기업은행	4	4	100.00%

한다혜

no. 04 L
@dahye6398

생년월일	1995.02.08	신장 / 체중	164cm / 51kg	
스텐딩 리치	206cm	서전트 점프	44cm	연봉 1억3천
출신교	추계초-서울중앙여중-원곡고			
드래프트순위	2013~2014 3라운드 5순위			
이적사항				

올시즌도 경기보러 자주 와주세요 :)

SCOUTING REPORT

GS칼텍스의 주전리베로. 이 타이틀을 꿰차기까지 제법 오랜 시간이 걸렸다. 지난시즌 36경기 전 경기에 출전했다. 한다혜가 출전하지 않은 세트도 5세트가 전부일 정도. 리시브 효율도 처음으로 50%를 넘겼다. 50.52%로 전체 3위. 한때 리시브 1위 한국도로공사 임명옥(59.85%)의 기록에 근접하기도 했다. 생애 첫 리시브 타이틀 기회에 한다혜는 "도로공사와 경기 때마다 언니들에게 서브를 잘 때려달라고 부탁했다"며 웃었다. 지난시즌 성적은 향후 그 타이틀에 도전하기 위한 좋은 디딤판이 될 것이다. 시즌을 앞두고 새 사용구(미카사) 적응에 힘쓰고 있다. "공이 많이 흔들리다보니 아직까지 낙하지점을 찾기가 어렵다"는 게 한다혜의 설명. 늘 그래왔듯 이 고민 또한 넘어서게 될 것이다. 꿈은 베스트7 수상. 한다혜는 "운동선수라면 누구나 시상식 무대에 오르기를 꿈꾼다. 열심히 하다보면 언젠가 이룰 수 있지 않을까"라고 말했다. 리시브 1위를 한다면 분명 그 길에 가까워진다.

RECORD

• 공격 •

경기수	세트수	공격 시도	공격 성공	범실	상대블럭	성공률	점유율
36	136	2	0	2	0	0.00%	0.00%

• 블로킹 •

경기수	세트수	블로킹 시도	블로킹 성공	유효 블로킹	범실	실패	세트당개수	점유율
36	136	0	0	0	0	0	0	0.00%

• 서브 •

경기수	세트수	서브 시도	서브 성공	범실	세트당개수	점유율
36	136	39	2	2	0	1.30%

• 세트 •

	공격종합			오픈			속공	
시도	성공	성공률	시도	성공	성공률	시도	성공	성공률
202	63	31.2	161	53	32.9	0	0	0.00%

퀵오픈			시간차			이동			후위		
시도	성공	성공률	시도	성공	성공률	시도	성공	성공률	시도	성공	성공률
0	0	0.00%	0	0	0.00%	0	0	0.00%	41	10	41.8

• 리시브 •

경기수	세트수	리시브 시도	리시브 정확	리시브 실패	효율	점유율
36	136	574	313	23	50.52%	20.33%

• 디그 •

경기수	세트수	디그 성공	디그 실패	디그 범실	효율	점유율
36	136	592	106	0	4.353	21.09%

• 디그 상대 •

성명	팀명	디그 시도	디그 성공	성공률
박정아	한국도로공사	19	16	84.21%
이소영	KGC인삼공사	21	15	71.43%
옐레나	흥국생명	17	12	70.59%
김미연	흥국생명	16	11	68.75%
김연경	흥국생명	18	11	61.11%

권민지

no. 18 OH
@min_di___

생년월일	2001.11.02
신장 / 체중	178cm / 73kg
스탠딩 리치	225cm
서전트 점프	38cm
연봉	1억
출신교	대구삼덕초-대구일중-대구여고
드래프트순위	2019~2020 1라운드 3순위
이적사항	

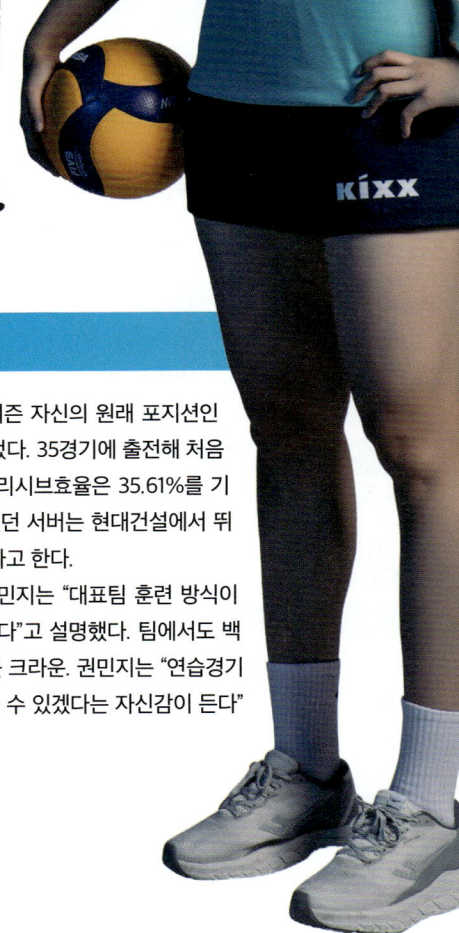

SCOUTING REPORT

프로 데뷔 후 미들블로커 등 여러 자리를 오가던 권민지는 지난시즌 자신의 원래 포지션인 아웃사이드 히터를 맡았다. 쉽지만은 않았지만 그 자체로 의미가 컸다. 35경기에 출전해 처음으로 200득점(215점)을 넘겼다. 총 410개의 서브를 받아내면서 리시브효율은 35.61%를 기록했다. 예상했던 대로 리시브에 대한 부담이 컸다. 가장 까다로웠던 서버는 현대건설에서 뛰었던 야스민. 자신을 노리는 것을 알면서도 대처하기가 쉽지 않았다고 한다.
아시아선수권에 이어 올림픽 예선전 명단에도 이름을 올렸다. 권민지는 "대표팀 훈련 방식이 아예 달랐다. 처음에는 적응하기 쉽지 않았는데 하면 할수록 재밌다"고 설명했다. 팀에서도 백어택 등 다양한 공격옵션을 갈고 닦고 있다. 새 시즌 목표는 트리플 크라운. 권민지는 "연습경기를 하다가 트리플 크라운에 서브 하나가 모자랐던 적이 있다. 해볼 수 있겠다는 자신감이 든다"고 말했다. 여전히 매일 일기를 쓴다.

RECORD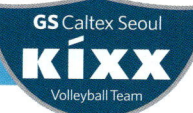

• 공격 •

경기수	세트수	공격 시도	공격 성공	범실	상대블럭	성공률	점유율
35	106	535	194	28	55	36.30%	10.70%

• 피 블로킹 •

성명	상대팀명	블로킹 시도	블로킹 성공	성공률
김수지	IBK기업은행	23	6	26.09%
옐레나	흥국생명	13	5	38.46%
최가은	페퍼저축은행	15	5	33.33%
정호영	KGC인삼공사	8	4	50.00%
한송이	KGC인삼공사	10	4	40.00%

• 블로킹 •

경기수	세트수	블로킹 시도	블로킹 성공	유효 블로킹	범실	실패	세트당개수	점유율
35	106	120	20	41	2	34	0.189	5.20%

• 서브 •

경기수	세트수	서브 시도	서브 성공	범실	세트당개수	점유율
35	106	163	1	22	0	5.30%

• 세트 •

공격종합			오픈			속공		
시도	성공	성공률	시도	성공	성공률	시도	성공	성공률
37	7	18.9	25	4	16	0	0	0.00%

퀵오픈			시간차			이동			후위		
시도	성공	성공률	시도	성공	성공률	시도	성공	성공률	시도	성공	성공률
0	0	0.00%	0	0	0.00%	0	0	0.00%	12	3	

• 리시브 •

경기수	세트수	리시브 시도	리시브 정확	리시브 실패	효율	점유율
35	106	410	161	15	35.61%	14.52%

• 디그 •

경기수	세트수	디그 성공	디그 실패	디그 범실	효율	점유율
35	106	143	34	0	1.349	5.35%

김민지

no. 08 L
@kkmindi

생년월일	2004.03.28
신장 / 체중	165cm / 64kg
스탠딩 리치	208cm
서전트 점프	47cm
연봉	3천
출신교	치평초-일신여중-일신여상
드래프트순위	2022~2023 3라운드 1순위
이적사항	흥국생명(2022~2023)-GS칼텍스(2023~)

SCOUTING REPORT

V리그 역대 세 번째 김민지. 1985년생 김민지, 1994년생 김민지에 이어 2004년생 김민지도 GS칼텍스 유니폼을 입게 됐다. 지난시즌 3라운드 1순위로 흥국생명에 입단했으나 사실상 방출되면서 GS칼텍스에 새 둥지를 틀게 됐다. 흥국생명에서 나온 뒤에는 한 때 통역사 도전을 고민하기도 했다. 김민지에겐 미래진행형인 꿈이다.
코보컵 대회에선 준결승부터 원포인트 서버로 투입되기도 했다. 현대건설과의 준결승에선 경기를 끝내는 서브 에이스를 했는데 현재까진 유일한 김민지의 득점이다.
길다면 길고, 짧다면 짧은 흥국생명 시절 동안 옆에서 김해란을 보고 많이 배웠다고 한다. 긴 경력을 뛰어넘는 김해란의 활약을 보며 "이래서 김해란 하는구나"라고 느꼈다고. 새 시즌 목표를 묻자 '클로즈업'이라는 의외의 단어가 돌아왔다. 김민지는 "코트에 투입될 때마다 중계화면에 잡힐 수 있도록 좋은 활약을 하고 싶다. 팬들에게도 여기 김민지라는 선수가 있다는 걸 알리고 싶다"고 설명했다. '가장 유명한 김민지'가 되길 기대해본다.

RECORD

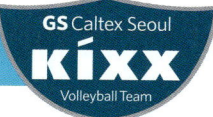

• 공격 •

경기수	세트수	공격 시도	공격 성공	범실	상대블럭	성공률	점유율
1	1	0	0	0	0	0.00%	0.00%

• 블로킹 •

경기수	세트수	블로킹 시도	블로킹 성공	유효 블로킹	범실	실패	세트당개수	점유율
1	1	0	0	0	0	0	0	0.00%

• 서브 •

경기수	세트수	서브 시도	서브 성공	범실	세트당개수	점유율
1	1	1	0	0	0	0.00%

• 세트 •

공격종합			오픈			속공		
시도	성공	성공률	시도	성공	성공률	시도	성공	성공률

퀵오픈			시간차			이동			후위		
시도	성공	성공률	시도	성공	성공률	시도	성공	성공률	시도	성공	성공률

• 리시브 •

경기수	세트수	리시브 시도	리시브 정확	리시브 실패	효율	점유율
1	1	0	0	0	0.00%	0.00%

• 디그 •

경기수	세트수	디그 성공	디그 실패	디그 범실	효율	점유율
1	1	0	0	0	0	0.00%

• 디그 상대 •

성명	팀명	디그 시도	디그 성공	성공률

김지우

no. 09 S

@wldn_zw_

생년월일	2005.01.02	신장 / 체중	171cm / 65kg		
스텐딩 리치	219cm	서전트 점프	50cm	연봉	3천
출신교	충무초-신반포중-세화여고				
드래프트순위	2022~2023 수련선수				
이적사항	흥국생명(2022~2023)-GS칼텍스(2023~)				

SCOUTING REPORT

지난시즌 흥국생명에 수련선수로 입단했지만 1년 만에 방출됐다. 18살 김지우에겐 가혹한 현실이었다. 다른 길도 고민했지만 가장 하고 싶은 건 역시 배구였다. "네가 하고 싶은 걸 하며 살라"는 부모님의 조언에 실업팀 입단 준비를 했다. 테스트를 보고 올라오는 길에 GS칼텍스의 전화를 받았다. 그 길로 짐을 싸서 입단 테스트를 보러갔다. 8월 1일 IBK기업은행과의 코보컵 대회 경기는 김지우의 프로 데뷔전이기도 했다. 아직까진 유일한 출전 기록이다.

같은 세터 포지션에 선배 김지원, 아시아쿼터로 선발한 아이리스 톨레나다가 있지만 모든 것은 김지우 자신에게 달려있다. 차 감독은 어린 선수들에게 기회를 주는 데 주저함이 없는 지도자다. 초등학교 때는 공격수를 한 경험도 있다. 6학년 이후로는 세터를 해왔다. 롤 모델은 태국의 눗사라 톰콤. 작은 키(171㎝)에도 자신감 있게 빠른 플레이를 하고 싶다는 설명이다. 공을 잡듯 토스를 한다는 평가에 빨리 쏴주는 데 주력하고 있다.

RECORD

• 공격 •

경기수	세트수	공격 시도	공격 성공	범실	상대블럭	성공률	점유율

• 블로킹 •

경기수	세트수	블로킹 시도	블로킹 성공	유효 블로킹	범실	실패	세트당개수	점유율

• 서브 •

경기수	세트수	서브 시도	서브 성공	범실	세트당개수	점유율

• 세트 •

공격종합			오픈			속공		
시도	성공	성공률	시도	성공	성공률	시도	성공	성공률

퀵오픈			시간차			이동			후위		
시도	성공	성공률	시도	성공	성공률	시도	성공	성공률	시도	성공	성공률

• 리시브 •

경기수	세트수	리시브 시도	리시브 정확	리시브 실패	효율	점유율

• 디그 •

경기수	세트수	디그 성공	디그 실패	디그 범실	효율	점유율

• 디그 상대 •

성명	팀명	디그 시도	디그 성공	성공률

문명화 no. 15 MB
@maeng__0904

생년월일	1995.09.04
신장 / 체중	189cm / 79kg
스텐딩 리치	236cm
서전트 점프	46cm
연봉	9천
출신교	금정초-금양중-남성여고
드래프트순위	2014~2015 1라운드 4순위
이적사항	KGC인삼공사(2014~2017)-GS칼텍스(2017~)

늘 건강 챙기시고 응원 많이 해주세용~♥

SCOUTING REPORT

생애 두 번째 FA 계약을 맺었다. 크고 작은 부상에 신음했던 문명화는 지난시즌 모처럼 건강한 한 시즌을 보냈다. 2017~2018시즌 이후 5시즌 만에 30경기를 소화했다. 부상은 없었지만 스스로의 플레이는 만족스럽지 못했다. 문명화는 "다치지 않으니 다 잘 되겠지 싶었는데 몸이 괜찮은데 경기력이 안 나오면 오히려 더 심리적으로 움츠러들었던 것 같다"고 스스로 진단했다. 좀 더 차분하게 자신의 플레이를 해나가는 것이 관건이 될 전망.

아시아쿼터 도입으로 외국인 공격수 2명을 보유한 팀도 생기면서, 높이에서 강점이 있는 문명화의 역할은 더욱 중요해질 전망이다. 문명화가 각별히 신경 쓰는 것 역시 블로킹. "무엇보다 블로킹에서 팀이 원하는 역할을 해내고 싶다"는 설명이다. 남들보다 늦은 고등학교 2학년 때 배구를 시작해 벌써 프로 생활도 10년째. 10번째 시즌을 앞둔 자신에게 해주고 싶은 말이 있냐는 질문에 문명화는 "그동안 잘 버텨왔고 앞으로도 밝게 제 몫을 다 하는 선수가 됐으면 좋겠다"고 답했다.

RECORD

• 공격 •

경기수	세트수	공격 시도	공격 성공	범실	상대블럭	성공률	점유율
30	62	61	22	2	8	36.10%	1.20%

• 피 블로킹 •

성명	상대팀명	블로킹 시도	블로킹 성공	성공률
배유나	한국도로공사	4	3	75.00%
서채원	페퍼저축은행	3	2	66.67%
김나희	흥국생명	1	1	100.00%
표승주	IBK기업은행	2	1	50.00%
양효진	현대건설	3	1	33.33%

• 블로킹 •

경기수	세트수	블로킹 시도	블로킹 성공	유효 블로킹	범실	실패	세트당개수	점유율
30	62	156	19	52	2	52	0.306	6.80%

• 서브 •

경기수	세트수	서브 시도	서브 성공	범실	세트당개수	점유율
30	62	119	3	6	0	3.80%

• 세트 •

공격종합			오픈			속공		
시도	성공	성공률	시도	성공	성공률	시도	성공	성공률
13	3	23.1	12	3	25	0	0	0.00%

퀵오픈			시간차			이동			후위		
시도	성공	성공률	시도	성공	성공률	시도	성공	성공률	시도	성공	성공률
0	0	0.00%	0	0	0.00%	0	0	0.00%	1	0	

• 리시브 •

경기수	세트수	리시브 시도	리시브 정확	리시브 실패	효율	점유율
30	62	5	1	1	0.00%	0.18%

• 디그 •

경기수	세트수	디그 성공	디그 실패	디그 범실	효율	점유율
30	62	37	15	2	0.597	1.63%

문지윤

no. 17 OP
@_moon_jiyun

생년월일	2000.07.25
신장 / 체중	181cm / 72kg
스탠딩 리치	224cm
서전트 점프	41cm
연봉	7천
출신교	염동초-원곡중-원곡고
드래프트순위	2018~2019 1라운드 5순위
이적사항	IBK기업은행(2018~2019)-GS칼텍스(2019~)

웃는 일 가득 하세요 ♡

SCOUTING REPORT

처음으로 성인 대표팀 태극마크를 달았다. VNL 3주 일정동안 꾸준히 엔트리에 들었다. 여자 대표팀의 성적은 아쉬웠지만 문지윤의 선수 경력에는 큰 도움이 됐다. 태극마크의 무게에 대해서도 다시 생각해보게 됐다. 특히 범실을 최소화하는 일본 대표팀에게 강한 인상을 받았다고 한다.

코보컵 대회 우승을 합작했다. 2년 연속 MVP를 노리진 않았냐는 질문에 손사래를 치며 "보완해야 할 점도 많이 느꼈다"고 말했다. '토종 어포짓 스파이커'로 자신의 존재감을 조금씩 각인시키고 있다. 지난시즌 처음으로 세자릿수 득점(130점)을 기록했다. 토종 어포짓 자원의 존재는 팀의 운영에도 큰 도움이 된다. 문지윤은 언제든 출격 준비가 돼 있다. 올 시즌을 앞두고는 리시브 훈련에도 공을 들이고 있다. 어포짓만 고집해선 지금처럼 늘 기회에 목마를 수밖에 없다. 문지윤은 "새로운 목표를 세운만큼 주변에서 코치 선생님들이나 언니들도 많이 도와준다. 코트 위에서 리시브 한 번 제대로 받아보고 싶다"고 말했다.

RECORD

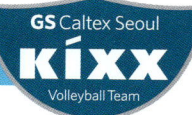

• 공격 •

경기수	세트수	공격 시도	공격 성공	범실	상대블럭	성공률	점유율
28	88	281	111	17	23	39.50%	5.60%

• 피 블로킹 •

성명	상대팀명	블로킹 시도	블로킹 성공	성공률
박정아	한국도로공사	9	3	33.33%
김현정	IBK기업은행	4	2	50.00%
최가은	페퍼저축은행	5	2	40.00%
황민경	현대건설	12	2	16.67%
이다현	현대건설	17	2	11.76%

• 블로킹 •

경기수	세트수	블로킹 시도	블로킹 성공	유효 블로킹	범실	실패	세트당개수	점유율
28	88	165	15	65	5	51	0.17	7.20%

• 서브 •

경기수	세트수	서브 시도	서브 성공	범실	세트당개수	점유율
28	88	167	4	17	0	5.40%

• 세트 •

공격종합			오픈			속공		
시도	성공	성공률	시도	성공	성공률	시도	성공	성공률
17	8	47.1	14	6	42.9	0	0	0.00%

퀵오픈			시간차			이동			후위		
시도	성공	성공률	시도	성공	성공률	시도	성공	성공률	시도	성공	성공률
0	0	0.00%	0	0	0.00%	0	0	0.00%	3	2	66.7

• 리시브 •

경기수	세트수	리시브 시도	리시브 정확	리시브 실패	효율	점유율
28	88	10	3	1	20.00%	0.35%

• 디그 •

경기수	세트수	디그 성공	디그 실패	디그 범실	효율	점유율
28	88	82	17	0	0.932	2.99%

안혜진 no. 07 S
@_gw216

생년월일	1998.02.16	신장 / 체중	175cm / 64kg		
스텐딩 리치	220cm	서전트 점프	36cm	연봉	2억8천
출신교	아산둔포초-강릉해람중-강릉여고				
드래프트순위	2016~2017 1라운드 3순위				
이적사항					

응원 많이 해주세요~

SCOUTING REPORT

7월 왼쪽 어깨 수술을 받았다. 사실상 올 시즌 출전은 어려울 전망. 오전에는 서울, 오후에는 구단체육관을 오가며 회복에 주력하고 있다. 수술을 앞서 재활을 고민하기도 했지만 주변의 권유와 이참에 부상을 뿌리 뽑자는 생각에 마음을 굳혔다고 한다. "지금은 후회하지 않는다"는 설명.

안혜진에게는 쉽지만은 않은 시간이 될 것이다. 후배들의 성장을 보면서 때론 마음이 조급해질 수도 있다. GS칼텍스는 아시아쿼터로 센터 포지션의 선수를 선택하기도 했다. 안혜진은 "제 유니폼을 경기장에 걸어놓고 응원해주시는 팬 분들께는 죄송하지만 신이 주신 휴식기간이라고 생각하고 잘 재활해서 건강하게 돌아오겠다"고 말했다. 시즌 프로필 촬영을 하던 이날, 안혜진은 유명 맛집의 베이글을 포장해와 선수들에게 나눠주기도 했다.

수술 이후 살이 좀 빠진 것 같다는 질문에 안혜진은 "사진 촬영하는 데 예쁘게 잘 나올 것 같다"며 웃었다. 우리가 아는 돌아이몽(돌아이+도라에몽)이 하루 빨리 돌아오길 기대한다.

RECORD

• 공격 •

경기수	세트수	공격 시도	공격 성공	범실	상대블럭	성공률	점유율
31	110	69	16	5	4	23.20%	1.40%

• 블로킹 •

경기수	세트수	블로킹 시도	블로킹 성공	유효 블로킹	범실	실패	세트당개수	점유율
31	110	178	10	77	0	60	0.091	7.70%

• 서브 •

경기수	세트수	서브 시도	서브 성공	범실	세트당개수	점유율
31	110	333	10	30	0.1	10.70%

• 세트 •

공격종합			오픈			속공		
시도	성공	성공률	시도	성공	성공률	시도	성공	성공률
2657	1106	41.6	1023	404	39.5	167	55	32.9

퀵오픈			시간차			이동			후위		
시도	성공	성공률	시도	성공	성공률	시도	성공	성공률	시도	성공	성공률
972	414	42.6	134	74	55.2	20	10	50	341	149	43.7

• 리시브 •

경기수	세트수	리시브 시도	리시브 정확	리시브 실패	효율	점유율
31	110	1	0	1	0.00%	0.04%

• 디그 •

경기수	세트수	디그 성공	디그 실패	디그 범실	효율	점유율
31	110	198	45	1	1.8	7.37%

• 디그 상대 •

성명	팀명	디그 시도	디그 성공	성공률
김희진	IBK기업은행	11	8	72.73%
옐레나	흥국생명	13	7	53.85%
정호영	KGC인삼공사	8	6	75.00%
니아 리드	페퍼저축은행	5	5	100.00%
이소영	KGC인삼공사	5	5	100.00%

오세연

no. 54 MB
@cat2da

생년월일	2002.05.04	신장 / 체중	180cm / 66kg		
스텐딩 리치	226cm	서전트 점프	55cm	연봉	5천5백
출신교	양지초-원곡중-중앙여고				
드래프트순위	2020~2021 2라운드 6순위				
이적사항					

SCOUTING REPORT

5월 4일 생일을 따라서 등번호도 54번. 묘하게 이름과도 초성이 겹친다. 짧은 머리 스타일에 플레이 스타일은 묘하게 일본 미들블로커를 떠올리게 한다는 평가를 받는다. 미들블로커치고 키(180㎝)가 그다지 큰 편은 아니지만, 팔이 길고 서전트 점프 높이도 좋은 편. 데뷔 후 2시즌 동안 2경기 출전에 그쳤던 오세연은 지난시즌에만 26경기에 투입됐다. 총 62득점을 기록했다.

시즌을 앞두고는 공격 방향에 대한 훈련에 집중하고 있다. 그동안 들어가는 방향대로 주로 공을 때려왔다면, 지금은 상대 블로커의 손을 보고 때리거나 틀어 때리기 등도 집중 단련하고 있다. 웨이트 트레이닝의 경우 보통 체격 조건을 고려해 파트너를 정하는데 오세연은 최고참 정대영과 함께한다. 자신보다도 더 많은 무게를 치는 정대영을 보며 많은 가르침을 얻는다고 한다. 정대영의 합류로 당장 출전 기회는 줄어들겠지만, 다신 없을 배움의 기회가 열렸다는 것 또한 잊지 않아야 한다.

RECORD

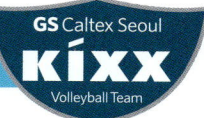

• 공격 •

경기수	세트수	공격 시도	공격 성공	범실	상대블럭	성공률	점유율
26	65	102	34	10	6	33.30%	2.00%

• 피 블로킹 •

성명	상대팀명	블로킹 시도	블로킹 성공	성공률
정대영	한국도로공사	3	2	66.67%
배유나	한국도로공사	3	2	66.67%
이소영	KGC인삼공사	2	1	50.00%
최가은	페퍼저축은행	2	1	50.00%
김나희	흥국생명	1	0	0.00%

• 블로킹 •

경기수	세트수	블로킹 시도	블로킹 성공	유효 블로킹	범실	실패	세트당개수	점유율
26	65	167	25	60	6	41	0.385	7.20%

• 서브 •

경기수	세트수	서브 시도	서브 성공	범실	세트당개수	점유율
26	65	121	3	9	0	3.90%

• 세트 •

공격종합			오픈			속공		
시도	성공	성공률	시도	성공	성공률	시도	성공	성공률
7	0	0	6	0	0	0	0	0.00%

퀵오픈			시간차			이동			후위		
시도	성공	성공률	시도	성공	성공률	시도	성공	성공률	시도	성공	성공률
0	0	0.00%	0	0	0.00%	0	0	0.00%	1	0	0

• 리시브 •

경기수	세트수	리시브 시도	리시브 정확	리시브 실패	효율	점유율
26	65	7	1	3	0.00%	0.25%

• 디그 •

경기수	세트수	디그 성공	디그 실패	디그 범실	효율	점유율
26	65	32	15	2	0.492	1.48%

윤결

no. 23 MB

@gyeo__xxl

생년월일	2003.11.29	신장 / 체중	185cm / 73kg		
스텐딩 리치	244cm	서전트 점프	38cm	연봉	4천5백
출신교	송화초-해람중-강릉여고				
드래프트순위	2022~2023 1라운드 6순위				
이적사항					

들숨에 재력
날숨에 건강 얻으세요!

SCOUTING REPORT

지난시즌 신인드래프트 1라운드 6순위로 GS칼텍스에 지명됐다. 직접 만나면 생각보다 키(185㎝)가 더 크다는 인상을 받는다. 배구계에 보기 드문 왼손잡이 미들블로커이기도 하다. 어머니 또한 배구선수 출신이다. 태어났을 때 이름은 윤수빈. 수빈이라는 이름이 너무 흔한 듯 해 바꿨다고 한다.

꿈에 그리던 프로 데뷔 시즌. 많은 신인들이 그러하듯 출전 기회를 얻지 못했다. 새 시즌 데뷔에 도전한다. "열심히 하면 언젠가 기회가 오지 않을까"라고 담담하게 말했다. 프로에 와서 가장 다른 점을 묻자 "숙소 자체가 다르다"며 만족감을 드러내기도 했다. 프로에 와서 받은 월급으로는 아버지께 옷, 어머니께는 비싼 밥을 사드렸다고 한다.

비시즌 동안 중점을 두는 부분은 블로킹. 특히 새로 합류한 베테랑 정대영에게 많은 노하우를 전수받고 있다. 윤결은 "처음에는 대영 언니가 어려웠는데 먼저 다가와주셨다. 지금은 친한 사이"라며 웃었다.

RECORD

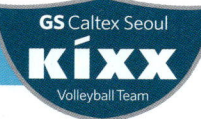

• 공격 •

경기수	세트수	공격 시도	공격 성공	범실	상대블럭	성공률	점유율
0	0	0	0	0	0.00%	0.00%	12.80%

• 피 블로킹 •

성명	상대팀명	블로킹 시도	블로킹 성공	성공률

• 블로킹 •

경기수	세트수	블로킹 시도	블로킹 성공	유효 블로킹	범실	실패	세트당개수	점유율
0	0	0	0	0	0	0	0	0.00%

• 서브 •

경기수	세트수	서브 시도	서브 성공	범실	세트당개수	점유율
0	0	0	0	0	0	0.00%

• 세트 •

공격종합			오픈			속공		
시도	성공	성공률	시도	성공	성공률	시도	성공	성공률

퀵오픈			시간차			이동			후위		
시도	성공	성공률	시도	성공	성공률	시도	성공	성공률	시도	성공	성공률

• 리시브 •

경기수	세트수	리시브 시도	리시브 정확	리시브 실패	효율	점유율
0	0	0	0	0	0.00%	0.00%

• 디그 •

경기수	세트수	디그 성공	디그 실패	디그 범실	효율	점유율
0	0	0	0	0	0	0.00%

최은지

no. 11 OH
@c_ej9236

생년월일	1992.06.07
신장 / 체중	182cm / 73kg
스텐딩 리치	231cm
서전트 점프	44cm
연봉	9천
출신교	평거초-경해여중-선명여고
드래프트순위	2010~2011 신생팀우선지명
이적사항	IBK기업은행(2010~2016)-한국도로공사(2016~2018)-KGC인삼공사(2018~2021)-GS칼텍스(2021~)

행복하세요~♡

SCOUTING REPORT

8월 코보컵 대회 도중 발목 부상을 당했다. 지난 시즌 무릎에 이어 다시 한 번 부상의 그림자가 드리워졌다. 불행 중 다행으로 부분 파열 진단을 받았다. 8월 중순 이후 서서히 볼 훈련을 하기 시작했다. 최은지는 "재활을 하면서 MBTI 앞자리가 E에서 소문자 i로 바뀐 것 같다"고 말했다. 물론 몸만큼이나 정신력을 회복하는 것도 중요하다. 재발에 대한 두려움을 떨쳐내기 위해선 완벽한 회복 단계를 밟는 것이 중요하다.

어느덧 프로 13번째 시즌을 앞두고 있다. 네 번째 소속팀 GS칼텍스에서 세 번째 맞이하는 시즌이다. 해가 갈수록 느끼는 언니로서의 책임감도 크다. 최은지는 "물론 주전 경쟁도 하겠지만 팀에서 기대하는 조커 역할도 충실히 해내고 싶다. 투입될 때마다 코트 위 분위기를 바꾸는 선수가 되는 것이 목표"라고 말했다.

GS칼텍스로 이적해온 베테랑 정대영과 과거 한국도로공사에서 한솥밥을 먹은 바 있다. 정대영의 연착륙에도 많은 도움을 줄 전망이다. 최근 최은지의 고민 또한 정대영이 함께 짊어질 수 있다.

RECORD

• 공격 •

경기수	세트수	공격 시도	공격 성공	범실	상대블럭	성공률	점유율
21	54	210	80	12	14	38.10%	4.20%

• 피 블로킹 •

성명	상대팀명	블로킹 시도	블로킹 성공	성공률
황민경	현대건설	4	2	50.00%
김수지	IBK기업은행	5	2	40.00%
김다인	현대건설	8	2	25.00%
나현수	현대건설	2	1	50.00%
한송이	KGC인삼공사	2	1	50.00%

• 블로킹 •

경기수	세트수	블로킹 시도	블로킹 성공	유효 블로킹	범실	실패	세트당개수	점유율
21	54	72	7	34	2	15	0.13	3.10%

• 서브 •

경기수	세트수	서브 시도	서브 성공	범실	세트당개수	점유율
21	54	135	3	4	0.1	4.40%

• 세트 •

공격종합			오픈			속공		
시도	성공	성공률	시도	성공	성공률	시도	성공	성공률
38	11	28.9	32	9	28.1	0	0	0.00%

퀵오픈			시간차			이동			후위		
시도	성공	성공률	시도	성공	성공률	시도	성공	성공률	시도	성공	성공률
0	0	0.00%	0	0	0.00%	0	0	0.00%	6	2	33.3

• 리시브 •

경기수	세트수	리시브 시도	리시브 정확	리시브 실패	효율	점유율
21	54	218	73	6	30.73%	7.72%

• 디그 •

경기수	세트수	디그 성공	디그 실패	디그 범실	효율	점유율
21	54	81	16	2	1.5	2.99%

톨레나다 no. 32 S

생년월일	1991.08.25
신장 / 체중	174cm / 70kg
스텐딩 리치	220cm
서전트 점프	40cm
연봉	10만$
출생(국가)	필리핀, 미국
드래프트순위	2023 아시아쿼터 6순위(교체)
풀네임	IRIS TOLENADA

SCOUTING REPORT

GS칼텍스가 삼고초려(?) 끝에 영입한 아시아쿼터 선수. 드래프트 당시 인도네시아 출신 아웃사이드히터 메디 요쿠를 선택했던 GS칼텍스는 안혜진의 부상 이탈로 태국 세터 소라야 폼라를 선택했다. 그러나 폼라가 개인 사정으로 이탈하면서 아이리스 톨레나다와의 동행이 결정됐다.

필리핀 출신 톨레나다가 자국 리그가 아닌 해외 리그에서 뛰는 건 이번이 처음. 톨레나다는 "내 자신을 시험해보고 싶었다. 한국에서 뛰면서 더 높은 수준의 배구를 할 수 있기를 바라고 있다"고 소감을 밝혔다. GS칼텍스의 첫 인상으로도 "힘든 훈련 시간도 모두가 즐기고 있다. 모두가 서로를 발전시키고 싶어하는 마음이 느껴진다"고 덧붙였다. 아시아쿼터 선수 중에는 같은 필리핀 출신의 M.J 필립스(페퍼저축은행)와 절친이다. 지난해 동남아시안게임에서는 인도네시아의 메가왓티(정관장)와 대결한 기억도 있다. 블랙핑크, BTS의 열혈 팬이며 K드라마 중에는 '사랑의 불시착'을 좋아한다고 한다.

RECORD

· 공격 ·

경기수	세트수	공격 시도	공격 성공	범실	상대블럭	성공률	점유율

· 피 블로킹 ·

성명	상대팀명	블로킹 시도	블로킹 성공	성공률

· 블로킹 ·

경기수	세트수	블로킹 시도	블로킹 성공	유효 블로킹	범실	실패	세트당개수	점유율

· 서브 ·

경기수	세트수	서브 시도	서브 성공	범실	세트당개수	점유율

· 세트 ·

공격종합			오픈			속공		
시도	성공	성공률	시도	성공	성공률	시도	성공	성공률

퀵오픈			시간차			이동			후위		
시도	성공	성공률	시도	성공	성공률	시도	성공	성공률	시도	성공	성공률

· 리시브 ·

경기수	세트수	리시브 시도	리시브 정확	리시브 실패	효율	점유율

· 디그 ·

경기수	세트수	디그 성공	디그 실패	디그 범실	효율	점유율

GS칼텍스 서울 KIXX

한수진

no. 47 L
@shy_sujin_x

생년월일	1999.07.02
신장 / 체중	166cm / 56kg
스탠딩 리치	209cm
서전트 점프	51cm
연봉	9천
출신교	파장초-수일여중-수원전산
드래프트순위	2017~2018 1라운드 1순위
이적사항	

많관부?

SCOUTING REPORT

올 시즌 등번호를 12번에서 47번으로 바꿨다. 이유를 묻자 전혀 예기치 못한 답변이 돌아왔다. "생일이 7월 2일이라 72번으로 하려했더니 사람들이 안 어울린대요. 74번을 할까하다가 47번으로 바꿨어요. 어때요. 잘 어울리나요." 한수진 다운 쾌활함을 보여주는 답변이었다. 생애 첫 FA 계약도 맺었다. 크게 떨리진 않았다고 한다. 남들이 긴장할 땐 안 떨고, 별 것 아닌 일에 떠는 편이라는 한수진의 부가설명.

주전 한다혜에 이어 팀의 두 번째 리베로다. 한수진은 "지난시즌 크게 아쉬움은 없었다. 주전으로 뛰면 좋겠지만 다혜 언니 경기력이 워낙 좋았다. 목표가 있다면 코트에 들어갔을 때 분위기를 바꾸는 선수가 되는 것"이라고 말했다. 아시아쿼터 도입에 대해선 "어쨌든 배구를 잘하는 선수들이 더 많아지니까 좋다고 생각한다. 어렵게 생각해봤자 스트레스만 받지 않나"라고 답했다. 날다람쥐를 연상케 하는 한수진의 디그 쇼가 벌써부터 기다려진다.

RECORD

• 공격 •

경기수	세트수	공격 시도	공격 성공	범실	상대블럭	성공률	점유율
34	95	0	0	0	0	0.00%	0.00%

• 블로킹 •

경기수	세트수	블로킹 시도	블로킹 성공	유효 블로킹	범실	실패	세트당개수	점유율
34	95	0	0	0	0	0	0	0.00%

• 서브 •

경기수	세트수	서브 시도	서브 성공	범실	세트당개수	점유율
34	95	111	1	8	0	3.60%

• 세트 •

공격종합			오픈			속공		
시도	성공	성공률	시도	성공	성공률	시도	성공	성공률
47	13	27.7	40	10	25	0	0	0.00%

퀵오픈			시간차			이동			후위		
시도	성공	성공률	시도	성공	성공률	시도	성공	성공률	시도	성공	성공률
0	0	0.00%	0	0	0.00%	0	0	0.00%	7	3	42.9

• 리시브 •

경기수	세트수	리시브 시도	리시브 정확	리시브 실패	효율	점유율
34	95	135	50	2	35.56%	4.78%

• 디그 •

경기수	세트수	디그 성공	디그 실패	디그 범실	효율	점유율
34	95	150	31	1	1.579	5.50%

• 디그 상대 •

성명	팀명	디그 시도	디그 성공	성공률
산타나	IBK기업은행	7	5	71.43%
황연주	현대건설	4	4	100.00%
캣벨	한국도로공사	5	4	80.00%
엘리자벳	KGC인삼공사	6	4	66.67%
황민경	현대건설	7	4	57.14%

유가람 no. 20 L

생년월일	2005.09.30
신장 / 체중	166cm / 59kg
스텐딩 리치	208cm
서전트 점프	45cm
연봉	4천5백
출신교	제천남천초-제천여중-제천여고
드래프트순위	2023~2024 1라운드 5순위
이적사항	

SCOUTING REPORT

지난시즌 이원정을 트레이드하며 흥국생명에게 받아온 1라운드 지명 권한으로 선택한 선수다. 입단 동기 이윤신에 이어 1라운드 5순위로 이름이 불렸다.

스포츠 DNA가 남다르다. 어머니는 배구, 아버지는 창던지기 선수 출신이다. 큰 남동생은 멀리뛰기를 하고, 막내 남동생은 최근 정구를 시작했다. 배구 선수를 했던 어머니는 1980년생이다. 팀 최고참 정대영(1981년생)과 단 한 살 차이다. 프로 지명 뒤 처음으로 받는 월급으로는 부모님께 용돈을 드릴 생각이라고 한다. 물건보다는 현금만한 게 없다며.

롤 모델은 한수진. 예전부터 영상을 찾아봤는데 빠른 발에 감각도 좋고, 자기관리도 철저한 모습을 보고 배우고 싶다고 한다. 새 사용구 적응도 자신 있다고 한다. 당장 리베로로 출전 기회를 얻긴 어렵겠지만, 원포인트 서버 등으로 들어갔을 때 눈도장을 찍는 것이 중요하다. 유가람은 "나를 믿고 1라운드에 지명해주신 만큼 실력으로 보답하고 싶다"고 각오를 다졌다.

이윤신 no. 03 S

생년월일	2005.11.17
신장 / 체중	171cm / 63kg
스텐딩 리치	220cm
서전트 점프	50cm
연봉	4천5백
출신교	추계초-중앙여중-중앙여고
드래프트순위	2023~2024 1라운드 4순위
이적사항	

SCOUTING REPORT

GS칼텍스가 1라운드에 지명한 신인. 이번 드래프트에서 세터로는 가장 처음 이름이 불렸다. 어려서 태권도를 했다. 초등학교 5학년 때 친구 어머니의 추천으로 배구를 하기 시작했는데 바로 그 친구 어머니가 여자배구 레전드 장윤희 중앙여고 감독이다. 공교롭게도 중앙여고에서 스승과 제자로 인연을 이어갔다. 프로 지명 뒤 장 감독에게 "열심히 언니들만 따라 하라"는 축하 연락을 받았다고 한다. 포지션은 어려서부터 줄곧 세터를 했다. "한 점 한 점 만들어내는 게 짜릿해서 배구의 매력에 빠지게 됐다"는 설명이다.

롤 모델은 같은 팀의 김지원. "급한 상황에서도 차분함을 잃지 않는데다 속공 연결이 너무 멋있다"는 설명이다. 자신이 꼽은 세터로서 강점은 블로커 따돌리기. 이윤신은 "누가 봐도 상상하지 못하는 그런 토스를 하는 세터가 되고 싶다. 화려함도 갖췄으면 좋겠다. 올 시즌엔 경기에 한 번이라도 들어가서 팀에 도움이 되는 플레이를 하는 것이 목표"라고 말했다.

since 2011
IBK기업은행 알토스
IBK ALTOS

- sports.ibk.co.kr
- @ibk__altos
- youtube.com/channel/UCfkPAZMoJYLrBfy8dftzCvg
- http://www.facebook.com/ibkaltos
- http://post.naver.com/ibk_altos

2022-23 시즌
6위

정규 우승
3회

챔프 우승
3회

통합 우승
1회

2022~2023시즌 리뷰

시작부터 단단히 꼬인 2022~2023시즌. '전력의 절반'이라고 불리는 외국인 선수부터 문제가 발생했다. 전체 4순위로 아나스타시야를 뽑았지만 기량 부족을 드러냈고, 직전 시즌 대체 선수였던 산타나를 급히 재영입 했다. 설상가상 시즌 시작부터 '간판스타' 김희진의 무릎에 이상 신호가 감지됐다. 국가대표에 다녀온 주전 세터 김하경의 토스는 흔들렸고, 백업 아웃사이드 히터 김주향의 부상 이탈에 주전 표승주와 산타나의 체력 부담이 심해졌다. 곳곳에서 노출한 전력의 불안정 속에 1라운드 2승4패를 시작으로 4라운드까지 5할을 넘긴 라운드가 없었다. 5라운드 4승2패로 반등했지만 거기까지였다. 시즌 내내 무릎 부상에 시달린 김희진이 결국 시즌 아웃됐고, 6라운드에서 2승4패에 머물며 일찌감치 봄 배구 탈락의 쓴맛을 봤다. 시즌 최종 성적은 15승21패, 6위를 기록했다. 팀 득점(3,010점)과 공격 성공률(35.41%) 역시 6위에 그치며 빈공 속에 한 시즌을 보냈다. 나름의 소득도 있었다. 표승주가 데뷔 첫 500득점 이상을 올리며 공격력에서 리그 최고 수준으로 올라섰고, 미들블로커 최정민과 아포짓 스파이커 육서영은 풀타임 가까이 출전하며 한 계단 성장했다. IBK기업은행은 '호화 멤버'를 자랑하며 늘 봄 배구 후보에 올랐지만, 이제 '약체'로 분류되고 있다. 과거 영광을 재연하며, 새 시즌 반등에 성공할 수 있을까.

2023~2024시즌 프리뷰

FA 시장에서 '조용한 승자'가 됐다. 베테랑 미들블로커 김수지가 팀을 떠났지만, 늘 아쉬웠던 아웃사이드 히터 자리에 베테랑 황민경을 영입하는데 성공했다. 그리고 '행운'에 '행운'이 잇따랐다. 7개 구단이 똑같은 확률로 실시한 아시아 쿼터 드래프트에서 전체 1순위의 '대박'을 잡았다. 김호철 감독은 조금의 망설임 없이 태국 국가대표 세터 폰푸을 지명했다. 여기서 끝이 아니었다. 외국인 선수 드래프트에서도 전체 1순위의 행운을 차지했다. 김호철 감독의 선택은 아포짓 스파이커 아베크롬비. 타 구단에서 의아함을 가졌지만, 폰푸과 김하경의 토스워크를 감안한 선발이었다. 지난 시즌 부진을 만회하기 위해 김호철 감독은 강도 높은 훈련을 실시했다. 하지만, 연습경기에서 연패를 거듭하며 새 시즌 전망은 어두워보였다. 땀의 결실은 KOVO컵 대회에서 맺어졌다. 흥국생명과 GS칼텍스를 연파하며 준결승에 오르더니 정관장마저 꺾고 결승에 진출했다. 비록, 다시 만난 GS칼텍스에 패해 준우승에 머물렀지만 '우리도 할 수 있다'라는 자신감을 얻은 건 큰 소득이다. 공, 수에서 밸런스가 좋다는 평가. 그러나 김수지가 빠진 중앙의 높이가 약점이다. 미들블로커로 전향한 김희진의 빠른 복귀가 필요하다. 행운에 노력까지 더해지고 있는 새 시즌, IBK기업은행은 명가 재건을 꿈꾸고 있다.

시즌별 팀 성적

시즌	경기수	세트수	득점	공격%	블로킹	서브	세트	리시브%	디그
2018~2019	30	117	2567	37.09	2.291	1.068	13.214	41.06	21.650
2019~2020	27	106	2197	35.47	1.868	1.160	11.915	27.90	19.679
2020~2021	30	118	2515	37.81	1.975	0.983	13.161	30.07	20.458
2021~2022	32	116	2494	35.85	2.233	0.940	12.612	28.57	20.879
2022~2023	36	137	3010	35.41	2.496	0.846	13.270	39.92	23.095

감독

김호철

- 1955.02.13(음력) / 175cm / 68kg / 대신고-한양대
- 1975-1986 남자 배구 국가대표팀 선수
- 2003-2011 현대캐피탈 스카이워커스 감독, 총감독
- 2012 러시앤캐시 드림식스 감독
- 2013-2015 현대캐피탈 스카이워커스 감독
- 2021- IBK기업은행 알토스배구단 감독

김호철 감독 인터뷰

김호철 감독은 아시아쿼터에 이어 외국인 선수까지 1순위를 차지한 소감을 묻자 "새 시즌은 뭔가 되려는 것 같다"며 활짝 웃었다. 그러나 "변수도 여전히 있다"고 경계했다. 먼저 태국 국가대표 세터 폰푼이 아시안게임이 끝난 뒤 10월 중순에 팀에 합류한다. 폰푼의 토스 페이스에 맞춰 빠른 배구를 준비하고 있지만, 완전체가 되기까지 시간이 필요하다. 김 감독은 "그래서 김하경이 시즌 초반을 잘 버텨줘야 한다"며 "김하경과 표승주, 아베크롬비가 빠른 공격을 할 수 있도록 연습하고 있다. 그러면 폰푼이 늦게 오더라도 공격수와 호흡은 괜찮을 것 같다"고 내다봤다. 김수지의 이적으로 중앙의 높이가 낮아진 점도 고민이다. "김현정과 최정민, 둘의 높이가 아무래도 낮다보니 유효블로킹 후 수비가 중요해졌다"며 "황민경이 들어오면서 리시브 라인이 한층 단단해졌다. 수비는 분명 좋아질 거라 생각한다. 황민경이 KOVO컵 대회 이후 무릎 시술을 했는데, 시즌 개막부터 뛸 수 있도록 준비 중"이라고 밝혔다. 새 시즌 성적의 '키'는 간판스타 김희진이 쥐고 있다. 이번 시즌부터 미들블로커로 전향하는 김희진이 중앙을 지켜줘야 승산이 높아진다. 당초 후반기 출전이 예상됐는데, 회복 속도가 빨라 시즌 초반 출격 가능성이 커졌다. 김 감독은 "김희진이 일찍 돌아와서 가운데를 지킨다면 완전체가 된다. 충분히 해 볼만 한 전력이다. 달라진 모습을 보여주겠다"고 밝혔다.

STAFF

수석코치 이영택	트레이너 성진용	전력분석 크리스티안	매니저 이인희
코치 신승환	트레이너 주송희	전력분석 채지수	통역 김민영
코치 안준찬	트레이너 김현주		통역 구유정
코치 김재훈			

표승주 no. 19 OH

@yeon_pyo21 (비공개)

생년월일	1992.08.07
신장 / 체중	182cm / 76kg
스텐딩 리치	245cm
서전트 점프	280cm
연봉	2,821억
출신교	옥현초-월평-한일전산여고-국제사이버대학교
드래프트순위	2010~2011 1라운드 1순위
이적사항	한국도로공사(2010~2014)-GS칼텍스(2014~2019)-IBK기업은행(2019~)

부상없이 웃으면서 끝내기

SCOUTING REPORT

지난 시즌, 아웃사이드 히터로 에이징 커브가 와도 무방한 '만 30세'에 커리어 하이를 찍었다. 프로 데뷔 후 처음으로 500득점을 돌파(529점·7위)했고, 공격성공률도 34.77%로 준수했다. 내용을 보면 더 대단했다. 상대의 집중적인 목적타 서브에 공격 전개가 힘든 상황에서도 타고난 힘과 기교를 더해 득점을 쌓았다. 표승주는 "체력적으로 정말 힘든 시즌이었다. 하지만, 극복하고 보니 성장해 있었다. 팀 성적이 너무 아쉬웠을 뿐이다"라고 말했다. 새 시즌 베테랑 아웃사이드 히터 황민경의 합류로 표승주는 짐을 조금이나마 덜었다. "민경 언니가 수비를 워낙 잘하기 때문에 분명 나에게 더 많은 목적타 서브가 올 것"이라면서도 "리시브 라인이 안정되면 좋은 공이 올라올 것이고, 그러면 득점 가능성이 더 커진다. 더 좋은 상황이 나온다"고 예상했다. 폰푼과 호흡도 기대하고 있다. "폰푼은 정말 빠르고 좋은 토스를 올린다"며 "국제대회에서 만나 빨리 함께 하자고 했다. 폰푼도 한국 무대 데뷔를 기대하고 있다"고 설명했다. 봄 배구 경험은 있지만, 아직 우승은 없다. "지난 시즌보다 전력이 훨씬 좋아졌다고 생각한다. 이제는 정상에 서고 싶다"고 말했다.

RECORD

· 공격 ·

경기수	세트수	공격 시도	공격 성공	범실	상대블럭	성공률	점유율
36	137	1346	468	85	110	34.80%	24.90%

· 피 블로킹 ·

성명	상대팀명	블로킹 시도	블로킹 성공	성공률
정호영	KGC인삼공사	24	9	37.50%
이주아	흥국생명	38	8	21.05%
배유나	한국도로공사	44	8	18.18%
니아 리드	페퍼저축은행	25	7	28.00%
모마	GS칼텍스	46	7	15.22%

· 블로킹 ·

경기수	세트수	블로킹 시도	블로킹 성공	유효 블로킹	범실	실패	세트당개수	점유율
36	137	314	49	110	0	104	0.358	12.30%

· 서브 ·

경기수	세트수	서브 시도	서브 성공	범실	세트당개수	점유율
36	137	498	12	31	0.1	16.50%

· 세트 ·

공격종합			오픈			속공		
시도	성공	성공률	시도	성공	성공률	시도	성공	성공률
105	29	27.6	94	24	25.5	0	0	0.00%

퀵오픈			시간차			이동			후위		
시도	성공	성공률	시도	성공	성공률	시도	성공	성공률	시도	성공	성공률
0	0	0.00%	0	0	0.00%	0	0	0.00%	11	5	45.5

· 리시브 ·

경기수	세트수	리시브 시도	리시브 정확	리시브 실패	효율	점유율
36	137	1046	412	31	36.42%	36.86%

· 디그 ·

경기수	세트수	디그 성공	디그 실패	디그 범실	효율	점유율
36	137	555	105	2	4.051	17.43%

황민경

no. 15 OH
@mk.only_1

생년월일	1990.06.02
신장 / 체중	174cm / 63kg
스텐딩 리치	224cm
서전트 점프	55cm
연봉	4억5천
출신교	반포초-세화여중-세화여고
드래프트순위	2008-09 1라운드 2순위
이적사항	한국도로공사(2008~2016)-GS칼텍스(2016~2017) 현대건설(2017~2023)-IBK기업은행(2023~)

SCOUTING REPORT

'밍키'의 마법이 IBK기업은행에서 시작된다. IBK기업은행과 통산 4번째 FA 계약을 맺고 새로운 출발선에 섰다. 데뷔 16년차로 어느덧 우리나이 서른넷. 변화보다 안정을 추구할 법했지만, 황민경은 "나를 필요로 하는 곳이 있다면 당연히 가는 게 맞다고 생각했다. 어디서 하든지 배구는 다 똑같다"며 담담한 소감을 밝혔다. IBK기업은행은 아웃사이드 히터 한 자리가 늘 고민이었다. 김주향, 육서영, 박민지 등 젊은 선수들의 성장을 기다렸지만, 좀처럼 올라서지 못했다. 황민경은 그 한 자리를 메워줄 적임자라는 게 구단의 판단이다. 김호철 감독은 "자기 관리가 워낙 뛰어난 선수 아닌가. 훈련 때부터 팀 분위기가 바뀌었다. 기대가 크다"고 말했다. 새 시즌, 완벽한 몸 상태를 만들기 위해 만전을 기하고 있다. KOVO컵 대회를 치르면서 무릎에 이상이 생겨 시술을 했는데, 시즌 개막을 맞는 데는 문제없다는 입장이다. "공격보다 수비에 더 집중하면서 몸을 만들고 있다. 국내 세터 김하경, 새 외국인 세터 폰푼과 좋은 호흡을 보여주면 공격도 괜찮을 거 같다"고 내다봤다. 성치 않은 몸이지만, 언제나 그랬듯 누구보다 먼저 몸을 날릴 준비가 됐다. 새 팀에서도 황민경의 마음가짐은 똑같다. '넘버원(NO 1)'보다 빛나는 '온리원(ONLY 1)'

RECORD

• 공격 •

경기수	세트수	공격 시도	공격 성공	범실	상대블럭	성공률	점유율
34	124	682	214	30	25	31.40%	13.30%

• 피 블로킹 •

성명	상대팀명	블로킹 시도	블로킹 성공	성공률
엘레나	흥국생명	13	3	23.08%
한수지	GS칼텍스	16	3	18.75%
김희진	IBK기업은행	2	2	100.00%
최가은	페퍼저축은행	11	2	18.18%
배유나	한국도로공사	13	2	15.38%

• 블로킹 •

경기수	세트수	블로킹 시도	블로킹 성공	유효 블로킹	범실	실패	세트당개수	점유율
34	124	250	32	115	3	69	0.258	9.80%

• 서브 •

경기수	세트수	서브 시도	서브 성공	범실	세트당개수	점유율
34	124	493	20	39	0.2	15.30%

• 세트 •

공격종합			오픈			속공		
시도	성공	성공률	시도	성공	성공률	시도	성공	성공률
100	36	36	92	33	35.9	0	0	0.00%

퀵오픈			시간차			이동			후위		
시도	성공	성공률	시도	성공	성공률	시도	성공	성공률	시도	성공	성공률
0	0	0.00%	0	0	0.00%	0	0	0.00%	8	3	37.5

• 리시브 •

경기수	세트수	리시브 시도	리시브 정확	리시브 실패	효율	점유율
34	124	538	240	15	41.82%	19.75%

• 디그 •

경기수	세트수	디그 성공	디그 실패	디그 범실	효율	점유율
34	124	434	71	0	3.5	14.09%

아베크롬비

no. 11 OP
@brittanyabercrombie

생년월일	1995.12.28
신장 / 체중	191cm / 74kg
스탠딩 리치	250cm
서전트 점프	70cm
연봉	25만$
출생(국가)	미국
드래프트순위	2023 외국인선수 1순위
풀네임	BRITTANY ABERCROMBIE

SCOUTING REPORT

2023~2024시즌 전체 1순위 외국인 선수. IBK기업은행이 두 시즌 만에 선택한 '외국인' 아포짓 스파이커로 공격의 갈증을 풀어줘야 하는 막중한 임무를 맡았다. 사실, 전체 1순위 후보는 아니었다. 아베크롬비가 1번으로 호명될 때 배구계 관계자 대부분이 놀람을 감추지 못했다. 빠른 배구를 추구하는 김호철 감독은 높이보다 '스피드'에 주목했다. 폴란드와 독일, 터키 등 유럽 리그에서 대부분의 경험을 쌓은 것도 플러스 요인이었다. 아베크롬비는 "팀 분위기가 정말 좋다. 훈련 프로그램이 체계적이고, 구단 시설도 매우 만족한다"며 만족감을 나타냈다. 1순위 지명에 대한 부담은 없다. "책임감만 있을 뿐이다"라고 강조한 아베크롬비는 "감독님의 배구에 대한 열정이 정말 대단하다. 농담도 재밌게 한다. 귀여운 면도 있다"며 "빠른 배구를 하기 위해 열심히 훈련하고 있다. 폰푼이 팀에 합류하면 호흡을 더 맞춰야 하는데, 영상을 보면서 템포를 익히고 있다. 큰 문제는 없을 것 같다"고 자신했다. 한국 배구에 대한 첫 인상도 빼놓지 않았다. "리그 전체 수비 수준이 높은 것 같다. 좋은 모습을 보여주기 위해 완벽하게 준비하고 있다"고 말했다.

RECORD

• 공격 •

경기수	세트수	공격 시도	공격 성공	범실	상대블럭	성공률	점유율

• 피 블로킹 •

성명	상대팀명	블로킹 시도	블로킹 성공	성공률

• 블로킹 •

경기수	세트수	블로킹 시도	블로킹 성공	유효 블로킹	범실	실패	세트당개수	점유율

• 서브 •

경기수	세트수	서브 시도	서브 성공	범실	세트당개수	점유율

• 세트 •

공격종합			오픈			속공		
시도	성공	성공률	시도	성공	성공률	시도	성공	성공률

퀵오픈			시간차			이동			후위		
시도	성공	성공률	시도	성공	성공률	시도	성공	성공률	시도	성공	성공률

• 리시브 •

경기수	세트수	리시브 시도	리시브 정확	리시브 실패	효율	점유율

• 디그 •

경기수	세트수	디그 성공	디그 실패	디그 범실	효율	점유율

김희진

no. 07 MB
@geurujam_

생년월일	1991.04.29	신장 / 체중	185cm / 80kg		
스탠딩 리치	247cm	서전트 점프	59cm	연봉	3억5천
출신교	추계초-중앙여중-중앙여고-국제사이버대학교				
드래프트순위	2010~2011 신생팀 우선지명				
이적사항					

SCOUTING REPORT

"몸도 마음도 힘들었다." 김희진은 지난 시즌에 대한 아쉬움을 딱 한 문장으로 표현했다. "내가 할 일을 해야 하는데, 몸이 따라주지 않더라. 감독님께서 휴식을 많이 주셔서 운동량을 줄이며 견뎠다. 그래도 무릎 수술을 할 수 밖에 없는 상황이었다. 계속 누적된 부상이다 보니 연골이나 인대 모두 성한 곳이 없었다. 빠른 회복은 어려울 것으로 봤다"고 말했다. 재활을 버텨낸 무릎은 서서히 정상 궤도에 오르고 있다. 그렇다고 서두르지는 않는다. "보조기를 생각보다 일찍 뗐다. 그런데 바로 정체가 왔다. 욕심내 급하게 재활하면 몸이 따라오지 않더라. 순리대로 재활을 하며 한 단계씩 올라가고 있다"고 말했다. 당초 올스타 휴식기 복귀가 예상됐으나, 빠르면 시즌 초 투입도 가능한 상황. 국가대표 아포짓 스파이커는 미들블로커로 새 출발을 앞두고 있다. "후위 공격 부담이 줄고, 무릎에 무리가 줄어들 거 같다"며 "폰푼이 중앙 활용을 많이 하는 스타일이다. 긴장을 늦추면 안될 것 같다"며 웃었다. 상징 같던 4번을 내려놓고 7번으로 새 출발한다. "번호를 바꾼 이유는 딱히 없다. '리프레시'라고 할까. 기다리시는 분들이 많은데, 건강하게 빨리 돌아오겠다"고 다짐했다.

RECORD

• 공격 •

경기수	세트수	공격 시도	공격 성공	범실	상대블럭	성공률	점유율
28	90	702	228	52	31	32.50%	13.00%

• 피 블로킹 •

성명	상대팀명	블로킹 시도	블로킹 성공	성공률
모마	GS칼텍스	5	3	60.00%
엘리자벳	KGC인삼공사	6	3	50.00%
이주아	흥국생명	13	3	23.08%
니아 리드	페퍼저축은행	18	3	16.67%
박은진	KGC인삼공사	3	2	66.67%

• 블로킹 •

경기수	세트수	블로킹 시도	블로킹 성공	유효 블로킹	범실	실패	세트당개수	점유율
28	90	166	20	67	2	55	0.222	6.50%

• 서브 •

경기수	세트수	서브 시도	서브 성공	범실	세트당개수	점유율
28	90	223	3	18	0	7.40%

• 세트 •

공격종합			오픈			속공		
시도	성공	성공률	시도	성공	성공률	시도	성공	성공률
47	14	29.8	44	14	31.8	0	0	0.00%

퀵오픈			시간차			이동			후위		
시도	성공	성공률	시도	성공	성공률	시도	성공	성공률	시도	성공	성공률
0	0	0.00%	0	0	0.00%	0	0	0.00%	3	0	0

• 리시브 •

경기수	세트수	리시브 시도	리시브 정확	리시브 실패	효율	점유율
28	90	7	3	1	28.57%	0.25%

• 디그 •

경기수	세트수	디그 성공	디그 실패	디그 범실	효율	점유율
28	90	193	50	3	2.144	6.48%

김현정

no. 17 MB
@h.o_ojeong

생년월일	1998.08.28	신장 / 체중	180cm / 68kg	
스텐딩 리치	236cm	서전트 점프	59cm	연봉 8천2백1십
출신교	반포초-세화여중-중앙여고			
드래프트순위	2016~2017 2라운드 4순위			
이적사항	GS칼텍스(2016~2020)-IBK기업은행(2020~)			

SCOUTING REPORT

김현정에게 2023~2024시즌은 무척 중요하다. 김수지가 팀을 떠났고, 김희진의 복귀는 시간이 걸리는 상황. 중앙에서 최정민, 임혜림을 이끄는 맏언니 역할을 해야 한다. 시즌을 마치면 데뷔 후 처음으로 FA 자격도 얻게 된다. "FA는 남의 이야기 같았다. 부담스럽기도 했다. 그래도 큰 기회라고 생각한다. 김수지 언니의 이적이 확정되는 순간 공백에 대한 걱정도 됐지만, 일단 부딪혀보려고 한다"고 말했다. 신장 180cm는 미들블로커에선 작은 편에 속한다. 미들블로커 최정민도 같은 신장이라 중앙의 낮은 높이는 올 시즌 IBK기업은행의 약점으로 지적된다. 김현정은 타이밍으로 승부를 볼 계획이다. 특히 팀에 새로 합류한 이영택 코치에게 많은 도움을 받고 있다. "블로킹 따라가는 부분, 손 모양, 타이밍 등 많은 조언을 받고 있다. 확실히 좋아진 걸 느낀다"고 밝혔다. 준우승을 차지한 지난 KOVO컵 대회는 자신감을 얻는 계기가 됐다. "걱정이 많았는데, 경기가 잘 풀리니까 재밌더라. 자신감을 많이 얻었고, 시즌 개막이 기다려진다"며 "아쉬움 없는 시즌을 보내고 싶다. 수치에선 속공 1등을 하는 것이 목표다. 그러면 팀 성적도 자연스럽게 좋을 거 같다"고 말했다.

RECORD

• 공격 •

경기수	세트수	공격 시도	공격 성공	범실	상대블럭	성공률	점유율
28	64	101	39	1	3	38.60%	1.90%

• 피 블로킹 •

성명	상대팀명	블로킹 시도	블로킹 성공	성공률
강소휘	GS칼텍스	1	1	100.00%
박정아	한국도로공사	2	1	50.00%
한송이	KGC인삼공사	6	1	16.67%
정대영	한국도로공사	1	0	0.00%
한수지	GS칼텍스	1	0	0.00%

• 블로킹 •

경기수	세트수	블로킹 시도	블로킹 성공	유효 블로킹	범실	실패	세트당개수	점유율
28	64	172	26	78	4	44	0.406	6.70%

• 서브 •

경기수	세트수	서브 시도	서브 성공	범실	세트당개수	점유율
28	64	125	5	10	0.1	4.10%

• 세트 •

공격종합			오픈			속공		
시도	성공	성공률	시도	성공	성공률	시도	성공	성공률
21	7	33.3	20	6	30	0	0	0.00%

퀵오픈			시간차			이동			후위		
시도	성공	성공률	시도	성공	성공률	시도	성공	성공률	시도	성공	성공률
0	0	0.00%	0	0	0.00%	0	0	0.00%	1	1	100

• 리시브 •

경기수	세트수	리시브 시도	리시브 정확	리시브 실패	효율	점유율
28	64	5	1	1	0.00%	0.18%

• 디그 •

경기수	세트수	디그 성공	디그 실패	디그 범실	효율	점유율
28	64	44	5	0	0.688	1.29%

폰푼

no. 23 S
@guedpardhoy

생년월일	1993.05.05
신장 / 체중	173cm / 69kg
스텐딩 리치	224cm
서전트 점프	48cm
연봉	10만$
출생(국가)	태국
드래프트순위	2023 아시아쿼터 1순위
풀네임	PORNPUN GUEDPARD

SCOUTING REPORT

명실상부 아시아 최고 세터. 폰푼이 여자배구 아시아쿼터 드래프트에 신청서를 제출하자 무려 5개 구단이 눈독을 들였다. 태국 국가대표팀의 주장이자 주전 세터로 아시아와 유럽 무대에서 활약하며 실력을 쌓았다. 낮고 빠르면서도 정확하게 올리는 토스가 일품이다. 폰푼의 토스 속도에 맞추기 위해 김호철 감독은 영입이 확정되자마자 '스피드 배구'를 선언했다. 어렵게 올라온 공을 처리하는 능력이 준수하며, 빈 곳을 노리는 2단 페인트 득점도 자주 보여준다. 특히 중앙 공격 활용도가 매우 높아 상대 입장에선 공격 루트를 예상하기 어렵다. 다만, 김수지가 떠나면서 새 시즌 팀의 높이가 낮아진 만큼 폰푼의 능력을 100% 활용할 수 있을지는 미지수다. 더 큰 숙제는 호흡이다. 태국 국가대표로 각종 국제대회를 소화한 뒤 한국 땅을 밟는다. 개막을 코앞에 둔 10월 중순 팀에 합류 예정이라 호흡을 맞추기에 시간이 부족하다. 폰푼이 초반 빠른 적응에 애를 먹는다면 한 시즌 농사를 망칠 수도 있다. 팀에 빠르게 녹아들 수 있도록 모든 역량을 총 동원해야 한다.

RECORD

• 공격 •

경기수	세트수	공격 시도	공격 성공	범실	상대블럭	성공률	점유율

• 피 블로킹 •

성명	상대팀명	블로킹 시도	블로킹 성공	성공률

• 블로킹 •

경기수	세트수	블로킹 시도	블로킹 성공	유효 블로킹	범실	실패	세트당개수	점유율

• 서브 •

경기수	세트수	서브 시도	서브 성공	범실	세트당개수	점유율

• 세트 •

공격종합			오픈			속공		
시도	성공	성공률	시도	성공	성공률	시도	성공	성공률

퀵오픈			시간차			이동			후위		
시도	성공	성공률	시도	성공	성공률	시도	성공	성공률	시도	성공	성공률

• 리시브 •

경기수	세트수	리시브 시도	리시브 정확	리시브 실패	효율	점유율

• 디그 •

경기수	세트수	디그 성공	디그 실패	디그 범실	효율	점유율

신연경

no. 03 L
@oiiiiiiiiiio__3

생년월일	1994.03.09	신장 / 체중	177cm / 72kg	
스텐딩 리치	230cm	서전트 점프	56cm	연봉 2억7천
출신교	유영초-경해여중-선명여고-용인대			
드래프트순위	2012~13 1라운드 3순위			
이적사항	IBK기업은행(2012~2014)-흥국생명(2014~2020)-IBK기업은행(2020~)			

#3

웃는날이 많기를..

SCOUTING REPORT

지난 시즌 예상치 못한 부상에 여러 차례 쓰러졌지만, 수비 3위에 오르며 후방을 지켰다. 무릎과 허리, 골반까지 성한 곳이 없지만, 신연경은 새 시즌 다시 날아오를 준비를 마쳤다. "목표는 항상 다치지 않고 시즌을 완주하는 것"이라며 "몸을 사리는 스타일이 아니다. 감독님께서 잘 관리해주셔서 몸 상태는 시즌 개막에 맞춰 점점 올라오고 있다. 크게 걱정하지 않는다"고 말했다. 세 시즌 연속 주장의 중책을 맡았다. 리더십이 뛰어나다는 평가에 손사래를 치며 "풀타임 주장은 지난 시즌이 처음이었는데, 확실히 단어에서 오는 책임감, 무게감이 컸다"며 "잘 따라와 주는 언니, 후배들이 고마울 뿐이다. 올해도 뒤에서 열심히 지원하고 싶다"고 말했다. 베테랑이자 수비에 일가견 있는 황민경의 합류는 반갑다. "수비 범위가 넓어서 내가 부족한 부분을 채워주고 있다. 호흡을 더 맞추면 괜찮을 것 같다. 지난 시즌과 비교하면 전력이 한층 좋아졌다. 다 같은 마음으로 정상으로 갈 수 있게 중간에서 많은 노력을 하겠다. 대화를 많이 하는 주장이 되겠다"고 다짐했다.

RECORD

• 공격 •

경기수	세트수	공격 시도	공격 성공	범실	상대블럭	성공률	점유율
30	111	0	0	0	0	0.00%	0.00%

• 블로킹 •

경기수	세트수	블로킹 시도	블로킹 성공	유효 블로킹	범실	실패	세트당개수	점유율
30	111	0	0	0	0	0	0	0.00%

• 서브 •

경기수	세트수	서브 시도	서브 성공	범실	세트당개수	점유율
30	111	0	0	0	0	0.00%

• 세트 •

공격종합			오픈			속공		
시도	성공	성공률	시도	성공	성공률	시도	성공	성공률
233	69	29.6	197	62	31.5	1	0	0

퀵오픈			시간차			이동			후위		
시도	성공	성공률	시도	성공	성공률	시도	성공	성공률	시도	성공	성공률
1	0	0	0	0	0.00%	0	0	0.00%	34	7	20.6

• 리시브 •

경기수	세트수	리시브 시도	리시브 정확	리시브 실패	효율	점유율
30	111	498	265	16	50.00%	17.55%

• 디그 •

경기수	세트수	디그 성공	디그 실패	디그 범실	효율	점유율
30	111	611	81	2	5.505	18.28%

• 디그 상대 •

성명	팀명	디그 시도	디그 성공	성공률
니아 리드	페퍼저축은행	32	26	81.25%
모마	GS칼텍스	21	14	66.67%
권민지	GS칼텍스	13	10	76.92%
황민경	현대건설	10	9	90.00%
박정아	한국도로공사	12	9	75.00%

구혜인

no. 10 L
@hye_in__19

생년월일	2003.09.23
신장 / 체중	170cm / 64kg
스탠딩 리치	231cm
서전트 점프	46cm
연봉	3천5백
출신교	안산서초-원곡중-제천여고
드래프트순위	2021~2022 4라운드 2순위
이적사항	

SCOUTING REPORT

지난 시즌, 서브에서 괄목한 성장을 보여줬다. 야구의 너클볼처럼 흔들리며 뚝 떨어지는 매서운 서브로 상대에게 확실한 인상을 심어주었다. 그 결과, 데뷔 시즌보다 50% 이상 코트를 많이 밟으면서 5점을 올렸다. "연습한 게 잘 통한 시즌이었다. 하지만, 수비에서는 아쉬웠다. 가지고 있는 걸 보여주지 못했다"고 돌아봤다. 김채원까지 합류하면서 백업 리베로 포지션의 경쟁이 더 치열해졌다. 선배들에 비해 구력이 짧은 구혜인은 서브로 돌파구를 찾고 있다. "서베로 포지션에 우선 집중하고 있다"며 "실수 없이 때리기 위해 준비 동작부터 집중하고 있다"고 말했다. 자신 만의 루틴도 있다. 공을 6~7차례 튀긴 후 '서브!'를 힘껏 외친다. "고교시절부터 했던 버릇인데, 프로 와서도 다들 하는 줄 알았다. 어느 날 보니 나 혼자 '서브'를 외치면서 하더라. 부끄럽기도 했는데, 이제는 루틴이 돼 계속 하고 있다"고 말했다. 수비도 포기할 수 없다. 특히 리시브 달인 황민경을 보고 배우고 있다. "리시브 자세, 안정감 모든 게 좋아서 감탄했다. 지난 시즌보다 발전하는 모습을 보여드리고 싶다"고 다짐했다.

RECORD

• 공격 •

경기수	세트수	공격 시도	공격 성공	범실	상대블럭	성공률	점유율
31	65	0	0	0	0	0.00%	0.00%

• 블로킹 •

경기수	세트수	블로킹 시도	블로킹 성공	유효 블로킹	범실	실패	세트당개수	점유율
31	65	0	0	0	0	0.00%	0.00%	

• 서브 •

경기수	세트수	서브 시도	서브 성공	범실	세트당개수	점유율
31	65	109	5	8	0.1	3.60%

• 세트 •

공격종합			오픈			속공		
시도	성공	성공률	시도	성공	성공률	시도	성공	성공률
3	0	0	2	0	0	0	0	0.00%

퀵오픈			시간차			이동			후위		
시도	성공	성공률	시도	성공	성공률	시도	성공	성공률	시도	성공	성공률
0	0	0.00%	0	0	0.00%	0	0	0.00%	1	0	0

• 리시브 •

경기수	세트수	리시브 시도	리시브 정확	리시브 실패	효율	점유율
31	65	0	0	0	0.00%	0.00%

• 디그 •

경기수	세트수	디그 성공	디그 실패	디그 범실	효율	점유율
31	65	15	3	0	0.231	0.47%

• 디그 상대 •

성명	팀명	디그 시도	디그 성공	성공률
박경현	페퍼저축은행	1	1	100.00%
이한비	페퍼저축은행	1	1	100.00%
김채연	흥국생명	1	1	100.00%
몬타뇨	현대건설	1	1	100.00%
정대영	한국도로공사	1	0	0.00%

김수빈 no. 08 L
@1k8__sb

생년월일	2002.09.14
신장 / 체중	165cm / 63kg
스탠딩 리치	230cm
서전트 점프	44cm
연봉	4천
출신교	옥천초-해람중-강릉여고
드래프트순위	2020~2021 2라운드 4순위
이적사항	

SCOUTING REPORT

김수빈은 지난 시즌 3라운드 페퍼저축은행(2022년 12월29일)과 경기를 잊을 수 없다. 2세트 후반 주전 리베로 신연경이 갑자기 호흡 곤란 증세를 보여 갑자기 경기에 투입됐다. "준비는 늘 하고 있지만, 그렇게 갑자기 투입되는 건 처음이었다. 코트에 섰는데, 부담감이 확 느껴졌다"고 말했다. 그러나 김수빈의 말과 달리 수비는 완벽했다. 리시브 8번, 디그 17번을 실수 없이 모두 성공하며 팀 승리를 이끌었다. "정신없이 수비만 했다. 부족한 부분이 많더라. 특히 리시브와 수비를 모두 하면서 많은 걸 느꼈다. 비시즌 리시브에 신경을 많이 쓰고 있다"고 설명했다. 새 시즌 주전 신연경의 뒤를 받치는 백업 리베로 경쟁을 펼쳐야 한다. 김채연이 합류해 경쟁은 더 치열해졌다. 안정적인 수비를 바탕으로 장점인 '2단 연결'을 살린다면 기회는 더 많아질 것으로 보인다. "감독님께서 낮고 빠르게 공을 올리는 걸 선호하신다. 황민경 언니와 호흡을 많이 맞춰봤는데, 잘 올려주면 맛있는 거 사준다고 하더라. 그래서 맛있는 빵을 많이 얻어먹었다"며 웃었다. 팀에 마이너스가 되지 않는 것이 목표. 새 시즌 코트에 더 많이 서고 싶다는 각오를 밝혔다.

RECORD

• 공격 •

경기수	세트수	공격 시도	공격 성공	범실	상대블럭	성공률	점유율
16	35	0	0	0	0	0.00%	0.00%

• 블로킹 •

경기수	세트수	블로킹 시도	블로킹 성공	유효 블로킹	범실	실패	세트당개수	점유율
16	35	0	0	0	0	0	0	0.00%

• 서브 •

경기수	세트수	서브 시도	서브 성공	범실	세트당개수	점유율
16	35	0	0	0	0	0.00%

• 세트 •

	공격종합			오픈			속공		
시도	성공	성공률	시도	성공	성공률	시도	성공	성공률	
40	10	25	40	10	25	0	0	0.00%	

	퀵오픈			시간차			이동			후위	
시도	성공	성공률	시도	성공	성공률	시도	성공	성공률	시도	성공	성공률
0	0	0.00%	0	0	0.00%	0	0	0.00%	0	0	0.00%

• 리시브 •

경기수	세트수	리시브 시도	리시브 정확	리시브 실패	효율	점유율
16	35	127	38	5	25.98%	4.47%

• 디그 •

경기수	세트수	디그 성공	디그 실패	디그 범실	효율	점유율
16	35	127	38	5	25.98%	4.47%

• 디그 상대 •

성명	팀명	디그 시도	디그 성공	성공률
고예림	현대건설	6	5	83.33%
이한비	페퍼저축은행	6	5	83.33%
박경현	페퍼저축은행	8	5	62.50%
문슬기	페퍼저축은행	4	4	100.00%
니아 리드	페퍼저축은행	4	3	75.00%

김윤우 no. 04 S

@kyw_yunwoo

생년월일	2004.03.08
신장 / 체중	176cm / 59kg
스텐딩 리치	227cm
서전트 점프	55cm
연봉	4천8백
출신교	추계초-중앙여중-강릉여고
드래프트순위	2022~2023 1라운드 5순위
이적사항	

SCOUTING REPORT

정신없던 데뷔 시즌. 김윤우는 "모든 게 신기했다"고 지난 시즌을 회상했다. "경기장에 팬이 많은 것도 신기했고, 응원가 소리가 너무 커서 코트에 들어가면 힘들 거 같았는데, 막상 코트에 서니 아무 소리도 들리지 않은 것도 신기했다"고 말했다. 23경기, 36세트를 소화하면서 소중한 경험을 쌓았다. "고등학교 시절에는 상대 블로킹을 보면서 속이는 재미가 있었다. 그런데 프로는 확실히 다르더라. 다 읽히고, 분석당한 기분이었다. '정말 쉽지 않겠다'는 생각을 많이 했다"고 털어놓았다. 데뷔 두 번째 시즌, 세터 포지션은 전쟁터가 됐다. 세계적인 선수 폰푼과 주전 김하경, 베테랑 이솔아까지, 김윤우는 전쟁의 한 가운데 서있다. "폰푼의 영상을 보면서 '색깔'이 필요하다고 느꼈다. 아직 나의 것이 없는 상황이다. 지난 시즌 초반 감독님과 토스 폼을 바꾸느라 애를 먹었다. 시행착오가 많았다. 아직도 혼란스러운 부분은 있지만, 많이 좋아졌다"고 말했다. 176cm의 신장으로 높은 토스의 정확성은 괜찮다는 평가지만, 김호철 감독이 추구하는 빠른 배구를 구현하려면 스타일을 바꿔야 한다. 전쟁터에 살아남으려면 변화는 반드시 필요하다.

RECORD

· 공격 ·

경기수	세트수	공격 시도	공격 성공	범실	상대블럭	성공률	점유율
23	36	2	0	0	1	0.00%	0.00%

· 블로킹 ·

경기수	세트수	블로킹 시도	블로킹 성공	유효 블로킹	범실	실패	세트당개수	점유율
23	36	10	0	8	0	2	0	0.40%

· 서브 ·

경기수	세트수	서브 시도	서브 성공	범실	세트당개수	점유율
23	36	25	0	2	0	0.80%

· 세트 ·

공격종합			오픈			속공		
시도	성공	성공률	시도	성공	성공률	시도	성공	성공률
238	72	30.3	87	27	31	33	10	30.3

퀵오픈			시간차			이동			후위		
시도	성공	성공률	시도	성공	성공률	시도	성공	성공률	시도	성공	성공률
103	29	28.2	3	2	66.7	1	0	0	11	4	36.4

· 리시브 ·

경기수	세트수	리시브 시도	리시브 정확	리시브 실패	효율	점유율
23	36	0	0	0	0.00%	0.00%

· 디그 ·

경기수	세트수	디그 성공	디그 실패	디그 범실	효율	점유율
23	36	18	10	0	0.5	0.74%

· 디그 상대 ·

성명	팀명	디그 시도	디그 성공	성공률
고예림	현대건설	2	2	100.00%
황연주	현대건설	3	2	66.67%
황민경	현대건설	1	1	100.00%
최은지	GS칼텍스	1	1	100.00%
박정아	한국도로공사	1	0	0.00%

김정아 no. 20 OH

생년월일	2002.02.08
신장 / 체중	172cm / 63kg
스텐딩 리치	220cm
서전트 점프	55cm
연봉	6천만
출신교	남천초-제천여중-제천여고
드래프트순위	2020~2021 1라운드 4순위
이적사항	한국도로공사(2020~2021)-IBK기업은행(2023~)

SCOUTING REPORT

2020~2021 드래프트 1라운드 4순위로 지명 받아 한국도로공사에 입단했다. 하지만, '프로의 벽'은 높았다. 두 시즌 동안 9경기 12세트에 나선 게 전부였다. 기회를 찾아 실업무대로 떠났다. "양산시청에서는 시합을 뛸 수 있는 것 자체가 좋았다"며 "한국도로공사에서 배운 걸 바탕으로 열심히 했다. 2~3년 뛰면서 실력을 키운 뒤 다시 도전해 볼 생각이었다"고 말했다. 기회는 더 빨리 찾아왔다. 아웃사이드 히터 자원을 찾던 김호철 감독의 레이더에 포착됐다. 김정아는 "솔직히 고민을 많이 했다. 1년 만에 연락을 받을 줄 예상하지 못했다. IBK기업은행 역시 선수층이 두터워 못 뛸 거 같았다. 하지만, 기회가 왔을 때 잡아야겠다는 생각을 했다"고 전했다. 점프력과 팔 스윙은 좋다는 평가를 받지만, 172cm의 작은 신장은 약점으로 꼽힌다. 약점 보완을 위해 기교 있는 공격을 보강하고 있다. 몸은 힘들지만, 성장을 직접 느끼고 있다. KOVO컵 대회는 소중한 경험이 됐다. "이렇게 경기를 많이 뛴 적이 없어서 새로웠다. 솔직히 미치는 줄 알았다"며 웃은 뒤 "경기에 계속 나가니 욕심이 생기더라. 새 시즌 더 많은 기회를 받아서 보여주고 싶다. 내가 이 팀에 온 목적이라고 생각한다"고 말했다.

RECORD

· 공격 ·

경기수	세트수	공격 시도	공격 성공	범실	상대블럭	성공률	점유율

· 피 블로킹 ·

성명	상대팀명	블로킹 시도	블로킹 성공	성공률

· 블로킹 ·

경기수	세트수	블로킹 시도	블로킹 성공	유효 블로킹	범실	실패	세트당개수	점유율

· 서브 ·

경기수	세트수	서브 시도	서브 성공	범실	세트당개수	점유율

· 세트 ·

공격종합			오픈			속공		
시도	성공	성공률	시도	성공	성공률	시도	성공	성공률

퀵오픈			시간차			이동			후위		
시도	성공	성공률	시도	성공	성공률	시도	성공	성공률	시도	성공	성공률

· 리시브 ·

경기수	세트수	리시브 시도	리시브 정확	리시브 실패	효율	점유율

· 디그 ·

경기수	세트수	디그 성공	디그 실패	디그 범실	효율	점유율

김채원 no. 14 L

생년월일	1997.08.15	신장 / 체중	167cm / 55kg		
스탠딩 리치	221cm	서전트 점프	56cm	연봉	5천만
출신교	하당초-영화중-목포여상				
드래프트순위	2015~2016 3라운드 1순위				
이적사항	GS칼텍스(2015~2021)-IBK기업은행(2023~)				

SCOUTING REPORT

2015~2016시즌 GS칼텍스에서 데뷔해 6시즌 동안 69경기를 뛰었다. 2020~2021시즌을 마친 뒤 방출돼 실업배구 수원시청에서 선수 생활을 이어갔다. 2023년 수원시청의 두 차례 우승을 이끌며 리베로 상도 수상했다. 센터 자원 보강을 위해 김호철 감독이 실업 배구 현장에서 직접 보고 영입을 결정했다. "입단 테스트를 제안 받았을 때 솔직히 고민을 했다"고 밝힌 김채원은 "주전이 보장된 것도 아니고, 다시 힘든 프로 생활을 한다는 생각에 망설이게 되더라. 그러나 다시 도전 해보는 게 후회가 없을 거 같았다"고 말했다. 예상대로 몸은 힘들지만, 다시 배구가 재밌어졌다. "이 나이에 다시 프로에 올 수 있는 건 불가능이라고 생각한다. 부정적으로 생각하면 달라진 게 없더라. 나만 힘들 뿐. 생각을 바꾸니 배구가 재밌다"고 말했다. GS칼텍스 시절 함께 뛴 표승주, 박민지가 있어서 적응은 어려움이 없었다. 어렵게 다시 돌아온 프로 무대, 두려워하지 않고 자신감 있게 플레이하는 걸 목표하고 있다. "부모님께서 복귀 소식에 정말 기뻐하셨다. 더 좋은 모습을 보여드리고 싶다"고 다짐했다.

RECORD

• 공격 •

경기수	세트수	공격 시도	공격 성공	범실	상대블럭	성공률	점유율

• 블로킹 •

경기수	세트수	블로킹 시도	블로킹 성공	유효 블로킹	범실	실패	세트당개수	점유율

• 서브 •

경기수	세트수	서브 시도	서브 성공	범실	세트당개수	점유율

• 세트 •

공격종합			오픈			속공		
시도	성공	성공률	시도	성공	성공률	시도	성공	성공률

퀵오픈			시간차			이동			후위		
시도	성공	성공률	시도	성공	성공률	시도	성공	성공률	시도	성공	성공률

• 리시브 •

경기수	세트수	리시브 시도	리시브 정확	리시브 실패	효율	점유율

• 디그 •

경기수	세트수	디그 성공	디그 실패	디그 범실	효율	점유율

• 디그 상대 •

성명	팀명	디그 시도	디그 성공	성공률

IBK기업은행 알토스

김하경

no. 05 S

생년월일	1996.11.15	신장 / 체중	174cm / 67kg
스텐딩 리치	221cm	서전트 점프	45cm
		연봉	1.221억
출신교	수유초-일신여중-원곡고		
드래프트순위	2014~2015 2라운드 2순위		
이적사항			

SCOUTING REPORT

'실업 출신 신화'의 시작. IBK기업은행의 주전 세터에게 지난 시즌은 '아픔'만 있었다. 국가대표 차출의 여파로 시즌 초반 기복 있는 모습을 보였고, 이는 팀 성적으로 직결됐다. "시즌을 준비할 때는 '충분히 될 것 같다'는 생각이었는데 내 능력이 기대에 미치지 못하더라. 그걸 느낀 시즌이었다"고 회상했다. 많은 변화에 직면했다. 특히 아시아쿼터 세터 폰푼의 합류는 자극제가 됐다. "확실히 뛰어난 선수라고 생각한다"며 "라이벌이 최고의 스승이라고 하지 않는가. 옆에 두고 안 되는 부분을 배우고 싶다. 그러면 자연스럽게 라이벌을 이길 수 있지 않을까"라고 말했다. 폰푼이 아시안게임에 나서며 팀 합류가 늦은 만큼 시즌 초반은 김하경의 시간이다. "두 시즌 만에 아포짓 스파이커 외국인 선수가 왔다. 황민경 언니까지 합류해서 공격 옵션이 많아지고 있다. 두 선수 모두 공을 마음대로 가지고 놀 줄 안다. 이야기를 많이 하면서 호흡을 맞추고 있다"고 설명했다. 새 시즌 목표는 주전 수성이 아니다. "세터의 자존심이라고 생각한다. 세트 1위를 하고 싶다"며 "이번 시즌 종료 뒤 FA 자격도 얻는다. 동기부여가 확실히 된다. 좋은 결과를 얻고 싶다"고 다짐했다.

RECORD

• 공격 •

경기수	세트수	공격 시도	공격 성공	범실	상대블럭	성공률	점유율
36	136	68	18	4	1	26.50%	1.30%

• 블로킹 •

경기수	세트수	블로킹 시도	블로킹 성공	유효 블로킹	범실	실패	세트당개수	점유율
36	136	278	15	127	2	79	0.11	10.90%

• 서브 •

경기수	세트수	서브 시도	서브 성공	범실	세트당개수	점유율
36	136	441	23	19	0.2	14.60%

• 세트 •

공격종합			오픈			속공		
시도	성공	성공률	시도	성공	성공률	시도	성공	성공률
3699	1393	37.7	954	304	31.9	341	136	39.9

퀵오픈			시간차			이동			후위		
시도	성공	성공률	시도	성공	성공률	시도	성공	성공률	시도	성공	성공률
1962	783	39.9	190	88	46.3	67	27	40.3	185	55	29.7

• 리시브 •

경기수	세트수	리시브 시도	리시브 정확	리시브 실패	효율	점유율
36	136	9	0	0	0.00%	0.32%

• 디그 •

경기수	세트수	디그 성공	디그 실패	디그 범실	효율	점유율
36	136	379	102	0	2.787	12.67%

• 디그 상대 •

성명	팀명	디그 시도	디그 성공	성공률
박정아	한국도로공사	27	18	66.67%
모마	GS칼텍스	20	13	65.00%
엘리자벳	KGC인삼공사	22	10	45.45%
김연경	흥국생명	16	9	56.25%
배유나	한국도로공사	11	8	72.73%

IBK기업은행 알토스

박민지

no. 12 OH
@mingdeng_e

생년월일	1999.05.12
신장 / 체중	176cm / 64kg
스탠딩 리치	230cm
서전트 점프	55cm
연봉	5천
출신교	인천영선초-부평여중-수원전산여고
드래프트순위	2017~2018 수련선수
이적사항	GS칼텍스(2017~2020)-IBK기업은행(2020~)

SCOUTING REPORT

"이렇게 오래 배구할 줄 몰랐어요." 박민지는 여자배구에서 흔치 않은 '수련선수 신화'의 주인공이다. 2017~2018시즌 GS칼텍스에서 수련선수로 입단해 벌써 프로 7년차로 뛰고 있다. "수련선수 1년을 뛰고 프로 생활을 마칠 줄 알았다. GS칼텍스 차상현 감독께서 기회를 주셔서 여기까지 올 수 있었다"고 말했다. 어렵게 잡은 기회를 놓치지 않기 위해 박민지는 늘 연습에 매진했다. 하지만, 아직 주전의 '벽'을 넘지는 못했다. "아직도 확실하게 보여준 게 없었다"며 "시즌을 치를수록 늘 어중간하다는 느낌을 받는다. 리시브도 서브도 공격도 빼어난 부분이 없는 게 아쉽다"고 말했다. 지난 KOVO컵 대회에서 가능성을 확인했다. 황민경이 부상으로 빠지자 5경기 모두 출전해 27점을 올리며 팀의 준우승에 일조했다. "결승까지 오를 줄 정말 몰랐다"며 "자신감을 얻은 것 같다. 비시즌 기간 정말 연습을 많이 했는데, 새 시즌 코트에서 다 나왔으면 좋겠다"고 말했다. 2023~2024시즌을 마치면 FA 자격이 되는 건 확실한 동기부여가 되고 있다. "수련선수 출신으로 FA 자격이 된다는 걸 상상도 하지 못했다"며 "내 가치를 인정받으려면 이제는 벽을 뚫고 한 계단 올라서야 한다"고 밝혔다.

RECORD

• 공격 •

경기수	세트수	공격 시도	공격 성공	범실	상대블럭	성공률	점유율
15	15	32	8	6	1	25.00%	0.60%

• 피 블로킹 •

성명	상대팀명	블로킹 시도	블로킹 성공	성공률
최가은	페퍼저축은행	1	1	100.00%
서채원	페퍼저축은행	1	0	0.00%
문정원	한국도로공사	1	0	0.00%
전새얀	한국도로공사	1	0	0.00%
이주아	흥국생명	1	0	0.00%

• 블로킹 •

경기수	세트수	블로킹 시도	블로킹 성공	유효 블로킹	범실	실패	세트당개수	점유율
15	15	2	0	1	0	1	0	0.10%

• 서브 •

경기수	세트수	서브 시도	서브 성공	범실	세트당개수	점유율
15	15	12	1	1	0.1	0.40%

• 세트 •

공격종합			오픈			속공		
시도	성공	성공률	시도	성공	성공률	시도	성공	성공률
4	0	0	4	0	0	0	0	0.00%

퀵오픈			시간차			이동			후위		
시도	성공	성공률	시도	성공	성공률	시도	성공	성공률	시도	성공	성공률
0	0	0.00%	0	0	0.00%	0	0	0.00%	0	0	0.00%

• 리시브 •

경기수	세트수	리시브 시도	리시브 정확	리시브 실패	효율	점유율
15	15	23	10	1	39.13%	0.81%

• 디그 •

경기수	세트수	디그 성공	디그 실패	디그 범실	효율	점유율
15	15	14	8	0	0.933	0.58%

육서영 no. 01 OH

@imsy_y

생년월일	2001.06.09
신장 / 체중	180cm / 70kg
스탠딩 리치	238cm
서전트 점프	50cm
연봉	8천3백
출신교	반포초-일신여중-일신여상
드래프트순위	2019~2020 2라운드 2순위
이적사항	

SCOUTING REPORT

지난 시즌 '커리어하이' 시즌을 보냈다. 데뷔 후 가장 많은 33경기에 출전해 270점을 올렸고, 리시브 효율은 38.98%로 직전 시즌보다 두 배 이상(14.78%) 좋아졌다. 아웃사이드 히터와 아포짓 스파이커를 넘나들며 팀 공격의 숨통을 틔워줬다. 육서영은 "개인적으로 정말 의미 있는 시즌이었다. 기회도 많이 받았다. 선발 6명의 일원으로 뛰었다는 게 큰 의미가 있었다. 처음엔 스타팅 멤버로 나갈 때 긴장했는데, 경기를 치를수록 긴장감, 부담감이 줄어들었다. 이런 게 경험이라고 생각했다"고 말했다. 황민경의 합류로 다시 입지가 작아질 가능성이 크다. 그러나 육서영은 긍정적으로 해석했다. "수비적인 부분 특히 리시브를 보고 배울 수 있어서 좋다고 본다. 지난 3시즌 동안 백업을 겪었기 때문에 자리는 크게 연연하지 않는다"고 말했다. 공, 수에서 확실한 성장을 이뤘지만, 서브는 큰 숙제로 남았다. 파워는 좋지만, 정확도가 떨어지면서 자신감도 잃었다. "솔직히 내 차례가 오지 않기를 바란 적도 많았다"며 "트라우마까지 생길 정도로 자신감이 떨어졌다. 코치님께 다시 처음부터 배우려고 한다. 극복해보겠다"고 다짐했다.

RECORD

• 공격 •

경기수	세트수	공격 시도	공격 성공	범실	상대블럭	성공률	점유율
33	109	692	237	67	58	34.20%	12.80%

• 피 블로킹 •

성명	상대팀명	블로킹 시도	블로킹 성공	성공률
박정아	한국도로공사	7	4	57.14%
박혜민	KGC인삼공사	15	4	26.67%
이다현	현대건설	17	4	23.53%
엘리자벳	KGC인삼공사	9	3	33.33%
박은진	KGC인삼공사	9	3	33.33%

• 블로킹 •

경기수	세트수	블로킹 시도	블로킹 성공	유효 블로킹	범실	실패	세트당개수	점유율
33	109	182	26	77	2	45	0.239	7.10%

• 서브 •

경기수	세트수	서브 시도	서브 성공	범실	세트당개수	점유율
33	109	239	7	54	0.1	7.90%

• 세트 •

공격종합			오픈			속공		
시도	성공	성공률	시도	성공	성공률	시도	성공	성공률
58	12	20.7	53	11	20.8	0	0	0.00%

퀵오픈			시간차			이동			후위		
시도	성공	성공률	시도	성공	성공률	시도	성공	성공률	시도	성공	성공률
0	0	0.00%	0	0	0.00%	0	0	0.00%	5	1	20

• 리시브 •

경기수	세트수	리시브 시도	리시브 정확	리시브 실패	효율	점유율
33	109	59	25	2	38.98%	2.08%

• 디그 •

경기수	세트수	디그 성공	디그 실패	디그 범실	효율	점유율
33	109	268	63	0	2.459	8.72%

이솔아

no. 06 S
@sss__ola

생년월일	1998.08.11
신장 / 체중	174cm / 65kg
스탠딩 리치	233cm
서전트 점프	51cm
연봉	6천
출신교	추계초-중앙여중-중앙여고
드래프트순위	2017~2018 2라운드 1순위
이적사항	IBK기업은행-KGC인삼공사(2017~2021)
	IBK기업은행(2022~)

SCOUTING REPORT

2년 만에 다시 돌아온 프로 무대. 제몫을 했다는 감독의 평가와 달리 이솔아는 만족하지 않았다. "지난 시즌 기대를 많이 하신 거 같은데, 거기에는 미치지 못한 것 같다. 아쉬운 부분이 많다"며 "정말 마지막 기회라는 생각으로 프로에 돌아왔는데, 힘들더라. 마음가짐으로만 되는 건 아니었다"고 돌아봤다. 지난 시즌부터 폼을 바꿨고, 지금도 바꾸는 중이다. 군더더기 없는 간결한 토스를 해야 하는데, 아직은 불필요한 움직임이 많다는 것이 김호철 감독의 진단이다. "감독님께서 '내가 편한 것도 좋지만, 공격수도 편하게 받아야 한다. 그래야 공격이 완성된다'고 강조하신다. 지난 시즌 나름 효과가 있어서 계속 적응하고 있다"고 말했다. 아시아쿼터 폰푼의 영입은 큰 동기부여가 됐다. "영상을 봤는데, 정말 잘 하더라. 스타일은 다르지만, 배울 건 분명히 있다. 많이 배워서 발전의 계기로 삼고 싶다"고 강조했다. 배구 센스는 탁월하다는 평가. 특히 지난 KOVO컵 대회에서 아포짓 공격수로 깜짝 변신하기도 했다. "연습 때 숫자를 맞추기 위해 하는 경우는 있는데, 정식 시합에서 나갈 줄 몰랐다"며 "서브도 나쁘지 않은 것 같다. 코트에 들어가면 팀에 도움이 되자는 생각 뿐이다. 실수하지 않겠다"고 다짐했다.

RECORD

• 공격 •

경기수	세트수	공격 시도	공격 성공	범실	상대블럭	성공률	점유율
25	53	15	5	0	1	33.30%	0.30%

• 블로킹 •

경기수	세트수	블로킹 시도	블로킹 성공	유효 블로킹	범실	실패	세트당개수	점유율
25	53	38	3	19	0	9	0.057	1.50%

• 서브 •

경기수	세트수	서브 시도	서브 성공	범실	세트당개수	점유율
25	53	58	1	11	0	1.90%

• 세트 •

공격종합			오픈			속공		
시도	성공	성공률	시도	성공	성공률	시도	성공	성공률
369	141	38.2	128	46	35.9	39	13	33.3

퀵오픈			시간차			이동			후위		
시도	성공	성공률	시도	성공	성공률	시도	성공	성공률	시도	성공	성공률
149	60	40.3	20	10	50	13	5	38.5	20	7	35

• 리시브 •

경기수	세트수	리시브 시도	리시브 정확	리시브 실패	효율	점유율
25	53	1	0	0	0.00%	0.04%

• 디그 •

경기수	세트수	디그 성공	디그 실패	디그 범실	효율	점유율
25	53	44	12	0	0.83	1.47%

• 디그 상대 •

성명	팀명	디그 시도	디그 성공	성공률
엘리자벳	KGC인삼공사	7	5	71.43%
캣벨	한국도로공사	2	2	100.00%
이소영	KGC인삼공사	3	2	66.67%
니아 리드	페퍼저축은행	5	2	40.00%
정호영	KGC인삼공사	1	1	100.00%

임혜림

no. 21 MB

@10.04._.v

생년월일	2004.10.04
신장 / 체중	184cm / 72kg
스텐딩 리치	245cm
서전트 점프	60cm
연봉	4천5백
출신교	매헌초-세화여중-세화여고
드래프트순위	2022~2023 1라운드 2순위
이적사항	흥국생명(2022~2023)-IBK기업은행(2023~)

SCOUTING REPORT

지난 시즌 1라운드 2순위로 흥국생명 유니폼을 입고 데뷔했다. 첫 시즌부터 백업 미들블로커로 인상적인 활약을 펼쳤다. 18경기, 30세트를 소화했고, 18득점, 블로킹 6개를 올렸다. 다소 늦은 중학교 3학년에 배구를 시작해 구력이 짧은 편이지만, 뛰어난 운동신경과 184cm 큰 신장으로 데뷔 시즌 확실한 임팩트를 보여줬다. 그래서일까, FA 김수지의 보상 선수로 데뷔 두 번째 시즌 만에 팀을 옮겼다. "내가 보상선수로 지명될 것 같다는 느낌이 왔었다"고 밝힌 임혜림은 "분위기가 좋고 잘 챙겨주셔서 적응을 잘하고 있다"고 말했다. 데뷔 시즌 '전설' 김연경과 함께 한 건 소중한 자산이 됐다. "보고 배운 게 너무 많았다. 공격 외에도 2단 연결, 블로킹 움직임 등 세밀한 플레이 하나하나를 알려줬다. 훈련 때도 어떤 마음가짐으로 임하고, 배구를 대하는지도 알게 됐다"고 설명했다. 미들블로커 자원 중 최장신을 자랑하는 만큼 많은 기회를 받을 전망이다. "높이의 우위를 살려서 기회를 잡고 싶다. 경험이 적어서 긴장하고, 순간적인 대처 능력이 떨어지지만 경기에 많이 나서면 달라질 거로 생각한다. 팀에 도움이 되는 선수가 되는 것이 목표"라고 힘주어 말했다.

RECORD

• 공격 •

경기수	세트수	공격 시도	공격 성공	범실	상대블럭	성공률	점유율
18	30	18	7	2	1	38.90%	0.40%

• 피 블로킹 •

성명	상대팀명	블로킹 시도	블로킹 성공	성공률
이다현	현대건설	3	1	33.33%
김수지	IBK기업은행	1	0	0.00%
김현정	IBK기업은행	1	0	0.00%
나현수	현대건설	2	0	0.00%

• 블로킹 •

경기수	세트수	블로킹 시도	블로킹 성공	유효 블로킹	범실	실패	세트당개수	점유율
18	30	47	6	18	0	20	0.2	1.90%

• 서브 •

경기수	세트수	서브 시도	서브 성공	범실	세트당개수	점유율
18	30	56	5	9	0.2	1.80%

• 세트 •

공격종합			오픈			속공		
시도	성공	성공률	시도	성공	성공률	시도	성공	성공률
7	0	0	6	0	0	0	0	0.00%

퀵오픈			시간차			이동			후위		
시도	성공	성공률	시도	성공	성공률	시도	성공	성공률	시도	성공	성공률
0	0	0.00%	0	0	0.00%	0	0	0.00%	1	0	0

• 리시브 •

경기수	세트수	리시브 시도	리시브 정확	리시브 실패	효율	점유율
18	30	5	1	0	20.00%	0.19%

• 디그 •

경기수	세트수	디그 성공	디그 실패	디그 범실	효율	점유율
18	30	11	1	0	0.367	0.34%

최정민 no. 13 MB

생년월일	2002.12.21
신장 / 체중	180cm / 70kg
스텐딩 리치	238cm
서전트 점프	64cm
연봉	7천5백
출신교	옥천초-수일여중-한봄고
드래프트순위	2020~2021 1라운드 3순위
이적사항	

SCOUTING REPORT

지난 시즌 IBK기업은행의 최대 소득은 미들블로커 최정민의 성장이다. 데뷔 세 번째 시즌, 처음 풀타임을 소화하며 모든 부문에서 커리어하이를 기록했다. 특히 득점력과 블로킹에서 많은 발전을 이뤘다. 최정민은 "팀 성적은 아쉬웠지만, 개인적으로 발전을 느낀 시즌이었다. 경기에 많이 나서면서 책임감도 생겼다"고 돌아봤다. 베테랑 김수지가 팀을 떠나면서 그 자리를 메워야 하는 최정민의 역할이 더 중요해졌다. "리시브 라인이 수비를 잘 할 수 있도록 내가 최대한 유효블로킹을 따내야 한다. 떨어지는 공을 받는 두 번째 동작에 대한 연습도 정말 많이 하고 있다"고 밝혔다. 새로 합류하는 세터 폰푼이 중앙 공격을 선호하는 건 최정민에게 분명 기회다. "영상을 보니 속공을 쓰지 않는 자리에서도 공을 올리더라. 호흡을 많이 맞춰봐야 할 것 같다. 나도 기대가 크다"고 말했다. 신장 180cm로 미들블로커로 뛰기엔 작지만, 타이밍으로 약점을 극복하고 있다. "자리를 잘 잡는 게 중요한 것 같다. 타이밍만 제대로 잡히면 충분히 상대 공격을 막을 수 있다. 우리 팀 중앙이 약점으로 지목되고 있는데, 틀렸다는 걸 보여주겠다"고 각오를 다졌다.

RECORD

• 공격 •

경기수	세트수	공격 시도	공격 성공	범실	상대블럭	성공률	점유율
36	124	424	148	32	25	34.90%	7.80%

• 피 블로킹 •

성명	상대팀명	블로킹 시도	블로킹 성공	성공률
김연경	흥국생명	6	4	66.67%
박은진	KGC인삼공사	10	3	30.00%
이한비	페퍼저축은행	3	2	66.67%
박혜민	KGC인삼공사	6	2	33.33%
배유나	한국도로공사	8	2	25.00%

• 블로킹 •

경기수	세트수	블로킹 시도	블로킹 성공	유효 블로킹	범실	실패	세트당개수	점유율
36	124	469	67	212	6	90	0.54	18.30%

• 서브 •

경기수	세트수	서브 시도	서브 성공	범실	세트당개수	점유율
36	124	305	12	22	0.1	10.10%

• 세트 •

공격종합			오픈			속공		
시도	성공	성공률	시도	성공	성공률	시도	성공	성공률
74	15	20.3	70	15	21.4	0	0	0.00%

퀵오픈			시간차			이동			후위		
시도	성공	성공률	시도	성공	성공률	시도	성공	성공률	시도	성공	성공률
0	0	0.00%	0	0	0.00%	0	0	0.00%	4	0	0

• 리시브 •

경기수	세트수	리시브 시도	리시브 정확	리시브 실패	효율	점유율
36	124	20	4	1	15.00%	0.70%

• 디그 •

경기수	세트수	디그 성공	디그 실패	디그 범실	효율	점유율
36	124	140	41	2	1.129	4.82%

김세율

no. 18 L
@s_uuxl

생년월일	2005.07.25
신장 / 체중	170cm / 59kg
스탠딩 리치	214cm
서전트 점프	60cm
연봉	3천8백만
출신교	항도초-일신여중-일신여상
드래프트순위	2023~2024 2라운드 5순위
이적사항	

SCOUTING REPORT

2023~2024시즌 2라운드 5순위로 IBK기업은행에 입단했다. 일신여상에서 공격과 서브에서 좋은 활약을 펼쳤다. 특히 묵직하면서도 날카롭게 날아가는 서브는 고교 최고 수준이라는 평가를 받는다. 170cm의 작은 신장에 리시브 안정감이 떨어지는 약점도 있다. 김호철 감독은 후위 수비 강화를 위한 리베로 포지션을 감안하고 지명했다고 밝혔지만, 원포인트 서버 이른바 '서베로'로 기용될 가능성이 더 높다. 지명 소감을 묻자 "지금도 떨린다"며 "정말 기분이 좋았다. 아무 생각도 나지 않았다"고 말했다. 평가대로 서브에 대한 자신감은 가득했다. "편하게 넣으면 잘 들어가는 편이다. 오히려 잘 해야겠다고 신경 쓰면 범실을 한다. 청소년 대표를 하면서 미카사 볼을 다뤄봤는데, 공이 조금 밀리더라. 감아치는 연습을 중점적으로 하고 있다"고 밝혔다. 롤모델 신연경과 함께 프로 생활을 하는 건 꿈만 같다. "고등학교 1학년 시절 전지훈련을 갔는데, IBK기업은행이 훈련을 하고 있었다. 신연경 선배님이 정말 멋있었다. 떨어지는 공을 다 잡아내더라. 그때부터 롤모델로 생각했다. 신연경 선배님처럼 운동신경은 조금 있는 것 같다. 많이 배우고 싶다"고 말했다.

전수민

no. 22 OH

@ss._.mxni

생년월일	2005.07.21
신장 / 체중	176cm / 68kg
스텐딩 리치	230cm
서전트 점프	55cm
연봉	4천8백만
출신교	삼덕초-대구일중-근영여고
드래프트순위	2023~2024 1라운드 3순위
이적사항	

SCOUTING REPORT

2023~2024시즌 신인드래프트 1라운드 3순위로 IBK기업은행에 입단했다. 근영여고의 우승을 이끌며 득점왕에 오른 공격력이 강점이다. 강한 힘으로 블로커를 뚫어내더니 3학년 들어서 여러 코스를 공략하는 모습도 선보여 김호철 감독의 눈도장을 받았다. 전수민은 "뽑혀서 기분이 좋고, 열심히 해야겠다는 생각이 들었다. 부모님께서도 정말 좋아하셨다. 전학도 한 번 있었고, 힘든 시절이 있었는데 '해냈다!' 이런 기분이었다"며 지명 당시를 떠올렸다. 고교 1학년까지 미들블로커로 뛰다가 아웃사이드 히터로 전향한 이력도 소개했다. "선수가 없는 속에서 그래도 신장이 있어서 미들블로커를 하게 됐다. 그런데 블로킹을 너무 못했다"며 웃은 뒤 "리시브가 약하다는 평가도 받았는데 솔직히 나는 자신 있다. 나름 괜찮게 받는다고 생각한다"고 말했다. 대선배이자 롤모델 황민경을 직접 보고 배울 수 있다는 건 '행운'이다. "진짜, 진짜 열심히 하신다. 파이팅도 넘치고, 5개를 해야 되는 상황이면, 7개~8개를 해내신다. 보는 것 자체로 많이 배운다"며 "팀 훈련도 생각보다 잘 견뎌내고 있다. 많이 배우고 성장해서 데뷔 시즌 신인왕을 차지하고 싶다"는 야심찬 포부를 밝혔다.

주연희

no. 16 OH
@jo._.o3

생년월일	2005.03.07
신장 / 체중	170cm / 59kg
스텐딩 리치	224cm
서전트 점프	55cm
연봉	2천4백만
출신교	파창초-수일여중-한봄고
드래프트순위	2023~2024 수련선수
이적사항	

SCOUTING REPORT

2023~2024시즌 수련선수로 IBK기업은행에 입단했다. 한봄고 시절 좋은 탄력과 점프력으로 단점인 작은 신장(171cm)을 극복하며 공격을 이끌었다. 시야가 넓어 코트 구석으로 공을 보내줄 안다는 평가를 받는다. 점프력이 좋아 결정적인 블로킹도 잡아내는 등 게임 체인저의 역할도 했다. 고교 수준에서 리시브도 안정감을 뽐내 살림꾼 역할에 적합하다. 그럼에도 지명되기 까지 힘든 시간을 보냈다. "마지막까지 패스, 패스가 나오면서 마음을 내려놓았다. 그런데 갑자기 이름이 불리더라. 진짜 기분이 좋았다. 꽃다발 받고 내려와서 '축하해'하는 얘기를 듣는 순간 울음이 왈칵 쏟아졌다. 부모님도 우셨다"고 말했다. 어렵게 입성한 프로 무대는 매일 새로움의 연속이다. "나름 리시브를 할 줄 안다고 생각했는데, 확실히 프로와 아마는 힘 차이가 큰 것 같다. 리시브 받는 게 어렵다"며 "좋아지는 과정이라고 생각하고 열심히 하고 있다. 목소리가 큰 편인데, 코트 분위기를 밝게 하고 싶다"고 희망했다. 팀 선배이자 수련선수 신화로 꼽히는 박민지는 새로운 롤모델이 됐다. "늦게 불린 만큼 선수생활을 끝까지 오래 해보고 싶다"며 "코트를 한 번이라도 더 밟아서 후회 없는 데뷔 시즌을 만드는 게 목표다"라고 강조했다.

since 2021

페퍼저축은행
AI PEPPERS

**PEPPERS SAVING BANK
AI PEPPERS**

- www.aipeppers.kr
- @aipepper
- www.youtube.com/channel/UCrIylx59jK4LO-0GXY4iQ4A
- https://post.naver.com/aipeppers

2022-23 시즌
7위

정규 우승 0회

챔프 우승 0회

통합 우승 0회

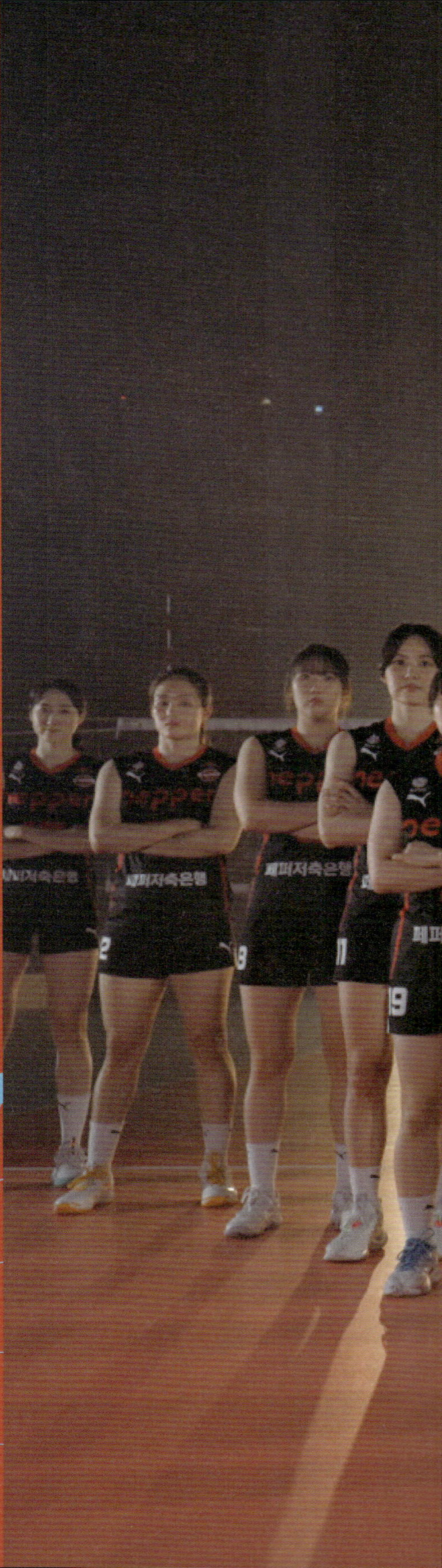

2022~2023시즌 리뷰

목표는 첫 시즌보다 높았다. 김형실 감독은 양 손바닥을 펼치며 '10승'을 이야기했다. 이고은을 영입했고, 외국인 드래프트 1순위로 니아 리드를 선발했다. 전체 1순위로 최장신 미들블로커 염어르헝을 선발했고, 디그가 좋은 리베로 김해빈도 영입했다. 기대는 실망으로 바뀌었다. 컵대회에서 3경기 연속 셧아웃 패배를 당했고, 1라운드도 6전 전패, 승점 1점으로 마쳤다. 결국 개막 10연패까지 이어지자 김형실 감독이 물러나고, 이경수 코치가 대행을 맡았다. 2022년 12월 31일, 도로공사를 상대로 간신히 리그 20연패 및 개막 17연패를 끊었다. 오지영 트레이드로 숨통이 트이긴 했으나, 겨우 5승에 그치며 결국 2년 연속 최하위가 됐다. 성적만 나쁜 게 아니었다. 갈수록 나아지던 모습을 보이던 리드가 대마 젤리를 소지한 게 드러나 퇴출됐다. 아헨 킴 감독은 개인 사유로 한 경기도 지휘하지 않은 채 떠났다. 그래도 광주에 여자배구 바람이 불고 있다. 첫해보다 38% 늘어난 경기당 1812명이 페퍼스타디움을 찾았다.

2023~2024시즌 프리뷰

다사다난한 시간을 보낸 페퍼저축은행에도 좋은 일들이 많았다. FA 시장에서 박정아를 영입했다. 수비력을 보강해줄 채선아도 데려왔다. 아프지만 않다면 최고인 야스민과 계약했으며, 하혜진도 부상에서 회복했다. 우여곡절은 있었으나 세터 이고은도 남았다. 남은 건 구슬을 꿰는 것. 사실 준비 기간이 부족했다. 한 차례 감독 교체가 있었고, 처음 외국인 감독과 호흡을 맞추는 선수들이 많다. 박정아와 이한비가 대표팀에 가서 손발을 많이 맞추지 못했다. 결국 시즌 초반에 얼마나 빨리 조직력을 끌어올리느냐가 관건이 될 것이다. 날개 공격수진은 정말 강해졌다. 박정아, 이한비, 채선아, 박경현, 박은서, 이민서 등 강점이 확실한 선수들로 구성됐다. 경기 상황에 따라 다양한 카드를 꺼내들 듯하다. 미들블로커진은 여전히 경험이 부족하다. 그만큼 성장 가능성도 높다. 현대 배구 트렌드에 맞게 트린지 감독은 가운데 공격을 많이 쓰겠다는 뜻을 내비쳤다. 우승은 힘들어도, 탈꼴찌를 넘어 창단 첫 봄 배구에 도전할 만한 전력은 갖췄다.

시즌별 팀 성적

시즌	경기수	세트수	득점	공격%	블로킹	서브	세트	리시브%	디그
2018~2019									
2019~2020									
2020~2021									
2021~2022	31	107	2100	35.93	1.579	1.000	11.495	25.31	17.701
2022~2023	36	136	2668	34.15	1.654	0.750	11.669	34.32	20.059

감독

조 트린지

- 1987.06.23. / 193cm
- 2019 캐나다 여자국가대표팀 코치
  2021, 2013~2017 미국 여자국가대표팀 코치
  2022 캐나다 남자국가대표팀 코치
  2020~2023 미국 여자프로배구리그 감독
  2023.06~ 페퍼저축은행 AI 페퍼스 감독

조 트린지 감독 인터뷰

1987년생의 젊은 사령탑. 선수 경력은 평범하지만, 코치로서는 나름 경력이 화려하다. 미국의 도쿄올림픽 금메달을 이끈 카치 키랄리 감독의 스태프였고, 캐나다 남녀 대표팀도 지도했다. 응용수학을 전공했고, 주로 전력 분석 파트를 맡았다. 개막을 겨우 100일 남겨두고 취임한 데다 낯선 선수, 낯선 리그에 적응해야 하지만 즐겁게 도전하고 있다. 선수들과 적극적으로 소통하며 관계를 쌓고, 성격을 파악했다. 국내에서 보기 힘든 훈련방식도 도입했다. "발전하는 과정을 눈으로 보면서 동기를 부여했다. 리시브나 서브 훈련에 점수를 매겨 선수들이 다른 선수가 아닌 나 자신과 경쟁할 수 있도록 만들었다"는 설명. "몇 점", "다시" 등 훈련에서 자주 쓰는 말은 이제 한국어로도 한다. 미국 지도자답게 빠른 배구를 추구한다. 퍼펙트 리시브가 아니더라도 일단 올려놓고, 여러 공격루트를 활용해 블로킹을 따돌리자는 것. 멈칫멈칫하지 않고, 빠르게 결정하는 걸 선수들에게 주입하고 있다. 만 4세인 딸 라일리는 선수단의 마스코트.

STAFF

코치 이경수	트레이너 유방재	전력분석 최민지	매니저 정흥순
코치 존 그로스먼	트레이너 윤병재		매니저 이은희
코치 박민범	트레이너 이민욱		통역 이지연
전력코치 박성수	트레이너 이민하		

박정아

no. 10 OH

@__jjeongah__ (비공개)

생년월일	1993.03.26
신장 / 체중	187cm / 75kg
스탠딩 리치	243cm
서전트 점프	43cm
연봉	7억7천5백
출신교	모라초-부산여중-남성여고
드래프트순위	2010~2011 신생팀 우선지명
이적사항	IBK기업은행(2011~2017)-한국도로공사(2017~2023) 페퍼저축은행(2023~)

SCOUTING REPORT

2022~23시즌 도로공사의 대역전 우승을 이끌었다. 쓰러질 듯 휘청이면서도 스파이크를 때려냈다. '클러치 박'이란 별명이 아깝지 않았다. 비시즌에도 주인공이었다. 역대 최고 대우(3년 22억5000만원)를 받고 페퍼저축은행 유니폼을 입었다. 공교롭게도 2회 연속 전년도 최하위 팀으로 이적. 하지만 몸 상태가 썩 좋진 않다. 2년 연속 대표팀 주장으로서 국제대회를 계속해서 치렀다. 그래도 씩씩하다. "당연히 힘들고, 정신적으로 힘들지만 해내야 한다. 그런데 매년 해왔고, 그걸 조절해야 하는 게 내 할 일이다. 난 건강하다"고 말했다. 변화가 많은 시즌인데 "아직 변화를 겪지 못하고 있다"고 말할 만큼 워낙 소속팀을 오래 비운 건 걱정스럽다. 세터 이고은과 도공 시절 호흡을 맞춰봤으나 토스 스타일이 달라져서 시간은 좀 필요하다. 아직 데뷔전도 안 했는데 체육관에 커피차를 보낼 정도로 팬들의 큰 사랑을 받고 있다. 배유나와 함께 운영하던 유튜브 '배뚤과 정삼'은 계속할 수 있을까. "연락은 매일 한다. 기회가 생기면…"이라고 답했다.

RECORD

• 공격 •

경기수	세트수	공격 시도	공격 성공	범실	상대블럭	성공률	점유율
32	126	1287	458	63	52	35.60%	24.00%

• 피 블로킹 •

성명	상대팀명	블로킹 시도	블로킹 성공	성공률
표승주	IBK기업은행	17	5	29.41%
엘레나	흥국생명	21	4	19.05%
한수지	GS칼텍스	23	4	17.39%
최정민	IBK기업은행	28	4	14.29%
김수지	IBK기업은행	18	3	16.67%

• 블로킹 •

경기수	세트수	블로킹 시도	블로킹 성공	유효 블로킹	범실	실패	세트당개수	점유율
32	126	257	53	70	4	82	0.421	9.80%

• 서브 •

경기수	세트수	서브 시도	서브 성공	범실	세트당개수	점유율
32	126	355	15	26	0.1	11.10%

• 세트 •

공격종합			오픈			속공		
시도	성공	성공률	시도	성공	성공률	시도	성공	성공률
64	13	20.3	62	13	21	0	0	0.00%

퀵오픈			시간차			이동			후위		
시도	성공	성공률	시도	성공	성공률	시도	성공	성공률	시도	성공	성공률
0	0	0.00%	0	0	0.00%	0	0	0.00%	2	0	0

• 리시브 •

경기수	세트수	리시브 시도	리시브 정확	리시브 실패	효율	점유율
32	126	147	43	11	21.77%	5.10%

• 디그 •

경기수	세트수	디그 성공	디그 실패	디그 범실	효율	점유율
32	126	313	74	2	2.484	11.02%

이한비

no. 16 OH

@han_bi_16 (비공개)

생년월일	1996.10.28	신장 / 체중	178cm / 75kg		
스탠딩 리치	224cm	서전트 점프	52cm	연봉	3억5천
출신교	평거초-원곡중-원곡고				
드래프트순위	2015~2016 1라운드 3순위				
이적사항	흥국생명(2015~2021)-페퍼저축은행(2021~)				

SCOUTING REPORT

창단 특별지명으로 페퍼저축은행으로 온 선수 중 유일하게 남았다. 흥국생명 시절엔 '3번' 또는 '4번' 아웃사이드 히터였지만, 이젠 팀의 중심이 됐다. 3년째 주장직도 맡았다. 하혜진은 "이한비는 코트 안에서도 밖에서도 없으면 안 될 존재"라고 했다. 국가대표로 발탁돼 국제대회 경험도 쌓았다. 비시즌 기간 어깨와 아킬레스건이 아파 치료를 받았으나 심각하진 않았다. 소속팀과 대표팀 모두 외국인 사령탑과 함께 하고 있다. 다른 방식의 훈련을 통해 한층 성장한 느낌. 다만 트린지 감독과 훈련한 시간이 짧아, 시즌 초반엔 스스로도 힘들 것 같다고 생각하고 있다. 지난 시즌 생애 첫 FA가 됐는데, 일찌감치 잔류(총액 3억5000만원)했다. "고민도 했지만, 이 팀에 와서 많은 경험을 하고 배구도 더 열심히 하게 됐다"고 이유를 설명했다. 올 시즌엔 좀 더 마무리 능력을 키우는 게 목표다. 동갑내기 하혜진과 케미도 여전하다. 새 숙소에서도 룸메이트다. 떨어져 있어도 항상 연락하는 서로에게 휴식 같은 친구.

RECORD

• 공격 •

경기수	세트수	공격 시도	공격 성공	범실	상대블럭	성공률	점유율
36	136	1160	399	57	104	34.40%	23.60%

• 피 블로킹 •

성명	상대팀명	블로킹 시도	블로킹 성공	성공률
정호영	KGC인삼공사	37	8	21.62%
이주아	흥국생명	38	8	21.05%
한수지	GS칼텍스	39	7	17.95%
양효진	현대건설	24	6	25.00%
정대영	한국도로공사	34	6	17.65%

• 블로킹 •

경기수	세트수	블로킹 시도	블로킹 성공	유효 블로킹	범실	실패	세트당개수	점유율
36	136	238	20	98	1	79	0.147	10.70%

• 서브 •

경기수	세트수	서브 시도	서브 성공	범실	세트당개수	점유율
36	136	463	20	73	0.1	17.20%

• 세트 •

공격종합			오픈			속공		
시도	성공	성공률	시도	성공	성공률	시도	성공	성공률
122	20	16.4	112	18	16.1	0	0	0.00%

퀵오픈			시간차			이동			후위		
시도	성공	성공률	시도	성공	성공률	시도	성공	성공률	시도	성공	성공률
0	0	0.00%	0	0	0.00%	0	0	0.00%	10	2	20

• 리시브 •

경기수	세트수	리시브 시도	리시브 정확	리시브 실패	효율	점유율
36	136	984	415	29	39.23%	34.12%

• 디그 •

경기수	세트수	디그 성공	디그 실패	디그 범실	효율	점유율
36	136	408	113	1	3	15.72%

야스민

no. 05 OP
@yaaziebg

생년월일	1996.11.08
신장 / 체중	193cm / 88kg
스탠딩 리치	250cm
서전트 점프	50cm
연봉	25만$
출생(국가)	미국
드래프트순위	2023 외국인선수 2순위
풀네임	YAASMEEN BEDART-GHANI

SCOUTING REPORT

지난 2시즌 동안 가장 강력한 공격력을 뽐낸 외국인 선수. 2021~22시즌 정규시즌 1위를 이끌었고, 지난해 전반기에도 압도적인 힘을 발휘했다. 하지만 허리 부상으로 13경기 밖에 뛰지 못했다. 결국 현대건설과 결별했다. 미국으로 떠날 당시 눈물을 보일 정도로 아쉬워했다. 하지만 페퍼저축은행의 선택을 받아 반려견 지기와 함께 다시 한국으로 왔다. 페퍼에서도 애칭은 '야지'. 헤어스타일에만 약간의 변화를 줬다. 팀 생활에도 만족하고 있다. 몸 상태에 대한 질문에는 걱정하지 말라고 힘주어 말했다. "부상이 회복된 뒤 운동을 더 열심히 했기 때문에 강하고 빨라질 것"이라고 자신 있어 했다. 야스민의 강점은 역시 강력한 서브. 전 동료인 현대건설 리베로 김연견도 걱정스러워할 정도. 하지만 올해는 플로터 서브도 병행할 계획이다. 새로운 센터들과 손발을 맞춰야 하는 게 변수다. 페퍼저축은행의 이번 시즌은 야스민이 얼마나 아프지 않고, 꾸준하게 출전할 지에 달려 있다 해도 과언이 아니다. 팀 동료 엠제이와는 필리핀 리그에서 만난 적이 있다.

RECORD

• 공격 •

경기수	세트수	공격 시도	공격 성공	범실	상대블럭	성공률	점유율
13	47	653	306	40	29	46.90%	12.70%

• 피 블로킹 •

성명	상대팀명	블로킹 시도	블로킹 성공	성공률
한수지	GS칼텍스	40	5	12.50%
문지윤	GS칼텍스	11	3	27.27%
정대영	한국도로공사	25	3	12.00%
최은지	GS칼텍스	5	2	40.00%
오세연	GS칼텍스	5	2	40.00%

• 블로킹 •

경기수	세트수	블로킹 시도	블로킹 성공	유효 블로킹	범실	실패	세트당개수	점유율
13	47	152	32	40	3	39	0.681	6.00%

• 서브 •

경기수	세트수	서브 시도	서브 성공	범실	세트당개수	점유율
13	47	169	21	41	0.4	5.20%

• 세트 •

공격종합			오픈			속공		
시도	성공	성공률	시도	성공	성공률	시도	성공	성공률
25	8	32	24	8	33.3	0	0	0.00%

퀵오픈			시간차			이동			후위		
시도	성공	성공률	시도	성공	성공률	시도	성공	성공률	시도	성공	성공률
0	0	0.00%	0	0	0.00%	0	0	0.00%	1	0	0

• 리시브 •

경기수	세트수	리시브 시도	리시브 정확	리시브 실패	효율	점유율
13	47	3	1	0	33.33%	0.11%

• 디그 •

경기수	세트수	디그 성공	디그 실패	디그 범실	효율	점유율
13	47	99	25	0	2.106	3.46%

하혜진

no. 17 MB
@en_uj_12_

생년월일	1996.09.07
신장 / 체중	181cm / 62kg
스탠딩 리치	231cm
서전트 점프	50cm
연봉	1억1천
출신교	유영초-경해여중-선명여고
드래프트순위	2014~2015 1라운드 3순위
이적사항	한국도로공사(2014~2021)-페퍼저축은행(2021~)

SCOUTING REPORT

배구인 2세 대표 선수. 아버지(하종화 전 현대캐피탈 감독)의 재능을 이어받아 선명여고 시절 청소년 대표로 활약했다. 긴 팔다리와 뛰어난 점프력을 지녔다. 도로공사에선 꽃을 피우지 못했으나 2021년 페퍼저축은행으로 이적했다. 아포짓에서 미들블로커로 포지션까지 바꾸고 첫 시즌을 치렀다. 지난 시즌 어깨 부상으로 1년을 쉬었다. 처음으로 가진 긴 공백기. 다행히 올해 컵대회에서 성공적인 복귀전을 치렀다. 100% 몸 상태는 아니었지만, 조별리그 3경기를 모두 뛰었다. "다시 돌아갈 수 있을까"는 생각도 했고, 배구에 대한 간절함도 더 커졌다. 주변에선 경기를 보지 말라고 했지만, 팀 경기를 꼬박꼬박 챙겨보며 선수들과 연락도 틈틈이 했다. 그만큼 팀에 대한 애정이 크다. 트린지 감독은 미들블로커 득점이 늘어나야 한다고 생각한다. 하혜진의 공격 점유율도 그만큼 높아질 것이다. 공격 패턴은 심플하게, 코스는 다양하게 때리면서 경기당 10득점 이상 올리고 싶다. 창단 때만 해도 맏언니여서 힘들었지만, 선배들이 많아져 편안해졌다.

RECORD

• 공격 •

경기수	세트수	공격 시도	공격 성공	범실	상대블럭	성공률	점유율

• 피 블로킹 •

성명	상대팀명	블로킹 시도	블로킹 성공	성공률

• 블로킹 •

경기수	세트수	블로킹 시도	블로킹 성공	유효 블로킹	범실	실패	세트당개수	점유율

• 서브 •

경기수	세트수	서브 시도	서브 성공	범실	세트당개수	점유율

• 세트 •

공격종합			오픈			속공		
시도	성공	성공률	시도	성공	성공률	시도	성공	성공률

퀵오픈			시간차			이동			후위		
시도	성공	성공률	시도	성공	성공률	시도	성공	성공률	시도	성공	성공률

• 리시브 •

경기수	세트수	리시브 시도	리시브 정확	리시브 실패	효율	점유율

• 디그 •

경기수	세트수	디그 성공	디그 실패	디그 범실	효율	점유율

서채원

no. 04 MB
@_won_1_one

생년월일	2003.09.05	신장 / 체중	181cm / 67kg		
스텐딩 리치	229cm	서전트 점프	45cm	연봉	6천2백
출신교	대구삼덕초-대구일중-대구여고				
드래프트순위	2021~2022 1라운드 3순위				
이적사항					

SCOUTING REPORT

프로 3년차를 맞이한 미들블로커. 지난 시즌 하혜진의 부상으로 거의 전 경기를 뛰었다. 다소 갑작스럽지만, 첫 풀타임 출전을 하면서 많은 경험을 쌓았다. 속공 성공률은 다소 아쉬웠지만, 시간차만큼은 프로에서도 통한다는 걸 보여줬다. 본인이 더 만족스러워했던 부분은 서브 범실이 적었다는 것. 256개의 서브를 넣었는데 범실은 겨우 5개였다. 마지막은 조금 아쉬웠다. 팔꿈치 부상으로 조금 일찍 시즌을 마쳤다. "마지막 두세 경기를 못 뛰어 아쉬웠지만, 밖에서 경기를 보니 안 보이던 것도 보였다"고 말했다. 리딩 블로킹 보강을 위해 스텝과 손모양을 연마중. 입단 동기가 네 명이나 돼 화기애애하다. "외롭지 않고, 다들 잘 어울린다"며 웃었다. 함께 배구를 했던 동생 서채현(흥국생명)이 드디어 프로선수가 됐다. "기억 속엔 아직 어린아이인데 돈 벌 나이가 됐다고 생각하니 감격스럽다"며 "꼭 같이 같은 코트에 서고 싶다"고 미소지었다. 배구선수가 아니었다면 어느 팀 동료의 팬이 됐을 거 같냐는 질문에 "오지영"이라 답했다.

RECORD

• 공격 •

경기수	세트수	공격 시도	공격 성공	범실	상대블럭	성공률	점유율
32	115	290	76	11	20	26.20%	5.90%

• 피 블로킹 •

성명	상대팀명	블로킹 시도	블로킹 성공	성공률
이소영	KGC인삼공사	5	3	60.00%
박은진	KGC인삼공사	8	2	25.00%
김수지	IBK기업은행	9	2	22.22%
이선우	KGC인삼공사	1	1	100.00%
강소휘	GS칼텍스	3	1	33.33%

• 블로킹 •

경기수	세트수	블로킹 시도	블로킹 성공	유효 블로킹	범실	실패	세트당개수	점유율
32	115	338	29	137	6	119	0.252	15.20%

• 서브 •

경기수	세트수	서브 시도	서브 성공	범실	세트당개수	점유율
32	115	276	11	5	0.1	10.20%

• 세트 •

공격종합			오픈			속공		
시도	성공	성공률	시도	성공	성공률	시도	성공	성공률
38	7	18.4	34	7	20.6	0	0	0.00%

퀵오픈			시간차			이동			후위		
시도	성공	성공률	시도	성공	성공률	시도	성공	성공률	시도	성공	성공률
0	0	0.00%	0	0	0.00%	0	0	0.00%	4	0	0

• 리시브 •

경기수	세트수	리시브 시도	리시브 정확	리시브 실패	효율	점유율
32	115	23	3	5	0.00%	0.80%

• 디그 •

경기수	세트수	디그 성공	디그 실패	디그 범실	효율	점유율
32	115	95	24	0	0.826	3.58%

이고은

no. 06 S

@leegoeun6

생년월일	1995.01.09
신장 / 체중	170cm / 62kg
스텐딩 리치	209cm
서전트 점프	52cm
연봉	3억3천
출신교	덕신초-중앙여중-대구여고
드래프트순위	2013~2014 1라운드 3순위
이적사항	한국도로공사(2013~2016)-IBK기업은행(2016~2018) GS칼텍스(2018~2020)-한국도로공사(2020~2022) 페퍼저축은행(2022~2023)-한국도로공사(2023) 페퍼저축은행(2023~)

SCOUTING REPORT

2022~23시즌 도로공사에서 페퍼저축은행으로 FA 이적했다. 그런데 지난 시즌을 마치고 두 번이나 팀을 옮겨야 했다. FA 박정아 보상선수로 도로공사에 갔다가, 다시 트레이드로 돌아왔다. 보호명단에서 제외됐던 게 다소 실망스러운 상황이었지만, 이제는 깨끗이 잊었다. 오히려 터닝포인트로 삼았다. 그만큼 팀에서 필요로 하는 선수라는 자신감을 얻었다. 실제로 페퍼로선 이고은의 부재는 생각할 수가 없어 최가은과 1순위 드래프트 지명권까지 건넸다. 이번 시즌 새로운 선수들이 팀에 대거 합류했기 때문에 시간이 필요하다. 토스에 힘이 있지만, 빠른 배구에 적응하기 위해 노력중이다. "내가 한 발 더 움직여서 공격수들에게 좋은 패스를 해주겠다"는 마음가짐을 새겼다. 상대 스파이크를 받아내는 디그 능력이 정말 좋다. 지난 시즌 세터 중 1위. 워낙 발이 빠르고 민첩성이 좋다. "아무래도 키가 작은 편이니까 내 장점을 더 살리려고 했다"는 게 본인이 밝힌 비결. 롤모델은 최태웅 감독. 학창 시절엔 유니폼에 사인도 받았을 정도다.

RECORD

• 공격 •

경기수	세트수	공격 시도	공격 성공	범실	상대블럭	성공률	점유율
33	122	88	23	6	5	26.10%	1.80%

• 블로킹 •

경기수	세트수	블로킹 시도	블로킹 성공	유효 블로킹	범실	실패	세트당개수	점유율
33	122	300	15	149	3	90	0.123	13.50%

• 서브 •

경기수	세트수	서브 시도	서브 성공	범실	세트당개수	점유율
33	122	431	8	15	0.1	16.00%

• 세트 •

공격종합			오픈			속공		
시도	성공	성공률	시도	성공	성공률	시도	성공	성공률
3264	1227	37.6	1390	465	33.5	154	51	33.1

퀵오픈			시간차			이동			후위		
시도	성공	성공률	시도	성공	성공률	시도	성공	성공률	시도	성공	성공률
922	388	42.1	183	89	48.6	131	43	32.8	484	191	39.5

• 리시브 •

경기수	세트수	리시브 시도	리시브 정확	리시브 실패	효율	점유율
33	122	10	0	1	0.00%	0.35%

• 디그 •

경기수	세트수	디그 성공	디그 실패	디그 범실	효율	점유율
33	122	398	80	0	3.262	14.40%

• 디그 상대 •

성명	팀명	디그 시도	디그 성공	성공률
엘리자벳	KGC인삼공사	24	18	75.00%
김연경	흥국생명	22	17	77.27%
옐레나	흥국생명	13	11	84.62%
김희진	IBK기업은행	12	10	83.33%
모마	GS칼텍스	14	10	71.43%

오지영

no. 09 L
@oh_ji_young

생년월일	1988.07.11
신장 / 체중	171cm / 65kg
스탠딩 리치	218cm
서전트 점프	37cm
연봉	3억
출신교	정읍수성초-전주근영중-전주근영여고
드래프트순위	2006~2007 1라운드 4순위
이적사항	한국도로공사(2006~2017)-KGC인삼공사(2017~2021) GS칼텍스(2021~2022)-페퍼저축은행(2022~)

SCOUTING REPORT

지난 시즌 도중 트레이드로 빨간색 유니폼을 입었다. 시즌 도중 전 소속 팀 GS칼텍스 전 출전 금지 협약이 있었는데, 향후 해당조항을 금지하는 '오지영 룰'이 만들어졌다. 어찌됐던 이적은 기회였다. 리시브 강화라는 자신의 숙제를 톡톡히 해냈다. 지난해에 이어 올해도 턱 관절 문제가 생겨 컵대회는 나서지 못했다. 그래도 정규시즌 준비는 문제 없다. 비시즌 기간에 긴 시즌을 치르기 위한 몸 만들기에 집중했다. 항상 코트에 몸을 날려야 하지만 "남들보다 늦게 리베로를 시작해 부상이 적은 것 같다"며 웃었다. 공인구가 바뀌었는데 본인은 새 공이 마음에 든다며 자신감을 드러냈다. 룸메이트는 한참 어린 서채원, 박은서. 후배들이 눈치 볼까 방에만 틀어박혀 있다는 큰언니다. 새 팀에서 처음 맞이하는 풀시즌이라 한껏 채찍질하고 있다는 오지영의 목표는 봄 배구. 페퍼를 주목해야 하는 이유를 묻자 명확한 답이 돌아왔다. "박정아와 야스민이 있지 않습니까."

RECORD

• 공격 •

경기수	세트수	공격 시도	공격 성공	범실	상대블럭	성공률	점유율
16	60	2	0	2	0	0.00%	0.00%

• 블로킹 •

경기수	세트수	블로킹 시도	블로킹 성공	유효 블로킹	범실	실패	세트당개수	점유율
16	60	0	0	0	0	0	0	0.00%

• 서브 •

경기수	세트수	서브 시도	서브 성공	범실	세트당개수	점유율
16	60	0	0	0	0	0.00%

• 세트 •

공격종합			오픈			속공		
시도	성공	성공률	시도	성공	성공률	시도	성공	성공률
202	47	23.3	173	41	23.7	0	0	0.00%

퀵오픈			시간차			이동			후위		
시도	성공	성공률	시도	성공	성공률	시도	성공	성공률	시도	성공	성공률
2	1	50	0	0	0.00%	0	0	0.00%	27	5	18.5

• 리시브 •

경기수	세트수	리시브 시도	리시브 정확	리시브 실패	효율	점유율
16	60	295	152	10	48.14%	10.23%

• 디그 •

경기수	세트수	디그 성공	디그 실패	디그 범실	효율	점유율
16	60	371	48	6.183	12.62%	10.23%

• 디그 상대 •

성명	팀명	디그 시도	디그 성공	성공률
김희진	IBK기업은행	11	11	100.00%
박정아	한국도로공사	11	11	100.00%
옐레나	흥국생명	11	10	90.91%
산타나	IBK기업은행	14	10	71.43%
배유나	한국도로공사	9	8	88.89%

김해빈

no. 19 L
@_maebin_

생년월일	2000.03.01
신장 / 체중	158cm / 57kg
스탠딩 리치	190cm
서전트 점프	48cm
연봉	6천5백
출신교	옥천초-강릉여중-강릉여고
드래프트순위	2018~2019 3라운드 2순위
이적사항	IBK기업은행(2018~2020)-GS칼텍스(2020~2022) 페퍼저축은행(2022~)

SCOUTING REPORT

V리그 최단신 선수. 3라운더 출신이지만 벌써 두 번의 이적을 거치면서도 프로에 살아남았다. 그만큼 자신의 강점을 잘 알고, 살리고 있다는 뜻이다. 지난 시즌엔 처음으로 서베로(서브를 넣은 뒤 후위 세 자리에서 수비를 하는 역할)로 나서지 않고, 리베로에 집중했다. 그 동안은 디그 전문 이미지가 강했으나, 리시브도 그 어느 때보다 많이 받았다. 올해도 팀에 리베로가 많지만, 쏠쏠하게 활용될 것으로 보인다. 트린지 감독이 잔동작을 없애라는 주문을 하면서 리시브와 디그 동작에 모두 손질을 했다. 비시즌엔 하체 강화를 위해 밸런스 잡기나 짐볼 등으로 코어 운동을 많이 했다. 선수단 구성이 많이 바뀌었는데 "예전엔 마냥 밝았지만, 이젠 강단도 생기고 단단해졌다"고 전했다. "주전은 어렵겠지만, 서브를 확실하게 잘 받아내서 플레이오프까지 가겠다"는 포부를 밝혔다. 리베로라 3가지 색 유니폼을 모두 입는데, 가장 좋아하는 건 검은색. 사복도 심플한 걸 좋아해서 무채색 계열을 선호하는 편. 올 시즌 뒤 첫 FA 자격을 얻는다.

RECORD

• 공격 •

경기수	세트수	공격 시도	공격 성공	범실	상대블럭	성공률	점유율
22	76	0	0	0	0	0.00%	0.00%

• 블로킹 •

경기수	세트수	블로킹 시도	블로킹 성공	유효 블로킹	범실	실패	세트당개수	점유율
22	76	0	0	0	0	0	0	0.00%

• 서브 •

경기수	세트수	서브 시도	서브 성공	범실	세트당개수	점유율
22	76	6	0	0	0	0.20%

• 세트 •

공격종합			오픈			속공		
시도	성공	성공률	시도	성공	성공률	시도	성공	성공률
116	31	26.7	108	31	28.7	0	0	0.00%

퀵오픈			시간차			이동			후위		
시도	성공	성공률	시도	성공	성공률	시도	성공	성공률	시도	성공	성공률
0	0	0.00%	0	0	0.00%	0	0	0.00%	8	0	0

• 리시브 •

경기수	세트수	리시브 시도	리시브 정확	리시브 실패	효율	점유율
22	76	196	69	16	27.04%	6.80%

• 디그 •

경기수	세트수	디그 성공	디그 실패	디그 범실	효율	점유율
22	76	252	62	0	3.316	9.46%

• 디그 상대 •

성명	팀명	디그 시도	디그 성공	성공률
모마	GS칼텍스	13	8	61.54%
엘리자벳	KGC인삼공사	9	6	66.67%
김미연	흥국생명	9	6	66.67%
강소휘	GS칼텍스	9	6	66.67%
유서연	GS칼텍스	12	6	50.00%

문슬기

no. 07 L
@moon_light759

생년월일	1992.06.19	신장 / 체중	170cm / 60kg	
스텐딩 리치	217cm	서전트 점프	52cm	연봉 7천
출신교	목포하당초-목포영화중-목포여상			
드래프트순위	2021~2022 1라운드 6순위			
이적사항				

SCOUTING REPORT

실업배구에서 10시즌을 치르고 페퍼저축은행 창단 멤버로 합류했다. 첫 시즌은 쉽지 않았고, 두 번째 시즌도 훈련 도중 입은 왼쪽 새끼 발가락 부상으로 힘들어했다. 한 경기를 뛰었지만, 결국 수술을 받고 재활기간을 거쳐야 했다. "지난 2년이 정신없이 지나간 것 같다"는 소회를 털어놨다. 부상은 완쾌됐다. 다만 팀내 경쟁이 이제 치열해졌다. 지난 시즌 도중 오지영이 트레이드됐고, 투 리베로로 나눠 출전했던 김해빈도 있다. 신인 선수들도 리베로 포지션을 소화할 수 있는 선수가 많다. 하지만 "좋은 선수들이 많이 와서 팀이 많이 보강된 게 좋다"고 할 정도로 팀에 대한 애착이 강하다. 실업시절 3~4년차까지 공격수도 해서인지 지난 시즌 간간이 아웃사이드 히터로 공격도 했다. 올해도 서베로 등으로 나설 수 있다. 숙소와 연습 체육관을 광주로 옮긴 게 가장 반가운 '진도의 딸'이다. 숙소로 쓰는 아파트 주민들이 꽤 많이 알아본다는 후문. 이젠 신생팀이 아니니 다른 팀들이 긴장할 수 있는 경기력을 보여주고 싶다.

RECORD

• 공격 •

경기수	세트수	공격 시도	공격 성공	범실	상대블럭	성공률	점유율
33	97	31	7	2	1	22.60%	0.60%

• 블로킹 •

경기수	세트수	블로킹 시도	블로킹 성공	유효 블로킹	범실	실패	세트당개수	점유율
33	97	29	0	16	1	7	0	1.30%

• 서브 •

경기수	세트수	서브 시도	서브 성공	범실	세트당개수	점유율
33	97	92	7	7	0.1	3.40%

• 세트 •

공격종합			오픈			속공		
시도	성공	성공률	시도	성공	성공률	시도	성공	성공률
104	31	29.8	93	26	28	0	0	0.00%

퀵오픈			시간차			이동			후위		
시도	성공	성공률	시도	성공	성공률	시도	성공	성공률	시도	성공	성공률
0	0	0.00%	0	0	0.00%	0	0	0.00%	11	5	45.5

• 리시브 •

경기수	세트수	리시브 시도	리시브 정확	리시브 실패	효율	점유율
33	97	310	138	18	38.71%	10.75%

• 디그 •

경기수	세트수	디그 성공	디그 실패	디그 범실	효율	점유율
33	97	182	37	1	1.876	6.63%

• 디그 상대 •

성명	팀명	디그 시도	디그 성공	성공률
이소영	KGC인삼공사	8	7	87.50%
산타나	IBK기업은행	11	6	54.55%
황연주	현대건설	4	4	100.00%
표승주	IBK기업은행	5	4	80.00%
박정아	한국도로공사	6	4	66.67%

박경현

no. 12 OH
@gh97.25

생년월일	1997.07.25	신장 / 체중	177cm / 74kg	
스텐딩 리치	225cm	서전트 점프	53cm	연봉 7천5백
출신교	포항동부초-포항여중-수원전산여고			
드래프트순위	2015~2016 1라운드 4순위			
이적사항	현대건설(2015~2018)-대구시청(2018~2021) 페퍼저축은행(2021~)			

SCOUTING REPORT

공격력이 뛰어난 아웃사이드 히터. 실업리그에서 뛰다 다시 돌아와 두 시즌을 치렀다. 지난 시즌은 잔부상 여파도 있어 첫 해만큼의 임팩트를 주진 못했다. 특히 시즌 초에 고전했다. 그래도 후반부로 갈수록 살아나면서 팀의 기대를 충족시켜줬다. 잘 풀리지 않아 고민될 때마다 야간 운동을 하면서 자신의 스타일을 찾았다. 자세에 변화가 생긴 것도 찾아내 되돌렸다. 특히 약점으로 꼽히던 리시브에서 향상된 모습. "즐겨보자는 마음가짐 덕분"이라고 설명했다. 지난해 백어택도 종종 구사했다. 트린지 감독 역시 이런 모습을 기대한다. 스텝, 공격 폼 등 많은 걸 바꾸고 감독이 원하는 빠른 배구에 맞춰가고 있다. 원래 스파이크 서브가 좋지만, 이번 시즌엔 팀 컬러에 맞춰 플로터 서브까지 2가지를 다 준비해 상황에 맞게 넣을 계획. 새로운 공인구에도 금방 적응했다. 쉬는 날엔 숙소에 남은 동료들과 함께 드라이브를 한다. 숙소에서 가까운 목포, 담양, 여수에 자주 간다. 추천 코스는 강릉에서 고향 포항으로 가는 해안도로. 올해는 즐기는 배구를 하고 싶다.

RECORD

• 공격 •

경기수	세트수	공격 시도	공격 성공	범실	상대블럭	성공률	점유율
33	106	697	230	33	80	33.00%	14.20%

• 피 블로킹 •

성명	상대팀명	블로킹 시도	블로킹 성공	성공률
이다현	현대건설	28	9	32.14%
김수지	IBK기업은행	35	9	25.71%
정대영	한국도로공사	18	6	33.33%
엘레나	흥국생명	11	4	36.36%
한수지	GS칼텍스	12	4	33.33%

• 블로킹 •

경기수	세트수	블로킹 시도	블로킹 성공	유효 블로킹	범실	실패	세트당개수	점유율
33	106	180	11	69	1	76	0.104	8.10%

• 서브 •

경기수	세트수	서브 시도	서브 성공	범실	세트당개수	점유율
33	106	175	1	35	0	6.50%

• 세트 •

공격종합			오픈			속공		
시도	성공	성공률	시도	성공	성공률	시도	성공	성공률
65	8	12.3	59	7	11.9	0	0	0.00%

퀵오픈			시간차			이동			후위		
시도	성공	성공률	시도	성공	성공률	시도	성공	성공률	시도	성공	성공률
0	0	0.00%	0	0	0.00%	0	0	0.00%	6	1	16.7

• 리시브 •

경기수	세트수	리시브 시도	리시브 정확	리시브 실패	효율	점유율
33	106	630	207	26	28.73%	21.84%

• 디그 •

경기수	세트수	디그 성공	디그 실패	디그 범실	효율	점유율
33	106	265	50	4	2.5	9.61%

박사랑

no. 15 S

@03._.rang

생년월일	2003.08.26
신장 / 체중	177cm / 66kg
스탠딩 리치	222cm
서전트 점프	53cm
연봉	6천2백
출신교	대구신당초-대구일중-대구여고
드래프트순위	2021~2022 1라운드 1순위
이적사항	

SCOUTING REPORT

전체 1순위로 뽑힌 장신 세터 기대주. 초등학교 5학년 때부터 세터를 봐 경험이 은근 풍부하다. 하지만 부상으로 힘들었던 프로 첫 해를 보냈다. 지난 시즌엔 거의 전 경기에 나가 이고은의 뒤를 받쳤다. 시즌 막바지엔 이경수 대행이 선발 출전시키기도 했다. 많이 배울 수 있는 시즌이었다는 점에서 본인도 만족했다. 트린지 감독이 온 뒤 박사랑의 훈련시간이 길어졌다. 새로운 감독의 공격 패턴과 훈련에 적응하기 위한 노력도 많았다. "원래 했던 방식이 아니라 적응하기 힘들었다. 하지만 재밌게 알려주시고, '이게 되네'란 생각도 든다"고 했다. 가장 자신이 생긴 건 속공. 미들블로커들과의 호흡이 좋아지고 있다. "감독님과 프리토킹이 가능하다"고 했지만, 리스닝에 비해 스피킹이 아쉽다는 자평. 영어 공부를 할 생각도 갖고 있다. 입단동기 4명이 끈끈한데 지금도 가장 핫한 화제는 '광주 맛집 탐방'. 아직도 찾는 중이라고 한다. 공인구가 교체됐지만, 세터 입장에서 큰 차이는 못 느끼고 있다. 코트에서 즐기는 배구를 하고 싶다.

RECORD

• 공격 •

경기수	세트수	공격 시도	공격 성공	범실	상대블럭	성공률	점유율
32	78	25	7	2	1	28.00%	0.50%

• 블로킹 •

경기수	세트수	블로킹 시도	블로킹 성공	유효 블로킹	범실	실패	세트당개수	점유율
32	78	78	8	35	0	22	0.103	3.50%

• 서브 •

경기수	세트수	서브 시도	서브 성공	범실	세트당개수	점유율
32	78	50	1	3	0	1.90%

• 세트 •

공격종합			오픈			속공		
시도	성공	성공률	시도	성공	성공률	시도	성공	성공률
473	152	32.1	232	68	29.3	19	9	47.4

퀵오픈			시간차			이동			후위		
시도	성공	성공률	시도	성공	성공률	시도	성공	성공률	시도	성공	성공률
122	40	32.8	24	11	45.8	19	9	47.4	57	15	26.3

• 리시브 •

경기수	세트수	리시브 시도	리시브 정확	리시브 실패	효율	점유율
32	78	1	0	1	0.00%	0.03%

• 디그 •

경기수	세트수	디그 성공	디그 실패	디그 범실	효율	점유율
32	78	30	6	1	0.385	1.11%

• 디그 상대 •

성명	팀명	디그 시도	디그 성공	성공률
표승주	IBK기업은행	2	2	100.00%
육서영	IBK기업은행	2	2	100.00%
이주아	흥국생명	1	1	100.00%
박정아	한국도로공사	1	1	100.00%
문정원	한국도로공사	1	1	100.00%

박은서 no. 13 OH
@e__seo_13

생년월일	2003.04.16	신장 / 체중	177cm / 70kg		
스탠딩 리치	224cm	서전트 점프	53cm	연봉	6천2백
출신교	추계초-일신여중-일신여상				
드래프트순위	2021~2022 1라운드 2순위				
이적사항					

SCOUTING REPORT

체육인 집안 2세다. 아버지는 방콕 아시안게임 레슬링 동메달리스트 박우, 어머니는 올림픽에 두 번 출전한 도로공사 출신 어연순. 동생은 도로공사로 이적한 세터 박은지. 큰 신장은 아니지만 빠른 팔 스윙으로 스파이크를 날리는 걸 보면 '시원하다'는 느낌이 절로 든다. 약점으로 꼽히던 리시브는 지난 시즌 한결 나아진 모습이었다. 강점인 서브도 성공률이 올라갔다. 많은 선수들이 겪는 2년차 징크스도 없었다. 오히려 신인 때가 힘들었다고. 왼쪽 발목 인대 부상으로 힘들어하다 수술로 조금 빨리 시즌을 마쳤다. 성공적인 재활 덕분에 통증은 없다. 컵대회에서 준수한 모습을 보여줬다. 팀은 조기 탈락했지만, 개인적으로는 준비한 걸 다 보여줬다는 자평이다. 트린지 감독이 온 뒤 스텝을 밟는 위치를 세세하게 조정하고 있다. 리시브도 팔로만 받지 않고, 몸 전체로 받는 걸 익히고 있다. 제일 고마운 동료를 묻자 동기 박사랑을 언급했다. 리시브가 튀어도 잘 커버하고, 운동할 때 장난을 쳐도 잘 받아준다는 이유. 성장하고 있다는 걸 보여주는 게 이번 시즌 목표다.

RECORD

• 공격 •

경기수	세트수	공격 시도	공격 성공	범실	상대블럭	성공률	점유율
23	59	339	113	30	43	33.30%	6.90%

• 피 블로킹 •

성명	상대팀명	블로킹 시도	블로킹 성공	성공률
배유나	한국도로공사	19	6	31.58%
이주아	흥국생명	18	4	22.22%
모마	GS칼텍스	8	3	37.50%
김희진	IBK기업은행	9	3	33.33%
이윤정	한국도로공사	9	3	33.33%

• 블로킹 •

경기수	세트수	블로킹 시도	블로킹 성공	유효 블로킹	범실	실패	세트당개수	점유율
23	59	80	7	18	3	45	0.119	3.60%

• 서브 •

경기수	세트수	서브 시도	서브 성공	범실	세트당개수	점유율
23	59	154	13	25	0.2	5.70%

• 세트 •

공격종합			오픈			속공		
시도	성공	성공률	시도	성공	성공률	시도	성공	성공률
36	11	30.6	34	10	29.4	0	0	0.00%

퀵오픈			시간차			이동			후위		
시도	성공	성공률	시도	성공	성공률	시도	성공	성공률	시도	성공	성공률
0	0	0.00%	0	0	0.00%	0	0	0.00%	2	1	50

• 리시브 •

경기수	세트수	리시브 시도	리시브 정확	리시브 실패	효율	점유율
23	59	391	129	20	27.88%	13.56%

• 디그 •

경기수	세트수	디그 성공	디그 실패	디그 범실	효율	점유율
23	59	138	35	1	2.339	5.24%

박연화

no. 08 MB
@y_hwa._.03

생년월일	2003.11.12
신장 / 체중	176cm / 65kg
스탠딩 리치	227cm
서전트 점프	45cm
연봉	3천5백
출신교	제천남천초-제천여중-제천여고
드래프트순위	2021~2022 5라운드 3순위
이적사항	

SCOUTING REPORT

2021~22시즌 창단 드래프트 멤버. 첫 해보다 출전 경기 수가 13경기에서 7경기로 줄었다. 하지만 투입될 때 코트에 머문 시간은 더 길어졌다. 데뷔 시즌엔 서브득점(2개)뿐이었지만, 두 번째 시즌엔 각각 공격 13점, 블로킹 3점을 올렸다. 한 경기를 풀로 뛴 것도 처음. 하지만 아쉬움이 더 크다. "모처럼 얻은 기회인데 제대로 다 못 보여드린 것 같다"는 것. 그래도 서베로로서 역할은 충분히 해냈다. 입단 당시부터 "웜업존에서는 가장 빛나는 1등이 되는 게 목표"라고 할 정도로 활력 넘치는 선수. "최근 팀에 파이팅 좋은 선수가 많아져서 긴장하게 됐다"고 웃으며 "다른 동료들에게 좋은 영향을 주려는 마음이 강하다"고 했다. 지난 2시즌과 달리 팀에 대한 기대도, 박연화에 대한 기대도 커졌다. "부담이 없다면 거짓말이다. 언니들의 부담이 더 크겠지만, 백업 선수도 언제 들어갈지 모르니까 잘 준비해야 한다. 연습 파트너로서도 마찬가지"라며 한층 성숙한 생각을 들려줬다. 오지영이 오면서 등번호가 8번으로 바뀌었다. 오지영은 박연화에게 에어팟을 선물했다. 올해 목표는 포스트시즌 진출.

RECORD

• 공격 •

경기수	세트수	공격 시도	공격 성공	범실	상대블럭	성공률	점유율
7	18	38	13	2	3	34.20%	0.80%

• 피 블로킹 •

성명	상대팀명	블로킹 시도	블로킹 성공	성공률
문명화	GS칼텍스	1	1	100.00%
김다은	흥국생명	1	1	100.00%
배유나	한국도로공사	2	1	50.00%
강소휘	GS칼텍스	1	0	0.00%
김현정	IBK기업은행	1	0	0.00%

• 블로킹 •

경기수	세트수	블로킹 시도	블로킹 성공	유효 블로킹	범실	실패	세트당개수	점유율
7	18	38	1	20	0	8	0.056	1.70%

• 서브 •

경기수	세트수	서브 시도	서브 성공	범실	세트당개수	점유율
7	18	59	1	1	0.1	2.20%

• 세트 •

공격종합			오픈			속공		
시도	성공	성공률	시도	성공	성공률	시도	성공	성공률
8	2	25	7	2	28.6	0	0	0.00%

퀵오픈			시간차			이동			후위		
시도	성공	성공률	시도	성공	성공률	시도	성공	성공률	시도	성공	성공률
0	0	0.00%	0	0	0.00%	0	0	0.00%	1	0	0

• 리시브 •

경기수	세트수	리시브 시도	리시브 정확	리시브 실패	효율	점유율
7	18	5	1	1	0.00%	0.17%

• 디그 •

경기수	세트수	디그 성공	디그 실패	디그 범실	효율	점유율
7	18	19	3	0	1.056	0.66%

염어르헝

no. 18 MB
@orkhon_ts

생년월일	2004.08.27	신장 / 체중	194cm / 85kg		
스텐딩 리치	241cm	서전트 점프	35cm	연봉	4천5백
출신교	목포여상				
드래프트순위	2022~2023 1라운드 1순위				
이적사항					

SCOUTING REPORT

몽골 출신으로 특별귀화를 통해 한국인이 됐고, 지난해 전체 1순위로 선발됐다. V리그 여자부 국내선수 역대 최장신이다. 그만큼 기대가 컸다. 하지만 두 경기만 뛰고 오른 무릎 반월상 수술을 받았다. 수술 뒤 왼쪽 무릎까지 통증을 느껴 추가 치료까지 받았다. 지금도 훈련 전엔 항상 오른 무릎 준비운동을 먼저 한다. 많은 주목을 받고 입단했지만, 그만큼 보여주지 못해 눈물도 흘렸다. 비시즌 훈련 때도 몸상태가 완벽하진 않아 컵대회에 결장했다. 그래도 개막부터는 원포인트 블로커로 나설 수 있을만큼 상태가 올라왔다. 큰 키와 긴 팔은 확실히 압도적이다. 스스로도 "코트에 들어가는 것 자체로도 만족스럽다. 블로킹을 하나만 해도 팀에는 좋은 거니까"라고 미소지었다. 한국어는 더 능숙해졌다. 예전엔 몽골어로 생각을 하고, 다시 한국어로 바뀌는 과정을 거쳤지만 곧바로 대답할 수 있다. 취미는 그림 그리기. 팀원들은 '르헝'이라고 자주 부른다. 올 시즌엔 드디어 목포여상 선배이자 양언니인 정관장 염혜선과의 코트에서 대결이 이뤄진다.

RECORD

• 공격 •

경기수	세트수	공격 시도	공격 성공	범실	상대블럭	성공률	점유율
2	3	1	0	0	1	0.00%	0.00%

• 피 블로킹 •

성명	상대팀명	블로킹 시도	블로킹 성공	성공률
김다은	흥국생명	1	1	100.00%

• 블로킹 •

경기수	세트수	블로킹 시도	블로킹 성공	유효 블로킹	범실	실패	세트당개수	점유율
2	3	3	0	1	0	0	0	0.10%

• 서브 •

경기수	세트수	서브 시도	서브 성공	범실	세트당개수	점유율
2	3	0	0	0	0	0.00%

• 세트 •

공격종합			오픈			속공		
시도	성공	성공률	시도	성공	성공률	시도	성공	성공률
1	0	0	1	0	0	0	0	0.00%

퀵오픈			시간차			이동			후위		
시도	성공	성공률	시도	성공	성공률	시도	성공	성공률	시도	성공	성공률
0	0	0.00%	0	0	0.00%	0	0	0.00%	0	0	0.00%

• 리시브 •

경기수	세트수	리시브 시도	리시브 정확	리시브 실패	효율	점유율
2	3	1	1	0	100.00%	0.03%

• 디그 •

경기수	세트수	디그 성공	디그 실패	디그 범실	효율	점유율
2	3	1	1	0	0.333	0.06%

이민서

no. 21 OP
@mxo__ws

생년월일	2003.07.23
신장 / 체중	175cm / 62kg
스텐딩 리치	220cm
서전트 점프	42cm
연봉	4천8백
출신교	대구신당초-대구일중-경해여중-선명여고
드래프트순위	2022~2023 1라운드 3순위
이적사항	

SCOUTING REPORT

청소년 대표 출신 아포짓 스파이커 겸 아웃사이드 히터. 지난해 신인 중에선 제일 많은 27경기에 출전했다. 왼손잡이고, 도로공사 문정원처럼 주 포지션은 아포짓이지만 리시브에도 참여한다. 특히 서브가 훌륭하다. 최근엔 리시브에 더 자신감이 붙었다. 플로터 서브도, 스파이크 서브도 모두 준비했다. 바뀐 공인구도 크게 신경쓰지 않는다. "첫 훈련 때부터 느낌이 좋다"는 설명. 드디어 네 명이나 막내가 생겼다. 막내를 빼앗겨 아쉽다기보다는 반갑다. 남동생 이민준도 배구 선수다. 하지만 서로 운동 이야기는 잘 하지 않는다. "일방적으로 '똑바로 하라'고 나무라니까, '내가 알아서 할게'라고 대답한다"는 찐남매. 팀내에선 '도른자'로 통한다. 공주 분장도 소화하고, 텐션도 높아 팀원들의 미소를 만들어내는 분위기메이커. 본인도 "그런 쪽에 자신있다. 동료들도 '왜 저래'라면서 즐긴다"고 웃었다. 룸메이트인 채선아와는 같은 포지션이다보니 고칠 점이나 수비 자리에 대한 도움을 많이 받는다. 올해 목표는 팀이 많이 승리하는 것.

RECORD

• 공격 •

경기수	세트수	공격 시도	공격 성공	범실	상대블럭	성공률	점유율
27	83	41	10	5	6	24.40%	0.80%

• 피 블로킹 •

성명	상대팀명	블로킹 시도	블로킹 성공	성공률
양효진	현대건설	2	2	100.00%
엘리자벳	KGC인삼공사	1	1	100.00%
임주은	한국도로공사	1	1	100.00%
이예담	한국도로공사	2	1	50.00%
전새얀	한국도로공사	2	1	50.00%

• 블로킹 •

경기수	세트수	블로킹 시도	블로킹 성공	유효 블로킹	범실	실패	세트당개수	점유율
27	83	7	0	3	0	3	0	0.30%

• 서브 •

경기수	세트수	서브 시도	서브 성공	범실	세트당개수	점유율
27	83	124	11	18	0.1	4.60%

• 세트 •

공격종합			오픈			속공		
시도	성공	성공률	시도	성공	성공률	시도	성공	성공률
8	0	0	8	0	0	0	0	0.00%

퀵오픈			시간차			이동			후위		
시도	성공	성공률	시도	성공	성공률	시도	성공	성공률	시도	성공	성공률
0	0	0.00%	0	0	0.00%	0	0	0.00%	0	0	0.00%

• 리시브 •

경기수	세트수	리시브 시도	리시브 정확	리시브 실패	효율	점유율
27	83	7	0	2	0.00%	0.24%

• 디그 •

경기수	세트수	디그 성공	디그 실패	디그 범실	효율	점유율
27	83	30	5	0	0.361	1.05%

채선아

no. 11 OH
@seonahchae

생년월일	1992.06.08
신장 / 체중	173cm / 62kg
스탠딩 리치	222cm
서전트 점프	42cm
연봉	1억
출신교	추계초-중앙여중-중앙여고
드래프트순위	2010~2011 신생팀 우선지명
이적사항	IBK기업은행(2011~2017)-KGC인삼공사(2017~2023) 페퍼저축은행(2023~)

SCOUTING REPORT

6년간 뛰었던 정관장을 떠나 페퍼저축은행 유니폼을 입었다. 여전히 고희진 정관장 감독과는 전화로 장난스럽게 이야기하는 사이지만 "꼭 이기겠다"는 선전포고도 잊지 않았다. 자신을 원하는 팀이 생겼다는 점에 만족해 이적을 결정했다. 페퍼저축은행의 새로운 숙소도 맘에 든다며 광주 자랑을 했다. 광주 맛집도 이제는 파악했다고 말할 정도로 적응도는 100%. 팀원들과도 어색함 없이 녹아들었다. 리베로로 뛴 적도 있을 정도로 팀내 아웃사이드 히터 중 수비력만큼은 채선아가 가장 좋다. 선발은 아니어도 매 경기 중요한 순간에 투입될 수 있는 카드. 특히 절친 박정아와 함께 묶여서 자주 나설 것으로 보인다. 그렇지만 공격에서도 팀에 기여하고 싶다. 2018~19시즌 이후 5년 만에 100득점 이상을 올리겠다는 포부를 밝혔다. 다만 키우고 싶다고 한 영어 실력은 아직 제자리걸음. 트린지 감독의 한국말이 늘어서 소통엔 문제 없다고. 룸메이트는 이민서와 류혜선. "정신연령은 비슷하기 때문에 잘 어울리고, 편하게 해준다"고 주장했다.

RECORD

• 공격 •

경기수	세트수	공격 시도	공격 성공	범실	상대블럭	성공률	점유율
29	78	183	55	16	12	30.10%	3.60%

• 피 블로킹 •

성명	상대팀명	블로킹 시도	블로킹 성공	성공률
정대영	한국도로공사	2	2	100.00%
이윤정	한국도로공사	2	2	100.00%
황연주	현대건설	3	2	66.67%
전새얀	한국도로공사	2	1	50.00%
김다인	현대건설	2	1	50.00%

• 블로킹 •

경기수	세트수	블로킹 시도	블로킹 성공	유효 블로킹	범실	실패	세트당개수	점유율
29	78	62	2	25	0	28	0.026	2.30%

• 서브 •

경기수	세트수	서브 시도	서브 성공	범실	세트당개수	점유율
29	78	200	4	8	0.1	6.30%

• 세트 •

공격종합			오픈			속공		
시도	성공	성공률	시도	성공	성공률	시도	성공	성공률
70	22	31.4	56	16	28.6	0	0	0.00%

퀵오픈			시간차			이동			후위		
시도	성공	성공률	시도	성공	성공률	시도	성공	성공률	시도	성공	성공률
0	0	0.00%	0	0	0.00%	0	0	0.00%	14	6	42.9

• 리시브 •

경기수	세트수	리시브 시도	리시브 정확	리시브 실패	효율	점유율
29	78	323	136	16	37.15%	11.29%

• 디그 •

경기수	세트수	디그 성공	디그 실패	디그 범실	효율	점유율
29	78	202	45	0	2.59	7.34%

필립스

no. 23 MB
@mjphillips13

생년월일	1995.06.15	신장 / 체중	182cm / 72kg
스탠딩 리치	238cm	서전트 점프	55cm	연봉	10만$
출생(국가)	필리핀		
드래프트순위	2023 아시아쿼터 5순위		
풀네임	MAR-JANA PHILLIPS		

MJ Phillips
#23

SCOUTING REPORT

미국 캘리포니아주 출신으로 필리핀인 어머니 덕분에 이중국적을 지녀 아시아쿼터 드래프트에 신청할 수 있었다. 미국 펜실바니아주 주니아타 칼리지를 졸업한 뒤 필리핀 리그에서 활약했다. 필리핀 이외의 리그는 이번이 처음. 한국이름은 MJ에서 딴 민주. 처음엔 '민지'였지만 최민지 전력분석원과 겹쳐 변경. 그러나 대다수 선수들은 엠제이라고 부른다. 미들블로커로서 장신은 아니지만 운동 능력을 갖췄다. 다양한 패턴의 공격을 트린지 감독이 원하면서 새로운 스타일에 적응하고 있다. 특히 강조하는 것은 공격 스텝을 간결하게 만드는 것. 가운데 공격을 많이 쓰길 원해 활용도는 높을 듯하다. 집에 있는 걸 좋아하는 편. 그래도 밖을 돌아다니면서 광주시민들이 많이 알아보고, 인사를 해준다고. 한국 사람들이 친절하게 대해준다며 웃었다. V리그는 길고 일정이 빡빡하지만 "체력은 문제 없을 것"이라며 자신감을 드러냈다. 가장 많이 쓰는 한국말은 "물이요." 올 시즌 목표는 빠르게 움직이는 플레이를 통해 팀에 도움을 주는 것이다.

RECORD

• 공격 •

경기수	세트수	공격 시도	공격 성공	범실	상대블럭	성공률	점유율

• 피 블로킹 •

성명	상대팀명	블로킹 시도	블로킹 성공	성공률

• 블로킹 •

경기수	세트수	블로킹 시도	블로킹 성공	유효 블로킹	범실	실패	세트당개수	점유율

• 서브 •

경기수	세트수	서브 시도	서브 성공	범실	세트당개수	점유율

• 세트 •

공격종합			오픈			속공		
시도	성공	성공률	시도	성공	성공률	시도	성공	성공률

퀵오픈			시간차			이동			후위		
시도	성공	성공률	시도	성공	성공률	시도	성공	성공률	시도	성공	성공률

• 리시브 •

경기수	세트수	리시브 시도	리시브 정확	리시브 실패	효율	점유율

• 디그 •

경기수	세트수	디그 성공	디그 실패	디그 범실	효율	점유율

류혜선

no. 14 OH
@fb_gptj5

생년월일	2005.12.25
신장 / 체중	178cm / 60kg
스텐딩 리치	229cm
서전트 점프	41cm
연봉	4천3백
출신교	사하초-경남여중-일신여상
드래프트순위	2023~2024 2라운드 1순위
이적사항	

SCOUTING REPORT

1라운드 지명권이 없는 페퍼저축은행에서 가장 먼저 뽑은 신인. 고교 시절 아웃사이드 히터와 아포짓을 번갈아 맡았다. 1m78㎝로 신체조건도 나쁘지 않다. 하지만 본인은 "왜 나를 뽑았지"라며 지명 당시 놀랐다. 3, 4라운드만 돼도 다행이고, 수련선수까지도 생각하고 있었다며 기뻤던 순간을 떠올렸다. 하지만 2022년 고교생을 선발했던 대표팀에 뽑혀 AVC컵에 출전하기도 했다. 성인 선수들과 대결하느라 힘들었지만 큰 경험을 얻었다. 자신의 강점을 묻자 "모른다"고 답했지만, 팀은 잠재력을 내다보고 선발했다. 선배 이한비처럼 펀치력이 있는 스타일. 소속팀에 같은 포지션 자원이 많은 만큼 시간을 들여 육성하겠다는 계획으로 보인다. 초등학교 3학년 때 배구를 시작했다. 학창 시절 친구들이 '체중 감량하느냐'고 물어볼 정도로 큰 키와 마른 체형은 아버지를 닮아서. 올해 목표는 간단하다. 최대한 많은 경기에 나가고, 서브 포인트를 올리고, 파이팅을 많이 하는 것.

박수빈 no. 03 S

생년월일	2005.10.19	신장 / 체중	174cm / 59kg		
스탠딩 리치	225cm	서전트 점프	42cm	연봉	4천
출신교	포항항도초-포항여중-포항여고				
드래프트순위	2023~2024 2라운드 7순위				
이적사항					

SCOUTING REPORT

포항여고 주전 세터였다. 선수 숫자도 적고, 비교적 팀 전력이 약하지만 코트 안팎에서 리더 역할을 잘 해낸 살림꾼이었다. 초, 중 시절엔 미들블로커와 아포짓도 맡았지만 고등학교 때부터는 세터에 정착했다. 토스 자세도 깨끗하고, 구질도 안정적이라는 평가. 신체조건도 나쁘지 않고, 청소년 대표 경력도 있다. 1라운드 후반 지명 후보로도 분류될 정도로 평가가 좋았고, 세터 중에선 세 번째로 불렸다. 외국인 코칭스태프와는 처음이지만 훈련 방식이 낯설지 않다고 한다. 포항여고에서 지도한 여창호 감독도 경기나 훈련 영상을 많이 보면서 효율적인 훈련을 추구하기 때문. 강하진 않지만 점프 서브를 잘 구사한다. 배구의 매력을 묻자 랠리가 계속되는 긴장감을 꼽을 만큼 배구를 좋아하는 배구 덕후. 팀 사정상 당장 경기에 뛰긴 쉽지 않다. 하지만 매일 조금씩 기량을 더 끌어올리는 선수가 되고 싶다.

이주현 no. 02 S

생년월일	2005.04.12	신장 / 체중	163cm / 54kg		
스탠딩 리치	210cm	서전트 점프	47cm	연봉	3천3백
출신교	사하초-경남여중-경남여고				
드래프트순위	2023~2024 3라운드 1순위				
이적사항					

SCOUTING REPORT

3라운드에서 유일하게 뽑힌 선수. 하위 라운드에 뽑혔지만 세터와 리베로를 모두 소화하기 때문에 팀에선 요긴하게 활용할 수 있는 자원으로 보고 있다. 중학교 2학년 때부터 주전 세터였고, 고교 시절 경기엔 세터로만 뛰었다. 리베로를 준비한 건 드래프트 사전 연습 2주 전부터. 워낙 수비가 좋은 세터이긴 했지만 프로에선 살아남기 위해 여러 포지션을 소화하게 됐다. 배구 자체를 좋아하기 때문에 어떤 역할이든 재밌게 하겠다는 각오. 부산 사하초등학교 4학년 때 배구를 시작했다. 아는 언니가 '구경하러 오라'고 해서 몰래 갔다가 코치의 제안을 받았다. 그때도 큰 키가 아니어서 중학교에 들어가면서 배구를 그만두려는 생각도 했지만, 졸업 전에 메달을 딴 뒤 이기는 맛에 들려 배구를 계속했다. 지면 밤에 못 자는 성격. 축구를 했던 아버지의 운동신경을 받아 재빠르다. 자신이 꼽는 강점도 스피드와 에너지다. MBTI는 INTP. 성격도 밝다. "어디서든 도움이 되는 막내가 되겠다"는 포부를 밝혔다.

이채은 no. 01 L

생년월일	2004.01.14	신장 / 체중	170cm / 62kg		
스텐딩 리치	220cm	서전트 점프	40cm	연봉	2천4백
출신교	유영초-경해여중-포항여고				
드래프트순위	2023~2024 수련선수				
이적사항					

SCOUTING REPORT

드래프트 재수생. 포항여고 재학중인 지난해 드래프트에선 미지명됐다. 당시엔 뭘 해야 할지 고민하다 올해 창단한 광주여대 진학을 선택했다. 진학과 동시에 목표는 올해 드래프트 재도전이었고, 수련선수로 꿈을 이뤘다. 눈물과 함께 앞으로도 미지명 선수들이 포기하지 않길 바란다고 조언했다. 트린지 감독은 이틀간 열린 드래프트 연습을 지켜보고 낙점했다. 활기찬 모습과 리시브가 눈에 띄었다고. 배구를 시작한 건 초등학교 5학년 때. 그때까진 수영을 했는데 키가 커서 클럽 스포츠를 하다 정식 선수까지 하게 됐다. 알고 보면 체육인 집안이다. 아버지는 태권도, 어머니는 태권도와 씨름, 언니는 태권도, 오빠는 야구를 했다. 롤모델은 오지영. 파이팅을 배우고 싶다. 선배들과 훈련하며 더 열심히 해야겠다는 각오를 다졌다. 수련선수로 뽑혔지만 반드시 살아남겠다는 각오. 1학년 1학기를 다니고 현재는 휴학중. 한다면 하는 성격인 건 확실하다. 장학금을 받기 위해 열심히 공부해 4점대 학점을 받았다. 장학금도 당연히 받았다.

선수 색인

강다연	정관장	300	노란	정관장	278
강소휘	GS	310	도수빈	흥국생명	192
고민지	현대건설	234	레이나	흥국생명	208
고예림	현대건설	236	류혜선	페퍼	434
고의정	도로공사	142	메가	정관장	270
곽선옥	정관장	301	모마	현대건설	224
구혜인	기업은행	368	문명화	GS	330
권민지	GS	324	문슬기	페퍼	416
김나희	흥국생명	186	문정원	도로공사	130
김다솔	흥국생명	182	문지윤	GS	332
김다은	흥국생명	188	박경현	페퍼	418
김다인	현대건설	230	박민지	기업은행	380
김미연	흥국생명	174	박사랑	페퍼	420
김미진	도로공사	162	박수빈	페퍼	435
김민지	GS	326	박수연	흥국생명	194
김사랑	현대건설	238	박연화	페퍼	424
김세빈	도로공사	163	박은서	흥국생명	196
김세율	기업은행	390	박은서	페퍼	422
김세인	정관장	280	박은지	도로공사	144
김수빈	기업은행	370	박은진	정관장	274
김수지	흥국생명	178	박정아	페퍼	400
김연견	현대건설	232	박현주	흥국생명	198
김연경	흥국생명	172	박혜민	정관장	284
김윤우	기업은행	372	박혜진	흥국생명	200
김정아	기업은행	374	배유나	도로공사	134
김주향	현대건설	240	백채림	도로공사	146
김지우	GS	328	변지수	흥국생명	202
김지원	GS	320	부키리치	도로공사	132
김채나	정관장	282	서가은	현대건설	244
김채연	흥국생명	190	서유경	정관장	286
김채원	기업은행	376	서지혜	현대건설	256
김하경	기업은행	378	서채원	페퍼	408
김해란	흥국생명	184	서채현	흥국생명	210
김해빈	페퍼	414	신연경	기업은행	366
김현정	기업은행	362	신은지	도로공사	164
김희진	기업은행	360	실바	GS	314
나현수	현대건설	242	아베크롬비	기업은행	358

이름	팀	페이지
안예림	정관장	288
안혜진	GS	334
야스민	페퍼	404
양태원	흥국생명	211
양효진	현대건설	226
염어르헝	페퍼	426
염혜선	정관장	276
엘레나	흥국생명	176
오세연	GS	336
오지영	페퍼	412
우수민	도로공사	148
위파위	현대건설	222
유가람	GS	346
유서연	GS	312
육서영	기업은행	382
윤결	GS	338
이고은	페퍼	410
이나연	현대건설	246
이다현	현대건설	228
이미소	도로공사	150
이민서	페퍼	428
이선우	정관장	290
이소영	정관장	266
이솔아	기업은행	384
이영주	현대건설	248
이예담	도로공사	152
이예림	도로공사	154
이예솔	정관장	292
이예은	도로공사	156
이원정	흥국생명	204
이윤신	GS	347
이윤정	도로공사	138
이주아	흥국생명	180
이주현	페퍼	436
이지수	정관장	294
이채은	페퍼	437
이한비	페퍼	402
임명옥	도로공사	140
임주은	도로공사	158
임혜림	기업은행	386
전새얀	도로공사	128
전수민	기업은행	391
정대영	GS	318
정수지	정관장	302
정시영	현대건설	250
정윤주	흥국생명	206
정지윤	현대건설	220
정호영	정관장	272
주연희	기업은행	392
지아	정관장	268
채선아	페퍼	430
최가은	도로공사	136
최서현	현대건설	257
최은지	GS	340
최정민	기업은행	388
최호선	현대건설	258
최효서	정관장	296
타나차	도로공사	160
톨레나다	GS	342
폰푼	기업은행	364
표승주	기업은행	354
필립스	페퍼	432
하혜진	페퍼	406
한다혜	GS	322
한미르	현대건설	252
한송이	정관장	298
한수지	GS	316
한수진	GS	344
홍다비	흥국생명	212
황민경	기업은행	356
황연주	현대건설	254

V-리그 여자 배구
퍼펙트 가이드 2023-24

2023년 10월 10일 1판 1쇄 인쇄
2023년 10월 18일 1판 1쇄 발행

지은이 강홍구 김효경 유병민 최원영
발행인 황민호
본부장 박정훈
편집기획 김순란 강경양 김사라
마케팅 조안나 이유진 이나경
제작 최택순 성시원
디자인 엔드디자인
사진 한국배구연맹 페퍼저축은행 현대건설

발행처 대원씨아이(주) | **주소** 서울특별시 용산구 한강대로 15길 9-12
등록 2008년 1월 25일 제2014-000178호
전화 (02)2071-2018 | **팩스** (02)797-1023
등록 제3-563호 | **등록일자** 1992년5월11일
www.dwci.co.kr

ISBN 979-11-7124-525-3 13690

- 이 책은 대원씨아이(주)와 저작권자의 계약에 의해 출판된 것이므로, 무단 전재 및 유포, 공유, 복제를 금합니다.
- 이 책 내용의 전부 또는 일부를 이용하려면 반드시 저작권자와 대원씨아이(주)의 서면동의를 받아야 합니다.
- 잘못 만들어진 책은 판매처에서 교환해 드립니다.